GALGENFUHR

Franz-Josef Körner wurde 1958 in Bamberg geboren und studierte Sport und Englisch in Würzburg und Austin/Texas. Er wohnt mit seiner Familie im Allgäu und arbeitet hauptberuflich als Lehrer.

Dieses Buch ist ein Roman. Handlungen und Personen sind frei erfunden. Ähnlichkeiten mit lebenden oder toten Personen sind nicht gewollt und rein zufällig.

FRANZ-JOSEF KÖRNER

GALGENFUHR

Franken Krimi

emons:

Bibliografische Information der Deutschen Nationalbibliothek
Die Deutsche Nationalbibliothek verzeichnet diese Publikation
in der Deutschen Nationalbibliografie; detaillierte bibliografische
Daten sind im Internet über http://dnb.d-nb.de abrufbar.

© Emons Verlag GmbH
Alle Rechte vorbehalten
Umschlagmotiv: Holger Leue/Lookphotos
Umschlaggestaltung: Nina Schäfer, nach einem Konzept
von Leonardo Magrelli und Nina Schäfer
Umsetzung: Tobias Doetsch
Gestaltung Innenteil: César Satz & Grafik GmbH, Köln
Lektorat: Susanne Bartel
Druck und Bindung: CPI – Clausen & Bosse, Leck
Printed in Germany 2018
ISBN 978-3-7408-0272-1
Franken Krimi
Originalausgabe

Unser Newsletter informiert Sie
regelmäßig über Neues von emons:
Kostenlos bestellen unter
www.emons-verlag.de

Dear love, for nothing less than thee
Would I have broke this happy dream ...
John Donne

You can check out any time you like,
but you can never leave!
The Eagles, »Hotel California«

November 1982

Mein Liebster,

der Teufel hat dies hier geschaffen.
Alle Hoffnung ist verloren. Ist es nicht unbegreiflich, was Menschen anderen Menschen antun? Für mich gibt es nur eine Erklärung: Es sind gar keine Menschen, sondern Teufel der Hölle, die persönlich aufgestiegen sind und die Hölle hierhergebracht haben, an diesen Ort. Ich schreibe diesen Brief an dich, der du dort draußen bist, in einer Welt voller Licht und Farben. Ja, ich weiß schon, auch Dunkelheit, doch voller Freuden und nicht nur Leid wie diese hier, in der es nur diese eine Seite gibt, die Dunkelheit, den Schmerz, die Qualen, das endlose Grauen.
Weißt du noch, unser letzter Sommer, die Mondnächte? Weißt du noch, unsere Küsse, so süß, so sehnsuchtsvoll, so nimmersatt, weißt du noch, wie warm und weich unsere Haut? Weißt du noch, wie groß unsere Liebe?
Ich schreibe heimlich, der Stift zwischen Fingern, von denen man die Nägel gerissen hat, mit Gedanken, die sie mit ihren endlosen Qualen abgestumpft haben – heimlich, nicht angstvoll. Die Angst, die anfangs alles beherrschte, ist längst der Sehnsucht gewichen, der Tod möge bald kommen, jetzt gleich, und alles beenden, denn nur noch der Tod kann die Erlösung bringen. Warum ich es heimlich tue, im düsteren Licht des beginnenden Tages, warum nicht offen, wo ich doch keine Angst mehr habe? Natürlich würden sie es nicht zulassen, dass ich dir diesen Brief schreibe, denn das ist die einzige Hoffnung, die noch in einem dunklen Winkel meines verlorenen Herzens wohnt, dass dieser Brief einmal – ich weiß nicht, wie – zu dir, mein Liebster, gelangen möge. Und du ihn liest. Doch dann, dann bin ich tot.
Hier spielt es keine Rolle, wer man gewesen ist, ob Mann oder Frau, ob Kind oder Greis. Ob man einen Namen hatte, Vater, Mutter, Bruder, Schwester war. Das Grauen macht den

Unterschied nur im Detail, das Ergebnis bleibt doch immer gleich. Hier nennen sie mich Maria, auch wenn ich glaube, mich an einen anderen Namen zu erinnern, aus einem anderen Leben – sie nennen mich so, um damit die Mutter Gottes zu verhöhnen. Und ich habe meinen Glauben an Gott tatsächlich verloren, es gibt keinen Gott, kann ihn nicht geben, weil es diesen Ort hier gibt. Ich glaube an Luzifer, den Beelzebub, den Teufel. Alles andere macht keinen Sinn.

Weißt du noch meinen Namen? Weißt du noch, wie wir uns liebten, die Hitze unseres Atems, weißt du noch, wie wir eins waren? Du sollst aber auch das wissen: Sie tun mir die schlimmste Gewalt an, besteigen, benutzen mich auf jede nur erdenkliche Art und Weise, als wäre ich ein Stück Fleisch, ein Vieh. Sie tun es als Auftakt, als Ouvertüre zu ihrer Symphonie des Folterns, die nie endet. Sie tun das Gleiche mit Kindern, mit Männern, mit Mädchen, mit allen und jedem. In ihrer grenzenlosen Grausamkeit haben sie mich einmal zur Zeugin gemacht, als sich ein halbes Dutzend von ihnen, grölend wie bei einem heiteren Junggesellenabend und sich gegenseitig anfeuernd, über einen Jungen hermachte, nicht älter als elf, zwölf Jahre, und dann, als sie fertig waren, dem Jüngsten von ihnen – wie bei einer grausamen Initiation – eine Schere in die Hand drückten und der, selbst noch ein halbes Kind, das Opfer, kichernd, als handelte es sich um einen albernen Streich, kastrierte. Diese Dinge geschehen täglich, nein, das ist das falsche Wort, denn sie geschehen nicht nur am Tag, sondern auch in der Nacht. Sie hören nie auf, es ist mir ein Rätsel, woher sie die Kraft nehmen, diese Ausdauer, diese Phantasie für ihre immer wieder neuen Gräueltaten.

Ich will nicht alles beschreiben, was sie tun, vielleicht weil mir dazu die Worte und die Kraft fehlen. Und auch weil du nicht alles wissen sollst.

Wenn dieser Brief durch ein Wunder irgendwann einmal in deine Hände gelangt, dann habe ich nur diese eine –

Babenberger Viertel

Mit lautem Knall flog das Geschoss an die Decke. Die Gäste duckten sich, dann Gelächter und Applaus, und Storch, unser zwei Meter zehn großer Gerichtsmediziner und Gastgeber, versuchte, so viel wie möglich von dem überschäumenden Sekt in die bereitstehenden Gläser zu gießen.

Mein Partner Waldemar Schöps, der bereits einen sitzen hatte, zielte mit dem Zeigefinger auf Storch und drückte mit dem Daumen ab: »Peng! Zwischen die Augen! Ich hab dich erwischt! Und du hast die Decke erschossen!«

Ein paar der Anwesenden lachten, und ich hoffte, Waldi würde das nicht als Ansporn betrachten, weitere peinliche Perlen aus seinem Witze-Kästchen hervorzuzaubern.

Das halbe Präsidium war hier, selbst Polizeipräsident Dr. Gilbert Meyer, ein drahtiger Typ mit grauen Schläfen und Designerbrille, wie immer tadellos für den Anlass gekleidet. Seine Gattin, in schwarzem Abendkleid, bewegte sich ebenso sicher auf dem Parkett des Small Talks wie der Herr Gemahl. Es war nicht zu übersehen, beide waren Routiniers im Repräsentieren und Parlieren, beide verfügten über die Gabe des richtigen Wortes und des richtigen Lächelns, das nie aufgesetzt oder gekünstelt wirkte, zur richtigen Zeit.

Hauptpersonen des Abends waren jedoch nicht Dr. Meyer und Gemahlin. Geladen hatte Rechtsmediziner Storch – und das zu einem Anlass, der vom Aussterben bedroht ist wie eine exotische Tierart. Storch feierte Verlobung, der eigentliche Knaller des Abends, denn er hatte die Beziehung bis zuletzt geheim gehalten. Niemand hatte vorher gewusst, dass es überhaupt eine zukünftige Verlobte gab – und schon gar nicht, wer sie war. Er wolle nur mit Kollegen einen gemütlichen Abend verbringen, so hatte er verkündet, nichts Offizielles, kein Geburtstag, also keine Geschenke, wir könnten auch wählen, ob bei ihm zu Hause oder in der Pathologie, wo die Gesellschaft durch die Belegung der Kühlfächer eine noch größere wäre. Die Überraschung war ihm perfekt gelungen, alle hatte es vom Hocker gehauen, als er seine Zukünftige quasi aus dem Hut zauberte. Ein hübsches Energiebündel mit süßem spanischem Akzent, eins fünfundfünfzig klein, höchstens, es sah aus, als reichte seine Zukünftige Storch gerade bis zum Nabel. Ihr rundes, kindliches Gesicht mit riesigen dunklen Augen war eingerahmt von einer schwarzen Haarflut, die wohl genauso schwer zu bändigen war wie sie selbst. Nicht nur Storchs riesenhafte Statur stand im Kontrast zu ihrer Zierlichkeit, auch sein stoisches Understatement zu ihrem übersprudelnden Temperament. Die Lebensfreude quoll ihr aus jeder Pore. Wenn sie sprach, waren nahezu alle Körperteile in Bewegung, und die Funken sprühten nur so aus ihren Augen.

Waldi, selbst kein Riese, lallte neben mir los: »Bei ihrer Größe kann sie Storch im Stehen –«

»Stopp!«, unterbrach ich ihn. »Du sprichst diesen Satz jetzt nicht zu Ende.«

Waldi warf mir einen Du-Spaßbremse-Blick zu und verdarb mir und allen anderen den Appetit, indem er, während er Richtung Buffet marschierte, über die Schulter rief: »Ich hab Hunger, ich lad mir mal ein paar von Storchs Leichenteilen auf den Teller.«

Einige der Gäste betrachteten fortan die Häppchen mit Argwohn oder nur aus sicherer Distanz.

Storch stand neben mir, und ich stieß mit ihm an. »Auf dich und deine schöne Verlobte«, sagte ich. »Auf dass ihr glücklich werdet bis zum Ende aller Zeiten.«

Storch rollte übertrieben die Augen. »Jedes Glück hat seinen Preis.«

»Na, na, so sollte man aber erst nach zwanzig Ehejahren reden.«

Storch beugte sich zu mir herab, blickte dabei in ihre Richtung und senkte die Stimme zu einem Flüstern: »Du hast ja keine Ahnung! Sieh sie dir doch an. Sie explodiert förmlich vor Energie, und ich mag die Dinge lieber gemächlich. Weißt du, was sie zu mir gesagt hat, als ich ihr den Antrag gemacht habe?«
»Was?«
»Sie hat gesagt: ›Solltest du mich je betrügen, dann mach ich das mit dir.‹« Storch verzog sein Gesicht in Richtung seiner Verlobten zu etwas, das ein Lächeln sein sollte. »Sie nahm ein Messer, und du kannst dir vorstellen, dass die bei mir alle sehr scharf sind, ging damit zum Bett und schlitzte, schnell wie eine Raubkatze mit ihren Krallen, die gute, teure Daunendecke auf, dass es Federn regnete. Dann lächelte sie zuckersüß und sagte zu mir: ›Ich nehme deinen Antrag gern an.‹«
Ich musste grinsen und verspürte beinahe so etwas wie Bewunderung. Frauen, die aus der Liebe eine dramatische Sache auf Leben und Tod machen, finde ich sehr aufregend. Ich seufzte. »Dann ein gut gemeinter Rat von mir: Betrüg sie lieber nie.«
Storch nickte grimmig, und ich war mir sicher, dass er dabei an das Schicksal der Daunendecke dachte.
Die Party plätscherte dahin, und ich nahm die Rolle ein, die ich bei solchen Anlässen am liebsten spiele: die des Beobachters. Zugegeben, Storchs Wohnung hatte ich mir anders vorgestellt, morbider vielleicht oder zumindest steril, gefliest und möbliert mit länglichen Tischen aus Aluminium, dazu in den Wänden eingebaute Schubladen, eine kuschelige Privat-Forensik eben, zusätzlich ausgestattet mit Küche, Bad und Bett. Doch Storchs trautes Heim hatte rein gar nichts Forensisches an sich, es war weiträumig und mit gemütlichen Möbeln ausgestattet, an den Wänden geschmackvolle Bilder und Regale voller Bücher. Sogar einen grünen Daumen schien unser Rechtsmediziner zu haben, seine Zimmerpflanzen gediehen jedenfalls prächtig. Auch lag nicht der Geruch von Formaldehyd in der Luft, sondern der Duft von Lachsschnittchen mit

schwarzen Oliven und Prosciutto di Parma auf französischem Baguette, eingehüllt in den sanften Parfümhauch der anwesenden Damen.

Eine von ihnen war Maria Koch, auch sie ein Energiebündel, allerdings eine ganz andere Sorte als Storchs hübsche Spanierin. Sie war eine schlanke blonde Person mit fokussierendem Blick und einer eiskalt anmutenden Art. Ihren Vierundzwanzig-Stunden-Tag, bis zum Rand gefüllt mit fünf Kindern, Ehemann, Vollzeitjob als Chefin der Kriminaltechnik und verschiedenen ehrenamtlichen Tätigkeiten, zerteilte sie so präzise wie mit einem Skalpell – und das alles, ohne je ihr Haifischlächeln zu verlieren. Sie hatte große Ähnlichkeit mit einer gewissen Ministerin und wusste längst, dass sie für alle im Präsidium hinter vorgehaltener Hand nur KvdL hieß, Koch-von-der-Leyen. Im Augenblick unterhielt sie sich aus ihrer Sicht angeregt mit einem Kollegen, den ich wegen seiner Statur – und weil ich mir nie seinen richtigen Namen merken konnte – Hägar nannte. Es war eine einseitige Angelegenheit, KvdL redete, Hägar, der höfliche Klotz, schwitzte in seinem Anzug, wühlte mit einer Pranke in seinem Bart, nickte gelegentlich hilflos und bajonettierte mit seiner Gabel wahllos Häppchen.

Im Hintergrund plätscherte in Endlosschleife dezenter Jazz, ein passendes Steinchen im Mosaik von Storchs offensichtlich akribisch geplanter Verlobungsfeier, aber mir ging das Gedudel ziemlich auf den Wecker. Ich stand auf härtere Sachen, nicht dieses Dahingeplätscher, lieber roher, geradliniger Rock, die Ärmel hochgekrempelt und keine Gefangenen gemacht.

Ich verließ meinen Beobachtungsposten in der Ecke und verirrte mich auf der Suche nach dem Gästeklo in den Flur, wo ein Kollege aus Storchs Team am offenen Fenster rauchte. Von Storchs Wohnung im vierten Stock im Bamberger Berggebiet hatte man einen privilegierten Blick auf die Stadt. Der Kollege war vielleicht Mitte dreißig, durchschnittlich groß mit hellen, bereits schütteren Haaren und stand geduckt da, wie ein Boxer in Verteidigungsstellung. Dunkle Augen flackerten in einem schmalen Fuchsgesicht. Hohlwangig zog er an der Zigarette und behielt den Rauch lange in der Lunge, als hätte er ihn hinuntergeschluckt, um ihn schließlich umso hastiger wieder auszustoßen. Er hielt mir die Packung hin.

»Auch eine?«

Ich schüttelte den Kopf. »Danke. Hab's mir schon vor ein paar Jahren abgewöhnt.«

»Versuche ich auch immer mal wieder. Klappt aber nicht.«

»Schon mal mit Nikotinpflastern probiert?«

»Ja, aber sobald ich den Mund aufmache, fallen die Dinger wieder ab.«

Wir lachten, und er schnippte die Kippe aus dem Fenster. »Interessante Konstellation, die beiden.«

»Storch und seine kleine Spanierin? Allerdings.«

Er grinste und nickte mir zu. »Ich geh dann mal wieder rein.«

»Okay. Dann suche ich weiter nach dem Klo.«

»Zweite Tür links.« Er zeigte in die entsprechende Richtung.

Als er gegangen war, blickte ich aus dem Fenster. Die Feierlichkeiten hatten am frühen Nachmittag begonnen. Jetzt, Anfang November, wurde es bereits um kurz vor fünf dunkel, und die Lichter, die aus der Stadt zu mir heraufschienen, strichen über die weißen Wände wie Katzen um den Block. Unter mir umfassten der linke und der rechte Regnitzarm das Zentrum Bambergs. Dort unten lebte Mutter in einem der Häuser, in denen jetzt die Lichter aufflammten wie einzelne, voneinander getrennte Synapsen – Sinnbild von Mutters dementem Gehirn, in dem der Strom nicht mehr floss, sondern nur noch gelegentlich etwas aufblitzte, aber gleich wieder verlosch. Ich dachte an das Heim, an den schmalen Gang mit dem Uringeruch und den Türen, hinter denen die abgelaufenen Schicksale ihr einsames, sediertes Warten auf den Tod fristeten. Ein Leben in einer Streichholzschachtel, die mal ein wenig aufgeschoben wird, aber immer wieder zu. Das Ende der Freiheit, die sich jeder irgendwann einmal erträumt hatte. Als man jung gewesen war, voller Hoffnungen und Pläne.

Ich verdrängte die Gedanken. Mein Blick glitt den Weg zurück. Auf der Straße vor dem Haus parkte Dr. Meyers moralisch erleuchtender Elektro-BMW vorwurfsvoll neben meinem Station Wagon – der Veganer neben dem Ressourcen verschlingenden Ungeheuer, das grüne Gewissen neben dem saufenden, fleischfressenden Gewissenlosen. Der Chevy erinnerte mich an meinen Vater, den der Ruin seines Taxigeschäfts mit einem Strick um den Hals auf einen Hocker auf den Dachboden unserer Mietwohnung in der Gereuth getrieben hatte. Ein erhängter Vater und eine Mutter, die im verlöschenden Bild ihrer Erinnerungen vor sich hin dämmerte. Was für eine Bilanz. Fehlte nur noch einer in der traurigen Ahnengalerie: ich, Hauptkommissar Rodney Killer, bis vor einer Woche noch vom Dienst suspendiert wegen angeblicher Vergewaltigung der Hauptverdächtigen in einem Mordfall, bezeugt von deren Anwalt. Hauptkommissar Killer, der, wie die Presse schrieb, genau diesen Mordfall gelöst hatte, indem er wie in einem shakespeareschen Drama am Ende alle sterben ließ. Hauptkommissar Killer, dem sein Vorgesetzter Dr. Meyer eine Therapie gegen Spielsucht verordnet hatte – die mit der Frage begann: »Warum spielen Sie?« *Hallo, warum ich zocke?*, hatte ich mir gedacht. *Vielleicht weil's Spaß macht?* Ich hatte geantwortet: »Ich weiß, dass es nicht richtig ist, zu spielen, deshalb hoffe ich, dass mir diese Therapie helfen wird, meine Sucht zu überwinden.«

Dann erinnerte ich mich wieder daran, warum ich hier draußen auf dem Flur stand, und fand die richtige Tür zu Storchs weiß gefliestem Gästeklo.

Als ich auf die Party zurückkehrte, hatte diese an Fahrt aufgenommen. Aus den Lautsprechern erklang Tanzmusik, und die leicht angetrunkene Meute bewegte sich dazu mehr oder weniger talentiert. Storch mit Verlobter auf Bauchnabelhöhe mittendrin und gleich daneben Dr. Meyer mit Gattin, wie nicht anders zu erwarten in perfektem Rhythmus und mit dem beidseitigen Lächeln, das dem Rest der Welt signalisierte: Seht her, das ist souveräne Harmonie, so wird das gemacht.

»Tänzer oder Schwänzer?« Ein süßlicher, schwerer Duft, eine ruhige, dominante Stimme, die es gewohnt war, zu lenken und zu leiten, gefolgt von einem rauen, aber herzlichen Lachen. Dr. Meyers Vorzimmerdame, ein Hundertzwanzig-Kilo-Schlachtross, aber mit Klasse und herbem Charme, der einfach alles überrollte.

»Schw–«, setzte ich an, doch es war schon zu spät. Ich fand mich auf der Tanzfläche wieder, wohin mich ihr wogender Busen unwiderstehlich dirigiert hatte.

»Haben Sie schon gehört?« Sie schwenkte mich hin und her und drehte mich, dass mir schwindelig wurde.

»Was?«

Mit ihrem Oberkörper leitete sie eine halsbrecherische Linksdrehung ein.

»Also noch nicht.« Jetzt wurde ich rechtsherum geschleudert.

»Nein.«

»Dr. Meyer«, sagte sie bedeutungsvoll.

Der Song war zu Ende, das Drehen endete abrupt. Ich taumelte einen halben Schritt zur Seite, vor meinen Augen funkelten Sterne, und es dauerte eine Weile, bis ich die Umgebung wieder sortiert hatte. Ich blickte zu Dr. Meyer und seiner Gattin, die in Richtung der Lautsprecher applaudierten und dabei höflich lächelten. »Dr. Meyer?«, wiederholte ich.

»Ja. Es ist zwar alles noch nicht offiziell«, ihre Stimme senkte sich zu einem verschwörerischen Flüstern, »aber schließlich bringe ich ihm seine Post.«

Hieß das, dass sie sie auch las?, fragte ich mich.

Sie sah meinen Blick und lächelte wissend. »Herr Killer, als Sekretärin ist man wie eine Mutter für seinen Vorgesetzten, verstehen Sie?«

Ja, Mama. Ich lächelte zurück. »Und was ist die Neuigkeit bezüglich Dr. Meyer?«

Ihre angemalten Lippen näherten sich bedrohlich meinem Ohr. »Sie müssen mir aber versprechen, es nicht weiterzusagen. Es bleibt unter uns.«

»Versprochen. Polizistenehrenwort.«

»Na ja. Aber gut. Er wird versetzt.«

»Dr. Meyer?«

»Ja. Ins Ministerium.«

»Nein.«

»Doch. Aber denken Sie daran: kein Wort darüber zu niemandem.«

Gerade als die Musik wieder einsetzen wollte, unterband Dr. Meyer dies durch eine Handbewegung. Die Tänzer hielten inne, und es trat erwartungsvolle Stille ein.

»Ich bitte um Ihre Aufmerksamkeit.«

Ein neugieriger Kreis bildete sich um Dr. Meyer und seine Gattin.

»Ich möchte mich vorab schon bei Dr. Storch bedanken, es ist alles mit ihm abgesprochen.«

Storch nickte gütig.

»Eigentlich will ich Ihre Verlobungsfeier nicht dazu benutzen, um über meine Zukunft zu sprechen. Aber da wir hier alle versammelt sind, nutze ich die Chance, Ihnen eine wichtige Information zukommen zu lassen.« Dr. Meyer behielt sein verbindliches Lächeln bei und machte eine kurze Sprechpause, bevor er fortfuhr: »Ich werde ins Innenministerium versetzt. Natürlich werde ich mich noch offiziell im Präsidium verabschieden, wenn meine Nachfolgerin, Frau –« Ein Klingeln in seiner Hosentasche unterbrach ihn. Er entschuldigte sich bei uns, trat einen Schritt zur Seite und lauschte mit schräg gelegtem Kopf in sein Handy. »Ja. Verstanden«, sagte er. »Wir sind sofort da.« Mit einer bedauernden Geste wandte er sich zunächst an Storch und dessen Verlobte und dann an uns alle. »Liebe Kolleginnen und Kollegen. Es tut mir außerordentlich leid, aber wir haben eine männliche Leiche auf der Altenburg. An die Arbeit.«

Ich hörte noch, wie Storch zu seiner feurigen Verlobten sagte: »Ein kleiner Vorgeschmack. Kann nicht schaden, wenn du dich daran gewöhnst, wie das in unserem Laden läuft.«

Bärenzwinger

Es gibt Dinge, die würde man gern zurücklassen, wenn man nach Hause geht – wie einen Aktenordner oder einen Bericht, den man nur halb geschrieben hat, oder den ganzen anderen Kram, den es tagtäglich zu erledigen gilt. Aber manchmal funktioniert das nicht. Man wirft einen letzten Blick in den Raum, schließt die Tür hinter sich, geht den Flur entlang und hofft mit jedem Schritt, den man sich entfernt, auch innerlich Abstand zu gewinnen, Distanz zwischen sich und die Dinge zu bringen. Man schwebt im Aufzug dem Ausgang zu, redet sich ein, es sei alles vergessen, wenn man unten ist, zumindest bis morgen. Doch dann zischt die Tür auf, man tritt aus dem Lift, läuft über den Parkplatz, und es ist immer noch da. Auf der Heimfahrt. Zu Hause, in der Nacht, am Morgen. Immer.

Es gibt Dinge, die man nicht zurücklassen kann.

Jeder Polizist, der mit Gewaltverbrechen zu tun hat, kennt das: Ein anfangs weißes Blatt wird Wort für Wort beschrieben mit Dingen, für die es eigentlich keine Worte gibt. Der zunächst leere Raum des neuen Falles, den man in naiver Anfängereuphorie ursprünglich mit großartigen Heldentaten ausstaffiert hat, verwandelt sich in ein Gruselkabinett mit Geistern, die einen heimsuchen, wie es ihnen beliebt. Nach ein paar Jahren besitzt jeder Beamte seine ganz persönliche Galerie des Unfassbaren, zu der immer wieder Bilder dazukommen, sodass neue Räume angebaut werden müssen.

Ein Raum, der von Anfang an existiert, trägt die Inschrift:

»Tatorte und Todesarten«, über dem Eingang. In der Vorstellung vieler Menschen, die einerseits dem Tod meist in seiner natürlichen Form begegnen – eine friedlich entschlafene Großmutter in ihrem Bett, der letzte Abschied vom sorgfältig zurechtgemachten Großvater in der Aussegnungshalle –, gibt es andererseits charakteristische Horrorszenarien, die nur in der Phantasie existieren: etwa der verweste Tote auf dem Sonntagsspaziergang, aus dessen Augenhöhlen weiße Maden kriechen und der einen mit geblecktem Gebiss angrinst, oder die schön gleichmäßig auf einer Müllkippe verstreuten Leichenteile. Auch solche oder ähnliche Bilder schmücken die Ausstellungsräume einiger Mordkommissare, allerdings mit dem Unterschied, dass sie in ihrem Fall real sind.

In meiner Galerie nimmt ein Bild meines Vaters einen besonderen und ersten Platz ein: Es zeigt ihn auf dem Dachboden unseres Mietshauses in der Gereuth, schaukelnd wie ein gruseliges Windspiel zwischen überdimensionalen blütenweißen Damenunterhosen, den nachdenklich wirkenden Blick auf seine polierten Sonntagsschuhe oder vielleicht auf das Stück Zunge gerichtet, das er sich beim Ruck des Seils, das ihm das Genick brach, abgebissen hat.

Zu diesem Bild gesellten sich in rascher Abfolge weitere: Drogentote in meiner Zeit beim K2, junge Menschen, von denen jeder einzelne die bange Frage hinterließ, wie man sich so zugrunde richten, wie man ein Leben so einfach wegwerfen kann.

In den meisten Galerien ist ein Raum dem Makabren, dem Kuriosen gewidmet. In meinem Fall einem erschlagenen Mönch, dem der Mörder zusätzlich einen Meißel ins Herz getrieben hatte, als wollte er einen Vampir töten. Und als wäre das noch immer nicht genug, hatten ihn die Mörder im Durchschlupf unter einem fürstbischöflichen Sarkophag deponiert, dem man heilende Wirkung bei Rückenleiden zuschreibt – wozu der Leidende nur dreimal hintereinander durch die Einsparung unter dem Grab kriechen muss. Wie hatte ein älterer

Kollege den Mord kommentiert? »Ihre Karriere hat gerade erst begonnen.«

Als ich an diesem Abend zusammen mit Waldi in meinem 68er Chevy Caprice der Kolonne hinterherfuhr, hatte ich gleich die Ahnung, dass es nicht lange dauern würde, bis ein weiteres Bild in meiner persönlichen Schreckensgalerie hing.

Es war dunkel, und vor uns tanzte der kreisende Reigen der Blaulichter den Kaulberg hinauf, wo wir in Richtung Karmeliterkirche abbogen, die Eisgrube unten rechts liegen ließen, um dann mit heulenden Sirenen die steile Auffahrt zur Altenburg hochzujagen.

Wir nahmen die letzte Kurve mit vollem Tempo, wobei es mir wie immer ein Rätsel war, warum ich mich dieser Eile anschloss. Wenn ich gerufen wurde, waren die Mörder längst verschwunden. Waldi und ich hätten eigentlich in aller Ruhe zum Tatort spazieren können, denn auch das hätte an dem Zustand der Toten nichts mehr geändert. Zugegeben, die Techniker sollten nicht trödeln, jede verlorene Minute erhöhte die Gefahr, dass eine Spur verwischt oder unbrauchbar wurde. Vielleicht war es der Herdentrieb, der mich veranlasste, auch noch mit Karacho über die Brücke, durch die engen Torbögen und auf den gepflasterten Hof zu brettern und schlitternd hinter dem weißem Techniker-Van zum Stehen zu kommen.

Storch und sein Team streiften die Overalls über, nahmen die Aluminiumkoffer und folgten einem leichenblassen Gastwirt in Richtung des alten Bärenzwingers, Dr. Meyer, Waldi und mich im Schlepptau. Das Gehege beziehungsweise der Aussichtsplatz darüber war ein Ort meiner Kindheit, mit der Mauer, die ein paar Meter senkrecht zum Wassergraben abfiel. Darin schwamm in meiner Erinnerung eine trübe Brühe, die der Bär, vielleicht allein wegen des ganzen Unrats darin, mied. Vater hatte mich immer auf das Mäuerchen gehoben, obwohl das natürlich verboten war. Dann baumelten meine Beine hinab, und Mutter bekam jedes Mal beinahe einen Herzinfarkt, weil sie fürchtete, ich könnte hinunterstürzen und der Bär würde mich vor ihren Augen mit Haut und Haaren fressen. Wobei ich mir noch immer sicher bin, dass sie beide hinterhergesprungen wären, um mich zu retten, Vater und Mutter.

In Wirklichkeit war der Bär eine bedauernswerte Kreatur gewesen. Ein Raubtier, eingesperrt, begafft, beworfen mit Äpfeln und Eiern, die er anfangs noch geschickt mit dem Maul auffing, aufrecht stehend, die mächtigen Pranken weit von sich gestreckt. Dann wurde er alt und blind, kam nur noch selten zu seinem Publikum an die Mauer. Und wenn, dann klatschten die Eier gegen seine Brust oder seinen Kopf, und er brüllte so wütend und verzweifelt, dass den Gaffern ein wohliger Schauer den Rücken hinunterlief. Anschließend ließ er sich, übersät mit Dottern und Eierschalen, steif auf alle viere fallen und trottete mit schleifenden Schritten und blindem Blick, als würde er in der Ferne etwas suchen, durch seinen Zwinger, in dem er sich stets abrupt drehte, um nicht gegen die Mauer zu stoßen. Auch blind hatte er die Maße seines Gefängnisses auf den Zentimeter genau gekannt.

Der Bär war schon seit Jahren tot, doch an seinem alten Schlafplatz, einer Art Höhle am hinteren Ende des Zwingers, lag an diesem Abend ein anderer Toter. Die Techniker hatten den Tatort mit den rot-weißen Bändern abgesperrt. Waldi und ich streiften die vorschriftsmäßigen Plastiktüten über die Schuhe und zogen die Handschuhe an. Als Storch mich durchließ, damit ich einen ersten Blick auf die Leiche werfen konnte, sah ich in einer Ecke hinter dem aufgestellten Stoffbären zunächst nur ein dunkles, seltsam verschnürtes Bündel, das alles, nur kein Mensch sein konnte. Vielleicht etwas anderes in der Größe, ordentlich verpackt und hier abgelegt, wo früher, wenn der restliche Zwinger gereinigt wurde, der Bär eingeschlossen worden war.

Neben mir hob Waldi witternd die Nase und schnüffelte. Keine auch noch so leise Spur von beißendem Raubtiergeruch, kein Wunder nach so langer Zeit. Es roch modrig, nach altem

Mauerwerk und Erde oder gestampftem Lehm – und nach noch etwas, das man nicht wirklich als Geruch wahrnehmen konnte, das aber dennoch in der Luft hing, unzweifelhaft und mit den Sinnen greifbar wie der Rauch eines Feuers oder der über einer Stadt hängende Smog.

Die Präsenz des Todes.

Die Scheinwerfer der Techniker flammten auf, überschwemmten den Tatort mit weißem Licht und verwandelten das formlose Bündel in der Ecke in einen Menschen. Ich musste sehr genau hinsehen, um zu begreifen, wie er gestorben war. Er lag auf dem Bauch, den Kopf weit im Nacken, die Beine so über dem Rücken im Hohlkreuz gebogen, dass die Fersen beinahe die Stelle zwischen den Schulterblättern berührten. Der Mann sah aus wie ein Schaukelpferd – oder so, als wollte er mit einer gymnastischen Übung seine Beweglichkeit testen. Hände wie auch Beine waren gefesselt, um seinen Hals lag eine Schlinge, die ein einfaches, harmlos wirkendes Stück Schnur mit der Fußfessel verband. Ich stieß den automatisch angehaltenen Atem aus, als ich erkannte, wie perfide die Tötungsart war. Wie lange hatte sein Todeskampf gedauert? Wie lange hatte er verzweifelt versucht, die Beine in dieser ihm aufgezwungenen Position zu halten? Denn mit jedem Zentimeter, den er nachgab, hatte er selbst die Schlinge um seinen Hals enger gezogen. Ich konnte die Krämpfe in seinen Oberschenkeln förmlich spüren, stellte mir vor, wie sein Wille zu überleben Stück für Stück vom eigenen Körper gebrochen worden war. Bestimmt hatte er mit all seinem Überlebenswillen bis zuletzt gekämpft, obwohl ihm klar gewesen sein musste, dass er das Spiel verlieren würde – und dieses Wissen war die eigentliche Grausamkeit. Er war sich von Anfang an klar darüber gewesen, dass er sich selbst erdrosseln würde.

»Eine Hinrichtung«, stellte Storch hinter mir fest. Im weißen Overall mit der seltsamen Kapuze sah er skurril aus. Waldi hatte einmal geunkt, man könne ihn in diesem Aufzug locker als übergroße Kondomwerbung losschicken, es fehle anstelle der Rückenaufschrift »Polizei« nur der entsprechende Markenname.

Ich nickte. In gewissen Kreisen bestrafte man einen Verräter, indem man sich ihn quasi selbst zu Tode foltern ließ. Ich warf noch einen Blick auf den Ermordeten. Er mochte Ende vierzig, Anfang fünfzig sein, hatte graues, über der Stirn sich lichtendes Haar, ebenso graue Bartstoppeln und hervortretende dunkle Augen. Seine Zunge quoll dunkelblau zwischen blutig gebissenen Lippen hervor. Er trug einen guten Anzug, die knöchelhohen schwarzen Stiefeletten hatten seitliche Reißverschlüsse.

»Okay«, sagte ich zu Storch. Zusammen mit Dr. Meyer und Waldi tauchte ich unter dem Absperrband hindurch, damit die Kriminaltechniker auf dem begrenzten Raum ungestört ihre Arbeit verrichten konnten. Ich streifte die Über- und die Handschuhe ab und erblickte hinter dem Eingang zum Gehege vornübergebeugt den Gastwirt, der die Leiche gefunden hatte. Er kotzte sich die Seele aus dem Leib. Wir warteten dezent im Hintergrund.

»Meine Fresse, wie abartig«, sagte Waldi mit Blick auf den Zwinger. »Hätte es nicht gereicht, ihn einfach zu erschießen oder meinetwegen auch eigenhändig zu erwürgen? Warum so eine perverse Show?«

Dr. Meyer räusperte sich neben mir und senkte die Stimme. »Wir richten ein Soko ein: Soko Bärenzwinger. Herr Killer und Herr Schöps, das ist Ihr Fall. Ich kümmere mich um die Presse. Der Herr Staatsanwalt wird gleich eintreffen. Optimal wäre eine rasche Aufklärung des Mordes, auch in Hinblick auf meine Nachfolge. Ein Abschluss, gefolgt von einem neuen Anfang, Sie verstehen?«

Natürlich verstand ich. Es gab keinen schöneren Abgang als einen gelösten Mordfall. Ich nickte, wandte mich an den Wirt und reichte ihm ein Papiertaschentuch. »Sie haben die Leiche entdeckt?« Ich wartete seine Antwort nicht ab. »Wir müssen Ihnen ein paar Fragen stellen.«

Nachdem er sich mit einer nervösen Bewegung über den

Mund gefahren war, wusste er nicht, wohin mit dem Papiertaschentuch. Waldi verzog das Gesicht, als er es schließlich mit zittrigen Fingern zusammenknüllte und sich in die Hosentasche stopfte.

Mit der Hand unter seinem Ellenbogen dirigierte ich ihn die Steinstufen hinauf, bis wir wieder über dem ehemaligen Bärenzwinger standen. Er sah aus wie die Kulisse in einem Hollywoodfilm, ausgeleuchtet von den Scheinwerfern der Techniker. Fehlte nur noch, dass jemand irgendetwas rief wie »Klappe, die zweite!« oder »Film ab!«.

»Wie heißen Sie?«, fragte Waldi.

»Bär.«

Waldi grinste demonstrativ hinunter zum Zwinger. »Nicht Ihr Ernst.«

Im Stillen dachte ich das Gleiche, schwieg aber. Waldi war manchmal ein Prolet. Weder Einfühlungsvermögen noch Taktgefühl gehörten zu seinen Stärken.

»Und der Vorname ist Braun oder Poldi oder so was in der Art?«, spielte er den Witzbold.

Der Wirt blickte mich hilfesuchend an. »Nein«, murmelte er dann. »Ottmar.«

»Ottmar Bär. Okay.« Ich notierte den Namen. »Mein Kollege macht gern mal einen Scherz, damit man ins Gespräch kommt.«

Waldi gab sich vertraulich. »Dann erzählen Sie mal: Ist Ihnen heute irgendetwas Besonderes aufgefallen?«

Der Wirt hustete ein hysterisches Lachen. »Sie sind wirklich ein Witzbold. Ob mir etwas Besonderes aufgefallen ist? Da liegt ein Toter im Zwinger, der ist mir besonders genug.«

»Mein Kollege meinte, bevor Sie den Toten gefunden haben.« Ich setzte eine ernste, aber verbindliche Miene auf. »Haben Sie etwas gesehen oder gehört, das Ihnen im Nachhinein vielleicht ungewöhnlich vorkommt? Der Mann wurde ermordet, und wir wissen noch nicht, ob der Bärenzwinger auch der Tatort war. So oder so hat jemand einen ziemlichen Aufwand betrieben, also wäre es ja möglich, dass Ihnen irgendetwas aufgefallen ist. Personen, die sich sonderbar verhalten oder die nicht hierhergepasst haben, Autos –«

»Wir haben November.«

»Und?«

»Da kommen kaum noch Touristen. Keine Japaner oder Chinesen. Nur ein paar Rentner und Stammgäste.«

»Japaner und Chinesen.« Waldi schnaubte. »Mir reicht noch die Busladung Schlitzaugen letztes Jahr in der Kirche.«

Ich räusperte mich entschuldigend und wandte mich wieder an Bär. »Also keine ungewöhnlichen Personen oder Ähnliches?«

Bär, immer noch leichenblass, schüttelte den Kopf. »Aber ich war auch fast die ganze Zeit drinnen. Hab mich um ein paar Stammgäste gekümmert. Sonst war nichts los.«

Waldi zückte sein Notizbuch. »Wann genau waren Sie im Gasthaus, und wann haben Sie es verlassen?«

Der Wirt fummelte eine Zigarette aus der Hemdtasche. Während er sie nervös anzündete, flackerte sein Blick zu mir und wieder zu Waldi zurück. Er inhalierte gierig, blies den Rauch an uns vorbei und hustete. »Ich war immer mal wieder draußen, um eine zu rauchen.«

Waldi klopfte mit dem Stift auf sein Notizbuch. »Geht's nicht genauer?«

»Damit wir exakter eingrenzen können, wann der Mann ermordet oder hierhergebracht wurde«, erklärte ich. »Sieht man von Ihrem Raucherplatz aus den Bärenzwinger oder den Eingang zur Burg?«

»Den Eingang, den Zwinger nicht. Ich rauch so alle zwei Stunden eine, guck aber nicht auf die Uhr, wann.«

»Das heißt, Sie hätten es mitbekommen, wenn jemand während Ihrer Raucherpause zum Beispiel einen großen Gegenstand durch das Burgtor transportiert hätte.«

»Kann schon sein.« Die Glut an Bärs Zigarette leuchtete hell. Während er den Rauch ausstieß, sah er aus, als wäre er mit seinen nervösen Gedanken woanders. »Einen großen Gegenstand?«

»Die Leiche«, erklärte Waldi. »Oder eine Person, die noch lebte, aber getragen oder anderweitig fortbewegt werden musste.«

Der Wirt nahm einen weiteren tiefen, aber hastigen Zug, warf die Kippe auf den Boden und trat sie mit dem Absatz aus. »Ich habe nichts gesehen. Wie gesagt, jetzt ist so gut wie nichts mehr los, schon gar nicht abends. Nur drei oder vier Stammgäste waren im Lokal.«

»Und der Koch und der Kellner? Vielleicht haben die etwas gesehen. Sind sie noch da?«

»Sie sprechen gerade mit ihnen.«

Waldi hob die Brauen. »Verarschen Sie uns nicht.«

Bär bleckte gelbe Zähne, wahrscheinlich zu einem Grinsen. »In der Nebensaison bin ich alles in einer Person. Wirt, Koch und Kellner.«

»Dann erzählen Sie uns bitte noch, wie Sie den Mann gefunden haben.« Ich nickte ihm aufmunternd zu.

Da der Wirt offensichtlich nicht genau wusste, was ich von ihm wollte, präzisierte ich: »Wie lag er da? Wussten Sie gleich, dass er tot war?«

Während Bär wieder lange nachdachte, zitterte seine Oberlippe wie bei einem nervösen Teenager. Schließlich sagte er: »Er lag so da, wie Sie ihn gesehen haben. Ich wusste sofort, dass er tot war.« Wieder präsentierte er uns sein Rauchergebiss und beeilte sich hinzuzufügen: »Aber vorsichtshalber habe ich ihm das Klebeband abgezogen. Sie wissen schon, es hätte ja doch sein können, dass er noch am Leben war.«

»Klebeband?«, fragte Waldi alarmiert.

»Ein graues. Panzertape, so nennt man das, glaube ich.«

Ich schaltete mich wieder ein. »Wo ist dieses Tape jetzt?«

Er zuckte mit den Schultern, begann dann, seine Taschen zu durchwühlen, und förderte schließlich einen grauen Klumpen zutage. »Hier.«

»Geben Sie her.« Ich nahm das zusammengeknüllte Band und steckte es in einen Plastikbeutel. Dann legte ich Waldi, der schon wieder loslegen wollte, die Hand auf den Arm. Natürlich war es unprofessionell, ein vielleicht wichtiges Beweismittel von der Leiche zu entfernen, aber schließlich war Bär Wirt und nicht Polizist. Ihm war kein Vorwurf zu machen. »Das war's fürs Erste«, sagte ich und reichte ihm meine Karte. »Falls Ihnen noch etwas einfällt, rufen Sie an. Wir sind rund um die Uhr erreichbar. Und kommen Sie bitte morgen früh aufs Revier, damit wir Ihre Aussage aufnehmen können.«

Ich gab dem Wirt die Hand und nickte Waldi zu. Wir gingen zurück zum Bärenzwinger, wo Dr. Meyer etwas abseits stand und Staatsanwalt Dr. Herbert, der offensichtlich gerade eingetroffen war, den Sachverhalt erklärte. Herbert, ein großer, schlanker Mann mit grauen Schläfen, spielte kleidungsmäßig in einer Liga mit dem Polizeipräsidenten. Beide hatten den Hang zu Markenanzügen und italienischen Schuhen. Ich glaube, ich habe an keinem von ihnen je eine ganze Woche lang dieselbe Krawatte gesehen.

Wir zogen uns wieder die Überzieher über die Schuhe und schlüpften in die Gummihandschuhe. Rechtsmediziner Storch hockte im Bärenzwinger neben der Leiche. Als er uns sah, erhob er sich und stieß mit dem Kopf an die niedrige Decke.

»Autsch!«, entfuhr es ihm. Dann spulte er seine ersten Ergebnisse in seinem gewohnt knappen Stil herunter: »Wie immer erst mal ohne Gewähr. Todesursache: Strangulation durch ihn selbst. Rigor Mortis – Fehlanzeige, Livores auf Bauch und Oberschenkeln, die der Position der Leiche geschuldet sind. Körpertemperatur: dreißig Komma fünf Grad Celsius. Unser Mann ist also noch keine zwei Stunden tot.«

»Kannst du nicht mal deutsch reden, damit normale Menschen dich auch verstehen?« Waldi versuchte, sich in dem engen Gehege an mir vorbeizuschieben, und erntete dafür sofort einen Rüffel von einem der Techniker.

»Kollege, nicht herumtrampeln. Nachher bist du der Erste,

der sich beschwert, dass wir keine brauchbaren Spuren liefern können. Hier ist nur Schweben erlaubt.«

Während Waldi aufgrund des Anschisses zur Salzsäule erstarrte und sich dann den Vortrag Storchs über die Leichenstarre – »Rigor Mortis beginnt bei Zimmertemperatur nach ein bis zwei Stunden in den Augenlidern und der Kaumuskulatur …« – und Totenflecke – »Livores entstehen etwa zwanzig bis dreißig Minuten nach Kreislaufstillstand durch schwerkraftbedingtes Absinken des Blutes …« – anhören durfte, arbeitete es hinter meiner Stirn. Wenn es stimmte, was Storch über den Todeszeitpunkt gesagt hatte, und daran gab es normalerweise nicht den geringsten Zweifel, dann konnten der oder die Mörder noch nicht lange verschwunden sein. Es gab nur zwei Auffahrten zur Altenburg. Natürlich kam man auch zu Fuß herauf, aber es sah nicht so aus, als wäre unser Toter freiwillig in seine Todeszelle marschiert. Das bedeutete, dass uns die Mörder möglicherweise entgegengekommen waren. Vielleicht hatten sie unserer Kolonne sogar höflich am Straßenrand wartend den Weg frei gemacht. Ich unterbrach Storchs reichlich wissenschaftliche Ausführungen über temperaturgestützte Todeszeitpunktberechnung – »Die physikalische Berechnung von Abkühlungsprozessen ist ein Teilgebiet der Thermodynamik …« – und fragte: »Kannst du schon sagen, ob der Mann hier gestorben ist oder woanders?«

»Nein. Nicht mit Sicherheit.«

»Zu neunundneunzig Prozent hier«, schaltete sich der Techniker ein, und seine Rechte umschrieb das Terrain um den Toten herum. »Den Spuren nach zu urteilen, hat er sich zuvor in diesem Radius bewegt. Es ist unwahrscheinlich, dass der Mörder ihn mal hierhin, mal dorthin gezogen hat.«

Ich überlegte laut: »Es sei denn, man wollte den Toten in bestimmter Weise arrangieren und war erst nach einiger Zeit mit dem Ergebnis zufrieden.«

»Dann hätten wir Schleifspuren sichergestellt. Haben wir aber nicht.« Er ging in die Hocke und deutete auf dunkle Stellen auf dem Untergrund neben der Leiche. »Wie es aussieht, hat er sich mal ruckartig und dann wieder wie ein Schaukelpferd bewegt. Vermutlich hat er bis zuletzt alles ausprobiert, um sich zu befreien. Der Todeskampf hat definitiv hier stattgefunden.«

Insgeheim schüttelte ich den Kopf. Egal ob der Mann hier oder an einem anderen Ort gestorben war, das Szenario blieb absurd. Warum waren der oder die Mörder das Risiko eingegangen, entdeckt zu werden? Die Altenburg war ein öffentlicher Ort, sie hatten selbst jetzt, in der Nachsaison, mit Besuchern rechnen müssen. Jeder Tourist hätte die Mörder entlarven können. Ich wandte mich wieder an Storch. »Wie lange kann der Todeskampf gedauert haben? Ach übrigens, sein Mund war zugetapt.«

»Spekulation«, benutzte Storch eins seiner Lieblingswörter. »Dreißig Minuten. Fünfundvierzig höchstens, je nachdem, wie fit er war. Vielleicht auch nur zwanzig, wenn er früh Krämpfe bekam. Ab dem Moment hatte er keine Chance mehr. Und wenn sein Mund verklebt war, konnte er nur durch die Nase atmen, was sein Ersticken möglicherweise beschleunigte.«

»Werdet ihr Spuren an dem Tape feststellen können?« Ich reichte ihm die Asservatentüte mit dem sichergestellten Beweismittel.

»Bestimmt. Ich tippe auf Fingerabdrücke vom Wirt und Speichel und vermute, dass Letzterer vom Opfer stammt. Der oder die Täter werden das Klebeband kaum abgeschleckt haben.«

»Kennen wir seine Identität?«

»Bis jetzt noch nicht. Hatte keinen Ausweis bei sich, aber das da.« Der Techniker reichte mir einen Plastikbeutel mit einem Handy.

Das machte die Sache wesentlich leichter. Mit etwas Glück würden wir darauf sogar die Nummer des Mörders finden. Zudem könnten wir über den Provider den Besitzer des Handys ausfindig machen, es sei denn, derjenige hatte eine Prepaid-

Karte benutzt. In diesem Fall müssten wir es mit Fingerabdrücken oder einem DNA-Abgleich versuchen. Letzteres allerdings setzte voraus, dass der Besitzer bei uns im System war.

Als könnte er Gedanken lesen, sagte Waldi in diesem Augenblick: »Wenn einer auf diese nicht gerade feine Art um die Ecke gebracht wird, hat er mit Sicherheit ein ellenlanges Strafregister. Der ist bestimmt kein braver Familienvater, der zufällig einem Wahnsinnigen in die Arme gelaufen ist.«

»Erst mal überprüfen wir das hier.« Ich hielt Waldi das Smartphone unter die Nase.

Mein Kollege nickte. »Und hoffen, dass es sich um ein Vertragshandy handelt. Dann ist das Telefon aufschlussreicher als das Tagebuch des Toten.«

Waldi hatte recht. Vorausgesetzt, es befand sich eine SIM-Karte in dem Gerät und der Besitzer hatte sein Handy normal benutzt, könnte es sein ganzes Leben ausplaudern. Mit Hilfe von WhatsApp-Nachrichten, SMS und Anruflisten, Bewegungsprofilen und Internetverläufen würden wir mehr über seinen Besitzer erfahren als der beste Verhörspezialist.

Ich bedankte mich bei den Technikern und gab Waldi einen Wink, den Zwinger wieder zu verlassen. Im Besucherbereich zog ich die Handschuhe aus, holte das Smartphone aus dem Beutel, wischte über den Bildschirm und murmelte enttäuscht: »Gesperrt.«

»Gib mal her.« Waldi grapschte nach dem Handy, studierte den Bildschirm und malte dann mit dem Zeigefinger ein Muster. »Bingo, bin drin«, brummte er zufrieden. »Soll ich mal gucken, mit wem er zuletzt telefoniert hat?«

»Wie hast du …?«

Waldi grinste mich an. »Ganz einfach, du Technikfreak. Das Handy ist nicht mit einem Zahlencode gesperrt, sondern durch ein individuelles Muster, das man mit dem Finger nachfahren muss. Wenn jemand nicht dauernd das Display abwischt, kann man es ganz gut erkennen. Unser Mann hatte wohl ziemliche Fettfinger. Das M ist wie eingemeißelt.«

Ich nahm Waldi das Smartphone aus der Hand und studierte die Anrufliste, die er geöffnet hatte. Zuletzt tauchte immer wieder dieselbe Nummer auf. Ich drückte den grünen Hörer, stellte auf laut und sagte zu Waldi, während wir auf das Klingeln lauschten: »Bamberger Nummer. Ein gutes Dutzend Mal. Und alle Anrufe mit heutigem Datum.«

Waldi wollte gerade etwas erwidern, als die Mailbox mit einer dieser weiblichen Stimmen ranging, bei denen man immer das Bild einer verführerischen Blondine vor Augen hat. Die Dame flötete etwas von einer Firma DEIMU und machte mich darauf aufmerksam, dass ich außerhalb der Geschäftszeiten anrief und es gern Montag bis Freitag zwischen neun und siebzehn Uhr probieren könnte.

»DEIMU, nie gehört«, murmelte Waldi, angelte sein eigenes Smartphone aus der Tasche und tippte auf dem Display herum. »Scheint international zu sein und irgendetwas mit Finanzen zu tun zu haben. Die Adresse ist Schützenstraße 27.«

Ich hatte das Gespräch mit der Automaten-Blondine längst beendet und war perplex. »Schützenstraße 27? Da hab ich mal gewohnt.«

Chief Executive Officer

Gleich am nächsten Morgen fuhr ich mit Waldi hin. Die Gegend hatte sich ziemlich verändert, seit ich weggezogen war. Der Bäcker an der Ecke war ebenso verschwunden wie der Tante-Emma-Laden, in dem man von Lebensmitteln über Nähnadeln, Schuhcreme und Staubsaugerbeuteln bis hin zu Küchenschürzen, Wäscheständern, Kaffeemaschinen und Transistorradios alles hatte bekommen können.

Was die guten alten Geschäfte betraf, war das gesamte Stadtviertel ein Fall für die Pathologie. Lebensmittel kaufte man schon lange im Discounter oder im Megasupermarkt,

Transistorradios gab es nicht mehr, und Schuhcreme und Küchenschürzen bestellte man heutzutage im Internet, wenn überhaupt. Im ehemaligen Buchladen mit dem abgewetzten Lesesofa zuckten die Neonröhren eines Asia-Imbisses, und die Karte vom Pizzaservice gegenüber las sich wie ein Lexikon aller Schnellgerichte dieser Erde. Die Autos standen in zwei Reihen, Parkplätze gab es sowieso nur für Anwohner. Ich musste zehnmal um den Block fahren, bis ich den Wagen wenigstens im Halteverbot abstellen konnte. Um ihn als Polizeifahrzeug auszuweisen, pflanzte ich das Blaulicht aufs Dach, dann stiegen Waldi und ich aus.

Wir betraten den Innenhof des fünfstöckigen Gebäudes, in dem ich fünf Jahre lang gewohnt hatte. In meiner Erinnerung stapelten sich hier die Bierkästen, aus dem Maul des bunt bemalten Müllcontainers ragten Lenker und Gepäckträger eines verrosteten Fahrrads, grauer Putz blätterte von den Wänden. Wäsche flatterte an unter den Fensterbrettern gespannten Leinen, und die Katzen der Hausmeisterwitwe balancierten in müheloser Anmut zur ehemaligen Waschküche und zum Kohlenkeller. Unter dem Dach hatte der Musiker aus Bratislava gewohnt, der bei den Symphonikern spielte und Tag und Nacht, wenn er keine Vorstellung hatte, auf seinem alten Cello herumkratzte, womit er die unter ihm wohnende Doktorandin in den Wahnsinn trieb. Bis sie ihn heiratete, er das Cello verkaufte, einen Job als Gabelstapelfahrer annahm und die beiden auszogen. Ich erinnerte mich auch an das schrille Paar aus dem dritten Stock, das im Hof mit infernalischem Punk und Tanz auf den Tischen rauschende Partys feierte. Zuerst turtelten und küssten sich die beiden, dann kamen der Streit und die Schläge, bis er am Ende sturzbesoffen in die Biergarnituren krachte und sie mit zerlaufenem Make-up heulend zwischen Einweggeschirr, Essensresten und Plastikbechern mit Bier- und Schnapsresten hockte wie eine verwelkte Blume auf einem Müllhaufen. Irgendwann hatten auch sie eine neue Bleibe gefunden, ebenso wie das alte Ehepaar und der stets wie aus dem Ei gepellte Banker. Nach der Generalsanierung des Gebäudes war allen der Mietpreis zu heikel geworden. So wie mir.

Jetzt wohnten hier keine Menschen mehr, und es wurde nur noch gearbeitet. Das quadratmetergroße Plexiglasschild neben dem Eingang verwies auf einen Makler, einen Kieferorthopäden, eine IT-Firma, eine Anwaltskanzlei und die Firma DEIMU. Die letzten Anrufe des Ermordeten waren genau an diese Firma gegangen. Und die SIM-Karte des Smartphones, das bei ihm gefunden worden war, war auf den Namen Maximilian Kauder registriert.

Ich drückte den Klingelknopf und wartete, bis mich eine kühle weibliche Stimme aus der Sprechanlage fragte: »Sie wünschen?«

»Killer, Kriminalpolizei Bamberg.«

»Haben Sie einen Termin?«

Waldi drängelte sich neben mich vor die Sprechanlage. »Nein, aber einen Durchsuchungsbeschluss.«

Am anderen Ende wurde geschwiegen.

Ich schob Waldi zur Seite und sagte: »Das war mein Kollege. Er macht gern Witze. Wir möchten mit Herrn Schäfer, dem Firmenchef, reden.«

»Dr. Schäfer ist in einer Besprechung.« Sie betonte den Titel, als hätte ich durch sein Weglassen eine Majestätsbeleidigung begangen.

»Es dauert nur ein paar Minuten. Falls ein kurzes Gespräch unmöglich ist, kann Herr Schäfer natürlich auch gern aufs Präsidium kommen, das wäre uns sowieso lieber.«

»Wir würden ihn vorladen«, knurrte Waldi in die Sprechanlage.

»Warten Sie.« Wieder entstand eine kurze Pause. Irgendjemand rief etwas im Hintergrund, dann quäkte die arrogante Stimme: »Sie haben Glück. Die Besprechung ist gerade zu Ende. Dr. Schäfer wird Sie empfangen.«

»Na bitte. Geht doch.« Waldi grinste.

Der Summer ertönte, ich drückte die Tür auf, und wir betraten den Hausflur mit Marmorboden.

Der Aufzug schwebte nach oben und spuckte uns mit einem dezenten »Pling!« auf einen Flur mit schweren Teppichläufern. Die Wände waren mit dunklem Holz getäfelt, LED-Leuchten warfen gedimmtes Licht von der Decke. Es war wirklich verrückt. Exakt in diesem vierten Stock hatte ich gewohnt, bevor ich mit meiner damaligen Freundin zusammengezogen war, die ein weiteres Kapitel im unrühmlichen Beziehungsleben des Bullen Rod Killer darstellte. Ich blickte mich nach der Tür um, die zu meiner Zwei-Zimmer-Wohnung geführt hatte, aber offensichtlich hatte man im Zuge der Gebäudesanierung nicht gekleckert, sondern geklotzt. Zu meiner Zeit hatte es weder Marmorfliesen noch Teppiche gegeben – und schon gar keinen Aufzug. Das gesamte Stockwerk war komplett neu aufgeteilt worden, die vier Wohnungen waren zu einem einzigen Komplex verschmolzen, vor dessen Tür oder eher Tor aus Mahagoni oder einem anderen teuren Holz wir jetzt standen.

»Keine Klingel.« Waldi suchte ratlos die Täfelung neben der Tür ab.

Ich deutete auf die Kamera schräg über uns. »Hier kommt man nur nach Gesichtskontrolle rein.«

»Schlecht für dich.«

Ich hielt meinen Ausweis unter das Auge der Kamera. Es dauerte ein paar Sekunden, dann summte die Tür auf. Vor uns lag ein pompöser, einem Foyer ähnlicher Eingangsbereich mit halbkreisförmigem Tresen, hinter dem uns eine schwarzhaarige Schönheit geflissentlich ignorierte.

»Hallo?«, sagte Waldi.

Die Schönheit blickte noch eine ganze Weile auf den Bildschirm, bevor sie geruhte, uns ihre Aufmerksamkeit zu schenken. »Einen Moment.« Ihre pechschwarze Haarfarbe war wohl ebenso wenig Natur wie die Wimpern und die ausladenden Brüste unter der silberfarbenen Bluse. Endlich stand sie auf, kam um den Tresen herum, strahlte Waldi und mich an und überschlug sich fast vor Freundlichkeit. »Bitte entschuldigen Sie vielmals, wie unhöflich von mir. Aber ich war gerade mitten in einer Buchung. Sie sind die Herren von der Polizei?«

Ich stellte uns vor: »Mein Kollege, Kommissar Schöps. Und mein Name ist Killer.«

Sie entblößte weiße Zähne. Sie wiesen rote Lippenstiftspuren auf, als hätte sie gerade erst etwas Blutiges gegessen. »Dr. Schäfer erwartet Sie.«

»Was für eine Buchung?«, fragte Waldi.

»Ein Flug.«

»Ihr Chef will verreisen?«

»Geschäftlich. Wussten Sie, dass die Preise bei Online-Buchungen beinahe stündlich schwanken? Ein und derselbe Flug kann schnell mal zwei- oder dreihundert Euro günstiger oder teurer sein.«

»Wohin soll es denn gehen?«

»Darüber wird Ihnen Dr. Schäfer bestimmt selbst gern Auskunft geben. Kommen Sie.«

Ihre Absätze klackten auf dem Parkett, und wir folgten ihr einen kurzen Gang entlang. Sie klopfte an einer cremefarbenen Tür und öffnete sie.

Wir betraten ein geräumiges Büro mit moderner Kunst an den Wänden und Skulpturen auf einem lang gezogenen Sideboard. In drei futuristisch anmutenden Möbeln konnte ich mit einiger Phantasie Sitzmöglichkeiten für Besucher erkennen.

Dr. Schäfer thronte hinter einem wuchtigen, geschwungenen Schreibtisch und entsprach ganz dem Klischee des Managers. Kurze graue Haare, markantes, beinahe asketisch wirkendes, gebräuntes Gesicht. Dunkler Maßanzug, weißes Hemd mit neumodisch breitem Kragen, taubenblaue Krawatte mit einem perfekten Knoten, den ich auch nach intensivem Üben nie hinbekommen würde. Er trat auf uns zu und begrüßte uns gewinnend lächelnd: »Die Herren Kommissare.«

Unsere Vorstellung übernahm dieses Mal Waldi: »Das ist

Hauptkommissar Killer, und mein Name ist Waldemar Schöps. Kripo Bamberg. Was bedeutet die Bezeichnung vor Ihrem Namen unten auf dem Schild?«

»Sie meinen, Senior Chief Executive Officer?« Sein kräftiger Händedruck besagte: Packen wir's an.

»Und wer wird exekutiert?«

Schäfer lächelte gütig über Waldis Flachwitz. »Das heißt lediglich, dass ich Geschäftsführer der DEIMU bin. Zugegeben, klingt etwas hochtrabend, ist aber im internationalen Business so üblich.« Er wandte sich an mich. »Herr Keller, wie kann ich Ihnen und Ihrem Kollegen helfen?«

»Killer. Ich heiße Killer.«

»Interessanter Name – für einen Polizisten.«

»Kennen Sie einen Maximilian Kauder?«

Schäfer runzelte die Stirn und überlegte. »Der Name kommt mir nicht bekannt vor. Für eine verlässliche Antwort müsste ich in meinen Unterlagen nachsehen, ich habe geschäftlich mit sehr vielen Leuten zu tun. Darf ich den Grund Ihrer Frage erfahren?«

»Dürfen Sie. Gleich.« Waldi hielt sich an unser Drehbuch, die Anrufliste auf Kauders Handy zunächst nicht zu erwähnen.

»Was ist mit Herrn Kader? Sie sind schließlich Kriminalbeamte.«

»Kauder«, korrigierte ich. Schäfer schien es nicht so mit Namen zu haben. Oder seine Schwäche war ein bewusst eingesetztes Ablenkungsmanöver. »Sie sind sich sicher, dass Sie ihn nicht kennen?«

»Ich sagte doch, ich habe mit sehr vielen Leuten zu tun und kann mir deshalb nicht alle Namen merken. Aber ich werde in meinem Verzeichnis nachsehen.« Schäfer klappte ein MacBook auf, tippte etwas und schüttelte dann den Kopf. »Nein. Kein Maximilian Kauder. Tut mir leid.« Demonstrativ blickte er auf seine wuchtige Armbanduhr, die bestimmt drei Monatsgehälter meiner Besoldungsklasse gekostet hatte, wenn nicht vier. »Könnten Sie bitte zur Sache kommen? Ich bin ein viel beschäftigter Mann, mein Terminkalender ist randvoll.«

»Okay.« Waldi setzte seinen Bad-Cop-Blick auf. »Dieser Kauder, den Sie nicht kennen, wurde gestern ermordet. Auf ziemlich ekelhafte Art.«

Schäfers sauber getrimmte Brauen hoben sich. »Die Welt kann ein schlimmer Ort sein. Aber Sie sind mir immer noch die Antwort auf die Frage schuldig, warum Sie damit zu mir kommen.«

»Weil er hier angerufen hat«, sagte ich.

Schäfer zuckte mit den Schultern: »Und?«

»Wir stehen noch ganz am Anfang unserer Ermittlungen und gehen jeder kleinsten Spur nach. Da Ihre Nummer sich auf seinem Handy befindet, kommen wir zu Ihnen und fragen nach. Also: Haben Sie gestern mit Herrn Kauder telefoniert und vielleicht nur seinen Namen vergessen?«

»Nicht dass ich wüsste. Grundsätzlich nimmt Frau Schmidt alle Anrufe entgegen. Glauben Sie mir, sie hat die klare Anweisung, sorgfältig auszusortieren.«

»Frau Schmidt?«, fragte Waldi. »Das Botox-Püppchen am Empfang, an dem nichts echt ist?«

Schäfer blieb freundlich und höflich. »Meine Sekretärin.« Er drückte an einer kleinen Box einen Knopf und sprach hinein: »Frau Schmidt, kommen Sie doch bitte für einen Moment zu uns.«

Die Sekretärin stöckelte herein, und Waldi kam gleich zur Sache. »Sagen Sie, hat gestern ein Herr Kauder angerufen?«

Sie blickte zuerst zu Schäfer, dann zu mir und zum Schluss zurück zu Waldi. »Ich glaube nicht.«

»Sie glauben?«

»Hier rufen täglich sehr viele Leute an. Wenn der Anrufer keiner unserer Kunden ist, merke ich mir den Namen nicht und mache mir auch keine Notizen.«

Ich zog die Anrufliste von Kauders Handy aus der Innentasche meines Jacketts, faltete das Papier auf und reichte es der Sekretärin. »Sehen Sie, ganz oben stehen links die Zeit und rechts die gewählte Nummer. Ihre Nummer. Zwischen fünfzehn Uhr dreißig und sechzehn Uhr hat Herr Kauder über den Daumen gepeilt ein Dutzend Mal hier angerufen.«

Waldi guckte gespielt ungläubig. »Und daran können Sie sich echt nicht erinnern?«

»Ich weiß … nicht …« Sie stotterte und blickte hilfesuchend ihren Chef an.

»Frau Schmidt«, mahnte dieser, »wenn der Mann so oft mit Ihnen telefoniert hat, sollten Sie sich schon an ihn erinnern.«

»Warten Sie, ich glaube, jetzt weiß ich es wieder!« Sie versuchte ein gekünsteltes Lächeln. »Ein Vertreter hat immer wieder angerufen. Ich habe ihn abgewimmelt, aber er war äußerst hartnäckig. Wie war noch gleich der Name?«

»Kauder. Maximilian Kauder.«

»Das könnte er gewesen sein. Doch, ja. Ich glaube, so hieß er. Wie gesagt, ein Vertreter.«

»Wofür?«, fragte Waldi.

»Bitte?«

»Was wollte er verkaufen?«

Frau Schmidts knallrot geschminkte Lippen zuckten. Es dauerte eine Weile, bis sie herausbrachte: »Staub… Staubsauger.«

Waldi lachte laut auf, und ich sah, wie Schäfers Mund sich zu einer schmalen Linie verzog. Er schien mit der Vorstellung seiner Sekretärin nicht ganz zufrieden zu sein.

»Wir ermitteln in einem Mordfall«, sagte Waldi, nachdem sein Lachen abrupt verstummt war, »und Sie manövrieren sich gerade mit Vollgas in den Kreis der Verdächtigen. Sie haben noch einen letzten Versuch, Frau Dingsbums – und das Gleiche gilt für Sie, Herr Schäfer.«

»Dr. Schäfer«, verbesserte die Sekretärin verzweifelt.

Ihr Chef winkte verärgert ab. »Mein Gott, Frau Schmidt, jetzt sagen Sie den Herren Kommissaren einfach, was Sie wissen. Was soll denn das Theater?« Er ignorierte die aufgerissenen Augen seiner Empfangsdame und wandte sich mit einer entschuldigenden Geste an mich. »Ich bin erst seit einem knappen Jahr hier in Bamberg, davor war ich in unserem Franchise Enterprise in Südamerika tätig. Ich habe wirklich keine Ahnung, wer dieser Kauder ist.«

Die Mimik der Sekretärin sprach Bände, die aufgerissenen Augen, ihrer Mandelform beraubt, das Auf- und Zuklappen des geschminkten Mundes, ohne ein Wort herauszubringen, die hilflosen Gesten ihrer Hände. Es war offensichtlich, dass sie sich im Moment von ihrem Chef alleingelassen fühlte und nicht wusste, wie sie sich verhalten sollte.

Alles sprach dafür, dass sie instruiert worden war, nichts über Maximilian Kauder auszuplaudern. Wenn mich mein Instinkt nicht trog und es sich tatsächlich so verhielt, dann bedeutete dies zweierlei: Einerseits musste es einen Zusammenhang zwischen Schäfer oder seiner Firma und Kauder geben, der nicht ans Licht kommen durfte. Und andererseits hatte der Geschäftsführer gewusst oder geahnt, dass er irgendwann Besuch von der Polizei bekommen würde. Allerdings war es in diesem Fall entweder dumm oder unlogisch, die Verbindung zu Kauder zu leugnen. Und da Schäfer nicht so naiv sein konnte, anzunehmen, wir würden das Handy des Ermordeten nicht finden oder die Anrufe übersehen, war klar, dass da etwas faul sein musste.

Ich setzte ein neutrales Lächeln auf und stellte Schäfer die klassischste aller Ermittlungsfragen: »Dr. Schäfer, wo waren Sie gestern zwischen sechzehn und achtzehn Uhr?«

Er lächelte freundlich zurück. »Ich nehme Ihnen die Frage nicht übel, Sie machen auch nur Ihren Job. Ich war den ganzen Nachmittag bis circa einundzwanzig Uhr in unserer Aufsichtsratssitzung.«

»Und Sie sind sich sicher, dass Sie diese Sitzung nicht, sagen wir, für ein, zwei Stunden verlassen haben, weil Sie eine Pause brauchten?«, fragte Waldi.

»Absolut. Dafür gibt es mehr als ein Dutzend Zeugen. Frau

Schmidt wird Ihnen gern eine Liste der Sitzungsteilnehmer zusammenstellen.«

Die Sekretärin nickte eifrig.

»Gut«, sagte ich. »Dann danke, dass Sie uns etwas von Ihrer wertvollen Zeit geopfert haben. Wir haben zunächst keine weiteren Fragen an Sie, möchten uns aber gern noch allein mit Frau Schmidt unterhalten, wenn das möglich wäre.«

»Selbstverständlich. Ich stelle Ihnen dafür gern mein Büro zur Verfügung.« Schäfer reichte Waldi und mir die Hand, streifte seine Sekretärin mit einem Blick und wollte den Raum verlassen.

»Herr Dr. Schäfer«, rief ich ihm nach, »eine Frage noch. Wohin geht denn die Reise?«

Er drehte sich um. »Bitte?«

»Der Flug, den Ihre Sekretärin für Sie gebucht hat.«

»Ach so. Nach Santiago de Chile, geschäftlich. Warum interessiert Sie das?«

»Nur so. Und für den Fall, dass wir noch Fragen haben: Wann genau fliegen Sie, und wie lange werden Sie unterwegs sein?«

»Heute Abend für zwei Tage. Frau Schmidt wird Ihnen meine Handynummer geben, dann können Sie mich jederzeit erreichen.«

»Wir wissen Ihre Kooperation sehr zu schätzen. Haben Sie vielen Dank.«

Schäfer nickte lächelnd und schloss die Tür hinter sich.

»Jetzt lassen Sie mal die Hosen runter«, wandte sich Waldi ohne Umschweife an die Sekretärin.

Falsche Metapher, mein Freund, dachte ich.

Frau Schmidt blickte mit einer Mischung aus hastigem Nachdenken und Irritation zu mir. Bevor sie noch auf die Idee kommen könnte, Waldi der sexuellen Belästigung zu bezichtigen, erklärte ich: »Was mein Kollege eigentlich sagen wollte: Sie haben jetzt die einmalige Chance, Ihre Version mit dem Staubsaugervertreter zu korrigieren.«

»Genau«, bestätigte Waldi, der mich mit seiner Selbstsicherheit gegenüber der Sekretärin überraschte. Mit ihren High Heels überragte sie ihn locker um Haupteslänge und konnte buchstäblich auf ihn hinabsehen, womit Waldi normalerweise gar nicht klarkam. Vor allem dann nicht, wenn es sich auch noch um eine schöne Frau handelte – und das war Schäfers Sekretärin trotz kosmetischem Overkill zweifelsohne.

»Warum sagen Sie uns nicht einfach die Wahrheit«, redete ich auf sie ein. »Es steht doch außer Frage, dass Sie Maximilian Kauder kennen oder er zumindest in einer Beziehung zu Ihrem Unternehmen stand. Das Letzte, was er vor seinem Tod getan hat, war, hier anzurufen. Und das nicht nur ein, sondern, um genau zu sein, ganze dreizehn Mal.«

Entweder wechselte sie die Strategie, oder sie hatte sich jetzt wieder einigermaßen im Griff: Innerhalb von Sekunden verwandelte sie sich in ein hilfesuchendes Weibchen mit allen Signalen, die den männlichen Beschützerinstinkt ansprechen. »Es ist mir so unendlich peinlich«, flötete sie und ließ die falschen Wimpern klimpern, bevor sie mich aus ihren feucht schimmernden Mandelaugen ansah.

»Was denn?« Auf Waldi hatte die Hilflose-Kindchen-Nummer offensichtlich aufgrund der umgedrehten Größenverhältnisse keine Wirkung. Augenaufschlag von oben herab schien nicht zu funktionieren.

»Sie haben recht«, gab sie zerknirscht zu. »Herr Kauder ist kein Vertreter.

»Ach?«, sagte Waldi.

»War«, korrigierte ich.

Sie hob erschrocken die Hand vor den Mund. Es war schwer auszumachen, ob die Reaktion gespielt war. »Wurde er wirklich ermordet? Ich meine, das ist ja schrecklich!«

»Also?« Waldi ignorierte das Schauspiel und trommelte ungeduldig auf Schäfers Schreibtisch. »Was war er dann?«

Frau Schmidt schaffte es tatsächlich, authentisch zerknirscht zu wirken. »Er war … eine Affäre.«

»Und was daran ist das Problem?« Waldi fläzte im Chefsessel hinter dem Angeber-Schreibtisch, spielte an der Höhenverstellung herum und drehte sich im Kreis.

»Max – entschuldigen Sie –, Herr Kauder war einer unserer Mitarbeiter.«

Waldi stoppte abrupt in der Bewegung und grinste: »Verstehe. *Don't fuck the company.* Diesbezüglich haben die Amis wohl ausnahmsweise mal recht.«

Ich warf Waldi einen tadelnden Blick zu und sagte zu Schmidt: »Warum haben Sie uns das nicht gleich gesagt? Warum das Versteckspiel?«

Sie druckste herum: »Er war vor Dr. Schäfers Zeit bei uns tätig. Der Chef weiß davon nichts.« Hastig fügte sie hinzu: »Und darf davon auch nichts wissen.«

»Wieso nicht? Frau und Mann haben eine Affäre, das ist doch das Normalste von der Welt.«

Die Sekretärin sortierte ihre Gedanken. Jedenfalls sah es so aus. Die Denkfalten verursachten leichte Risse in der perfekten Schminkfassade. Schließlich gelang es ihr, ihre Stimme noch piepsiger als zuvor und sogar ein bisschen verbittert klingen zu lassen. »Max Kauder war ein Betrüger. Er hat Firmengelder veruntreut. Wir mussten ihn entlassen.«

»Wann war das?«, wollte ich wissen.

»Letztes Jahr. Im Februar oder März.«

»Es liegt deswegen doch bestimmt eine Anzeige vor?«

Sie verneinte und unterstrich ihr Bedauern mit einem erneuten herzerweichenden Augenaufschlag, Marke schutzsuchendes Weibchen. »Leider nein. Mein damaliger Chef, Dr. Lautensinger, entschied sich seinerzeit gegen eine Anzeige. Er fürchtete, der Ruf der Firma könne Schaden nehmen, sollte die Sache publik werden.«

»Aha.« Ich fixierte ihre Mandelaugen. »Und jetzt sagen Sie uns bitte, warum Herr Kauder Sie gestern angerufen hat.«

Waldi nickte pathetisch: »Dreizehn Mal. Dreizehn. Die Unglückszahl!«

Frau Schmidt zupfte nervös an dem Goldkettchen an ihrem Handgelenk. Mir war unklar, ob die so entstandene Pause der Dramatik geschuldet war oder die Sekretärin so lange benötigte, um sich eine passende Version der Geschichte einfallen zu lassen. Jedenfalls nahm sie sich so viel Zeit, dass Waldi vom Drehstuhl aufsprang und entnervt mit den Armen fuchtelte.

»Was soll das jetzt?«, rief er. »Warum brauchen Sie eine Dreiviertelstunde, um eine einfache Frage zu beantworten? Versuchen Sie bloß nicht, uns weiszumachen, Sie hätten die Antwort vergessen!« Die Sekretärin wich zurück, als Waldi einen Schritt auf sie zumachte. »Und die Version vom verlassenen Lover, der Ihnen dreizehn Mal hintereinander die Ohren vollgejammert hat, Sie sollen zu ihm zurückkommen, können Sie sich auch sonst wohin stecken.«

»Entschuldigen Sie die Ausdrucksweise meines Kollegen«, sagte ich, »aber inhaltlich bin ich mit ihm durchaus einer Meinung. Also sagen Sie jetzt einfach die Wahrheit. Das ist immer am besten, denn am Ende kriegen wir sowieso alles raus. Und wenn Sie während der Ermittlungen bei der Polizei einen glaubwürdigen Eindruck hinterlassen haben, ist das für Sie eher von Vorteil.«

Sie schluckte, gab sich einen Ruck und nickte. »Er ... er wollte Dr. Schäfer sprechen.«

»Warum?«

»Weil ... Ich weiß nicht genau ... Er sagte ... er wolle sein Geld.«

»Wofür?«, fragten Waldi und ich gleichzeitig.

Sie schüttelte so vehement den Kopf, dass sie anschließend ihre Frisur neu ordnen musste. »Keine Ahnung. Er wiederholte nur ständig, die Firma habe ihn betrogen und schulde ihm Geld. Wenn er es nicht bekäme, würde er alles auffliegen lassen.«

»Was auffliegen lassen?«, fragte ich.

»Ich weiß es nicht.«

»Also Erpressung.« Waldi kratzte sich bedenklich nahe am

Schritt und stellte fest: »Sie sind ja eine richtige Märchentante. Sie wollen uns also ernsthaft erzählen, Sie und dieser Kauder wären ein Liebespaar gewesen, aber Sie wüssten nicht, was zwischen ihm und Ihrer Firma gelaufen ist?«

Sie brachte es tatsächlich zustande, eine Spur Verzweiflung in ihren Blick und ihre Stimme zu legen. »Das war doch alles nach unserer Beziehung.«

»Was genau?«, fragte ich.

Sie kam ein wenig ins Stolpern, so wie jemand, der eine Unebenheit auf dem Weg übersehen hat, fing sich aber sofort wieder. »Seine Entlassung, die … Veruntreuung der Firmengelder … Offiziell weiß ich davon nichts.«

»Die Reihenfolge war also: Sie arbeiteten beide hier, hatten eine Affäre, und dann war Schluss – haben Sie Schluss gemacht oder er?«, wollte Waldi wissen.

»Es war eine einvernehmliche Trennung.«

Waldi legte den Kopf schief: »Darf man die Gründe erfahren?«

Sie zuckte mit den Schultern. »Es hat eben nicht gepasst.«

»Mich interessiert etwas ganz anderes«, unterbrach ich, bevor Waldis Verhör allzu privat wurde. »Was macht Ihre Firma eigentlich genau?«

Auf diesem Terrain fühlte sich die Sekretärin sichtbar sicherer. Ihre Lippen lächelten, auch wenn ihre Augen kühl blieben. »Wir sind eine PEG und VCG.«

Waldi kam zu mir herüber und stieß mir den Ellenbogen in die Seite. »Hast du das gehört, Killer? Ich hoffe, du bist genauso beeindruckt wie ich. Allerdings habe ich keine Ahnung, was das sein soll. Du vielleicht?«

Frau Schmidt behielt ihr Empfangsdamen-Lächeln bei: »›PE‹ bedeutet ›Private Equity‹ und ›VC‹ ›Venture-Capital‹. Das ›G‹ steht für ›Gesellschaft‹.«

»Irre.« Waldi vergrub die Hände bis zu den Ellenbogen in den Taschen seiner weißen Sonny-Crockett-Hose. »Tausend Dank für die Englischstunde, habe ich dringend nötig gehabt, hatte in der Schule immer eine Fünf. Allerdings habe ich trotzdem noch keinen blassen Schimmer, was genau der Laden hier macht.«

Die Sekretärin lächelte Waldi mit einem Hauch von Spott weiter an. »Können Sie mit dem Begriff Kapitalbeteiligungsgesellschaft etwas anfangen? Vereinfacht ausgedrückt handelt es sich bei unserer Firma um so etwas. War's das jetzt? Über Max Kauder habe ich Ihnen bereits alles gesagt, was ich weiß.«

Max Kauder. Plötzlich machte es klick, und ich musste mich ernsthaft fragen, warum es so lange gedauert hatte. Max Kauder. Max. Die Art und Weise, wie die Sekretärin den Namen ausgesprochen und betont hatte, legte bei mir den Schalter um, und ich wusste, warum bei dem Toten schon gestern meine innere Alarmglocke geschrillt hatte.

»Vielen Dank.« Ich nickte Frau Schmidt zu. »Das war fürs Erste alles. Wir melden uns wieder bei Ihnen, sollten noch Fragen auftreten. – Komm«, sagte ich zu Waldi und dirigierte ihn am Ellenbogen hinaus.

Und es folgt der erste Streich

Achtziger Jahre. Die Gereuth. Bambergs Glasscherbenviertel, sozialer Brennpunkt, dreistöckige, abgewohnte Mietshäuser, Sozialwohnungen, heruntergekommen, aber ordentlich deutsch entlang der Straßen aufgereiht. Kornstraße, Distelweg, Gereuthstraße, Mohnstraße. Arbeitslose, Fabrikarbeiter, Hausfrauen, ein paar von ihnen gehen in der Schwarzenbergstraße anschaffen oder machen Hausbesuche. Alte Fahrräder und ein paar Autos vor den Häusern, der Rost, passend zu den Lebensspuren der Besitzer, sichtbar übertüncht.

Jeder kennt jeden. Matze ist der große Macker in der Mohnstraße, er ist schon zwanzig und auf Bewährung draußen. Sein Opel Manta liegt wie ein gestrandeter Kahn in der Einfahrt, der TÜV ist abgelaufen, dafür quellen die überbreiten Reifen wie Walzen unter den Kotflügeln hervor, und die Auspuffblende ist größer als ein Kanalrohr. An der Antenne der obligatorische Fuchsschwanz, zerfressene Standarte dreier abgebrochener Lehren. Matze schikaniert die Kleinen, hat sich schon mal als Zuhälter versucht und wurde dabei von den Profis der Schwarzenbergstraße in alle Einzelteile zerlegt. Wie eine der Schießbuden, wenn die Schausteller drüben auf dem Plärrer sie nach der Kärwa wieder abbauen.

Fritz, der Knirps, wohnt schräg gegenüber im dritten Stock. Sein linkes und sein rechtes Auge sind abwechselnd blau. Die Schläge verpasst ihm sein Alter, dem er Kippen und Schnaps klaut. Beides verteilt er, damit er in der Welt der richtigen Kerle geduldet wird. Hansi, die Abkürzung von Hans-Georg. Der verharmlosende Name für einen, der Spaß daran hat, Wespen und Hornissen zu fangen und ihnen zuerst den Stachel und dann genüsslich nach und nach Flügel und Beine auszureißen. Dem einer abgeht, wenn er Zigaretten auf den Unterarmen von Schwächeren ausdrückt. Dann ist da noch Veith, der mit Nachnamen Krieger heißt. Der in Ordnung ist und ein Ehrgefühl wie ein italienischer Pate hat. Der einen Stein doppelt so weit werfen kann wie jeder andere, mit dieser Fähigkeit aber auch schon den einen oder anderen Schaden angerichtet hat. So wie damals bei der Wette. Er schleuderte einen faustgroßen Stein über drei Häuserblocks, erlegte dabei aber leider die alte Kessler beim Wäscheaufhängen.

Ein paar langweilige Zicken mit dem Weltbild, dass die jeweilige Farbe des Nagellacks den Lauf aller Dinge bestimmt. Eine von ihnen ist die rothaarige Heidi, die sich angeblich nach einem klar definierten Bezahlungssystem mit Kippen als Währung in einer dunklen Ecke unter den Rock und an die Titten fassen lässt – und auch woandershin, je nach Zigarettenanzahl.

In der Gereuth gibt es keine Gangs oder Territorien in diesem Sinne. Aber als Sechzehnjähriger muss man aufpassen, wo man was macht. Es zeigt sich immer schnell, was einer draufhat und was nicht.

Rod hat nicht lange gebraucht, um zu lernen, dass man nicht in die falsche Ecke pinkelt und seine leere Bierdose nur in der eigenen Straße herumkickt. Rod ist anerkannt, er ist keiner, der gleich davonrennt, und er hat Grips, Freunde und Feinde. Klar, im Rudel wird die Rangordnung unter den Mitgliedern ausgekämpft, die Schwachen werden nach unten durchgereicht, man schlägt mit harten Bandagen, aber fair. Die Kater im Revier diskutieren nicht im Stuhlkreis, wer die dicksten Eier hat, das wird abends im Hinterhof zwischen den Wäschestangen erledigt. Ein offenes Ende gibt es nicht, nur Sieg oder Niederlage.

Da sind die Kleinkriminellen, die sich mit Dealen und Diebstählen über Wasser halten, und die ganz Normalen, die Arbeiterfamilien, in denen die Kinder in die Schule gehen, der Vater im Feinrippunterhemd am Samstagnachmittag bei aufgedrehtem Radio den VW Käfer wäscht. Dann läuft Bundesliga, der Club gegen die Bayern, und die Mutter, mit blauen Lockenwicklern im Haar, schreit vom Balkon, er solle um Gottes willen leiser machen, die ganze Nachbarschaft höre ja mit. Und er schreit zurück: »Ja, wie du hier rumbrüllst!«

Dann die Neuen, die letzten Monat in der Mohnstraße eingezogen sind, dritter Block, Erdgeschoss. Werden von allen Seiten beäugt wie Poldi, der Bär oben auf der Altenburg in seinem Gehege. Seltsame blasse Leute. Wie Geister, sagt Max, der selbst aussieht wie ein Vampir. Angeblich Spanier. Bald geht das Gerücht, sie gehören einer Sekte an, katholisch oder evangelisch sind sie jedenfalls nicht. Man fragt sich auch, ob sie keine Kinder haben, bis sie eines Tages plötzlich auftaucht, als hätte man sie bisher versteckt gehalten. Sie tritt aus dem Haus wie eine Erscheinung aus der Dunkelheit, eine unwirkliche Schönheit mit weißer Haut, schwarzen Haaren in stürmischen Wellen über ihren Schultern und dunklen Fieberaugen, stolziert die Mohnstraße entlang wie eine spanische Prinzessin, mit herablassendem, verächtlichem Gesichtsausdruck. Dreimal hintereinander lässt sie Matze abblitzen, der daraufhin in der Nachbarschaft lautstark verkündet, die frigide Fotze habe

Tripper, ihr Arsch sei fett und bald werde sie Warzen und die hässliche Fresse ihrer Mutter kriegen – obwohl er die Mutter nie gesehen hat.

Und Hansi mit seinen Eisaugen, der einen gläsernen Flügel aus dem Hornissenkörper zieht, ihn prüfend gegen das Licht hält und nicht zu uns, sondern zu sich selbst murmelt: »Die ist fällig. Die holen wir uns.«

»Hör auf mit dem perversen Scheiß«, knurrt Veith, schlägt ihm das sich windende Insekt aus der Hand und zertritt es mit dem Absatz wie Matze seine bis auf den Filter heruntergequalmte Camel.

Dr. Pontorra

Max also. Der kleine bleiche Max, der wie ein Gespenst überall auftauchen und sich wieder unsichtbar machen konnte. Den man nie wirklich wahrnahm, eines dieser durchsichtigen Wesen, die ihre Anwesenheit durch Unauffälligkeit tarnen, ein Kulissenmensch im Hintergrund. Immer bei Revierrangeleien dabei, doch nie richtig involviert, nie ein Kratzer, kein eigenes Blut, aber kleine Fäuste, die vorschnellen konnten wie Amphibienzungen und blitzartig wieder weg waren. Einer im Hinterhalt. So unsichtbar, so unauffällig, dass er sich auch in meinem Kopf ein Versteck eingerichtet hatte, ein Sniper mit Präzisionsgewehr hinter einem Fenster mit zugezogenen Vorhängen in meinem Gedächtnis.

Max. Der Einzige, der damals bei der Mutprobe im Bärengehege gekniffen hatte und am Ende genau dort gelandet war. Klassische Ironie des Schicksals. Max Kauder. Nun lag er vor mir auf dem glänzenden Aluminiumtisch in der Rechtsmedizin. Auch jetzt bleich, diesmal totenbleich. Die schwarzen Krusten der aufgebissenen Lippen, als hätte er sich den Mund mit Schokolade beschmiert. Die feine Spur der Todesschlinge um seinen Hals wie ein dunkelblauer, beinahe schwarzer Ring. Die Schlinge, die er selbst zugezogen hatte. Laut rechtsmedizinischem Gutachten war das Erwürgen äußerst langsam und ohne grobe Gewalteinwirkung erfolgt, Zungenbein und Kehlkopf waren nicht gebrochen.

Sosehr ich auch in meinem Gedächtnis kramte, ich konnte keinerlei Ähnlichkeit zu jenem Max von damals, dem Heckenschützen aus der Kornstraße, mehr feststellen. Nur ein paar alte Bilder stiegen auf, die sich aber ebenso wenig mit dem Toten vor mir abgleichen ließen. Max war selbst mit dreizehn kaum größer als eins vierzig gewesen, spindeldürr mit strähnigem aschblondem Haar und unruhigem Blick, den Kopf immer weit vorgeschoben, als witterte er. Ein Straßenköter mit zusammengekniffenen Augen, hohlwangig den Rauch der Zigarette inhalierend, die er nach Vorbild der Großen zwischen Daumen und Zeigefinger hielt. Der im düsteren Hausflur in der Mohnstraße auf den Fersen hockend Zehn-Pfennig-Münzen so nah wie möglich an die Wand schnippte, deren bröckelnder Putz mit Penissen und anderen unmissverständlichen Bildchen und Sprüchen verziert war.

Storchs Assistent hatte dem toten Max die Lider über die früher so unruhig flackernden Augen gezogen. Aus dem Straßenköterblond war schütteres Grau geworden – dazwischen kahle Schädelstellen. Der Bereich mit den Bartstoppeln sah aus, als hätte jemand grauen Staub über Kinn und Wangen gestreut. Max' Gesichtsausdruck hatte nichts mehr mit der entstellten Fratze des brutalen Todeskampfes im Bärenzwinger gemein. Es lag nun beinahe Enttäuschung darin. Gerade so, als hätte er die grausame und entwürdigende Art seines Sterbens als Beleidigung der menschlichen Würde empfunden.

Nachdenklich stand ich in dem gefliesten Raum mit den herausziehbaren glänzenden Schließfächern des Todes an der gegenüberliegenden Wand. Über mir zuckte eine Neonröhre, und mein schattenhaftes Bild spiegelte sich in der Milchglastür, die auf den Gang führte. Die Stille hatte etwas Archaisches an sich, sie erinnerte mich an die Kirche meiner Kindheit. Zwei Dutzend unbarmherzig hölzerne Bänke zu beiden Seiten des Mittelgangs, weit vorn im Zwielicht das dunkle, erhöhte Rechteck des Altars, der wirkte wie ein Opferblock.

Ich zog das weiße Leichentuch über Max' fremd gewordenes Gesicht, und es kam mir so vor, als hätte ich schon vor langer Zeit ein ebensolches Laken über diesen Teil meines Lebens ausgebreitet. Damals, als sich nicht nur mein Freundeskreis radikal veränderte, sondern auch meine Ansichten. Als mein Blick auf die schäbigen Mietskasernen der Gereuth und deren Bewohner abschätzig und überheblich geworden war und ich begonnen hatte, mich für etwas Besseres zu halten. Ich hatte geglaubt, ich sei diesem absurden Ameisenhaufen, dieser schäbigen Illusion, eines Tages würde das Leben besser werden, für immer entkommen.

Normalerweise wurden unsere Toten nicht hierher ins Klinikum, sondern sofort in die Erlanger Rechtsmedizin gebracht, die allerdings momentan nach einem Wasserrohrbruch für geraume Zeit nicht genutzt werden konnte. Der Fall ging bereits durch alle Medien und sorgte neben Kopfschütteln auch für große Erheiterung: Studenten hatten sich nachts Zutritt verschafft, um mit dem Kitzel des Morbiden eine feuchtfröhliche Party zu feiern. Bei einer Klimmzugwette diente das Wasserrohr als Stange. Es brach, und das Ende vom Lied war eine kapitale Überschwemmung der gesamten Pathologie gewesen, mit einem Schaden, der in die Hunderttausende ging.

Kevin Schaller, Storchs Assistent, hatte sich schon die Feierabendklamotten angezogen und begleitete mich nach oben zum Ausgang. Er sah aus wie ein Praktikant oder ein Student im ersten Semester, mit aufgeblühter Akne, Piercings in den Brauen, Tattoos auf beiden Unterarmen, dem Hosenbund der Markenjeans auf halbmast und Zweihundertfünfzig-Euro-Sneakers an den Füßen. Waldi hatte vor ein paar Wochen, als Schaller in der Rechtsmedizin anfing, ganz wie es seine zurückhaltende Art war, quer durch den Besprechungsraum im Präsidium gerufen: »Ich krieg 'nen Affen, ein gepiercter Leichenfledderer!« Ein wenig dezenter hatte mir später Koch-von-der-Leyen haifischlächelnd hinter vorgehaltener Hand zugeflüstert: »Schon Wahnsinn, wie viel die jungen Leute heutzutage investieren, um sich komplett zu verunstalten.« Nichtsdestotrotz hielt Storch große Stücke auf Schaller. Bevor dieser die Arbeit aufnahm, hatte er verkündet, der junge Mann sei ein gutes Beispiel dafür, dass man Menschen nicht nach ihrem Äußeren beurteilen dürfe, genauso wenig wie die Toten übrigens. Bei denen erfahre man auch erst nach dem Aufschneiden, was Sache war. Schaller sei mitnichten ein unreifer Herumtreiber, der nur Nichtstun und Party im Kopf habe, sondern ein kompetenter, fleißiger und äußerst akkurat arbeitender junger Mann auf dem neuesten Stand der Dinge, von dem man gelegentlich sogar noch etwas lernen könne. Er hatte ihm eine große Zukunft prophezeit.

Beim Hinausgehen fragte ich den tätowierten Überflieger: »Ihr Chef macht nicht gerade Überstunden?«

»Nein. Im Augenblick haben wir ja nur diese eine Leiche.« Schaller klang so, als bedauere er das, was Storchs Urteil in gewisser Weise bestätigte. Der Junge war auf dem besten Weg, ein guter Pathologe zu werden.

»Dann macht er wahrscheinlich anderweitig Überstunden. Außerdienstlich.«

»Meinen Sie?« Schaller bückte sich zu seinem Fahrrad und hantierte am Schloss. Meine ironische Anspielung auf das vermutliche Dauerturteln seines verliebten Chefs ließ ihn keine Miene verziehen. Auch das passte ins Bild. Natürlich hatten Pathologen genauso wie jeder andere einen Sinn für Humor oder Ironie, allerdings lebten sie diesbezüglich in einem Paralleluniversum. Sie lachten sich über Dinge tot, über die normale Menschen bestenfalls irritiert die Brauen hoben. Vor Jahren wäre Storch vor Lachen fast erstickt, als ihm ein Kollege den klassischen Pathologenkalauer von der toten Achtzigjährigen mit dem Kitzler, der einer Essiggurke ähnelte, erzählt hatte.

Schaller schob sein Fahrrad von der Wand weg und sagte: »Ich fahr dann mal, wenn Sie mich nicht mehr brauchen.«

»Nein, natürlich nicht. Vielen Dank und schönen Feierabend.«

Er schwang sich auf den Sattel und rollte lässig die überdachte Auffahrt hinunter. Ich folgte dem gepflasterten Fußweg am Brunnen vorbei bis zum Parkplatz, wo mein alter Chevrolet Station Wagon wie ein Riesenfossil zwischen den japanischen Kleinwagen, Polos und Golfs der Krankenhausbesetzung stand. Bevor ich einstieg, blickte ich über die Schulter zum hoch aufragenden Klinikum zurück. Vor der dunklen Silhouette des Bruderwaldes kam mir das Gebäude immer vor wie ein überdimensionales Raumschiff, das mit Aliens dort gelandet war und nicht mehr abheben konnte.

Ich unterdrückte einen Fluch, als ich auf die Uhr blickte. Einzeltherapiesitzung um siebzehn Uhr. Es war drei vor. Ich ließ mich auf den Fahrersitz gleiten, drehte den Zündschlüssel, drückte das Gaspedal durch und schoss hinaus auf die Buger Straße. Im Feierabendverkehr würde ich mindestens eine Viertelstunde bis zur Promenade brauchen, wo zu dieser Zeit zudem die Hoffnung auf einen Parkplatz illusorisch war.

Ich stellte den Chevy vor dem Hotel Central ins absolute Halteverbot, klemmte meinen Ausweis hinter die Scheibe und marschierte zwei Häuser weiter. Früher, als das Hotel noch der Zentralsaal und ich fünfzehn oder sechzehn gewesen war, ging man hierhin, um die lokalen Bands zu hören, die CCR, Deep Purple, Uriah Heep und all die anderen Gruppen aus den Siebzigern coverten, und um zu »Angie«, »Je t'aime« und »Let It Be« von den Beatles Blues zu tanzen. Natürlich tanzte man nicht wirklich. Die Draufgänger klammerten sich an das Objekt der Begierde, und die Schüchternen nahmen zitternd ersten Körperkontakt auf. Im Zentralsaal hatte ich zum ersten Mal mit einem Mädchen geknutscht, aber kein einziges Wort mit dem schmalen, blassen Wesen gesprochen, das mir feuchte, warme Küsse schenkte und nach »Stairway to Heaven« aus meiner linkischen Umarmung schlüpfte und wie ein aufgeschreckter Vogel davonflatterte. Auch die Bamberger Symphoniker hatten im Zentralsaal Konzerte gegeben, aber vor anderem Publikum, mit ordentlich aufgestellten Stuhlreihen und ohne Stehblues.

Im Hotel Central war ich später nie gewesen, doch hinter der prunkvollen Fassade sah ich immer noch den weitläufigen alten Saal, vorn, hinter den schweren, aufgezogenen Vorhängen, die Bühne, das Schlagzeug und die Verstärker der Band, davor die Tanzfläche und dann die Tische mit dem Chaos aus Flaschen, Bier- und Spezigläsern. Neben der Eingangstür hatte man auf beiden Seiten die Stufen hochsteigen und sich mit oder ohne Mädchen in die Dunkelheit der Balkone verziehen können, die wie längliche Bienenkörbe links und rechts an den Saalwänden hingen. So nobel sich das Hotel Central heute auch präsentierte, für mich verkörperte es die Entweihung meiner Erinnerungen. Ich musste an eine Fortbildung für Polizisten in Birmingham denken, zu der ich vor ein paar Jahren abgeordnet worden war. Dort hatte man Kirchen, die kaum mehr jemand besuchen wollte, zu Büchereien und Kantinen umfunktioniert.

Promenadenstraße, Hausnummer 5. Links neben dem Eingang hingen Ärzteschilder aus weißer Emaille mit schwarzer geschwungener Schrift. Ausgetretene, knarzende Holzstufen führten in die oberen Geschosse, die helle Ölfarbe glänzte an den Wänden im Treppenhaus. Der Geruch von Bohnerwachs rief eine weitere alte Erinnerung wach, ebenso wie der glatte Handlauf des Treppengeländers mit seinen säulenartigen Holzpfosten. Linker Hand auch hier ein Schild neben einer offenen Tür: »Dr. psych. Paula Pontorra«. Sowohl Facultas als auch Vor- und Nachname eine linguistische Kriegserklärung an das fränkische Idiom, das alle harten Konsonanten gnadenlos weichspült.

»Rod, sind Sie es?« Dr. Pontorras mädchenhafte Stimme kam aus dem hinteren Bereich ihrer labyrinthischen Praxis, die aus einem halben Dutzend verschachtelter Räume bestand. Man gelangte zu ihnen durch mindestens doppelt so viele Türen oder verwirrende Gänge. Oder auch nicht.

»Ja.« Ich versuchte, dem Nachhall ihrer Stimme zu folgen, und fand die Therapeutin in einem der Zimmer, deren Fenster zum Busbahnhof auf der gegenüberliegenden Seite der Promenadenstraße hinausgingen. Ihre Stimme täuschte über ihre tatsächliche Erscheinung hinweg: Dr. Pontorra war eine Matrone, und das nicht nur in physischer, sondern auch in psychischer Hinsicht. Ihre Schwäche für Räucherstäbchen war im Zimmer nicht zu überriechen, einem hohen Raum mit einer Decke mit übertrieben viel Stuck und einem ebenso übertriebenen Lüster, der wie das Damoklesschwert über mir am Stromkabel baumelte und dessen Glaskristalle leise im Luftzug klimperten, als ich auf dem Barockkanapee mit moosgrünem Samt und geschwungenen Holzlehnen Platz genommen hatte.

Sie thronte auf einem Sessel, dem optischen Pendant zum Sofa, und pustete sich aus rot geschminkten Lippen einen Kringel der silbergrauen überbordenden Locken aus dem Gesicht, die sich auf ihrem Kopf wie die Schlangen auf dem Medusenhaupt wanden. Auf ihrer imposanten Brust lagen silber- und goldfarbene Kettenanhänger aus undefinierbaren Gegenständen. In meiner Vorstellung waren es irgendwelche Knochen, Zähne oder andere tierische Überreste. Das, was die Therapeutin trug, konnte man nicht Kleider nennen, es waren vielmehr schwarze wallende Gewänder. Seit meinem ersten Besuch kam es mir so vor, als säße ich einer alten, Zigarre schmauchenden Zigeunerin gegenüber, die den Rauch über eine Kristallkugel vor sich auf dem schmalen Glastisch bläst. Tatsächlich kennzeichnete sich die Persönlichkeit von Dr. Pontorra durch eine Mischung aus in sich ruhender Mütterlichkeit, grenzenloser Professionalität und schonungsloser Sicht auf die Wahrheit hinter meinen Kulissen.

Sie musterte mich mit einem dunklen, aber klaren Blick. »Sie sind zwanzig Minuten zu spät.«

»Wie sagten Sie neulich? Eine gewisse Elastizität kann für einen Beamten in vielen Lebensbereichen hilfreich sein.«

»Sagte ich das?« Sie hob ihre Brauen zu zwei vollendeten Halbkreisen. »Damit habe ich aber bestimmt nicht gemeint, dass Sie die Hälfte unserer Sitzung verbummeln. Ständiges Zuspätkommen entspricht übrigens perfekt Ihrem Suchtschema.«

»Komme ich denn *ständig* zu spät?«

»Allerdings. Bisher sind Sie weder zu den Einzel- noch zu den Gruppensitzungen pünktlich erschienen.«

Ich rückte mich auf dem Kanapee zurecht. »Gehört es zur Therapie, Patienten Vorwürfe zu machen?«

Sie lächelte gütig. »Kommen Sie, Rod. Keine Spielchen. Lassen Sie uns die verbleibende Zeit lieber sinnvoll nutzen.«

»Okay.« Ich fummelte am oberen Knopf meines Hemdes, während meine Augen an der gegenüberliegenden Wand nach einer Uhr suchten.

»Erzählen Sie: Wie geht es Ihnen? Was haben Sie in den letzten Tagen Positives erlebt und gefühlt?«

Positives? Mal nachdenken! Nun, da wären ein Haufen alter Berichte, die es aufzuarbeiten galt, die täglichen Überstunden wegen chronischer Unterbesetzung, zehntausend Miese bei der letzten Pokerrunde und ein Toter im Bärenzwinger. Stattdessen sagte ich: »Ich fühle mich hervorragend. Eigentlich gibt es nur Positives zu berichten.«

»Zum Beispiel?«

»Wir hatten eine sehr schöne Feier, unser Rechtsmediziner hat sich mit einer zauberhaften Person verlobt, einer kleinen Schönheit. Niemand von uns hätte ihm das zugetraut –«

»Rod.« Sie unterbrach mich mit einem Blick, der mildes Mitleid ausdrückte. »Ich habe noch nie einen schlechteren Schauspieler gesehen als Sie. Verkrampfte Schultern, fehlender Blickkontakt, nicht den Hauch eines Lächelns. Sie sind nervös, unsicher und insgesamt ziemlich am Ende, mein Lieber. Und zur schlechten Schauspielerei kommt noch ein schlechtes Gewissen hinzu. Um sich das Image eines aufstrebenden

Dynamikers zuzulegen, müssen Sie noch gewaltig üben. Also: Woran haben Sie wirklich gedacht, als ich Sie nach positiven Erlebnissen gefragt habe?«

Ich rutschte auf ihrem moosgrünen Samtsofa herum. Es machte mich unruhig und ärgerte mich, wie sie nach Belieben in meinem Innenleben herumblätterte und mich mit Behauptungen konfrontierte, die auch noch stimmten. Ich zuckte mit den Schultern. »In der Mordkommission ist es nicht unbedingt immer lustig.«

In ihren dunklen Augen glommen Funken auf. »Speisen Sie mich nicht mit Pauschalitäten ab. Dass Ihr Beruf kein Zuckerschlecken ist, weiß jeder. Aber es gibt ein paar Tricks, die einem helfen können, mit den Unwägbarkeiten des Lebens besser umzugehen. Man muss nicht unbedingt Drogen nehmen oder zum Säufer werden. Allerdings sollte man sich in Ihrem Fall zusätzlich professionell helfen lassen.«

»Ich trinke nicht und nehme auch keine Drogen.«

»Rod, so kommen wir nicht weiter. Sie sind ein Spieler mit sehr hohem Suchtpotenzial. Das ist eine Tatsache. Zuflucht in einer Sucht zu suchen ist Ihr Versuch, die Dinge zu kompensieren, mit denen Sie nicht zurechtkommen.«

Quatsch. Ich spiele, weil es die Nerven so schön kitzelt und um zu gewinnen. Ich blickte auf die Uhr. »Hören Sie, ich bin hier, weil ich hier sein muss – Anordnung von oben. Ab und zu spiele ich ein bisschen Poker, um mich zu entspannen und abzuschalten, wo ist das Problem?«

»Es wäre besser, Sie würden mir erklären, womit Sie Probleme haben. Darin besteht nämlich der Sinn einer Therapie: Sie erzählen mir ein paar Dinge von sich und geben mir damit einen Schlüssel in die Hand, mit dem ich die Tür zu Ihrem Unterbewusstsein aufsperre. Dann werfe ich einen gründlichen Blick hinein, stelle eine Diagnose und gebe Ihnen Maßnahmen an die Hand, mit deren Hilfe wir gemeinsam an Ihren Defiziten arbeiten.«

»Was für Defizite?«

Sie schnaubte. »Es reicht. Das ist jetzt unsere dritte Einzelsitzung, und ich muss Ihnen immer noch die Regeln erklären. Sie kommen mit den vertauschten Rollen nicht klar, stimmt's? Normalerweise stellen Sie die Fragen, es gefällt Ihnen nicht, antworten zu müssen.« Sie schüttelte missbilligend den Kopf, und ihre Lockenpracht flog. »Aber Sie machen einen Denkfehler, Rod. Das hier ist kein Verhör Cop gegen Gauner. Unsere Sitzungen haben allein das Ziel, Strategien zur Therapierung Ihres Suchtverhaltens zu entwickeln.«

»Hören Sie«, ich versuchte, geduldig zu klingen, »ich erkläre es Ihnen gern noch einmal. Das Problem ist einzig und allein, dass mir die Therapie von oben verordnet wurde, weil ich bei meinem letzten Fall in die Schlagzeilen geraten bin. Jemand hat mir eine Falle gestellt, verstehen Sie? Die Journaille zog daraus den Schluss, ich wäre ein spielsüchtiger Hauptkommissar der Mordkommission. Ein gefundenes Fressen für die Zeitungsfritzen, die die Geschichte immer weiter aufgeblasen haben. Aber es steckt nichts dahinter. Ich war ein einziges Mal völlig legal in einem tschechischen Spielcasino. Ja, es gab dabei ein Problem, das stimmt, aber das wurde geregelt. Trotzdem musste mein Chef auf den Presserummel um den angeblich spielsüchtigen Hauptkommissar reagieren. Hätte er es nicht getan, hätte er mich beurlauben müssen. Diese Taktik ist der alleinige Grund für die Therapie. Meine Besuche bei Ihnen sind nichts anderes als die Botschaft an die Öffentlichkeit: Da ist ein Mitarbeiter, der ein kleines Problem hatte, das mit professioneller Hilfe aber schon wieder so gut wie gelöst ist.« Ich lehnte mich zurück, verschränkte die Arme vor der Brust und beobachtete, wie die Psychologin eines dieser schwarz-roten Büchlein vom Glastisch nahm, denen normalerweise fünfzehnjährige Teenager ihr Herzeleid anvertrauen.

Mit einer fließenden Bewegung setzte sie eine Lesebrille mit knallrotem Gestell auf, blätterte stirnrunzelnd in der Kladde und sagte: »Ah, hier ist es: Anzeige wegen Körperverletzung in einem Spielcasino, illegales Spielen im Hinterzimmer einer zwielichtigen Kaschemme, wiederholtes Onlinespielen auf dem Dienstrechner, private Schulden in fünfstelliger Höhe.« Sie ließ das Notizbuch langsam wieder sinken, rückte die Brille ein wenig nach unten und sah mich über die Gläser hinweg an. »Rod, ob Sie es wahrhaben wollen oder nicht – es gibt kaum klarere Indikatoren für Suchtverhalten. Der allererste Schritt aus einer solchen Abhängigkeit ist die Selbsterkenntnis. Gestehen Sie sich die Sucht ein. Diesen Schritt kann ich Ihnen leider nicht abnehmen.«

Ich seufzte hörbar. »Frau Doktor, ich habe das Gefühl, Sie hören mir nicht richtig zu. Außerdem haben Sie die Anzeige einer Zeugin wegen Vergewaltigung vergessen.«

»Habe ich nicht. Ich habe nur darauf verzichtet, sie explizit aufzuzählen. Und lassen Sie das ›Frau Doktor‹. Wann haben Sie zum letzten Mal gespielt? Vorgestern? Gestern?«

»Gestern, aber –«

»Wie viel?«

»Wie viel was?«

»Um wie viel Geld ging es? Wie viel haben Sie verloren? Trauen Sie sich, mir das zu sagen?«

Das geht dich einen feuchten Kehricht ... »Es war nur eine harmlose Runde, ich habe mir die Zeit mit ein paar alten Bekannten vertrieben, weiter nichts!«

Nun war es an ihr, zu seufzen. Sie breitete ihre Arme aus, als wollte sie sagen: Junge, was bist du nur für ein hoffnungsloser Fall. »Warum fällt es Ihnen so schwer, offen zu sein?«, fragte sie. »Bin ich das Problem, oder fürchten Sie um Ihr abgeklärtes Polizistenimage? Haben Sie Angst, dass Ihre Tough-Guy-Fassade Risse bekommt?«

»Das ist doch lächerlich.«

»Nein, ist es nicht.« Sie klappte ihr Teenager-Herzschmerz-Buch zu und legte es vorsichtig zurück auf den Glastisch. »Lassen Sie mich eine Metapher benutzen: Ich nehme eine Taschenlampe und leuchte damit in Ihre dunklen Ecken, in die sonst kein Licht dringt. Ich sehe, was dort herumliegt.«

Gütiger Himmel! Und jetzt singen wir gemeinsam: Leuchte, kleine Taschenlampe, leuchte. Ich sagte: »Sie meinen, Sie sehen Unrat und solche Sachen?«

»Rod, nein, ganz und gar nicht. In einer Therapie ist es wenig hilfreich, die Dinge nach gut und böse zu kategorisieren. Man muss wertfrei bleiben. Wir beschäftigen uns mit den Enttäuschungen, Erfahrungen, mit den Traumata und Verletzungen, die sich im Laufe unseres Lebens angesammelt haben, und suchen dann nach der passenden Salbe für die Wunde. Manchmal ist, bildlich gesprochen, auch ein chirurgischer Eingriff notwendig, aber oftmals genügt eine simple Erklärung. Das Verstehen von Reaktionen, die uns in eine nicht wünschenswerte Situation manövriert haben.« Sie pausierte und blickte mich über die knallroten Ränder ihrer Brille mit tiefen Runzeln auf der Stirn erwartungsvoll an.

»Und was wollen Sie jetzt konkret von mir wissen?«

Sie nahm die Brille ab, begann, auf einem der Bügel herumzukauen, und schien sich nun mit nach oben gewandtem Blick auf die Kristalltropfen des Lüsters zu konzentrieren, der über meinem Kopf wie eine gläserne Wolke schwebte. Als hätten sie ihren Blick gespürt, begannen die Tropfen erneut, leise zu klimpern. »Eine Schlüsselfrage ist zum Beispiel, ob Sie Phobien haben.«

Allerdings, sogar eine ziemlich ausgeprägte in Bezug auf Psychologen, insbesondere weibliche. Ich wiederholte: »Phobien?«

»Ängste. Haben Sie starke Angst vor verschiedenen Dingen?«

Auch ich legte nun die Kopf zurück, blickte zu dem Lüster und schlug vor: »Vor dem Sterben, vor Krebs?«

»Rod.«

Ich war mir nicht ganz sicher, was ihr Kopfschütteln ausdrücken sollte: Missbilligung oder Resignation? Ich hoffte auf Letzteres und sagte: »Sie sind nicht zufrieden mit meinen Antworten?«

»Ganz und gar nicht. Sie geben keinen Millimeter Ihres Innenlebens preis, wie soll ich da mit Ihnen arbeiten?« Resolut setzte sie die Brille wieder auf. »Im Prinzip kann es mir egal sein. Ich helfe als Polizeipsychologin lediglich aus, und das auch nur, weil man mich, gelinde gesagt, verzweifelt darum gebeten hat. Glauben Sie mir, ich habe mehr als genug eigene Patienten, die gern kooperieren. Ihre Therapie muss von mir bestätigt werden. Wenn Sie kein Interesse daran haben oder unsere Sitzungen abbrechen wollen, dann ist das Ihre Sache. Die Konsequenzen, die das für Sie haben wird, kenne ich nicht, und sie sind mir auch herzlich egal.« Sie hielt inne, weil aus meiner Hosentasche plötzlich »Whole Lotta Love« dröhnte.

»Entschuldigen Sie.« Ich fummelte das Handy heraus und las auf dem Display: »Otto-Heim«. Ich tippte auf den Hörer auf dem Touchscreen, horchte und sagte, während ich aufstand und den Raum durchquerte, zur Pflegerin am anderen Ende der Leitung: »Ich bin schon unterwegs. Keine Sorge, ich bringe sie Ihnen gleich zurück.« In der Tür drehte ich mich noch einmal zu Dr. Pontorra um: »Meine Mutter, Sie wissen schon ...«

Ich hastete durch den Flur und hörte noch, wie sie mir verärgert nachrief: »Herrgott, nein, ich weiß überhaupt nichts über Sie!«

Fährmann

Mutter. Sie litt an Demenz. Und sie hatte ihre angestammten Plätze im Hain und eine Sonnenmanie. Wenn die Sonne schien und es ihr gelang, die Pflegerinnen zu überlisten, büxte sie aus und lief zur Brücke am Hollergraben oder zum Kinderspielplatz auf der Hainwiese. Oder zum Wehr an der alten Mühle, gegenüber der Fähre und der Villa Concordia. Hatte sie ihr Ziel erreicht, stand sie ganz still, wandte ihr verwelktes Gesicht wie eine Blume zur Sonne und lauschte mit geschlossenen Augen dem plätschernden Wasser, dem Geschrei der Kinder oder anderen Geräuschen, die sie nicht mehr begreifen konnte oder deren Bedeutung doch noch hinter einer der verschlossenen Türen ihres verlöschenden Gedächtnisses lag.

Es war kurz vor sechs und dunkel, als ich die Hainstraße hinunterfuhr. Wie ein zu schnell abgespulter Film tauchten die Bilder der alten Hainwiesen in meinem Kopf auf. Als Junge war ich manchmal den ganzen Weg hierhergelaufen. Im Sommer spielte ich Fußball, im Winter, wenn die Feuerwehr Wasser auf die Wiese gespritzt hatte, Eishockey mit einem Schläger, den ich mir aus Zaunlatten gebastelt hatte. Inzwischen gab es, geschützt durch einen hohen Drahtzaun, Basketballkörbe und stabile Fußballtore, die sogar Vandalismus standhielten, und dahinter einen Abenteuerspielplatz und ein gespanntes Drahtseil, an dem die Kinder auf einem Bügel hockend hinterrauschen konnten, wenn es ihre Helikoptereltern erlaubten.

An den Hainwiesen vorbei zog ich den Chevy auf die Asphaltfläche vor der Hollergrabenbrücke, die Scheinwerfer strichen über die dunklen Baumstämme. Es war seltsam, dass sich Mutter um diese Zeit – und vor allem bei Dunkelheit – auf den Weg gemacht hatte. Normalerweise verpasste sie kein Abendessen. Außerdem versetzten sie die Medikamente, die sie bekam, eigentlich in eine Art Dämmerzustand, dann saß sie nur noch da und starrte apathisch ins Nichts. Aber vielleicht hatte sie die Pillen auch mal wieder an die Perlhühner im Hof verfüttert und ihnen dabei eine schöne Nachtruhe gewünscht.

Da ich Mutter nicht am Hollergraben entdeckte, lenkte ich den Wagen zurück auf die Hainstraße und bog nach zweihundert Metern erneut links ab. Ich parkte den Station Wagon am Ende der Sackgasse und marschierte zu Fuß zum alten Wehr.

Die Brücke war Mutters absoluter Lieblingsplatz. Wenn ihr die Flucht aus dem Heim gelang, fand ich sie bei Sonnenschein fast immer am eisernen Geländer. Dann blickte sie hinunter in die rauschende Kaskade oder hob den Kopf zur Gischt, die der Wind hinüber zum Ufer trug. Ich spürte Erleichterung, als ich eine dunkle Gestalt auf der Brücke stehen sah, erkannte aber, als ich näher kam, dass es eine junge Frau war, die mit ihrem Handy spielte. Für einen Moment beleuchtete das Display ihr Gesicht, das bleich und konzentriert wirkte. Ich wollte schon umkehren, als jemand laut zu schreien begann, und überquerte stattdessen die Brücke. Die von Scheinwerfern angestrahlte Concordia lag am anderen Regnitzufer. Auf dem Wasser war es fast taghell, das Floß, mit dem man übersetzen konnte, war in der Mitte des Flusses gut zu erkennen. Jetzt kapierte ich auch, was mich außer den Schreien noch stutzig gemacht hatte. Es war das Geräusch vom Wasser her, der stoisch vor sich hin tuckernde Diesel der kleinen Fähre, die vor allem Touristen nutzten. Im Augenblick schipperte sie nicht zum anderen Ufer, sondern stand wie von einem Anker gehalten mitten in der Strömung. Die anhaltenden Schreie kamen von einem Mann, der wild gestikulierend etwa zwanzig Meter entfernt am Ufer stand. Er führte sich auf, als wäre er in einen Hornissenschwarm geraten. Als ich zu ihm ging, wurde mir sein Verhalten sofort klar. »Was ist passiert?«, fragte ich trotzdem.

Er hörte auf zu schreien und mit den Armen zu rudern und deutete fassungslos auf die Fähre, die nun langsam flussabwärts zu treiben begonnen hatte: »Ich bin nur zwei Minuten an Land gegangen, um eine zu rauchen, und als ich mich wieder umdrehte, war sie schon an Bord und –« Er unterbrach sich, seine Arme flogen wieder durch die Luft, und er schrie: »Scheiße, verfluchte! Sie treibt ab!«

Ich wollte gerade fragen, um wen es sich handelte, als ich die schmale, geduckt stehende Person auf der Fähre zweifelsfrei erkannte. Den Rollator hatte sie ordentlich neben sich geparkt. Jetzt schrie ich auch: »Mutter, um Himmels willen!«

Der Mann, der offensichtlich der richtige Fährmann war, war der Panik nahe. »Wir müssen etwas tun!«

Das stand außer Zweifel. Nur was? Mein Blick flog gehetzt umher, kein Boot weit und breit, und mein Handy lag im Auto. Aber um Hilfe herbeizurufen, war es sowieso zu spät. Bevor die Feuerwehr, die Wasserwacht oder wer auch immer ausrücken konnte, wäre Mutter längst am Studentenwohnheim vorbei zum Geyerswörther Wehr getrieben, und ich musste nicht meine Phantasie bemühen, um mir auszumalen, was dann passieren würde. Oft genug hatte ich selbst auf der Wehrbrücke gestanden und ehrfürchtig auf die hinabstürzenden Wassermassen geblickt. Hinter dem Wehr wurde die Strömung bis zum Alten Rathaus so heftig, dass man aus diesem Teil des linken Regnitzarmes eine Slalomstrecke für Kanuten gemacht hatte.

Die Gondel! Mit einem Mal rauschte das Bild von dem schwarzen Boot, das manchmal in der Nähe vertäut lag, durch meine Nervenbahnen. Ja, es gibt in Bamberg tatsächlich eine echte venezianische Gondel mit einem geprüften Gondoliere, der in traditioneller Kleidung, bevorzugt vom Kranen aus, gegen gutes Geld japanische und chinesische Touristen an der malerischen Kulisse von Klein Venedig vorbei die Regnitz hinunter- und wieder hinaufschipperte.

Ich rannte ein Stück flussabwärts und konnte mein Glück kaum fassen: Die Gondel lag tatsächlich da, an einer Art Plattform, die neben der Ufermauer schwamm. Ich kletterte auf den Ponton hinunter, fummelte hektisch die Knoten des Taus auf und sprang in das gefährlich schaukelnde Boot. Genau in diesem Augenblick passierte mich in der Flussmitte die Fähre, und ich konnte einen Moment lang Mutters Gesicht erkennen, das vor Glück leuchtete. Wie ein Verrückter ruderte ich los, ohne darauf zu achten, was mir der Fährmann hinterherschrie.

Mutter hatte etwa fünfzig Meter Vorsprung, sie war schon beinahe auf Höhe der Concordia, wo die Strömung stärker wurde und das Wehr wie ein schwarzes Loch die Fähre unweigerlich anzog. Ich war nicht gut im Training, keine Zeit für das Fitnessstudio oder zum Joggen, und zudem wäre ein Wettrennen zwischen einer Fähre und einer Gondel auch dann eine unfaire Sache gewesen, hätte der Gondoliere sein Gerät beherrscht. Was für mich nicht zutraf. Ich war wie ein Ertrinkender, der, weil er keine Ahnung hat, wie man sich über Wasser hält, blindlings um sich schlägt und seine Kraft vergeudet.

Ich weiß nicht, wie, aber es gelang mir, die Fähre einzuholen und an Bord zu springen. Die Gondel trieb nun herrenlos aufs Wehr zu, ihrem sicheren Untergang entgegen, doch das kümmerte mich nicht. Ich hatte ein anderes Problem. Wie stoppte man das Ding? Vielleicht hätte ich doch auf das Geschrei des Fährmanns hören sollen, das möglicherweise wichtige Information enthalten hatte – zum Beispiel, wie man den Rückwärtsgang einlegte.

Ich stürmte dorthin, wo sich die Kommandozentrale befand. Meine Mutter stand daneben, sah mich an, lächelte selig und sagte: »So ein schmucker Kapitän.«

Die starke Strömung zog uns unaufhaltsam in Richtung Brücke, ein neues, stabiles Gebilde aus Stahl und Beton, jedoch schön verkleidet mit auf alt getrimmtem Holz, damit es auch perfekt ins mittelalterliche Stadtbild des Bamberger Weltkulturerbes passte. Die Brücke würde dem Aufprall unserer Fähre problemlos und gelassen standhalten, im Gegensatz zu jenem schiefen Vorgängermodell mit den bemoosten, von der Zeit und dem Wasser angenagten Stützpfeilern und den Bohlen, die knarzten, wenn man darüberlief und das Gefühl hatte, die grüne Regnitz würde einem gleich die Füße umspülen. Ich hatte die alte Brücke in guter Erinnerung, schließlich hatte ich sie mindestens zweimal die Woche auf dem Weg zur Domchorprobe überquert und ein drittes Mal zum sonntäglichen Hochamt. Von der Gereuth aus war ich über die Jahnbrücke, durch den Hain und immer an der Regnitz entlanggegangen. Oft war ich beinahe zu spät gekommen, weil ich stehen blieb, mich über das Geländer beugte und den Stromschnellen, Wirbeln und Strudeln zusah, die eine magische Anziehungskraft auf mich ausübten. Wohl wegen der Mischung aus Furcht und Faszination, die einen ergreift, wenn man sich vorstellt, den unbändigen Kräften der Elemente hilflos ausgeliefert zu sein.

In wenigen Sekunden würde die Fähre an einem der Brückenpfeiler zerschellen und unsere Einzelteile in die Rechen spülen, die vor der alten, halb zerfallenen Mühle den Unrat auffingen, den das Wehr ausspuckte. Ich fummelte immer noch panisch an irgendwelchen Hebeln und Knöpfen herum, in der Hoffnung, die Fähre zu stoppen oder sie gar zurück flussaufwärts in Richtung Sicherheit zu lenken. Stattdessen gab ich versehentlich noch einmal ordentlich Gas, der Diesel tuckerte erfreut in einer höheren Tonlage, und als rechts in meinem Blickfeld die Silhouette des Studentenwohnheims vorüberglitt, war endgültig klar, dass die Fähre, Mutter und ich auf einen Totalschaden zurauschten.

»Runter!«, schrie ich und drückte Mutter auf den Boden der Fähre, während ich selbst den Kopf einzog. Die akkurate Horizontale der Geyerswörthbrücke segelte heran. Über uns sah ich die aufgerissenen Augen und Münder einer Touristengruppe, dann erklang ein ohrenbetäubendes Krachen, Knirschen und Rattern, als uns die Brücke das Dach abrasierte und wir oben ohne das Wehr in Angriff nahmen.

Mutter hockte auf dem Boden, hielt sich an einer der Bänke fest und blickte entschlossen nach vorn. Ich schrie erneut auf, versuchte, uns beide gleichzeitig zu sichern, und schon stürzten wir kopfüber abwärts. Um uns herum toste und brauste es, mit dem Bug voraus stach die Fähre beinahe senkrecht ins Weißwasser. Für einen Moment war da nur dunkles, eiskaltes Nass, das mich und Mutter fortreißen wollte. Ich dachte, das Ende sei gekommen, doch dann geschah das Wunder. Wie ein Korken ploppten wir wieder an die Oberfläche, die Fähre stabilisierte sich schlingernd im strömenden Chaos, und als mir in regelmäßigen Abständen Plastikstangen gegen den Kopf schlugen, registrierte ich, dass wir gerade den für die Kanuten an Drahtseilen aufgehängten Slalomkurs absolvierten.

Vor uns in der Strömung lag jetzt das Alte Rathaus. Wir verließen die Rennstrecke, die Fähre schrammte an ein paar Steinen entlang, und beinahe hätte ich nach rechts zur alten Geyerswörther Polizeiwache hinübergewinkt. Als ich merkte, dass ich mit einer Hand immer noch eine Art Lenkrad umklammerte, und es vorsichtig drehte, folgte die Fähre tatsächlich wie ein artiges Kind der Bewegung und ließ sich nach rechts ziehen, sodass wir darum herumkamen, am Fuße des altehrwürdigen Gebäudes zu zerschellen.

Ich blickte hinauf, zum zweiten Arm der Oberen Brücke, der aus dem Rathaustor herausführte und sich in einem eleganten Bogen hinüber zum anderen Ufer schwang. Auf der Brücke waren die Kulissen für einen Mittelalterfilm aufgebaut worden, der wie schon viele seiner Art zuvor in Bamberg gedreht wurde. Komparsen in historischen Kostümen standen rauchend herum, bis einer von ihnen freudig überrascht etwas rief und auf uns deutete. Der Kameramann schwenkte das schwere Gehäuse auf dem Stativ in unsere Richtung, und unter dem Beifall von Landknechten, Rittern und Burgfräulein tuckerten wir am Alten Rathaus vorbei und dann unter der Unteren Brücke hindurch in Richtung Klein Venedig.

Als es mir gelungen war, etwas weiter flussabwärts am Kranen anzulegen und das völlig demolierte Gefährt mit einem herumliegenden Tau festzubinden, hockte ich mich erst einmal auf die Kapitänsbank und atmete tief durch. Dann blickte ich besorgt hinüber zu Mutter, die nass wie ein begossener Pudel neben mir saß.

Sie strahlte mich an und sagte: »Noch einmal.«

Baskidhall

Dr. Gilbert Meyer, seines Zeichens scheidender Präsident des Bamberger Präsidiums, war *not amused*. Zwar bemühte er sich redlich, seiner sachlich distinguierten Linie treu zu bleiben, aber es kostete ihn sichtlich Überwindung. Während er wiederholt ansetzte und wieder abbrach, konnte ich sehen, dass er über erstaunlich viele Varianten verfügte, die Stirn in Falten zu ziehen. Im Augenblick konnte er allerdings sowieso nichts sagen, da der Lärm der Presslufthämmer wieder einsetzte. Das komplette Präsidium wurde runderneuert, was beinhaltete, dass moderne Büros keine Wände mehr haben durften, weshalb man einen Großteil der bestehenden einfach abriss.

Als der infernalische Lärm pausierte, formte Dr. Meyer mit seinen Fingerspitzen ein Angela-Merkel-Dreieck – wobei sich im Präsidium alle sicher waren, dass sie es sich von ihm abgeschaut hatte – und besann sich auf die alte Regel, die besagte, dem Angeklagten noch einmal das Wort zu erteilen, bevor man ihm sein Urteil verkündete. Was in diesem Fall die Sache noch schlimmer machte. »Herr Killer, zunächst einmal möchte ich wissen, wie es in dem Altenburger Mordfall vorangeht.«

Gar nicht, ich hab nicht den geringsten Plan. »Ganz gut«, antwortete ich. »Normal, würde ich sagen.«

»Normal?« Aus Dr. Meyers Mimik sprach Skepsis.

»Ja. Ganz normal. So wie üblich. Reine Routine, bis wir den Täter haben.«

»Können Sie das präzisieren?«

Nein, aber improvisieren. Ich nickte. »Natürlich. Die Art, wie der Mann getötet wurde beziehungsweise sich selbst getötet hat, passt eindeutig ins Muster der Bandenkriminalität.«

»Selbstjustiz also?«

»Mit ziemlicher Sicherheit. Natürlich ermitteln wir in alle Richtungen, trotzdem denke ich, dass ein DNA-Test im gesamten entsprechenden Umfeld einen Treffer ergeben wird.«

Dr. Meyer rückte seine randlose Brille zurecht, was nicht bedeutete, dass sie verrutscht war, sondern dass er nachdachte oder skeptisch war. »Und welches Umfeld genau haben Sie da im Visier?«

»Die üblichen sozialen Brennpunkte Bambergs. Zum Beispiel die Gereuth und das Balkanzentrum.«

»Das dachte ich mir.« Der Noch-Polizeipräsident nickte bedächtig, bevor er fortfuhr: »Bei allem, was das sogenannte Balkanzentrum betrifft, ist äußerste Sensibilität gefragt.«

»Das weiß ich. Trotzdem möchte ich Sie bitten, mir die Genehmigung für den Test zu besorgen.«

Dr. Meyer nahm die Brille wieder ab, hielt sie gegen das Licht und setzte sie wieder auf. Schließlich sagte er: »Ich regle das mit der Genehmigung für Sie, bitte Sie aber eindringlich, diskret vorzugehen. Zum einen müssen wir mit falschen Anschuldigungen sparen, zum anderen dürfen wir der Öffentlichkeit auch nicht das Gefühl vermitteln, wir würden ausländische Straftäter schützen.« Er hob die Brauen. »Verstehen Sie?«

»Selbstverständlich. Sie können sich auf mich verlassen.« Ich weiß nicht, welcher Teufel mich ritt, aber ich fügte hinzu: »Treten Sie nur beruhigt Ihren neuen Posten im Ministerium an.«

»Nun ja.« Dr. Meyers gehobene Brauen fielen herab, und sein Gesicht verdüsterte sich. »Ein paar Dinge gilt es vorher noch zu erledigen, und die haben zum Beispiel mit einer gegen Sie erhobenen Anzeige zu tun.« Er korrigierte sich: »Mit zwei Anzeigen, um genau zu sein. Die Anklage gegen Sie wegen Vergewaltigung einer Zeugin mit schwerer Körperverletzung ist noch immer nicht vom Tisch. Im Gegenteil. Der Oberstaatsanwalt sieht darin einen Präzedenzfall.« Dr. Meyer spazierte vor mir auf und ab, als hielte er mit sich Zwiesprache. »Und dann ist da noch die Sache mit Ihrer Therapie, auch so ein Problem.«

»Hören Sie«, sagte ich und machte vorsichtshalber, da man daraufhin normalerweise mit den Worten »Nein, jetzt hören Sie erst einmal zu!« unterbrochen wird, gleich selbst die Pause.

»Ich höre«, sagte Dr. Meyer irritiert.

Ich räusperte mich. »Gut. Also. Sie wissen, dass ich die Therapie sehr ernst nehme.«

»Weiß ich das?«

»Es kommt ja nicht in jeder Therapiesitzung vor, dass ich meine Mutter wieder einfangen –«

»Einfangen nennen Sie das?« Es bedurfte einer besonderen Situation, damit Dr. Meyer die Stimme hob und jemanden unterbrach. So wie die aktuelle. Seine Stimme zitterte kaum vernehmlich. »Ist Ihnen eigentlich klar, wie viele Steuergelder wegen des – wie Sie es bezeichnen – Einfangens Ihrer Mutter – und verzeihen Sie mir das Wortspiel – die Regnitz hinunterfließen werden?« Er nahm zum Aufzählen die Finger zu Hilfe. »Wollen wir mit der Gondel beginnen? Sie hat mehr als nur einen pekuniären Wert. Wie mir der Gondoliere glaubhaft versicherte, beträgt ihr ideeller Wert ein Vielfaches davon. Er hat sie in Venedig gekauft und nach Bamberg überführen lassen, wo er sie in mehrjähriger Arbeit liebevoll restaurierte. Nur damit Sie hineinspringen und sie nach wenigen Metern zu Schrott –«

»Herr Präsident, bei allem Respekt, aber ein Mensch war in höchster Not, ich musste nach dem nächstmöglichen Hilfsmittel –«

»Herr Killer, Sie haben Ihr Mutterproblem schlicht und einfach nicht im Griff. Punkt. Aber das ist ja noch lange nicht alles. Sie sind nicht nur für die Zerstörung einer wertvollen historischen Gondel verantwortlich, Sie haben auch noch eine Flussfähre in alle Einzelteile –«

»Einen Moment! Das ist die alleinige Schuld des Fährmanns. Hätte er seinen Seelenverkäufer nicht unbeaufsichtigt gelassen, wäre das alles nicht passiert.«

»Ist es aber. Addieren wir noch die Summe hinzu, die die Reparatur der Brücke kosten wird, dann bewegt sich der von Ihnen angerichtete Schaden im oberen fünfstelligen Bereich. Ganz zu schweigen von der Tatsache, dass ich meinen Vorgesetzten erklären muss, dass ein Hauptkommissar meiner Dienststelle die Therapiesitzung zur Heilung seiner Spielsucht unterbrochen hat, um mit einer gekaperten Gondel und einer ebenso gekaperten Regnitzfähre gegen alle Regeln der Flussschifffahrt zu verstoßen und schließlich beide Schiffe ein Wehr hinunterstürzen zu lassen. Sogar ein Video von Ihrer Wahnsinnsfahrt wurde schon auf YouTube hochgeladen. Gar nicht auszudenken, wenn auch noch Menschen verletzt worden wären. Dass dies nicht der Fall ist, grenzt an ein Wunder.«

Ich nahm davon Abstand, Dr. Meyer jetzt in die Augen zu

blicken. Er war der Leitwolf, und in meiner derzeitigen Position konnte ein bisschen Demut nicht schaden. Also sah ich mich stattdessen in seinem umzugsbereiten Büro um. Soweit ich wusste, war dies der einzige Raum im ganzen Präsidium, der nicht renoviert wurde. Den Grund dafür kannte ich nicht. Die hier herrschende Atmosphäre passte allerdings perfekt zu dem Anlass meiner Vorladung. Ein paar Umzugskartons standen verloren im Raum, abgehängte Bilder lehnten dagegen, die an den Wänden helle Rechtecke hinterlassen hatten. Der Schreibtisch war bis auf die Anklageschrift gegen mich leer.

Ich holte tief Luft und sagte: »Okay, mir ist bewusst, dass das alles ein wenig unglücklich gelaufen ist. Aber was erwarten Sie jetzt von mir? Dass ich nach Venedig fahre, eine neue Gondel besorge und auf die Fähre ein Dach bastle?«

Dr. Meyer seufzte, dann schüttelte er resigniert den Kopf. »Selbst das würde nichts mehr ändern. Ich werde versuchen, das wieder hinzubiegen. Ich erwarte von Ihnen jetzt zweierlei: Kümmern Sie sich ernsthaft um Ihre Therapie, damit wir das in Ihrer Akte vermerken können. Und dann lösen Sie mir möglichst rasch diesen Fall. In zwei Tagen wird meine Nachfolgerin in das Amt der Polizeipräsidentin eingewiesen, als erste Frau auf einem solchen Posten in Bamberg. Verstehen Sie, was das bedeutet? Sie soll zu ihrem Amtsantritt weder Altlasten noch suspendierte Beamte vorfinden.«

Ich nickte, und als Dr. Meyer sich aus seinem Sessel erhob, tat ich es ihm gleich. Sein Blick wirkte besorgt. Als er mir die Hand reichte, klangen seine Worte eher wie eine Frage: »Herr Killer, ich verlasse mich auf Sie?«

»Ja. Klar«, antwortete ich. »Können Sie. Machen Sie sich keine Sorgen.« Mein letzter Satz verlor sich im erneuten Presslufthämmern. Ich ging zur Tür, drückte die Klinke runter und verließ das Büro.

Keine Ahnung, warum, aber vom Präsidium aus fuhr ich nicht in meine Wohnung am Troppauplatz, sondern in die Gereuth.

Dr. Ach-so-schlau-Pontorra mit ihrer Weihnachtsengelfrisur in Silbergrau hätte bestimmt mit wissender Miene irgendetwas von irgendwelchen Traumata wegen Suizids des Vaters oder einer Kindheit in einer sozial schwierigen Umgebung gefaselt, und vielleicht hätte sie damit sogar recht gehabt. Aber möglicherweise fuhr ich auch nur aus Nostalgie die Gereuthstraße entlang. Weil ich hier aufgewachsen war und sehen wollte, was noch so war wie damals und was nicht mehr.

Auf den ersten Blick hatten sich nur die Fassaden einiger Häuserblocks verändert. Es gehörte wohl zur Stadtpolitik, die Wände, hinter denen es wahrscheinlich eher grau zuging, möglichst farbig zu gestalten.

Ich lenkte den Station Wagon nach rechts und ließ ihn auf den Gehweg holpern. Vor den Altglascontainern lag ein Scherbenteppich. Ich blickte zu den Häuserblocks hinüber, und mir wurde klar, warum es mich hierhergezogen hatte: Max. Der kleine Max, das Gespenst. Er hätte genauso gut noch drüben im offenen Hausflur auf seinen Fersen hocken und mit einer Kippe im Mundwinkel Groschen an die Wand schnippen können. Aber es war nicht Max, der jetzt in der dunklen Türöffnung auftauchte, sondern eine junge Frau mit einem Kind auf dem Arm. Die Mutter zog ihrer kleinen Tochter die Mütze über die Augen, und das helle Lachen des Kindes klang zu mir herüber. Dann verschwanden beide für einen Moment, bis die Frau mit einem Kinderwagen wieder auftauchte. Ich sah, wie hübsch sie war. Die gewellten dunklen Haare, das verzaubernde Mutterlachen wie warme Sonnenstrahlen auf ihrem Gesicht. Dann erlosch die Sonne, sie sah den Station Wagon, ein Eindringling in ihrem Mikrokosmos, gab dem Kinderwagen einen entschlossenen Stoß und hastete auf der anderen Straßenseite an mir vorbei. Selbst das Misstrauen in ihrer Miene hatte etwas Schönes.

Ich überlegte, ob ich neidisch sein sollte auf den Mann, der zu dieser Frau und diesem Kind gehörte. Ich hatte einen Blick auf ein Glück geworfen, das ich selbst nicht gewollt hatte. Nicole, meine Ex, und ich waren ein Traumpaar gewesen, zumindest in den Augen der anderen. Sie war Maklerin, eine schöne, elegante und intelligente Frau, die Männer drehten sich nach ihr um. Dass es mit uns nichts geworden war, hatte ich mir ganz allein zuzuschreiben. Okay, natürlich auch ein wenig meinem Beruf, den vielen Überstunden und all den anderen Ausreden, die ich erfand. Wenn ich mir in einem ehrlichen Moment die Wahrheit eingestand, dann war nicht die Arbeit der Grund für die Trennung gewesen, sondern meine Zockerei, mit der ich die wenigen freien Stunden füllte, anstatt sie mit meiner Liebsten zu verbringen. Nicole wollte ein Nest bauen, warm und weich. Ich wollte der coole Cop sein und beim Pokern abräumen. Das war das Problem gewesen. Für diese Erkenntnis brauchte ich keine Dr. Pontorra, das war mir selbst klar. Vermutlich hätte Frau Doktor an dieser Stelle ihren phänomenalen Lockenkopf geschüttelt und mir mit mahnend hochgezogenen Brauen erklärt, die Analyse des Problems sei zwar der erste Schritt zu seiner Bewältigung, doch ohne professionelle Hilfe würde ich aus dem Schlamassel, das ich mir eingebrockt hatte, nie herauskommen.

Sei's drum.

Der Chevy grummelte im Leerlauf. Ich klickte den Lenkerhebel der Automatik nach oben und rollte los, folgte dem weiten Bogen der Kornstraße, passierte die Bäckerei und stellte in der Moosstraße am sozialen Vorzeigeprojekt der Bamberger Brose Baskets den Motor ab.

An der Wand des Gebäudes klebte ein Basketballer in Übergröße, die sanierte Turnhalle trug den Namen Baskidhall, eine dieser bescheuerten neumodischen Wortschöpfungen, die sich aus »*basket*« für »Korb«, »*kid*« für »Kind« und natürlich »*hall*« für »Halle« zusammensetzte. Das Projekt selbst war lobenswert, keine Frage, den Jugendlichen aus der Gereuth wurde viel geboten, nicht nur Basketball. Vormittags, solange die Kids in der Schule waren, belegten die Profis die Halle. Danach kümmerten sich Jugendtrainer, manchmal sogar die Bundesligaspieler selbst zusammen mit Sozialpädagogen um die Jugendlichen, ein Konglomerat aus Normalos und Problemkindern mit und ohne Migrationshintergrund. Das Angebot reichte von gemeinsamem Kochen über Hausaufgabenbetreuung bis hin zu Basketballtraining. Die Presse hatte den Vergleich bemüht, es sei, als würde der FC Bayern im Hasenbergl trainieren und Müller und Co. mit den Problemkids der Umgebung kicken und kochen.

Ich überlegte, ob alles anders gelaufen wäre, wenn es damals so etwas gegeben hätte – Programme für Kinder und Jugendliche aus sozial schwachen Familien. Ob es irgendetwas geändert hätte – für Matze, der mit einem geklauten Motorrad gegen den einzigen Baum auf einem riesigen Feld gerauscht war und fast gestorben wäre, was ihm wiederum eine Knastkarriere erspart hätte. Oder für Hansi, der dann vielleicht lieber Körbe geworfen hätte, statt Hornissen die Stacheln und Flügel auszureißen. Oder für Fritz, der mit vierzehn oder fünfzehn von der Bildfläche verschwunden war, weil seine Mutter starb, sein Alter es kurz danach schaffte, sich zu Tode zu saufen, und er im Kinderheim Sankt Marien in Pettstadt entsorgt werden sollte. Das heutige Jugendamt, mit dem ich manchmal zusammenarbeiten musste, wenn ich es mit jugendlichen Straftätern zu tun hatte oder Kinder plötzlich allein dastanden, weil Eltern einsitzen mussten, verwendete Begriffe wie »wirtschaftliche Jugendhilfe« und »Eingliederungshilfe« und hatte mit den Waisenhäusern von damals nichts mehr gemein.

Keine Ahnung, was aus Fritz, Hansi oder der roten Heidi geworden war. Ich wusste nicht einmal, ob sie nicht vielleicht sogar noch hier irgendwo wohnten. Die Menschen veränderten sich, innerlich und äußerlich. Konnte gut sein, dass einer aus meiner früheren Clique gerade an mir vorbeispazierte und ich ihn nicht erkannte, weil er grau oder fett geworden war, mit verlebten Gesichtszügen, gezeichnet von der Maloche und der Desillusion. Nur über den Verbleib von Veith, dem Krieger, wusste ich etwas. Er war in den neunziger Jahren nach Südamerika ausgewandert und hatte mir von dort noch ein paarmal geschrieben. Auf seinen Postkarten hatte er glücklich oder zumindest zufrieden geklungen.

Und jetzt Max. Sein Tod hatte etwas mit der Vergangenheit zu tun. Gerade hier, zwei Blocks von dem Ort entfernt, wo er aufgewachsen war, konnte ich es in einer Deutlichkeit spüren, dass sich mir die Nackenhaare aufstellten. Natürlich hatte ich in den letzten drei Tagen Nachforschungen über ihn angestellt und versucht, die Jahre, die seit damals vergangen waren, mit Inhalt zu füllen. Doch es hatte nicht viel gegeben. Fast schien es, als hätte er seine Linie, so wenig wie möglich in Erscheinung zu treten und sich im Hintergrund zu halten, konsequent beibehalten. Er hatte mal hier, mal da gewohnt und dies und jenes gearbeitet, alles so unauffällig wie früher. Nicht ganz so unauffällig waren die Löcher, die Leerräume, die sich in regelmäßigen Abständen in seinem Lebenslauf auftaten. Einmal war Max sage und schreibe elf Jahre lang komplett von der Bildfläche verschwunden gewesen. Ich hatte nicht nachvollziehen können, wo er die Zeit verbracht hatte, er hätte genauso gut auf dem Mars gewesen sein können. Aber ich hatte das Gefühl, der Lösung des Falls ein ganzes Stück näherzukommen, wüsste ich mehr darüber.

Zwei Kids liefen mit ihrem Basketball an mir vorbei. Asylantenkinder aus Afghanistan oder Syrien, sie streiften den Station Wagon mit einem desinteressierten Blick, bevor sie im Eingang der Sporthalle verschwanden. Damals hatte es ein paar italienische und türkische Gastarbeiterkinder gegeben, die aber nicht als Ausländer wahrgenommen wurden, solange sie in der Gereuth wohnten. Natürlich nannten wir sie Kanaken und Spaghettifresser, aber sie gehörten dazu. Fremde oder Eindringlinge waren die aus einem anderen Stadtteil gewesen. Heutzutage war das anders, die Welt zerbröselte, franste aus, Werte spielten eine immer kleinere Rolle. Was zählte, war nur noch, dass jeder Einzelne möglichst viel Spaß hatte und auf seine Kosten kam. Vielleicht weil jeder von allem mehr als genug hatte.

Mein Handy summte, und ich ging ran. Es war irgendein

Anwalt, der meine Nummer vom Heim bekommen hatte und mir verklickern wollte, dass nicht die Haftpflicht des Fährmanns für den Schaden an der Fähre aufzukommen hatte, sondern die von Mutter. Ich erklärte ihm freundlich, er solle seinem Mandanten klarmachen, dass die Nichtbeaufsichtigung einer Fähre fahrlässig sei und der Fährmann sich vertrauensvoll an mich wenden könne, sollte er darauf abzielen, dass ihm deshalb eine Strafanzeige ins Haus flatterte. Dann drückte ich ihn weg, startete den Motor und fuhr nach Hause.

Aus der Tiefkühltruhe holte ich mir eine Pizza, schob sie in den Ofen und zappte mich durchs Fernsehprogramm. Nach fünf Minuten schaltete ich genervt wieder aus. Die Unruhe pochte in mir wie ein hartnäckiger Schmerz. Als die Pizza fertig war, zersägte ich sie in vier Teile und stellte den Teller neben meinen Rechner. Ich fuhr ihn hoch, zeigte der imaginären Dr. Pontorra den Mittelfinger und loggte mich bei einem Online-Pokeranbieter ein. Ich begann zu zocken und verlor bis Mitternacht mit einer perversen Zufriedenheit über dreitausend Euro.

Und es folgt der zweite Streich

Der Kopf der Eule ruckt hin und her. Will sie jagen, oder hat sie etwas aufgeschreckt? Jetzt breitet sie die Flügel aus und streicht lautlos über die dunklen Bäume hinweg. Sie ist Symbol der Weisheit, aber auch Unglücksbote und Totenvogel. In der Mythologie gilt sie als hellsichtig, ohne ihre Hilfe kann Athene nur die halbe Wahrheit erkennen. Sie gleitet über die Lichtung, ein lautloser Jäger, dessen Federn die Luft bei seinem Flug so verwirbeln, dass keinerlei Geräusch entsteht. Die Eule sieht in Richtung des kleinen Lagerfeuers, dessen Schein die Unterseite ihrer Flügel für einen Augenblick rötlich beleuchtet, und ändert die Richtung, weg vom Feuer und zurück in die Dunkelheit.

Ihr schriller Schrei tönt durch die Nacht. Ist sie verärgert über die Eindringlinge in ihrem Revier, ist es eine Warnung an sie?

Rod nimmt den Schatten über sich nur unbewusst wahr, hört aber deutlich das Kreischen der Eule. Er blickt kurz auf, langt nach einem Ast und bricht ihn übers Knie. Das trockene Knacken ist lauter als das Knistern und Zischen des Feuers. Mit dem Aststück rührt er in der Glut und lässt Funken aufstieben.

»Wann geht's endlich los?« Fritz, der Knirps, rutscht ungeduldig hin und her.

»Wir müssen auf Matze warten. Er hat das Seil.« Hansi ist im Stimmbruch. Seine Stimme überschlägt sich bei den Vokalen. Er streift Fritz mit einem überheblichen Blick und reibt über den dunklen Flaum auf seiner Oberlippe. Dem kleinen Scheißer wird die Ungeduld schon noch ausgetrieben werden, denkt er. Oben auf der Mauer wird ihm der Arsch auf Grundeis gehen.

Ein Motorrad dröhnt in der Nacht. Der Fahrer reißt am Gas, schraubt die Drehzahl wie ein Irrer immer weiter nach oben. Das Brüllen des Motors schwillt bis zur Unerträglichkeit an, wie eine Kreissäge hängt es über der Stadt. Jeder, der es hört, hat eine Ahnung, mit was für einem aberwitzigen Zahn der Fahrer den Berg hinaufschießt. Unwillkürlich hält Rod den Atem an, gleich muss der große Knall kommen. Doch dann wird das Gas zurückgenommen, der Motor verschluckt sich, es knallt tatsächlich ein paarmal wie beim Silvesterfeuerwerk, ein Scheinwerferkegel streift über die Baumstämme, und eine dunkle Gestalt tuckert auf dem Motorrad näher.

Matze steigt ab, kickt mit dem Absatz von einem seiner Stiefel den Ständer herunter und lässt die schwere Maschine lässig darauf fallen. Dann kommt er zu uns, das Seil wie ein Bergsteiger um die Schultern geschlungen. »Was soll der Scheiß?«, sagt er und tritt das Feuer aus. »Los jetzt. Oder habt ihr schon alle die Hosen voll?«

»Was ist mit Heidi?«, fragt Hansi.

»Nichts für Weiber«, antwortet Matze.

Minuten später hocken sie auf den Ziegeln der Mauerkrone, einer neben dem anderen, wie eine Schar schwarzer Krähen. Das Seil baumelt auf der anderen Seite des Zwingers hinunter.
    »Was, wenn er aufwacht?« Fritz' Stimme ist nur noch ein heißeres Zischen.
    Veith lacht leise. »Das ist Sinn der Sache. Würde er nicht rauskommen, wäre es keine Mutprobe.«
    Sie lauschen mit angehaltenem Atem. Die Stadt ist ruhig wie ein Schläfer, der gleichmäßig atmet und nur von Zeit zu Zeit ein leises Geräusch verursacht, wenn er sich im Traum ein wenig bewegt. Unter ihnen herrscht Stille. Der Baum im Zwinger ragt laublos und ohne Rinde wie eine dunkle, mit dem Unterarm in den Sand gesteckte Hand aus dem gestampften Boden.
    »Sollen wir ihn herauslocken?«
    »Der kommt schon, keine Sorge.«
    »Aber er ist doch blind.«
    »Der riecht uns.«
    Sie hocken da, warten, zittern vor Kälte, aber hauptsächlich vor Angst.
    »Ich zuerst.« Matze ist sprungbereit, als unter seinem rechten Fuß ein loser Ziegel ins Rutschen gerät. Bevor er danach greifen kann, fällt er hinunter. Das Geräusch des Aufpralls und des Zersplitterns lässt alle erstarren. Alle außer Matze, der das Gleichgewicht verliert, wild mit den Armen rudert und von der Mauerkante verschwindet.
    »Scheiße!«, flüstert Veith.
    Sie sehen, wie er sich unten im Gehege hastig wieder aufrappelt. Dunkles Grollen kommt aus der Höhle in der Mauerecke, in der der Bär geschlafen hat. Ein zweites Grollen folgt, es ist lauter, und sie hören, dass sich das Tier bewegt.
    Matze rennt wie ein Hase durch den Zwinger, schnappt sich das Seil und klettert auf der anderen Seite an der Mauer hinauf. Als er wieder in Sicherheit ist, lacht er hysterisch und ruft: »Na los, ihr Hosenpisser, wer ist der Nächste?«

Der Bär wartet geduckt, die Nase witternd gehoben.
Rod kontrolliert sein Zittern, er konzentriert sich, fokussiert kurz den Boden unter sich und dann die andere Seite, wo das Seil hängt. Ohne ein Wort stößt er sich von der Mauer ab, springt und landet wie eine Katze. Er rennt halb durch den Zwinger, bleibt dann stehen und dreht sich zum Bären, der sich aufgerichtet und die Pranken ausgestreckt hat, als wollte er nach etwas greifen. Hin und her wiegt er sich, von einer Tatze auf die andere, und sieht dabei aus wie ein schwankender Betrunkener. Trotzig blickt Rod zum Bären, hat dann genug riskiert und flitzt davon. Er schnappt sich das Seil, klettert hoch und duckt sich auf die Mauerkrone neben Matze, der johlt und ihm auf die Schulter klopft.

Der Bär steht immer noch vor seiner Höhle, witternd und lauschend. Er ist blind, das weiß jeder Bamberger, aber er ist immer noch ein Bär. Ein gefährliches Raubtier mit messerscharfen Krallen, so lang wie gekrümmte Finger, und mit Kiefern, die mit einem einzigen Biss einen Schädel wie eine Nuss knacken können. Aufgerichtet misst er über zwei Meter, ein Koloss aus Muskeln, Klauen und Reißzähnen. Der scharfe Raubtiergeruch steigt hinauf zu den vieren, die noch schräg über ihm auf der schmalen, ziegelbedeckten Schräge der Mauerkrone hocken.

»Jetzt du.« *Hansi stößt Fritz seinen spitzen Ellenbogen in die Seite.*

»Nein, du zuerst.« *Fritz' Stimme klingt wie das Winseln eines jungen Hundes, er schlottert vor Angst.*

»Hier stinkt's nach Kacke.«

»Lass ihn, wenn er nicht will«, *zischt Veith neben ihm.* »Du siehst doch, wie nah das Vieh ist. Wenn's ihn erwischt, hat er keine Chance.«

Fritz kauert auf seinen Fersen, der Mund ein Strich. Er ist weiß wie ein Laken, seine Finger krallen sich an den Ziegeln fest.

»Ihr seid beschissene Feiglinge«, *sagt Veith verächtlich, ohne die Stimme zu senken. Als der Bär seinen wuchtigen Schädel zu ihnen dreht, schiebt Veith beide Hände auf die Mauerkante, stößt sich ab und landet unten, keine drei Meter vom Tier entfernt. Sofort rennt er quer durch den Zwinger, schnappt sich das Seil und klettert die Mauer hinauf zu Matze und Rod, die ihn mit verschwörerischem Schulterklopfen empfangen.*

Der Bär hat seinen Platz neben der Höhle immer noch nicht verlassen, ist aber jetzt sichtbar aufgeregt. Ein ums andere Mal lässt er sich auf seine Vordertatzen fallen, um sich gleich darauf wieder aufzurichten. Oben auf der Mauer ist Max neben Fritz gerutscht. Auf allen vieren trottet der Bär zur Seite. Deutlich ist das schabende Schleifen seiner Tatzen auf dem Sandboden zu hören.

Plötzlich stößt Fritz einen spitzen Schrei aus. Er zappelt, sucht nach Halt, findet ihn nicht und fällt in den Zwinger. »Mein Fuß!« Winselnd bleibt er liegen.

Der Bär verharrt einen Augenblick lang, dann wirft er seinen schweren Körper ruckartig herum und trabt kurz an, bevor er wieder haltmacht.

Fritz versucht, sich aufzurappeln, aber entweder ist die Angst oder der Schmerz zu groß. Er heult und windet sich wie ein Reptil, das dem Bären entkommen will.

»Scheiße!« Hansi sieht mit weit aufgerissenen Augen Max an. »Wir müssen ihm helfen! Los!«

Max rührt sich kaum, schüttelt nur langsam den Kopf. Von außen ist ihm nicht anzumerken, ob er Angst hat. Hansi wirft ihm einen verzweifelten Blick zu, aber Max hat keine Lust auf eine Begegnung mit dem Bären. Der kleine Pisser da unten soll selbst sehen, wie er klarkommt.

Als Veith drüben auf der anderen Seite erkennt, dass die Situation brenzlig wird, springt er allein zu dem Bären hinunter, der sich wieder aufgerichtet hat und ein tiefes, drohendes Grollen ausstößt.

Fritz ist bis zum Baum in der Mitte des Zwingers gekrochen.

Der Bär brüllt wütend. Er ist riesig, furchterregend und stößt seinen heißen Atem aus.

Veith schreit: »Los, weg da!«

Doch Fritz klammert sich panisch an den Stamm, bis Veith es endlich gelingt, ihn loszureißen und zum rettenden Seil zu ziehen. Er zerrt Fritz auf die Beine und bindet zusammen mit Rod, der ebenfalls heruntergesprungen ist, panisch das Seil um Fritz' schmalen Brustkorb, damit Matze ihn nach oben holen kann.

Der Bär steht jetzt nur noch drei Schritte von ihnen entfernt, er kann sie nicht sehen, weiß aber, dass sie da sind. Wieder stößt er sein markerschütterndes Brüllen aus. Noch scheint er unsicher zu sein, was er mit den Eindringlingen in seinem Zwinger anstellen soll, aber eins steht fest: Er wird nicht mehr lange warten und dann angreifen.

Matze hat es geschafft, den wimmernden Fritz nach oben zu ziehen, aber es dauert eine Ewigkeit, bis er den Knoten gelöst hat und das Seil wieder nach unten wirft.

Rod macht eine Räuberleiter, und Veith tritt mit seinen Stiefeln hart auf seine Hände und Schultern, um sich in Sicherheit zu bringen. Dann will er sich selbst das Seil schnappen, aber in dem Moment entscheidet sich der Bär zum Angriff. Rod dreht sich zu ihm um, macht sich in seiner Verzweiflung groß, fuchtelt mit den Armen und brüllt den Bären an, der für einen Moment verunsichert innehält. Rod nutzt seine Chance. Flink wie ein Affe klettert er am Seil hinauf.

Max hockt neben Hansi auf der Mauerkrone gegenüber. Ein stiller Beobachter.

Engel mit gebrochenen Flügeln

Waldi stand breitbeinig wie Ronaldo, bevor er einen Freistoß tritt, und mit martialischer Miene inmitten des Chaos. Er kämpfte mit seiner Krawatte und bedachte sie dabei mit unflätigen Beschimpfungen. Unser kuscheliges Zwei-Mann-

Büro gehörte der Vergangenheit an. Überall stapelten sich Kisten und Aktendeckel, und in der Mitte waren die Möbel zusammengeschoben. Das halbe Stockwerk sollte zu einem Großraumbüro umgebaut werden, und über den Schutthaufen hinweg, der früher eine Wand gewesen war, konnten wir die Diskussion des Kollegen von der Verkehrspolizei mit einem Syrer verfolgen. Dieser führte die Unterhaltung in fließendem Englisch, womit der Kollege offensichtlich Probleme hatte – und nicht nur damit. Als der Hundert-Euro-Schein zum dritten Mal auf dem Schreibtisch hin- und hergeschoben worden war und die Verärgerung des Beamten sich in deutlichen Drohgebärden bemerkbar machte, kletterte ich über den Schutthaufen.

Albert Müller stand kurz vor der Pensionierung, und die Zornesader auf seiner Stirn pulsierte dunkelrot. »*No money! No money!*«, schrie er immer wieder, bis ich ihm die Hand auf die Schulter legte.

»Gibt's ein Problem?«, erkundigte ich mich. »Kann ich helfen?«

»Allerdings!«, antwortete Albert immer noch viel zu laut und warf dem Syrer einen vernichtenden Blick zu. »Wir haben ihn auf dem Berliner Ring mit fünfundneunzig Sachen geblitzt, und er hat keinen gültigen Führerschein. Jetzt glaubt er offensichtlich, sein Vergehen durch Bestechung ungeschehen machen zu können. Und das, wo wir von oben die Anweisung erhalten haben, die Flüchtlinge mit Glacéhandschuhen anzufassen und bloß nichts zu tun, was so ausgelegt werden könnte, als hätten wir was gegen sie. Kannst du für mich übersetzen?«

Der Syrer blickte fragend von Albert zu mir. Genauso wie der Kollege, Waldi und ich trug er Anzug und Krawatte, allerdings vermutlich nicht, um gleich der Begrüßungsrede unserer neuen Polizeipräsidentin beizuwohnen.

»*No bribery*«, wandte ich mich an ihn. »*No bribery in Germany, understand?*«

Der große, intellektuell wirkende Mann mit grauen Schläfen

und randloser Brille wedelte erschrocken mit den Händen.
»*No, no! Sorry. This is a misunderstanding. I just want to pay my monthly fee.*«

»Was sagt er?«, fragte Albert.

»Er sagt, er will nur seine monatliche Gebühr zahlen.«

»Was denn für eine Gebühr?«

Ich dolmetschte: »*What kind of fee? Where are you from?*«

Der Syrer erzählte, dass er aus Aleppo komme, wo er im Krankenhaus als Kardiologe tätig gewesen sei. Dann erklärte er mir die Sache mit der Gebühr.

Ich musste grinsen und übersetzte: »In Syrien ist es üblich, der Polizei monatlich einen bestimmten Betrag zu zahlen, der dann vom Falschparken über Geschwindigkeitsüberschreitungen bis hin zum Überfahren roter Ampeln alle Vergehen abdeckt. Eine Art All-inclusive-Paket.«

Albert, der bullige Mittsechziger, sah mit seinem Schnauzer nicht nur aus wie ein Walross, er schnaubte auch so. »Klar, die Sitten wollen die jetzt auch bei uns einführen und dann unbehelligt durch unsere Stadt rasen – ohne gültigen Führerschein.«

»*You have a driving license?*«, fragte ich den Syrer.

»*Oh, yes.*« Er holte ein Dokument mit arabischen Schriftzeichen aus der Innentasche seines Jacketts und reichte es mir.

Ich gab den Führerschein an Albert weiter. »Hier.«

»Nein.« Der Kollege von der Verkehrspolizei schüttelte verärgert den Kopf. »Den hat er mir schon ein paarmal gezeigt, aber er wäre nur auf Deutsch oder Englisch ausgestellt gültig. Er muss ihn übersetzen lassen, schließlich kann der Wisch auch seine Ernennung zum Vorsitzenden des Hamsterzüchtervereins oder sonst was sein.«

»Er ist Kardiologe. Aus Aleppo.«

»Er ist mit fünfundneunzig Sachen auf dem Berliner Ring ohne gültigen Führerschein geblitzt worden. Alles andere interessiert mich nicht. Und wenn er noch einmal mit dem Hunderter vor meinen Augen herumwedelt, hat er nicht nur eine Anzeige wegen Geschwindigkeitsüberschreitung und

Fahrens ohne gültigen Führerschein am Hals, dann tippe ich die Anzeige wegen versuchter Beamtenbestechung gleich mit. Sag ihm das.«

Ich übersetzte dem Syrer sinngemäß Alberts Strafpredigt. Der Mann war sichtlich erschrocken und versicherte wortreich, alle Strafgebühren sofort zu bezahlen, dankbar zu sein, in einem so schönen und sicheren Land wie Deutschland leben zu dürfen und bestimmt niemandem Schwierigkeiten bereiten zu wollen. Sein Redeschwall hätte sich wohl noch eine Weile über uns ergossen, hätte Waldi ihn nicht unterbrochen.

»Leute, Schluss jetzt!«, rief mein Kollege. »In einer Minute müssen wir unten sein. Ich habe übrigens gehört, die neue Präsidentin ist ein richtiges Schnuckelchen.«

Auf den ersten Blick stimmte ich Waldi zu. Die neue Präsidentin Frau Dr. Schulz-Bellingröhr – geschieden, eine erwachsene Tochter, wie sie später vor gesammelter Mannschaft klarstellte – war optisch tatsächlich nicht von schlechten Eltern. Als wir uns heimlich in den Raum schlichen und auf zwei freie Stühle setzten, schickte sie, bereits am Rednerpult stehend, ein Lächeln in unsere Richtung. Es konnte bedeuten: Ihr seid zu spät, Jungs, aber macht euch keinen Kopf, kann jedem mal passieren, oder aber war nur ein gut getarntes Zähnefletschen. Wir würden sehen. Sie trug einen figurbetonten grauen Rock und ein dunkelrotes Jackett, ihre Lippen hatte sie in einer helleren, aggressiveren Nuance der Farbe geschminkt. Möglicherweise beabsichtigt, denn Rot stand in der Psychologie für besonders durchsetzungsfähig und dominant. Die blondierten Haare trug Frau Dr. Schulz-Bellingröhr schulterlang.

Wie ihr Vorgänger, Dr. Meyer, war auch sie eine hervorragende Rednerin. Sie verstand es, ihr Publikum mit Gesten, einem unschuldig wirkenden Lächeln und ihrer Wortwahl um den Finger zu wickeln. Dabei sagte sie nichts Besonderes, sondern hielt eine dieser typischen Managerreden, in denen die Teamarbeit mit Metaphern betont wird. Als unsere neue

Chefin tatsächlich den Vergleich des Körpers bemühte, der nur dann funktioniert, wenn alle Teile gesund sind, grinste ich für einen Moment in mich hinein, weil ich mir vorstellte, welcher Körperteil ich wohl wäre. Ich blickte mich kurz zu Waldi um. Man musste kein Hellseher sein, um festzustellen, dass er sich selbst weitaus zentraler als ich in dem metaphorischen Körper ansiedelte. Ich stieß ihn mit dem Ellenbogen in die Seite und flüsterte: »Du bist weder das Herz noch etwas tiefer Gelegenes.«

»Was?« Waldi hatte keine Ahnung, was ich meinte, und zischte: »Halt die Klappe!«

»Brav, wie du an den Lippen deiner neuen Chefin hängst.« Ich verschränkte die Arme vor der Brust und lehnte mich zurück.

Während Frau Dr. Schulz-Bellingröhr weiter den üblichen Managerwortschatz runterratterte, dachte ich, innerlich kopfschüttelnd, an Waldis neue Facebook-Einträge, die er mir stolz gezeigt hatte. Sprüche wie: Zieh dich aus, wir müssen reden. Oder: Ich habe meine Ernährung umgestellt, die Chips stehen jetzt links vom Laptop. Oder zur Krönung der Flachheit: Achtung, hier spricht Captain Niveau, wir sinken. Manchmal wurde ich das Gefühl nicht los, mein Partner würde nie erwachsen werden. Er gab sich bevorzugt proleten- und machohaft, allerdings machten viele den Fehler, ihn zu unterschätzen. Er war ein guter Polizist, der eins und eins zusammenzählen konnte und trotz seiner ruppigen Art über ein feines Gespür verfügte. Das Wichtigste aber war, dass ich mich auf ihn zu hundert Prozent verlassen konnte. Er zog den Schwanz auch dann nicht ein, wenn es richtig gefährlich wurde.

Plötzlich summte in meiner Jackentasche das Handy. Ich holte es heraus und las auf dem Display: »Otto-Heim«. Entschuldigungen murmelnd balancierte ich durch die Stuhlreihen, zuckte mit den Schultern bedauernd in Richtung der neuen Polizeipräsidentin und verließ hastig den Konferenzraum. Im Flur blickte ich mit einem ungut en Gefühl aus dem

Fenster. Feiner Nieselregen fiel in der Dämmerung, eigentlich weder die Tageszeit noch das Wetter für eine der Fluchten meiner Mutter. Ich rief das Heim zurück, in dem sie lebte, seit ihr die Demenz einen eigenständigen Alltag nicht mehr erlaubte. Eine Pflegerin mit hartem osteuropäischem Akzent teilte mir mit, Mutter sei gestürzt und heute Nachmittag ins Klinikum gebracht worden.

Ich hastete zu meinem Wagen, nahm einem wild hupenden und aufblendenden Audi die Vorfahrt und wühlte mich fluchend durch den Feierabendverkehr. Erst auf der Südtangente hatte ich einigermaßen freie Bahn und schoss mit hundertzwanzig Sachen auf der linken Spur über die Regnitzbrücke den Berg hinauf zum Klinikum.

Die Dame an der Information im Eingangsbereich interpretierte meine Hektik falsch. »Entbindungsstation?«, fragte sie lächelnd.

»Nein, meine Mutter ist gestürzt.«

Sie bearbeitete ihren Computer und schickte mich dann, immer noch freundlich lächelnd, in die Notaufnahme. Auf den grauen Plastikstühlen hockte ein einziger Patient, ein junger Kerl, der wohl eine Schlägerei hinter sich hatte. Sein Gesicht unter Dreadlocks, die aussahen wie ausgefranste Seile, war von einer Schlägerei gezeichnet. Ich kannte solche Typen aus meiner Zeit im Drogendezernat. Sie hielten sich für Individualisten und glaubten, der Menschheit die Welt erklären zu können, aber in Wirklichkeit waren sie nichts weiter als kleine Kiffer, die gar nichts wussten. Nicht einmal, wie man kifft, ohne erwischt zu werden oder im Krankenhaus in der Notaufnahme zu landen. Wo Mutter war, würde er mir wohl nicht sagen können.

Ich tigerte eine Weile herum, immer die Tür im Blick, hinter der die Notfälle behandelt wurden. Dann war ich mit meiner Geduld am Ende. Ich zückte meinen Ausweis, riss die Tür auf und wollte losstürmen. Doch was ich sah, ließ mich sofort wieder innehalten. Auf der Patientenliege rappelte sich hektisch eine weiß bemäntelte Gestalt auf, die mir bekannt vorkam.

»Was zum Teufel?« Der Arzt hatte offensichtlich geschlafen, orientierte sich aber sofort wieder. Er schien es gewohnt zu sein, rasch aufzuwachen und dann sofort hundert Prozent präsent zu sein. Sichtlich verärgert legte er sofort los: »Bilden Sie sich etwa ein, nur weil Sie Polizist sind und mit Ihrem Ausweis herumwedeln, können Sie einfach die Notaufnahme stürmen wie in einem billigen Film?«

»Nein, ich suche nur meine –«

»Es ist mir egal, wen oder was Sie suchen.« Er schwang sich von der Liege, glättete in einer wütenden, zackigen Bewegung seinen Arztkittel und baute sich vor mir auf. »Ich kenne Sie doch. Sie waren vor ein paar Wochen schon mal hier und haben geglaubt, alle müssten nach Ihrer Pfeife tanzen. Verschwinden Sie. Das hier ist eine Notaufnahme, in die man nicht einfach so hereinplatzen kann.«

Das Namensschild auf seiner Brust weckte meine Erinnerung. Bei meinem letzten Fall hatte ich mir von ihm die DNA-Probe eines verwundeten Täters erbeten, der im Klinikum eingeliefert worden war. »Dr. Felber«, sagte ich und bemühte mich um Ruhe, »meine Mutter ist gestürzt und wurde hierhergebracht. Ich nehme an, Sie haben sie untersucht. Geben Sie mir einfach Auskunft, wo sie ist und was mit ihr los ist, dann will ich auch gar nicht weiter darauf eingehen, dass Sie als diensthabender Arzt in der Notaufnahme ein Nickerchen halten, während Patienten dringend auf Ihre Hilfe warten.«

Dr. Felber war circa eins achtzig groß, ich schätzte ihn auf fünfunddreißig bis vierzig Jahre, sein aschblondes Haupthaar wurde bereits schütter. Er hatte ein asketisches Gesicht, die grauen Augen wurden von einem feinen Netzwerk aus haardünnen Fältchen eingerahmt. Seine Haut war stumpf wie die eines starken Rauchers oder von jemandem, der regelmäßig zu wenig Schlaf bekommt. In seinem Fall tippte ich auf Letzteres.

Er rückte seine Brille zurecht, blinzelte mich immer noch

wütend und übermüdet an und brummte: »Da sitzt nur noch einer, und wenn Sie sich den angesehen haben, werden Sie mir zustimmen, dass es nichts schadet, wenn man ihn noch ein wenig schmoren lässt. Ich habe eine Sechsunddreißig-Stunden-Schicht und muss versuchen, zwischendurch wenigstens ein bisschen Schlaf zu bekommen, also halten Sie mir keine Vorträge.«

»Killer. Ihr Name ist Katharina Killer. Das Altenheim hat mich angerufen und mir mitgeteilt, dass sie eingeliefert wurde.«

»Glauben Sie im Ernst, ich merke mir alle Namen? Die Leute kommen hier rein, ich flicke sie wieder zusammen, dann Abtransport und der Nächste, bitte.« Die Stimme des Arztes klang jetzt nur noch nach müder Resignation. »Aber wenn Sie eine alte und hochgradig demente Dame meinen – die hab ich nach dem Röntgen zur Beobachtung auf die Station bringen lassen. Fragen Sie mich nicht, welcher Stock, ich schätze, sechster oder siebter, genaue Auskunft erhalten Sie an der Information.«

»Die haben mich zu Ihnen geschickt. Was ist mit ihr, ist es etwas Ernstes?«

Die Müdigkeit ließ Dr. Felber wieder blinzeln. »Eine Infraktion des Beckens.«

»Ein Beckenbruch?« Die Alarmglocken schrillten in meinen Ohren. Es war kein Geheimnis, dass viele alte Menschen nach einem Becken- oder Oberschenkelhalsbruch nicht wieder auf die Beine kamen und bald darauf starben.

Der Arzt bemerkte meine aufkommende Panik, die ihn offensichtlich milder stimmte. »Keine Fraktur, eine Infraktion. Eine relativ harmlose Sache, die normalerweise von selbst wieder verheilt. Allerdings weiß man bei alten Leuten ja nie…«

»Und was heißt das jetzt konkret?«

»Wir behalten Ihre Mutter ein paar Tage zur Beobachtung hier. Dann kann sie wieder nach Hause. Sie wird noch eine Weile Schwierigkeiten beim Laufen haben. Man muss geduldig sein und abwarten.«

Sein »nach Hause« versetzte mir einen Stich. Definitiv einer meiner wunden Punkte. Ich fühlte mich wie ein schlechter Sohn, der seine alte Mutter ins Heim abgeschoben hatte, anstatt sich selbst um sie zu kümmern. Ausreden, warum man sich dafür entschieden hatte, gab es ja genug. Im Heim hast du wenigstens Gesellschaft, und Fachleute kümmern sich um dich. Ich arbeite zwölf Stunden oder länger am Tag, und du würdest nur einsam und allein vor dem Fernseher hocken. Und so weiter und so fort.

»Sonst noch was?«, fragte Dr. Felber, um mich hinauszukomplimentieren.

Ich schüttelte den Kopf und bedankte mich. Als ich die Notaufnahme verließ, bekam ich noch mit, wie der Arzt den Rastafari aufrief.

Mutter lag wie ein Engel mit gebrochenen Flügeln in einem Krankenhausnachthemd im Bett am Fenster und schlief. Ihre Zimmernachbarin, eine circa vierzigjährige Frau mit eingegipster Rechten, hielt in der gesunden Hand die Fernbedienung, ignorierte mein Eintreten und zappte sich stattdessen konzentriert durchs abendliche Fernsehprogramm.

Ich ging zu Mutter ans Bett. Ihre Miene war zufrieden, sie schien innerlich zu lächeln, als hätte sie einen schönen Traum. Sie schnarchte leise. Ich zog einen Stuhl zum Bett und setzte mich. Abwechselnd betrachtete ich Mutter und die Stadt. Hinter Glas in der Dunkelheit unten im Tal schien sie mit ihren Lichtern wie ein Abbild des nächtlichen Sternenhimmels.

Als ich später das Krankenhaus verließ, war der Himmel verhangen. Noch immer fiel feiner Nieselregen. Ich klappte den Kragen meiner Jacke hoch und steckte die Hände in die Taschen. Ein Gefühl sagte mir, dass morgen kein guter Tag werden würde.

Gewinnerhand

Frau Dr. Schulz-Bellingröhr, die neue Polizeipräsidentin, machte auf ihrem Schreibtisch Ordnung. Sie tat so, als läse sie in irgendwelchen Papieren, bevor sie diese zur Seite legte, aufsah und sagte: »Herr Killer, Sie sind der Leiter der Soko Bärenzwinger?«
»Ja.«
Stille. Offensichtlich erwartete sie eine umfassendere Auskunft von mir. Also räusperte ich mich und fügte hinzu: »Wir sind insgesamt sechsunddreißig Beamte in dem Team. Aber ich nehme an, das wissen Sie.«
»Ja.« Nun war es ihre Antwort, die knapp war.
Das Gespräch zwischen meiner neuen Chefin und mir wollte nicht so recht in Gang kommen. Zugegeben, ich war nicht unbedingt prädestiniert für ausschweifende Kommunikation. Sag doch einfach, was du von mir willst, dachte ich, während ich mit einem dünnen Lächeln den Versuch unternahm, nicht desinteressiert zu wirken. Ohne Zweifel, sie war eine attraktive Frau, schlank, schönes Gesicht, dezent geschminkt, geschmackvolles Kostüm. Sie trug eine kühle Fassade zur Schau, von der wir Männer immer glauben, wir müssten nur den Eiskratzer richtig ansetzen, um den darunterliegenden Gefühlen die Möglichkeit zu geben, sich zu entfalten.
»Herr Killer.« Während sie langsam meinen Namen aussprach, sah sie mich kurz an, um dann ihren Blick sofort wieder auf einen imaginären Punkt links neben mir zu richten. Sie überlegte offensichtlich, wie sie fortfahren sollte.
»Ja?« Dieses Wort schien sich zum häufigsten in unserer Konversation zu entwickeln.
»Klären Sie mich über den Fall auf. Und damit meine ich nicht die Details des Mordes, die schon im Bericht stehen.« Sie klopfte auf die Akte, die sie vorhin zur Seite geschoben hatte. »Wie ist der neueste Stand?«

»Nun – wir sind noch ganz am Anfang –«
Sie unterbrach mich. »Das war nicht meine Frage.«
»Ich weiß. Ich habe bereits mit Dr. Meyer über eine bestimmte Richtung in unseren Ermittlungen gesprochen, der aber meinte, ich solle mich diesbezüglich gleich an seine Nachfolgerin, also an Sie, wenden. Wir würden gern DNA-Tests in größerem Rahmen durchführen.«
»Was genau meinen Sie mit ›in größerem Rahmen‹?«
»Das Balkanzentrum. Leute mit Migrationshintergrund. Die Art und Weise, wie das Opfer ermordet wurde, weist eindeutig auf eine Hinrichtung innerhalb einer organisierten Bande mit ausländischem Ursprung hin. Viele dieser Leute sind schon in unserem System. Ich bin mir sicher, wir werden mit einem Test einen Treffer landen.«
Frau Dr. Schulz-Bellingröhr schüttelte missbilligend den Kopf. »Nein.«
Ich wartete auf eine Erklärung, die nicht kam. Also hakte ich nach: »Sie sind dagegen, dass wir den Mord rasch aufklären? Wie ich schon sagte, ich bin mir sicher, eine DNA-Testreihe –«
»Herr Killer, noch einmal: Die Antwort lautet nein.« Ihre rosa geschminkten Lippen wurden schmal.
»Erklären Sie mir, warum?«
»Gern. Ich bin grundsätzlich nicht der Meinung, dass man als Allererstes die komplette Artillerie auffahren und quasi mit der Schrotflinte in den Wald schießen sollte, nur in der Hoffnung, dass man den Hasen schon irgendwie trifft. Ich erwarte von Ihnen, dass Sie als Leiter der Soko die Ermittlungen koordinieren, Spuren auswerten, Tathintergründe recherchieren, Verdächtige verhören, Zeugen befragen et cetera pp. Leisten Sie einfach solide, konservative Polizeiarbeit. Wir brauchen keinen technischen Overkill.«
Für eine Frau benutzte sie für meinen Geschmack einen überraschend stark militärisch geprägten Wortschatz. Ich wollte ihr trotzdem ein Friedensangebot unterbreiten, scheiterte dabei aber bereits an ihrem Namen: »Frau Dr. Bellingschulz –«

»Schulz-Bellingröhr. Herr Killer, wir werden darüber nicht diskutieren.« Sie blickte demonstrativ zu den geordneten Papieren auf ihrem Schreibtisch, unter denen sich offensichtlich auch meine Akte befand. »Glauben Sie mir, ich habe mich gründlich vorbereitet. Ich weiß genau, mit wem ich es zu tun habe.«

»Sie meinen mich?«

»Wen sonst? Das hier ist kein Wunschkonzert, sonst hätte ich mir für mein Team bestimmt keinen Hauptkommissar mit aktenkundiger Spielsucht ausgesucht, der seine Familienangelegenheiten nicht im Griff hat –«

»Sie sprechen von meiner Mutter, die –«

»Unterbrechen Sie mich bitte nicht. ... und der glaubt, einen Mordfall am besten zu lösen, indem er sich von einer Zeugin der schweren Körperverletzung und Vergewaltigung beschuldigen lässt und am Ende eine Menge Toter herumliegen. Herr Killer, um es mit Ihrem Vokabular zu sagen: Ich spiele immer mit offenen Karten. Ginge es nach mir, wäre der Mord nicht Ihr Fall. Bedanken Sie sich bei meinem Vorgänger, Dr. Meyer, der mich, aus welchen Gründen auch immer, darum gebeten hat, dass Sie Leiter der Soko bleiben. Ich verlange von Ihnen eine hundertprozentig professionelle Einstellung und werde es nicht zulassen, dass Sie vom offiziellen Dienstweg abweichen und irgendwelche Umleitungen oder Abzweigungen nehmen. Bei der kleinsten Verfehlung sind Sie draußen. Außerdem erwarte ich Ergebnisse von Ihnen, und zwar rasch. Habe ich mich klar ausgedrückt?«

Wow, was für eine Predigt, Frau Schulz-wie-auch-immer! Ich lächelte freundlich, aber unverbindlich. »Haben Sie vielen Dank für Ihr Vertrauen. Sonst noch was?«

Sie blieb eiskalt. »Sparen Sie sich Ihren Sarkasmus. Und ja, da wäre zum Beispiel noch Ihre Therapie. Die Psychologin, die für uns arbeitet, sagt, Sie seien nicht nur unpünktlich, sondern auch uneinsichtig und unkooperativ. Eine erfolgreiche Therapie ist aber Voraussetzung dafür, dass Sie Ihren Job bei der

Kripo behalten. Soll heißen, es darf nicht mehr vorkommen, dass Sie mitten in einer Sitzung aufstehen und davonlaufen.«
Diese alte Petze! »Frau Präsidentin, meine Mutter –«
»Hören Sie endlich auf mit Ihrer Mutter. Wie alt sind Sie eigentlich?«
»Es geht eher um das Alter meiner Mutter –«
»Herr Killer, ich habe jetzt zu tun.« Sie stand auf, spazierte hinter ihrem aufgeräumten Schreibtisch hervor und stöckelte, wie um ihre wohlgeformten Beine zu präsentieren, vor mir her zur Tür. »Wenn Sie also einen großflächigen DNA-Test wollen, kommen Sie mir nicht wieder mit so etwas Pauschalem wie: Der Mord hat bestimmt etwas mit organisiertem Ausländerverbrechen zu tun. Liefern Sie mir etwas Konkretes. Und jetzt darf ich Sie bitten, an die Arbeit zu gehen.«
»Selbstverständlich, Frau Präsidentin.« Ich sparte mir einen zweiten Versuch, ihren Namen auszusprechen. »Ich wünsche Ihnen einen schönen Tag.«

Die Soko war ein Fiasko, ein hilfloses Herumtappen im Dunkeln in einem Kellerraum zwischen mit Plastikplanen zugedeckten Möbeln, ständig unterbrochen vom nervenaufreibenden Stakkato der Schlagbohrer und Presslufthämmer, die die Wände im Präsidium einrissen. So gut wie nichts wies auf einen Täter hin. Wir hatten keine Zeugen, kaum brauchbare Spuren, lediglich die Verbindung zu DEIMU, die bisher aber nichts erbracht hatte. Die Kollegen von der Technik hatten Max' Wohnung komplett auseinandergenommen, ohne etwas Aufschlussreiches zu finden. Ich hatte auf seinen Pass gehofft, um in Erfahrung zu bringen, ob er die circa zehn in seinem Lebenslauf fehlenden Jahre vielleicht im Ausland verbracht hatte. Tatsächlich war ein Reisepass gefunden worden, aber dieser hatte keine diesbezüglichen Einträge aufgewiesen. Allein meine Ahnung, dass dieses schwarze Loch in seiner Vita von Bedeutung bei der Aufklärung seines Mordes war, half mir nicht weiter. Frustriert schickte ich die Kollegen in den Feierabend und hockte mich in meinem Büro auf eine der Kisten, in denen die Akten während der Umbauarbeiten verstaut waren.

Erst nach einer Weile bemerkte ich, dass Waldi noch da war. Er saß auf einem in die Ecke geschobenen Schreibtisch und ließ die Beine baumeln.

»Killer, warte mal«, sagte er, als ich aufstehen und gehen wollte.

»Was?« Ich war nach den ergebnislosen Untersuchungen und dem vorangegangenen Gespräch mit meiner neuen Chefin ziemlich gereizt.

Waldi bedachte mich mit einem jener Blicke, die bedeuten: Junge, du hast ja keine Ahnung. Also pass gut auf, ich werde dir jetzt sagen, wie der Hase läuft.

Das brachte mich erst recht auf die Palme. Ich blaffte: »Hör zu, Kollege, lass bloß stecken.«

Waldi schüttelte traurig den Kopf. »Meine Fresse, Killer, was ist nur los mit dir?«

»Was soll schon los sein?«

»Kapierst du denn überhaupt nichts?« Auch in Waldis Stimme lag jetzt Aggression. »Du bist gerade dabei, alles an die Wand zu fahren! Du hast weder den Fall noch dein Leben im Griff und tust so, als wäre das kein Grund zur Besorgnis.«

Wenn andere laut wurden, reagierte ich normalerweise mit Sarkasmus. So auch jetzt. Ich grinste kühl und sagte: »Und ausgerechnet du Gartenzwerg willst mir jetzt erklären, wie alles funktioniert? Da bin ich aber mal gespannt.«

Komischerweise ging Waldi nicht wie eine Rakete in die Luft, sondern schüttelte nur erneut den Kopf. »Beleidigungen bringen uns auch nicht weiter. Lass uns vernünftig reden. Ich bin dein Kumpel und sehe doch, was los ist. Du lässt dich hängen, und zwar komplett. Du hast in Leerlauf geschaltet, Killer. Manchmal lässt du den Motor zwar noch aufheulen, aber das bringt dich keinen Meter weiter. Ich muss nur an die aktuelle Soko denken. Null Vorbereitung, null Ergebnisse. Wir sind jetzt seit vier Tagen an dem Fall dran, aber es ist noch rein gar nichts passiert. Ist dir eigentlich aufgefallen, wie enttäuscht die Kollegen geschaut haben? Die wollten eine Strategie von dir –«

Ich unterbrach ihn: »Jetzt halt mal die Luft an. Willst du mich vielleicht dafür verantwortlich machen, dass wir noch keine Ergebnisse haben?«

»Es geht nicht um die Ergebnisse. Sondern darum, wie du die Sache diesmal anpackst. Bei unserem Fall mit dem ermordeten Mönch im Bischofsgrab warst du fokussiert. Du warst präzise, schnell und kaltschnäuzig. Aber in letzter Zeit geht's mit dir nur noch den Bach runter. Du hast deine Objektivität und deine Professionalität verloren.«

»Jaja«, spottete ich. »Die Welt geht unter, und ich bin schuld.«

Waldi ließ sich nicht beirren: »Ich habe sogar das Gefühl, es wird von Tag zu Tag schlimmer. Tagsüber fährst du in der Gegend rum, und ich wette, die Nächte zockst du durch. Guck doch mal in den Spiegel, du siehst aus wie ein Geist. Bei der Soko-Besprechung vorhin warst du physisch anwesend, aber im Prinzip gar nicht da.«

»Was soll die Predigt, Waldi? Ich habe vielleicht einen kleinen Durchhänger, okay, aber meine Mutter liegt oben im Klinikum –«

»Kleiner Durchhänger?« Mein Partner wurde wieder lauter und zählte alle meine Sünden auf: »Die Kollegen sind der Meinung, du machst deinen Dienst nicht richtig, du hast eine Klage wegen Vergewaltigung und schwerer Körperverletzung am Hals, fährst eine geklaute Gondel und eine Fähre zu Schrott, wirst, wenn du so weitermachst, deine Therapie nicht erfolgreich beenden können –«

»Waldi, es reicht. Ich bin dein Chef, und ich erlaube dir nicht, dass du so mit mir redest.«

»Chef am Arsch, Killer, du bist mein Kollege, der Hilfe braucht, und nichts anderes.«

»Deine Hilfe brauche ich bestimmt nicht.«

»Doch. Und zwar dringend. Weißt du, wo ich vorhin war?«

»Nein, aber du wirst es mir bestimmt gleich sagen.«
»Bei der Schulz-Bellingröhr –«
»Frau Dr. Schulz-fucking-Dingsbums. Etwas mehr Respekt, mein Freund.«
»Sie hat mir aufgetragen, dir genau auf die Finger zu gucken, damit du keinen Mist machst. Verstehst du? Die Polizeipräsidentin persönlich bestellt mich ein, um mir zu erklären, dass wir ein Problem haben, das Rod Killer heißt, und dass ich –«

Waldis folgende Worte gingen im Lärm der wieder einsetzenden Presslufthämmer unter. Entweder machten die Bauarbeiter Überstunden oder arbeiteten in Schichten.

Die Anklagerede meines Partners ging mir sowieso gehörig auf die Nerven, also beschloss ich, sie zu beenden. Ich guckte demonstrativ auf die Uhr und sprach ihn mit seinem lächerlichen Facebook-Nick an: »Top Gun, danke für die Anteilnahme. Ich mache jetzt Feierabend.« Ich stand auf und hörte noch, wie Waldi mir irgendetwas hinterherrief, als ich den Raum verließ.

Ich fuhr zum Klinikum hinauf. Es hatte mal wieder angefangen zu regnen. Die Scheibenwischer schabten unrhythmisch über die Scheibe, und ich hatte eine ziemliche Wut im Bauch. Was bildete sich dieser Pinscher eigentlich ein, mir so ans Bein zu pinkeln und auch noch gemeinsame Sache mit der Obrigkeit zu machen? Okay, mein Auftritt als Soko-Leiter war wenig glanzvoll gewesen. Irgendwie hatte mir die Konzentration gefehlt, und ja, ich kam in dem Mordfall nicht weiter, aber ich war nicht der Einzige, der keine Ergebnisse vorzuweisen hatte. Das ganze Team, einschließlich Waldi, stand mit leeren Händen da. Demzufolge konnte ich keine spektakulären Neuigkeiten verbreiten und sah nicht ein, dass ich so tun sollte, als ob. Und was die neue Präsidentin, Frau Dr. Schulz-schieß-mich-tot, betraf, war jetzt schon klar, dass wir kein Liebespaar werden würden. Aber im Gegensatz zu ihr steckte ich die Leute nicht von vornherein in eine Schublade, aus der sie nicht mehr herauskamen, sondern verschaffte mir selbst einen gründlichen Eindruck, bevor ich über jemanden urteilte. Und schon gar nicht verließ ich mich bei der Bewertung eines Menschen auf irgendwelche Akten.

Ich war so in Gedanken vertieft, dass ich beinahe an der Abzweigung zum Besucherparkplatz des Klinikums vorbeigerauscht wäre. Im letzten Augenblick riss ich das Steuer herum, bretterte in die Einfahrt und hätte beinahe einen Rentner übersehen, der schimpfend und ziemlich flott die Gefahrenzone verließ. 'tschuldigung, alter Mann, bist aber noch ganz gut in Form, dachte ich.

Im Klinikum schwebte ich mit dem Aufzug in den siebten Stock und lief den Flur entlang, bis ich das Zimmer meiner Mutter fand. Wie bei meinem gestrigen Besuch lag sie im Bett und schnarchte mit offenem Mund. Ihre Bettnachbarin ging ihrer offensichtlichen Lieblingsbeschäftigung mit der Fernbedienung für den Fernsehapparat nach. Ich zog einen Sessel ans Bett und ließ mich hineinfallen. Draußen hing die Wolkendecke wie eine dunkle Drohung über der Stadt, während der Regen die Lichter auslöschte. Die Lage des Klinikums – und vor allem dieses Zimmers – war mit dem Blick über Bamberg privilegiert. Ich dachte an den Song »A Room with a View«, und wer wusste es schon, vielleicht könnte Mutter auf irgendeine Art sogar etwas mit den Häusern, dem Dom, Sankt Michael und all den anderen Bamberger Kirchen anfangen, wenn sie aufwachte. Doch im Augenblick schlief sie tief und fest, und das große Panoramafenster war blind vor Regen.

Meine Gedanken wanderten zu unserem Fall, zu Max Kauder und seinem Ende im Bärenzwinger. Ein Kollege der Soko hatte vorgeschlagen, die ominöse Firma DEIMU genauer unter die Lupe zu nehmen, schließlich hatte das Mordopfer für sie gearbeitet. Man mochte an Zufälle glauben oder nicht, aber es war unwahrscheinlich, dass das gute Dutzend an Anrufen dort wenige Stunden vor seiner Ermordung nichts mit selbiger zu tun hatte. Entweder hatte es sich dabei um Hilferufe oder um Forderungen oder gar Drohungen gehandelt. Ich fragte mich ernsthaft, warum ich nach meinem ersten Besuch bei der DEIMU Dr. Schäfer nicht vehementer auf die Pelle gerückt war. Genauso wie seiner Plastikpuppen-Sekretärin, die bei mir nicht gerade den Eindruck von Unschuld hinterlassen hatte, in jeder Beziehung. Ich blickte auf die Uhr. Heute war es zu spät für die Anordnung von richterlichen Beschlüssen, aber gleich morgen würde ich mich darum kümmern. DEIMU war unsere einzige Spur.

Eine Krankenpflegerin kam herein, eine hübsche, flinke Person mit einem freundlichen Lächeln, das sie in meine Richtung warf. »Sie sind der Sohn«, stellte sie fest.

Ich nickte.

Sie überprüfte die Infusion, maß Temperatur und Puls, machte sich Notizen auf einem Klemmbrett und wandte sich dann der fernsehschauenden Zapperin zu, um die Prozedur an ihr zu wiederholen. Mein Handy summte in der Jackentasche, ich holte es hervor und zuckte zusammen. Nicole. Meine Ex. Ihr Versuch, die Beziehung nach unserer Trennung wiederzubeleben, war an schlechtem Timing gescheitert. Vor ein paar Wochen war sie eines Abends bei mir aufgetaucht und hatte mich in einer kompromittierenden Situation erwischt. Ich war ziemlich down gewesen, sie hatte mich getröstet, und eins hatte zum anderen geführt. Obwohl wir danach übereingekommen waren, dass ein Neuanfang keinen Sinn ergab, schickte sie mir jetzt eine SMS: »Wie geht es dir?« Ich war drauf und dran, zu antworten, zögerte aber und unterließ es dann. Stattdessen steckte ich das Handy zurück und stand auf. Ich strich Mutter zum Abschied über die Schulter, nickte der Krankenschwester zu und verließ den Raum.

Der Asphalt auf dem Parkplatz glänzte, Lichter spiegelten sich auf ihm. Der Regen war stärker geworden.

Ich parkte am Troppauplatz, schlug den Kragen hoch und ging zum grauen Hochhauskasten, in dem im elften Stock meine

Wohnung lag. Im Flur warf ich die nasse Jacke über einen Stuhl und schob mal wieder eine Tiefkühlpizza in den Ofen. Ich setzte mich an den Schreibtisch und fuhr den Laptop hoch. Auf dem Desktop lag der Bericht über den Bärenzwinger-Mord beziehungsweise das, was einmal der Bericht werden sollte. Ich las die Überschrift und den ersten und einzigen Satz, den ich bisher geschrieben hatte, markierte dann alles und drückte »Delete«. Mit verschränkten Armen starrte ich auf den Bildschirm und rollte mit dem Schreibtischstuhl näher, bevor ich das leere Blatt und den Aufruf zum Speichern wegklickte. Ganz automatisch wanderte der Cursor zu einem anderen Symbol auf dem Desktop. Eine Spielkarte. Die Herzdame. Ich loggte mich ein.

Nach zwei Runden hatte ich zweitausend Minus auf dem Konto, aber jetzt eine Gewinnerhand. Ich verdoppelte den Einsatz. Mit meinem Bubendrilling und der Option auf Full House oder einen Vierling war mir der Pott so gut wie sicher. Es musste schon mit dem Teufel zugehen, wenn diese Runde mir mein Geld nicht zurückbringen würde. In diesem Augenblick klingelte es. Hastig warf ich noch mehr Geld auf den Online-Tisch, rannte zur Tür und wich sofort einen Schritt zurück.

»Nicole ... Jetzt ist gerade nicht –«

Ihr Blick wischte über mich hinweg. Sie sog die Luft ein, ihre Augen weiteten sich, und sie hastete an mir vorbei in die Küche. Perplex stand ich im Flur, hörte, wie sie hektisch herumhantierte, und mit einem Mal hing der beißende Geruch von Verbranntem in der Luft. Die Pizza. Ich seufzte und ging zu Nicole in die Küche.

Sie riss das Fenster auf und warf die verkohlte Pizza in den Mülleimer. Dann sah sie mich seltsam an und schüttelte den Kopf: »Rod, wenn man auf dich nicht aufpasst ...«

Mit einem Auge schielte ich zum Laptop auf meinem Schreibtisch. Das Spiel war in vollem Gange, wenn ich jetzt nicht mitbot, war ich draußen. Und das mit einem Blatt auf der

Hand, das mit Sicherheit einen dreistelligen, vielleicht sogar vierstelligen Wert hatte. Würde ich gewinnen, wäre ich mit einem Schlag alle meine Schulden los.

»Nicole«, setzte ich an.

Sie küsste mich auf die Wange und schob mich ins Wohnzimmer. »Es ist viel passiert, Rod. Lass uns reden.«

»Einen Moment, bitte.« Ich ging zum Schreibtisch und war gerade dabei, den Bildschirm im Pausenmodus mit einem Klick wieder zum Leben zu erwecken, aber Nicole stand schon neben mir.

»Rod, nein. Du wirst jetzt nicht einfach weiterspielen, als wäre ich nicht hier. Genau das war doch immer eins unserer Probleme. Ich wünschte mir mehr Gemeinsamkeiten, und du wolltest lieber zocken. Meine Anwesenheit hat dich dabei gestört. Aber ich glaube, du kannst sie jetzt ganz gut gebrauchen.«

So wie es aussah, sollte heute wohl nicht mein Tag werden. Wirklich jeder schien der Meinung zu sein, mir erklären zu müssen, dass ich am Ende war und dringend Hilfe benötigte. Etwas ungeduldig und immer noch mit Blick auf meinen Laptop sagte ich: »Erinnerst du dich, Nicole? Wir haben uns getrennt. Du bist nicht mehr für mich verantwortlich.«

Sie verzog das Gesicht. Ich kannte diese Miene in- und auswendig. Ich hatte absolut keine Lust auf irgendeinen Beziehungskram und bestimmt nicht auf solchen, den ich schon lange abgehakt hatte. Außerdem wurde ich immer nervöser und blickte zwischen Nicole und dem Laptop hin und her. Ich hörte mich sagen: »Ich freue mich, dass du da bist, glaub mir. Ich habe dich schon vermisst, und das neulich war auch sehr schön. Es ist … irgendwie schade … dass es einfach nicht mit uns klappt.«

Sie trug eines ihrer teuren schwarzen Kostüme, weil sie wusste, wie gut die Farbe zu ihrer roten Mähne und den grünen Strahleaugen passte. Sie ließ sich auf dem Sofa nieder, kreuzte die Beine und sagte: »Danke, dass du mir etwas zu trinken anbietest.«

»Gleich.« Wenn ich mein Blatt noch ausspielen wollte, musste ich mich beeilen. »Entschuldige mich nur einen Augenblick. Es dauert nicht lang.«

Hektisch lief ich zum Laptop hinüber, klickte auf eine beliebige Taste und starrte auf den Bildschirm. Nein! Ich hatte das Zeitlimit zum Bieten überschritten. Damit war ich ausgestiegen, und das Geld, das ich bisher geboten hatte, lag im Pot und gehörte dem späteren Gewinner. »Fuck!«, rief ich ziemlich laut und knallte den Laptop zu.

Nicole bedachte mich mit einem dieser traurigen Blicke, die mir aus der Schlussphase unserer Beziehung noch bestens in Erinnerung waren. Jetzt schüttelte sie auch noch den Kopf – so wie Waldi vorhin. »Was ist bloß los mit dir?«

»Falls du dich erinnerst, hast du mich das schon etwa tausend Mal gefragt. Es war einer deiner Standardsätze.«

»Aber ich mache mir Sorgen um dich!« Ihre Augen sprühten Funken, damit hatte sie mich damals eingefangen. Sie hatte ihre zurückgelehnte Position auf dem Sofa aufgegeben und saß nun kerzengerade da. »Wir haben uns geliebt, und ich fühle mich verantwortlich für dich! Du warst in allen Zeitungen: der spielsüchtige Hauptkommissar, der in Schlägereien und andere schlimme Dinge verwickelt ist –«

»Nicole –«

»Wenn ich dich so sehe, wie dir nichts anderes wichtig ist als dieses verdammte Pokern –«

»Himmel!« Jetzt geriet auch ich in Fahrt. »Ich bin fett im Minus, und dann kommt diese einmalige Hand, mit der ich all meine Probleme lösen kann, und du –«

»Weißt du, wie du klingst? Wie einer deiner Junkies von früher, für die du nichts anderes als Mitleid oder Verachtung übrighattest.«

»Es geht ganz einfach um die Kohle, um nichts anderes. Ich bin im Augenblick etwas knapp bei Kasse, und mit dieser Hand hätte ich sicher –«

»Hör auf, Rod. Hör einfach auf, okay?« Nicole verstand

es, von einer Sekunde auf die nächste unglaublich müde und traurig zu wirken. Eine weitere Masche von ihr, mit der sie es in der Vergangenheit regelmäßig geschafft hatte, mich auf die Palme zu bringen.

Ich erwiderte nichts, und eine Weile lastete die Stille wie etwas Dunkles, Schweres auf uns.

»Wolltest du mir nicht etwas zu trinken anbieten?«, fragte sie schließlich erneut.

»Klar.« Ich stand auf. »Was möchtest du?«

»Am liebsten ein Glas Wein.«

»Du weißt doch, dass ich normalerweise keinen Alkohol trinke. Ich habe nichts da.« Ich klang genervt und belehrend. Dr. Ach-so-schlau-Pontorra hatte mir erklärt, die Ablehnung anderer möglicher Suchtmittel sei Teil des Suchtverhaltens, ein stereotypisches Verteufeln als Ablenkungsmanöver von der eigenen Abhängigkeit. Eine Art Übersprunghandlung.

»Wasser ist auch in Ordnung«, sagte Nicole und ließ mich nicht aus den Augen.

Ich holte zwei Gläser mit Leitungswasser, reichte eins davon Nicole und setzte mich neben sie aufs Sofa.

Sie sah mich an. »Zum Wohl, Rod.«

»Zum Wohl.« Ich erwiderte ihren Blick. Mit ihren Augen konnte sie unglaubliche Dinge tun, sie konnte ihre Farbnuance und das, was sie ausstrahlten, so schnell verändern wie der April sein Wetter. Jetzt lag in ihrem Blick ein warmes Glimmen, das mich unweigerlich einfing. Ich hatte nicht einmal die Zeit, darüber nachzudenken, ob es Mitleid oder ganz andere Gefühle in mir weckte.

»Nicole –«, begann ich.

Sie legte mir ihren kühlen, schlanken Zeigefinger auf die Lippen, nahm ihn wieder weg, beugte sich vor und küsste mich.

Hägar oder Heinrichsmeier

Am nächsten Tag hockte Waldi mir gegenüber auf einer Umzugskiste und kaute auf irgendetwas herum, das aussah wie ein Stück Schuhsohle. Neben ihm lag ein angebissenes Stück Brezel, alles in allem kein allzu leckerer Anblick. Ich blickte wohl angewidert, denn Waldi fragte mit vollem Mund: »Was guckst du so?«

»Was isst du da?« Ich erkundigte mich nicht aus echtem Interesse. Die Sache von gestern Abend beschäftigte mich noch immer.

War es wirklich eine gute Idee gewesen, auf Nicoles Küsse, ihre Kullerträncher, ihren weichen warmen Körper hereinzufallen? Unsere Beziehung hatte nicht funktioniert, das war eine Tatsache, aus, basta. Das musste ihr doch auch klar sein. Und meistens war ich das Arschloch gewesen, nicht sie. Warum also startete sie ausgerechnet jetzt den Versuch, die Sache wieder aufzuwärmen, da ich wahrhaftig nicht in allerbester Verfassung war? Wie pflegte Waldi in so einem Fall zu philosophieren? Werd einer mal schlau aus den Weibern.

Mein Partner zog etwas Faseriges zwischen seinen Zähnen hervor und betrachtete es nachdenklich, bevor er es zwischen die Umzugskisten schnippte.

»Was war das?«, fragte ich angewidert.

»Salami.«

»Du bist ein echter Gourmet.«

»Weiß ich, Killer. Und was willst du mir jetzt sagen?«

»Nichts.«

Waldi ließ die Beine baumeln und wirkte desinteressiert. Er inspizierte seine Fingernägel und legte den Kopf schief. Schließlich sagte er: »Killer, wegen gestern …«

»Vergiss es.« Ich war mir nicht sicher, ob ich damit den Diskurs mit Waldi meinte oder die Sache mit Nicole.

»Wollte ich auch gerade sagen. Wir sind keine Amateure, die sich von irgendwelchem Privatkram aus der Bahn werfen lassen. Wir sind Profis. Also packen wir den Fall an. Ohne Wenn und Aber.«

»Tue ich eh schon.«

Waldi hob den Kopf mit einem Blick, der in etwa besagte: Na ja. Er nahm das Stück Brezel, warf es in den Papierkorb in der Ecke und quittierte seinen Treffer mit zwei gestreckten Fingern, dem Handzeichen eines Basketballschiedsrichters für einen erfolgreichen Korbwurf. »Versenkt«, stellte er zufrieden fest. »Apropos, wann kommst du eigentlich mal wieder mit zu einem Spiel? Wir werden Meister, und du bist nicht dabei.«

Waldi sprach vom Bamberger Basketball-Team, den Brose Baskets. Wobei die Bezeichnung »Bamberger« lediglich auf den Sitz der Mannschaft verwies. Kein einziger Spieler der ersten Mannschaft kam aus Bamberg, die Legionärstruppe wurde jedes Jahr neu zusammengekauft. Allein der Vereinsname erklärte, wie das Geschäft funktionierte: Brose, weltweit fünftgrößter Automobilzulieferer, zahlte als Sponsor das notwendige Kleingeld für die alljährliche Aufrüstung der Mannschaft, als gälte es, in den Krieg zu ziehen. Für mich waren die Topteams alle gleich, egal ob beim Fuß- oder Basketball. Das meiste Geld schoss die meisten Tore und warf die meisten Körbe. Manchmal dachte ich ein wenig wehmütig an die ersten Bundesligajahre der Bamberger zurück, als noch draußen bei den Amis in der Kennedyhalle gespielt worden war und Jim Wade als unangefochtener Star und einziger Nichtbamberger für die Körbe verantwortlich gewesen war. Heute ging ich nur noch selten zu den Partien, Waldi hingegen war ein Hundertprozentiger. Er gehörte zu den Freaks, die Bamberg im Basketballkosmos zum Namen Freak City verholfen hatten. Bei einem Heimspiel riskierte man schon mal einen Hörsturz inklusive Schleudertrauma, so gingen die Fans ab. Nicht umsonst hieß die Brose Arena auch Frankenhölle. Waldis Ein-Zimmer-Wohnung sah aus wie ein Fanshop, die Wände waren tapeziert mit Spielerpostern, er schlief in Brose-Baskets-Bettwäsche, benutzte Brose-Baskets-Handtücher, -Tassen und -Teller. Er besaß Brose-Baskets-Wimpel, -Fahnen, -Schals und -Trikots, und hätte es Brose-Baskets-Klopapier gegeben, er hätte sich damit den Hintern abgewischt.

»Haben wir nicht gerade von Professionalität gesprochen, Killer? Du bist schon wieder nicht bei der Sache.«

»Was? Doch.« Ich grinste schief. »Wann ist das nächste Heimspiel? Ich geh mal wieder mit.«

»Sicher. Wer's glaubt, wird selig.«

»Nein, wirklich. Ich hätte mal wieder Lust drauf. Wo stehen wir?«

»Typische Banausenfrage. Ganz oben natürlich, hab ich übrigens gerade eben gesagt, du Experte. Zweiundvierzig Points, sechs Vorsprung vor den Ulmern. Die Play-offs sind keine Frage, sondern eine Selbstverständlichkeit.«

Unser rein dienstliches Gespräch wurde von unserem Kollegen mit dem Spitznamen Hägar unterbrochen, der letztes Jahr aus Bayreuth zu uns versetzt worden war, ein ruhiger, stämmiger Typ mit rötlichen Haaren, die Finger meistens im Bart vergraben, vor allem, wenn er über etwas nachdachte. Heute hatte er eine dünne Mappe dabei und war wohl auf der Suche nach einem Platz, wo er sie ablegen konnte.

»Gib her.« Waldi wedelte mit der Hand. »Was ist das?«

Hägar blickte mich fragend an und reichte, als ich nickte, Waldi die Mappe. »Die Anrufliste unseres Toten und die Auswertung seines Navis.«

»Die Anrufliste haben wir selbst.« Waldi fing an zu blättern und runzelte die Stirn. »Kannst du die Ergebnisse der Navi-Untersuchung mal zusammenfassen?«

Hägar streckte seine Pranken aus. »Dann gib noch mal her. – Das ist schon sehr interessant.« Er überflog gedankenverloren den Mappeninhalt, bis Waldi ungeduldig wurde.

»Was daran?«, fragte er.

Hägar setzte sich umständlich, legte die Mappe auf seine wuchtigen Oberschenkel und begann wieder, seinen Bart zu malträtieren. »Die Navis können einem die letzten eingegebenen Ziele anzeigen, aber das wisst ihr ja. Im Fall unseres Toten sind ein paar Flughäfen darunter. Düsseldorf, Frankfurt, Nürnberg, München. Sonst nur Adressen hier in der Nähe.«

»Der gute Herr Kauder wird wohl mal weggeflogen sein. Das an sich ist nichts Besonderes.«

»Stimmt. Aber interessant ist, dass wir in den Datenbanken dieser Flughäfen recherchiert haben und keinen Fluggast mit dem Namen Max Kauder finden konnten.«

Waldi kam mir zuvor: »Na und? Dann hat er eben jemanden abgeholt.«

»Ach so.«

Hägars Bart tat mir leid.

»Was hast du denn gedacht?«

»Keine Ahnung. Ich fand es einfach seltsam. Er hätte ja auch eine zweite Identität haben können, unter der er in der Weltgeschichte herumgeflogen ist. Im Reisepass auf den Namen Max Kauder ist jedenfalls kein einziger Eintrag vermerkt, gerade so, als hätte er ihn nie benutzt. Ist doch seltsam für jemanden, der sich ständig auf Flughäfen herumtreibt.«

»Vielleicht hatte er einfach eine reisefreudige Freundin, die wir finden müssen.«

»Zum Beispiel die DEIMU-Sekretärin?«

»Zum Beispiel. Wir sollten aber nicht spekulieren.«

»Stimmt. Aber vielleicht finden wir Genaueres über die Funktion der ›letzten Ziele‹ in seinem Navi. Wobei man den Weg zur Freundin nach einiger Zeit normalerweise auch so finden sollte. Ich schlage also doch eher die Anrufliste vor.«

Hägar, der gern auch mal nonverbal kommunizierte, wühlte wieder in seinem Bart, als suchte er darin nach passenden Worten. Was er dann nach einiger Zeit schließlich fand und artikulierte, klang so: »Äh – und wer soll das machen?«

»Du«, kam es von Waldi und mir gleichzeitig.

»Zusammen mit dem Heinrichsmeier«, schlug ich vor.

Hägar warf mir einen finsteren Blick zu. »Das bin ich.«

»Was?«

»Ich bin Heinrichsmeier.«

»Ups!«

Waldi grinste. »Killers Mutter hat Alzheimer. Ist wahrscheinlich erblich.«

»Sie ist dement«, korrigierte ich.

»Ist doch dasselbe.«

»Ist es nicht. Alzheimer ist nur die häufigste Ursache von Demenz.«

»Danke für den Vortrag, Herr Doktor.«

Hägars Finger waren wieder mit dem Bart beschäftigt. »Auf der Liste stehen die Anrufe der letzten zwei Jahre.«

»Und?«

»Wisst ihr, wie viele –«

»Du musst ja nur die Frauen raussuchen«, beruhigte ich ihn.

»Es sei denn, er war schwul«, warf Waldi gut gelaunt ein.

Bilder aus der Vergangenheit tauchten vor mir auf. Max und seine Versuche, bei der Prinzessin zu punkten. »Max war nicht schwul.«

Hägar guckte irritiert. »Du kennst ihn?«

Ich korrigierte: »Kannte. Wir sind im selben Viertel aufgewachsen.«

Waldi nickte wissend. »Gereuth.«

Hägar bestätigte: »Ja, da hat er zuletzt gewohnt.«

Ich hakte nach: »Wo genau eigentlich?«

»Gib her.« Waldi zog die Mappe Hägar aus der Hand, befeuchtete sich umständlich die Finger und blätterte. »Distelweg dreizehn.«

»Dreizehn«, wiederholte ich.

Und es folgt der dritte Streich

Die Prinzessin stolziert aus dem dunklen Hausflur in den Sonnenschein wie ins Rampenlicht. Ein schwarz gefleckter Misch-

lingsköter läuft im Zickzack vorbei, die Nase keinen Fingerbreit über dem Boden. Ihn interessiert die Prinzessin nicht, nur der Geruch der Hündin, dem er folgt. An einer Laterne bleibt er kurz stehen. Er markiert, nimmt die Fährte wieder auf und verschwindet um die Ecke.

Hansi saugt einen letzten Zug aus der Kippe, schnippt sie ins Gras und stößt mit Daumen und Zeigefinger im Mund einen schrillen Pfiff aus. Neben ihm hockt Fritz auf dem Rand des Sandkastens, der zwischen den Teppichstangen steht. Er versucht auch zu pfeifen, aber bringt nichts weiter als ein lahmes Zischen hervor. Veith ist besser, er und Hansi pfeifen um die Wette, es geht um die Prinzessin. Diese hebt das Kinn nur einen Millimeter höher, aber es ist dennoch eine deutlich sichtbare Geste der Überheblichkeit. Hochmütig.

Fritz stößt ein nervöses Lachen aus: »Ihr geht ihr am Arsch vorbei.«

»Du hast keine Ahnung von so was, du kleiner Hosenscheißer.«

»Sie findet euch scheiße«, erwidert Fritz, wirkt dabei aber vorsichtig. Er ist auf der Hut, denn Hansi fackelt nicht lange. Wenn ihm einer dumm kommt, gibt's was aufs Maul. Vorausgesetzt, der andere ist schwächer. Doch noch ist Hansi zu sehr damit beschäftigt, der Prinzessin hinterherzugaffen. Sein Gesicht hat einen beleidigten Ausdruck angenommen, er will etwas, kann es aber nicht bekommen. Früher oder später wird er deshalb ausrasten. Fritz hofft, dass er dann nicht in der Nähe sein wird. Aber jetzt, das spürt er, wird ihm nichts passieren, also setzt er eins drauf: »Sie steht auf Rod.« Er hat sich verrechnet. Schon hat Hansi ihn am Kragen gepackt.

Zum Glück geht Veith dazwischen. »Lass ihn.« Veith ist der Stärkere, und Hansi muss den Schwanz einziehen.

Es bleibt ihm nichts anderes übrig, als eine Drohung zu knurren: »Ich polier dir die Fresse, du kleines Arschloch.«

Fritz fühlt sich sicher im Protektorat des Kriegers. Er grinst zufrieden: »Sie ist eh bald wieder weg.«

Gegenüber, auf der anderen Straßenseite, wuchtet Rod eine weiße Kloschüssel auf den Mopedanhänger seines Vaters. Er geht wieder ins Haus und kehrt mit einem Waschbecken zurück. Die Prinzessin stolziert aufreizend an ihm vorbei, aber er ist zu sehr damit beschäftigt, die Kloschüssel und das Waschbecken auf dem Hänger festzuzurren, als dass er sie bemerkt.

Hansi wittert wie ein Hund, den Kommentar von Fritz hat er nur halb mitbekommen. »Wer geht wieder weg?«

»Die Prinzessin.«

»Blödsinn. Wohin denn?«

Fritz hat jetzt Oberwasser. Er weiß mehr als die Großen. »Dahin, wo sie hergekommen ist.«

»Aha. Und wo ist das?«

Das weiß Fritz jetzt nicht so genau. Aber seine Ahnungslosigkeit darf man sich nicht anmerken lassen. Trotzig reckt er das Kinn nach vorn und nimmt Zuflucht in ein Ablenkungsmanöver. »Die sind in einer Sekte. Alle von der Familie. Zu der gehen sie wieder zurück.«

Hansis Seitenblick ist eine Mischung aus Herablassung und Misstrauen. »Du weißt Bescheid, oder? Wo ist sie denn, diese Sekte?«

»Na, in Spanien«, murmelt Fritz. »Oder da, wo sie so reden«, fügt er sicherheitshalber hinzu. »Und wo die Sekten halt sind.«

Rod ist wie elektrisiert. Seine bisherige Erfahrung in Bezug auf das weibliche Geschlecht basiert auf einem mit der Clique unternommenen Besuch des Pornokinos in der Luitpoldstraße. Und natürlich auf der Investition in das sorgfältig nach Zigaretten abgestufte Bezahlsystem der roten Heidi in einem dunklen Hausflur. Aber das mit der Prinzessin ist eine ganz andere Sache. Wie soll man das erklären? Wie sie so vor ihm steht, blass, schön und geheimnisvoll wie eine Göttin, und ihn mit ihren riesigen schwarzen Augen hypnotisiert, dass ihm die Knie ganz weich werden. Das hat mit dem Pornokino nichts zu tun oder irgend-

wie doch, aber auf einer ganz anderen Ebene. Da ist keine Spur mehr von der kollektiven kichernden Erregung, die sich entlädt. Oder dem viel zu süßen Parfüm von Heidi und dem aufdringlichen Geschmack danach, den man nach begangener Tat abwaschen will. In rotem Kleid und mit ihrem Haar wie ein schwarzer Schleier lässt die Prinzessin etwas auf Rod einströmen, das sich wie einschüchternde Erhabenheit in seiner Brust einnistet. Seine Erregung ist heilig und gleichzeitig ein Sakrileg.

»Kommst du?«, sagt die Prinzessin mit leichtem Akzent und größter Selbstverständlichkeit. Sie wendet sich schon zum Gehen, weil sie weiß, dass er ihr folgen wird.

Doch da tritt Rods Vater aus dem Haus. Sein Blick wandert von seinem Sohn zur Prinzessin und wieder zurück. Dann nickt er in Richtung Hänger und sagt: »Ich muss die Sachen in Gaustadt montieren. Du kommst mit und hilfst mir.«

Der Mischlingsköter kehrt von seinem Streifzug zurück und beschnuppert zufrieden seine Markierung am Laternenpfahl. Rod steigt hinter seinem Vater aufs Moped. Er will etwas zur Prinzessin sagen, doch der Zweitakter jault schon auf, und er muss sich an der Lederjacke seines Vaters festhalten, damit er beim Kavalierstart nicht abgeworfen wird.

Spanische Briefe

Waldi hatte die Schlüssel und eine neue Marke dabei. Mit ihr würden wir die Wohnung wieder versiegeln, wenn wir fertig waren. Fertig womit?, fragte ich mich, während Waldi mit dem Daumennagel das Siegel durchsägte und dann gewichtig den Schlüssel im Schloss drehte.

Wir betraten Max' armseliges Domizil. Der Flur mit dem Linoleumboden lag düster vor uns. Drei offen stehende Türen. Küche, Wohnzimmer, Bad. Grüne Fliesen im Bad. Klo, Waschbecken, Spiegelschrank. Alles sauber, aber billig und alt.

Die Küche, ein enger Raum, in dem man sich kaum umdrehen konnte, zwei elektrische Kochplatten auf dem Kühlschrank, von dem sich die hellgrüne Plastikbeschichtung löste. Daneben, auf einem Tisch vor der Wand, eine Kaffeemaschine.

»So was macht man, wenn man verreist, oder?« Waldi deutete auf die gezogenen Stecker von Kühlschrank, Kochplatten und Kaffeemaschine.

Ich öffnete die Hängeschränke. Teller und Tassen. Töpfe. Pfannen. In einer Schublade Besteck. Daneben Geschirrhandtücher, zusammengelegt und Kante auf Kante übereinandergestapelt.

»Ein verdammter Pedant.« Waldi drehte den Wasserhahn auf, der erst spuckte und dann einen Schwall braunes Wasser hustete.

Ich verließ die Küche. Nachdenklich. Die Wohnung kam mir seltsam vor – wie etwas, das man vor einer Ewigkeit verschlossen und zurückgelassen hatte, um es in der Zukunft genau so wieder vorzufinden. Eine Art Zeitkapsel. Der Eindruck setzte sich im Wohnraum fort, beinahe schon das Klischee deutschen Spießertums, mit Schrankwand, Fernsehtisch und Couchgarnitur mit Kissen, die einen präzis mittig gesetzten Handkantenschlag erhalten hatten. Waldi, der hinter mir den Raum betreten hatte, verschwand für einen Augenblick und tauchte dann kopfschüttelnd wieder auf.

Ich fragte: »Was ist?«

Er inspizierte die Schrankwand, während er eine Antwort brummte. »Der Typ hatte kein Schlafzimmer. Oder siehst du hier irgendwo ein Bett? Keine Ahnung, wo der gepennt hat.«

»Vielleicht auf dem Sofa.«

»Ein Pedant wie der? Guck dir die Wohnung doch an. Das Ganze hier sieht mir eher nach einem Fake aus. Als hätte er einen Wohnsitz gebraucht, den aber nie genutzt. Wie eine Briefkastenfirma. Hier.«

Ich fing das Buch auf, das er mir zuwarf. Es war eine Attrappe.

»So etwas kenne ich nur aus Möbelhäusern.«

»Er war eben kein Literaturfreak, wollte aber keine leeren Regale.« Ich war mir bewusst, dass ich Max verteidigte.

»Wie war das noch mal mit den Fingerabdrücken?«

»Die Kollegen haben hier drei verschiedene festgestellt, einen natürlich von ihm, zu den anderen gibt es keinen Treffer in der Datenbank. Sämtliche brauchbare DNA, die die Jungs von unserer KvdL ansonsten hier gefunden haben, stammt von ihm.«

»Soll heißen, er hat weder auf seinem Spießersofa noch sonst wo in der Wohnung mit Herzilein rumgemacht. Nur zum Beispiel.«

Ich nickte und ging zu einer Art Sekretär in einer Ecke. Im Vergleich zur restlichen Raumausstattung wirkte das Möbel komplett unpassend, ein filigranes Kunstwerk auf geschwungenen Beinen, mit kleinen, intarsienverzierten Schubladen, die sich alle als leer erwiesen, als ich sie aufzog – bis auf eine, die allerdings abgeschlossen war. »Hat Koch diese Schublade erwähnt?«, fragte ich. »Oder, noch besser, hat sie etwas von einem passenden Schlüssel gesagt?«

Waldi schüttelte den Kopf. »Nicht dass ich wüsste.«

Ich tastete meine Taschen ab, aber das Etui mit den entsprechenden Gerätschaften lag zu Hause. »Hast du was dabei?«

»Nein.«

»Okay, dann müssen wir improvisieren. Gibt es hier irgendwo einen Werkzeugkasten?«

»Nee, ich glaube nicht.«

Ich machte mich auf die Suche und kam aus der Küche mit einem Messer und einem Schraubenzieher zurück.

»Was hast du vor?«, fragte Waldi.

Ich schob die Klinge in einen Spalt der Schublade und hebelte. Es knackte trocken, und die Klinge brach ab. Ich setzte den Schraubenzieher an.

»Bist du verrückt?«, rief Waldi. »Hast du eine Ahnung, was das Teil wert –«

»Und bist du nicht willig, dann brauch ich Gewalt.« Es knirschte und splitterte, und die Schublade sprang auf. In ihr lag ein sauber verschnürter Packen Briefe. Ich zog die Schleife der Schnur auf und blätterte die Umschläge durch. Keine Briefmarke, keine Adresse, kein Absender. Nur ein Wort auf den Umschlägen. Ich las vor: »Querida.«

»Was?« Waldi beugte sich vor.

»Das steht hier drauf.«

»Spanisch?«

»Ich glaube schon. Oder italienisch oder portugiesisch, könnte auch sein.« Ich holte einen Bogen aus einem Kuvert und runzelte die Stirn. »Na prima, ich verstehe kein Wort.«

»Gib mal her.« Waldi grapschte nach den Briefen, es waren mindestens fünfzig Stück, und öffnete das erste Dutzend. Über seine Schulter erhaschte ich den Blick auf eine gestochen saubere Handschrift. Er sagte: »Alles auf Spanisch. Definitiv.«

»Ich wüsste zu gern, was drinsteht. Und was Max mit Spanien zu tun hatte. Oder mit Südamerika, auch da wird Spanisch gesprochen.«

Waldi fuhr hoch. »Mensch, Killer! Das wäre eine Verbindung!«

»Du meinst, zu Schäfer?«

»Natürlich!« Waldi war plötzlich ganz aufgeregt.

Ich lachte. »Jetzt mal langsam, Kumpel. Schäfer soll Max Briefe geschrieben haben? Auf Spanisch?«

»Es geht um DEIMU! Vielleicht sitzt in Südamerika so ein Schnuckelchen, das auch für den Laden arbeitet!«

»Na ja.« Ich konnte Waldis Aufregung nicht nachvollziehen. Schon klar, DEIMU hatte geschäftliche Beziehungen zu Santiago de Chile, wo man, soweit ich wusste, Spanisch sprach. Aber daraus gleich auf eine Verbindung zwischen Max, den Briefen und der Firma zu schließen schien mir doch sehr weit hergeholt. »Muss aber nicht unbedingt heißen, dass das eine etwas mit dem anderen zu tun hat.«

Waldi blickte mich beinahe mitleidig an. »Killer, ich verwette meinen BMW, dass ich recht habe. Kauder hat einen Stapel spanischer Briefe in seiner Schublade aufbewahrt und früher für DEIMU gearbeitet. Und Schäfer fliegt geschäftlich nach Chile. Der Laden muss Kauders einzige Verbindung zu etwas Spanischsprachigem sein.«

»Vielleicht kennen wir den wirklichen Grund für die Briefe bloß nicht. Max kann eine spanische Freundin gehabt haben oder länger irgendwo in Spanien gewesen sein. Schließlich war er einige Jahre lang komplett von der Bildfläche verschwunden.«

»Glaub ich nicht. Alles spricht dafür, dass es Chile ist. Wenn dem nicht so ist, ändere ich meinen Nick auf Totaler Loser.«

»Nick?«, fragte ich verständnislos.

Waldi seufzte nur. »Ja, Nick.«

Endlich kapierte ich, dass er damit sein Alias auf Facebook meinte. Aber in Gedanken war ich schon wieder mit der Frage beschäftigt, warum Max' nobler Sekretär, der aus dem Rest der Zimmerausstattung herausstach wie ein Pfau aus einer Schar Hühner, abgesehen von den Briefen komplett leer war.

Waldi schlug sich offensichtlich mit demselben Problem herum. »Das mit dem Schreibtisch ist doch komisch. Als wäre jemand hier gewesen und hätte alles mitgenommen.«

»Und warum nicht die Briefe?«

»Weil nicht jeder so rabiat ist wie du.«

Ich lachte. »Logisch, der Einbrecher war zartbesaitet und hat die Schublade aus Respekt vor den kunstvollen Einlegearbeiten nicht angefasst.«

»Sehr witzig. Und seltsam.« Waldi drehte sich einmal im Kreis und ruderte dabei mit den Armen. »Die ganze Wohnung ist seltsam! In den Küchenschubladen liegt das Besteck wie mit dem Lineal geordnet, die Töpfe und Teller sind präzise gestapelt, das Bad ist geputzt wie bei Meister Proper, und hier im Wohnzimmer sieht es aus, als würde täglich jemand sauber machen. Guck dir nur die Kissen an, der Typ hat bestimmt nachgemessen, um mit der Handkante auch wirklich exakt die Mitte zu treffen. Allerdings fehlt ein Schlafzimmer, nicht einmal ein Bett gibt es.«

Ich vervollständigte Waldis Zusammenfassung: »Die Möbel sind aus den siebziger Jahren, alt, aber picobello, die Bücher im Regal Attrappen. Der Fernseher stammt auch noch aus dem letzten Jahrhundert. Ich hab das Gefühl, als wäre hier die Zeit stehen geblieben. Fehlt eigentlich nur der röhrende Hirsch an der Wand.«

»Dafür gibt es ein schönes Familienfoto.«

Ich folgte Waldis Blick. Tatsächlich lehnte in einer Ecke des Wandregals ein gerahmtes Bild. Ich nahm es in die Hand und staunte nicht schlecht, als ich die Personen darauf erkannte. Ich sagte: »›Familienfoto‹ ist nicht ganz richtig.«

»Stimmt.« Waldi stand neben mir und deutete auf die Abbildung. »Wäre eine kinderreiche Familie ohne Vater und Mutter gewesen.«

»Das ist meine alte Clique aus der Gereuth.«

»Ach? Bist du auch drauf?«

Ich nickte. »Damals schon eins neunzig groß und blond.«

Waldi kriegte sich gar nicht mehr ein. »Du bist der da? Ich glaub's nicht. Dieses Milchgesicht? So ein Bubi?« Endlich hörte er wieder auf zu lachen. »Wie alt warst du da?«

»Siebzehn oder achtzehn.«

Waldi fuhr mit dem Finger über das Bild. »Und wer ist das schöne Gespenst neben dir?«

»Die Prinzessin. So haben sie damals jedenfalls alle genannt. Ich hab vergessen, wie sie wirklich hieß. Exotisch, sprach mit einem süßen Akzent. Hat den Jungs die Köpfe verdreht, aber keiner konnte dauerhaft bei ihr landen.«

»Und du?«

»Nur kurzzeitig. Wie die anderen auch.«

»Also ein schöner bleicher Schmetterling, der von Blume zu Blume geflattert ist.«

»So könnte man sagen, ja.«

Waldi wirkte genauso nachdenklich, wie ich es war. Das

Foto der Clique war eine weitere Seltsamkeit in dieser seltsamen Wohnung. Warum hatte Max ausgerechnet diesem Bild die Ehre erwiesen, als einziges präsentiert zu sein? Ich hatte keine Ahnung, wer es damals gemacht hatte. Wir standen da wie nach der Sonntagsmesse, alle ein freches Grinsen im Gesicht, bis auf die Prinzessin. Ich konnte mich nicht erinnern, sie jemals lachen gesehen zu haben.

»Und jetzt?«, fragte Waldi.

In meinem Kopf kreisten die Gedanken. Immer stärker wurde der Eindruck, ich sollte endlich die Kellertüren der Vergangenheit aufsperren und in den alten Kisten, die dahinterstanden, herumwühlen. Stattdessen zuckte ich mit den Schultern und sagte: »Ich denke schon die ganze Zeit, wir sollten die Firma von dem Schäfer noch einmal genauer unter die Lupe nehmen. Vielleicht finden wir ein Mordmotiv und damit Hinweise auf den Täter, wenn wir wissen, was zwischen Max Kauder und seinem Arbeitgeber vorgefallen ist. Die Aussagen des angemalten Barbiepüppchens waren diesbezüglich ja reichlich diffus.«

»Ich habe schon ein bisschen weitergeschnüffelt«, sagte Waldi. »Die machen nicht nur in Finanzen.«

»Sondern?«

»Stein auf Stein, das Häuschen wird bald fertig sein. Aber keine ordinären Reihenhäuser, sondern Großbaustellen. DEIMU steht auf der Firmenliste des Berliner Wird-auch-im-nächsten-Jahrhundert-nicht-fertig-Flughafens.«

Ich pfiff durch die Zähne. »Das ist wirklich interessant. Warum hat uns die Sekretärin davon nichts erzählt?«

»Keine Ahnung. Wir sollten sie fragen.«

Ich nickte. »Und außerdem wüsste ich gern, was in diesen Briefen steht. Du kennst nicht zufällig jemanden, der Spanisch spricht?«

»Doch. Und du übrigens auch.« Waldi leckte sich über die Lippen.

»Nämlich?«

»Die kleine Verlobte unseres Herrn Pathologen. Ich werde mal bei Storch vorbeifahren und sie bitten, zu übersetzen.«

Ich wollte gerade etwas erwidern, als mein Handy in der Jackentasche summte. Ich fischte es heraus, wischte über den grünen Hörer und lauschte. Mir blieb der Mund offen stehen.

»Das glaube ich jetzt nicht.«

»Was?«, fragte Waldi.

Ich erwiderte nichts und ließ meinen Partner in der Geisterwohnung einfach stehen.

Bruderwald

Und wieder einmal jagte ich mit Blaulicht die Südtangente auf der linken Spur hinauf. Erst beim Abbiegen zum Klinikum verlangsamte ich den Chevy für den Fall, dass Mutter mir, wie auch immer, bereits auf der Buger Straße entgegenkam. Ich klappte die Sonnenblende herunter. Es war mir ein Rätsel, und auch die Anruferin von der Station hatte perplex geklungen. Klar, die Sonne schien, aber wie in drei Teufels Namen hatte Mutter es geschafft, mit einer kapitalen Beckenprellung und bis oben hin zugedröhnt mit Schmerzmitteln aus dem Krankenhaus abzuhauen? Angeblich hatte man das komplette Klinikum auf den Kopf gestellt und kräftig geschüttelt, aber Mutter war nicht herausgefallen. Erst nachdem man sich absolut sicher gewesen war, dass sie in dem Riesengebäude nirgendwo mit dem Rollstuhl, der mit ihr verschwunden war, herumfuhr – auch nicht im Heizungskeller oder auf dem Dach –, hatte man mich angerufen.

Der V8 grummelte mit sechzig Sachen die vierspurige Buger Straße hinunter. Es war erstaunlich wenig los an diesem Nachmittag, auf dem gegenüberliegenden Gehweg schob eine Frau einen Zwillingskinderwagen, an dem auch noch ein Hund hing, der sich jetzt in seiner Leine verheddorte. Keine Spur von einer alten Dame, die mit einem Krankenhausrollstuhl stiften gegangen war. Ich ließ das Klinikum rechts liegen, fuhr vor bis zum Parkplatz am Bruderwald, wo ich an der Gabelung der Waldwege kurz anhielt und überlegte. Links, rechts oder geradeaus? Im selben Augenblick brummte mein Handy und drehte sich auf der Ablage wie ein hilfloser Käfer auf dem Rücken. Die Nummer des Präsidiums blinkte auf dem Display, ich drückte sie weg.

Ich hatte mich entschieden. Mutter war immer den geraden Weg gegangen, hatte keine Umwege genommen und war weder links noch rechts abgebogen. Ich zog den Automatikhebel hoch und ließ den Wagen auf den mittleren Weg rollen. Eine Horde Jogger bog von einem schmalen Pfad auf den Hauptweg ein und landete direkt vor meinem Auto. Das Blaulicht war ausgeschaltet, sodass sie wohl dachten, sie hätten es mit einem Verrückten zu tun. Sie tippten sich an die Stirn, einer schrie etwas, und der Nächste schlug im Vorbeilaufen auf die Motorhaube. Ich ließ das Martinshorn kurz aufjaulen und fuhr weiter. Erst nach ein paar Metern kam ich auf die Idee, sie nach einer alten Frau im Rollstuhl zu fragen, aber da waren sie in meinem Rückspiegel schon nicht mehr zu sehen.

Mein Handy brummte erneut. Wieder das Präsidium. Diesmal ging ich ran, vielleicht war es wirklich wichtig.

Die Sekretärin der Polizeipräsidentin, Frau Schnell, war am anderen Ende. Sie fragte: »Herr Killer, wo sind Sie?«

»Unterwegs.«

»Hoffentlich haben Sie die Pressekonferenz nicht vergessen. Sie beginnt in zehn Minuten.«

Verflucht! »Natürlich habe ich die Pressekonferenz nicht vergessen«, erwiderte ich freundlich.

Im Hintergrund meldete sich eine andere Stimme zu Wort. »Geben Sie mal her!« Der Hörer wurde weitergegeben, und die Polizeipräsidentin persönlich war dran. »Herr Killer, ich möchte Sie bitten, sofort zurückzukommen, damit wir uns vor der Pressekonferenz noch kurz absprechen können.«

Ich lenkte den Wagen in eine lang gezogene Rechtskurve. »Das geht leider nicht. Wie schon gesagt, ich bin noch unterwegs.«

Ihre Stimme wurde lauter. »Es muss gehen. Ich habe Sie rechtzeitig über die Pressekonferenz informiert, und es ist Usus, dass man vorher koordiniert, welche Informationen von wem an die Medien weitergegeben werden und welche nicht. Ich erwarte, dass Sie sich umgehend in meinem Büro einfinden.«

Ich verlangsamte das Tempo, als ich auf der langen Geraden vor mir Mutter entdeckte. Sie hockte etwas abseits vom Weg im Rollstuhl. Was tat sie da? Ins Telefon sagte ich: »Okay, ich beeile mich.« Dann wischte ich über das Display, und die Präsidentin war weg. Ich lenkte den Station Wagon an die Seite, legte den Leerlauf ein und zog die Handbremse an.

Mutter ignorierte mich, als ich zu ihr trat. Der Rollstuhl hatte sich im Schlamm neben dem Weg festgefahren, sie versuchte konzentriert, ihn und sich zu befreien. Es war ein kühler Novembertag, aber sie trug nichts als ein weißes Krankenhaushemd, das hinten auseinanderklaffte.

Ich zog meine Jacke aus, legte sie um ihre Schultern und sagte: »Warte, Mutter. Ich helfe dir.« Ich holte den Wagen aus dem Schlamm und stellte ihn auf den Weg. Sie saß nur da und starrte auf ihre Füße, die in Pantoffeln steckten, die ich noch nie gesehen hatte. Ich vermutete, sie gehörten ihrer Bettnachbarin im Krankenhaus. »Kannst du aufstehen? Ich helfe dir.«

Mutter reagierte nicht. Sie war weit weg, in einem fernen, dunklen Land, in das sie sich immer häufiger zurückzog. Ihre Reise dorthin hatte sie bald nach dem Selbstmord meines Vaters begonnen. Vielleicht hatte sie sich schuldig gefühlt, obwohl es dafür keinen Grund gab. Aber wenn man mit einem Menschen zusammengelebt hat, der sich das Leben nimmt, fängt man wohl notgedrungen irgendwann an zu grübeln, ob man nicht irgendwie zu dem Desaster beigetragen hat.

Ich rollte Mutter neben den Chevy, öffnete die Beifahrertür und hob sie vorsichtig auf den Sitz. Sie wog kaum mehr als ein Kind und schien keinerlei Schmerzen zu haben. Den verschlammten Rollstuhl faltete ich zusammen und legte ihn in den Kofferraum. Als ich neben Mutter auf dem Fahrersitz Platz nahm, blickte sie geradeaus ins Leere.

Ich musste eine Weile kurbeln, bis ich den schweren Wagen auf dem Weg gewendet hatte. Langsam fuhren Mutter und ich durch den Wald, auf einigen kahlen Bäumen hockten Krähen. Die Sonne hatte sich verabschiedet. Wir erreichten die Bruderwaldstraße, und auf Höhe des Klinikums setzte ich den Blinker, überlegte es mir dann aber anders. Ich fuhr weiter geradeaus. Mutter hatte es geschafft, aus dem Bett in den Rollstuhl zu steigen, mit dem Lift aus dem siebten Stock ins Erdgeschoss zu fahren und auf einem holprigen Waldweg knapp zwei Kilometer zurückzulegen. Das Krankenhaus war nicht mehr der geeignete Ort für sie. Ich brachte sie zurück ins Heim.

Das Lächeln der Polizeipräsidentin war tiefgefroren, als ich den Raum betrat, in dem die Pressekonferenz stattfand. Für einen Moment herrschte vollkommene Stille, und aller Augen richteten sich auf mich. Frau Dr. Schulz-Bellingröhr lächelte noch gequälter. Sie war dezent geschminkt und trug ein moosgrünes Kostüm, das ich, wie ihre anderen Kleidungsstücke, die ich bisher gesehen hatte, im oberen Preissegment ansiedelte. Bestimmt hing in ihrem Schrank noch einiges mehr davon. Trotz ihres maskenhaften Lächelns sah sie hervorragend aus.

»Hauptkommissar Killer kennen Sie ja«, sagte sie zu den Presseleuten, ohne mich eines Blickes zu würdigen. »Er hat sich wegen wichtiger Ermittlungen verspätet, steht Ihnen aber jetzt gern Rede und Antwort.«

Ich steuerte auf den freien Stuhl links neben Dr. Schulz-Bellingröhr zu, setzte mich und verschränkte die Arme vor der Brust. Ich war mir sicher, meine geschätzte Therapeutin Dr. Pontorra hätte mich sofort ermahnt, keine Barriere zwischen mir und meinem Gegenüber aufzubauen. Aber Pressekonferenzen gehörten nicht unbedingt zu meinen Lieblingsveranstaltungen.

Die Fragen waren eher harmlos: Wie war der Stand der Ermittlungen, gab es Verdächtige, was war meine persönliche Einschätzung des potenziellen Täterkreises und so weiter und so fort.

Dann meldete sich eine beleibte Blondine mit turmartiger Frisur, jeder Menge Goldschmuck und grellroten Lippen zu Wort: »Ermitteln Sie auch gegen Zuwanderer?«

Ich spürte den mahnenden Blick von Schulz-Bellingröhr auf mir ruhen und antwortete vorsichtig: »Wir ermitteln im Augenblick in verschiedene Richtungen. Natürlich werden wir bei einem konkreten Verdacht auch dieses Umfeld in unsere Untersuchungen mit einbeziehen.«

»Sie weichen aus«, sagte die Aufgedonnerte. Ihre Fingernägel leuchteten über ihrem Tablet ebenso grellrot wie die Lippen. »Ich gehe also davon aus, dass ein solch konkreter Verdacht vorliegt.«

Die Polizeipräsidentin bekundete mit einer resoluten Handbewegung, dass sie die Frage beantworten würde. Wenn sich zwei kontrahierende Männer gegenüberstehen, sind meist die Fäuste in den Taschen geballt, der Blick ist grimmig entschlossen, und es ist jedem Zuschauer klar, dass ein falsches Wort genügt, damit sie aufeinander losgehen. Bei kontrahierenden Frauen verhält es sich anders. Ihre Mienen sind zuckersüß, und vor aufgesetzter Herzlichkeit sprudeln sie geradezu über wie eine geschüttelte Schampusflasche. Nur am starren Blick erkennt man, was Sache ist – nämlich dass beide bereit sind, in jedem Augenblick die Zähne in der Kehle der anderen zu vergraben.

Frau Dr. Schulz-Bellingröhr lächelte die aufgedonnerte Journalistin aufs Herzlichste an und säuselte: »Sie erlauben, dass ich wiederhole, was ich schon gesagt habe, als mein Kollege noch nicht anwesend war: Aus ermittlungstechnischen

Gründen können wir zu möglichen Verdächtigen leider keine Auskunft geben.«

Ich erinnerte mich an Dr. Meyers Warnung, die Stimmung gegen Zuwanderer nicht unnötig aufzuheizen. Waren Migranten im Spiel, wurden die Ermittlungen zu einem politischen Problem. Einerseits befürchteten die gemäßigten Parteien dadurch einen Rechtsruck, der AfD und Konsorten in die Hände spielen würde. Andererseits war Mord Mord, und ein Mörder war ein Mörder, egal ob mit oder ohne Migrationshintergrund. Man ließ einen Schwerstkriminellen auch dann nicht laufen, wenn er aus einem Kriegsgebiet stammte – egal wie sehr das Politbarometer anschließend nach rechts ausschlug.

Ich war der Meinung, die Menschen hatten das Recht zu erfahren, was Sache war. Also legte ich die Hände auf den Tisch, schob das Kinn vor und sagte: »Sehen Sie, hier wird eine Schwierigkeit angesprochen, mit der wir im Augenblick zu kämpfen haben. Wir Polizisten sitzen zwischen den Stühlen. Natürlich verstehe ich, dass keine Hetze stattfinden darf. Wenn man einen Schuldigen sucht, ist man schnell dabei, mit dem Finger auf einen Fremden zu deuten, der nichts verbrochen hat.« Am Rande meines Blickfeldes bekam ich mit, wie die schön geschminkten Lippen meiner Präsidentin immer schmaler wurden. Ich ignorierte es und fuhr fort: »Was unseren Mordfall betrifft, in dem ich der leitende Beamte bin, sieht es folgendermaßen aus: Gewisse Indizien weisen auf ausländisches Bandentum hin. Die Strukturen sind uns bekannt. Um mehr herauszufinden, müsste allerdings ein groß angelegter DNA-Test im entsprechenden Umfeld durchgeführt werden. Und damit sind wir bei der politischen Seite unseres Falles.« Ich hörte, wie Frau Dr. Schulz-Bellingröhr die Luft tief einsog und wieder ausstieß.

»Warum sprechen Sie im Konjunktiv?«, wollte die Journalistin wissen. »Und was genau meinen Sie mit ›politischer Seite‹?«

»Konjunktiv deshalb, weil mein Antrag für einen solchen

DNA-Test bisher nicht genehmigt wurde. Aus ebenjenen genannten politischen Gründen.«

»Das heißt, die gegenwärtige Art der Politik und die damit verbundene Öffentlichkeitsarbeit behindern Ihre Arbeit und führen möglicherweise dazu, dass ein Mord unaufgeklärt bleibt?«

»Nun, so weit würde ich nicht gehen, und Öffentlichkeitsarbeit ist nicht mein, sondern Ihr Metier. Aber ja, diese Art von Politik behindert unsere Arbeit.«

»Wäre nett, wenn Sie das so schreiben würden, dann ist zwar die Kacke am Dampfen, aber vielleicht hilft's ja was«, meldete sich Waldi in seiner manchmal proletenhaften Weise zu Wort.

Das Gesicht der Präsidentin war bleich wie ein Laken. Ihr Lächeln war verschwunden. Sie sagte: »Leider können jetzt keine weiteren Fragen mehr beantwortet werden. Die Pressekonferenz ist hiermit beendet.« Sie wandte sich mit gefährlich leiser Stimme an Waldi und mich: »Und Sie beide kommen bitte noch zu einer kurzen Besprechung in mein Büro.«

Ich blickte auf die Uhr und schüttelte bedauernd den Kopf. »Geht jetzt leider nicht. Um Punkt sechs beginnt meine Gruppentherapie.«

Scheißschicksal

»Ziehen Sie bitte die Schuhe aus.«

Prima Idee nach einem Zehn-Stunden-Arbeitstag. Mein Blick fiel kurz auf mein Schuhwerk, das nach Mutters Bergung aus dem Bruderwald noch deutliche Schlammspuren aufwies. War ich so vor die Presse getreten? Ich sah mich in dem spärlich eingerichteten Raum um, der wie eine zu klein geratene Turnhalle wirkte. Neben meiner fülligen Therapeutin waren noch sechs weitere Personen anwesend, drei Männer und zwei Frauen, alle ebenfalls nur bestrumpft. Sowohl der Raum als auch die Teilnehmer der Sitzung waren neu für mich. Die Stühle waren im Kreis angeordnet, auf dem Boden vor jeder bereits sitzenden Person brannte eine Kerze. Ich platzierte meine Schuhe neben die der anderen Teilnehmer.

Dr. Pontorra reichte mir eine Kerze und sagte: »Nehmen Sie das Licht. Es ist das Symbol für Hoffnung. Sie werden die Sucht letztlich besiegen. Jeder kennt das Sprichwort: Es ist Licht am Ende des Tunnels.«

Wenn der Zug kommt, führte ich in Gedanken das Sprichwort leicht abgewandelt zu Ende. Ich nahm Platz und wollte die Kerze vor meine Füße stellen, aber die Flamme erlosch im Luftzug. So viel zum Thema Hoffnung.

»Sie werden sich bereits gewundert haben«, sagte Dr. Pontorra und zündete meine Kerze wieder an, »dass die Gruppe heute aus vollkommen neuen Mitgliedern besteht. Aber das ist ein gutes Zeichen, denn es bedeutet, dass alle der alten Gruppe ihr Leben inzwischen ohne fremde Hilfe meistern. Diese Sitzung ist ein Neuanfang, zu dem auch Sie beitragen.«

»Aha«, sagte ich. »Und wie?«

»Nun, Sie sind zum ersten Mal pünktlich.« Dr. Pontorra ging zu ihrem Stuhl, setzte sich und dozierte: »Sie alle verbindet die Abhängigkeit, auch wenn diese sich von Fall zu Fall unterscheidet. Diese Verbundenheit wollen wir durch ein Netz symbolisieren, das wir nun spinnen. Denn gemeinsam ist es viel leichter, Probleme zu lösen. Man muss die Dinge aussprechen, sie beim Namen nennen, auch vor anderen. Das ist ein erster, sehr wichtiger Schritt.« Sie beugte sich nach links, kramte in einer voluminösen Tasche, die über ihrer Stuhllehne hing, und förderte schließlich ein Wollknäuel zutage. Ein Ende behielt sie in der Hand, dann warf sie das Knäuel einem der Männer zu, der so überrascht war, dass er es gleich wieder fallen ließ.

»Heben Sie es auf«, sagte Dr. Pontorra freundlich, »und dann erzählen Sie uns, wer Sie sind.«

Der Mann bückte sich umständlich und hätte dabei beinahe

die Kerze umgestoßen. Als Polizist taxiert man sein Gegenüber eigentlich immer sehr sorgfältig, vielleicht weil man sich so oft über Zeugen ärgern muss, die das nicht hinkriegen. Mir waren Leute begegnet, die hatten eine gute Stunde oder länger in Kontakt mit einem Täter gestanden, waren aber einen Tag später nicht mehr in der Lage gewesen, ihn auch nur annähernd zu beschreiben. Oder, schlimmer noch, sie hatten jedes Detail wiedergegeben, von denen keins der Wirklichkeit entsprach. Hatten wir den Täter trotzdem gefasst, schüttelten wir nur den Kopf.

Der Typ mir schräg gegenüber hatte nun endlich das Wollknäuel vom Boden aufgehoben. Das Alter des Mannes bewegte sich irgendwo zwischen fünfunddreißig und vierzig. Ich hatte ihn bisher nur auf dem Stuhl in kauernder Haltung gesehen, schätzte ihn aber auf eins achtzig. Er hatte schütteres dunkles Haar, das er sich mit viel Gel über die kahlen Stellen klebte, eng beieinanderstehende braune Augen, die wirkten, als flehten sie einen an, und eine krumme Nase, einem Vogelschnabel nicht unähnlich, über dünnen Lippen. Der Drei-Tage-Bart ließ ihn ungepflegt wirken, obwohl Jeans und kariertes Hemd in tadellosem Zustand waren. Er stotterte vor Nervosität: »Was ... was soll ich jetzt noch mal machen?«

Dr. Pontorra lächelte mütterlich. »Stellen Sie sich vor und erzählen Sie uns, weshalb Sie hier sind.«

Der Mann blickte vor sich auf die Kerze und zupfte zittrig an dem Wollknäuel herum. »Ich bin der Jörg ... also, der Jörg Huber. Ich ... bin nicht verheiratet.« Er lachte nervös in Richtung der Frauen. »War wohl noch nicht die Richtige dabei. Also ... ich bin Single ...«

Dr. Pontorra fragte: »Und weshalb sind Sie hier, Jörg?«

»Ich ... ich bin ... Also, es fällt mir schwer, das hier vor allen zu sagen ... Ich bin ...« Jetzt überzog auch noch eine tiefe Röte sein Gesicht, aber da alle ihn erwartungsvoll anblickten und Dr. Pontorra aufmunternd nickte, brachte er schließlich heraus: »Ich bin ... s... sexsüchtig. Gucke den ganzen Tag Pornos.«

»Das haben Sie prima gemacht, Jörg. Es gehört sehr viel Mut dazu, sich selbst und anderen gegenüber so ehrlich zu sein«, lobte Dr. Pontorra. »Und jetzt werfen Sie bitte das Wollknäuel der nächsten Person in unserer Runde zu, behalten aber dabei den Faden in der Hand.«

Jörg schmiss die Wolle ziemlich ungenau, und erneut kullerte das Knäuel über den Boden. Eine der beiden Frauen hob es auf. Sie war klein, hatte eine kompakte Figur, ungepflegte aschblonde Haare und ein rundes Gesicht mit vorwurfsvollem Ausdruck. Sie trug einen sackähnlichen violetten Rock, der mit ihrem grünen Pullover nicht unbedingt harmonierte. Im Gegensatz zu Jörg wirkte Nadine, wie sie sich vorstellte, keine Spur nervös, sondern eher begierig, der Welt von ihrem Schicksal zu berichten. Es war sofort klar, dass dieses Schicksal bei ihr einen Scheißjob gemacht hatte, und es sah auch nicht so aus, als würde sich daran in nächster Zeit etwas ändern. Sie quasselte in Hardcore-Fränkisch los, dass sie keinen Schulabschluss und deshalb keinen Job hatte. Dafür aber einen Partner, der sich als Alkoholiker mit Neigung zur Gewalt entpuppte. Sie war ungewollt schwanger geworden und hatte natürlich abtreiben müssen. Logisch, dass man deshalb zur zwanghaften Kleptomanin geworden war. Man hatte ja keine andere Wahl gehabt. Einen selbst traf nicht die geringste Schuld.

Wie gesagt, Scheißschicksal.

Apropos, die Schilderung all dieser bedauernswerten Umstände wurde noch darum ergänzt, dass Nadine auch weiterhin nur Scheißtypen anzog, und dauerte eine gefühlte Ewigkeit. Das war allerdings nicht das Problem. Das Problem war, dass sie ihre schlechten Zähne fletschte, es sollte wohl ein Lächeln sein, und mir mit einem aufmunternden Zwinkern das Wollknäuel zuwarf. Es fühlte sich in meinen Händen an wie eine heiße Kartoffel, und wie eine solche wollte ich es weitergeben.

Da sagte Dr. Pontorra: »Wie schön. Jetzt sind Sie dran, Rod.«

Ich seufzte innerlich, versuchte aber, einen motivierten Eindruck zu erwecken. »Okay. Ich heiße Rodney und spiele gern Poker.« Ich wollte gerade die Wolle nach schräg gegenüber zur zweiten weiblichen Teilnehmerin werfen, doch Dr. Pontorra hob die Hand.

»Stopp.«

Ich hielt inne. »Bitte?«

»So funktioniert das nicht, Rod. Sie müssen Ihre Sucht schon aussprechen.«

Macht dich so etwas glücklich?, dachte ich.

»Es geht um Ihr Glück, nicht um meines«, sagte sie in diesem Moment, und ich erschrak.

»Okay.«

»Schbrech's aus«, fränkelte Nadine. Ihr Zähneblecken wurde noch aufmunternder, und sie fügte hinzu: »Rodni, es is a große Überwindung, aber danach fühlst du dich echt gut, glaub's mä.«

Ich strangulierte das Wollknäuel und hörte mich sagen: »Wenn das hier so sein muss, okay. Also – ich – bin – spielsüchtig.«

Die gesamte Runde applaudierte, und ich fürchtete schon, Miss Hartz IV würde zu mir herüberwatscheln und mich in eine schwitzkastenmäßige Umarmung nehmen. Doch dazu kam es nicht.

»Erzählen Sie mehr von sich«, sagte Dr. Pontorra.

»Danke, später vielleicht. Die anderen wollen ja auch noch zu Wort kommen.« Ich warf das Wollknäuel der zweiten Frau zu, und auch sie fing es natürlich nicht. Es kullerte über den Boden und kegelte dabei die Hälfte der Kerzen um. Hektisch sprangen alle auf, um zu verhindern, dass der Teppich Feuer fing. So viel zu der Licht-Netz-Symbolik.

Die Zeit, bis jeder sein ach so schreckliches Schicksal vor der Runde ausgebreitet hatte, zog sich wie Kaugummi in die Länge. Die Menschen schienen sich gern zu entblößen, alle hatten irgendwelche Krankheiten vorzuweisen, Asthma, Diabetes Typ 1 oder 2, Morbus Crohn – dessen Symptome bis ins allerletzte appetitliche Detail geschildert wurden –, und Traumata in allen erdenklichen Variationen. Ich hatte mal gelesen, dass sich Amerikaner, wenn sie sich trafen und noch nicht kannten, über ihre tollen Autos und ihre super Jobs unterhielten. Die Franzosen redeten vom Essen, die Engländer vom Wetter, und die Italiener tauschten sich über ihre Erfahrungen mit Frauen aus. Wir Deutschen hingegen kannten nach zehn Minuten sämtliche Krankheiten unseres Gegenübers inklusive der seiner Familienmitglieder. Und so musste ich mich ziemlich am Ende der Gruppensitzung der besorgten Frage stellen: »Rodney, hast du nichts?«

Beinahe fühlte ich mich vom Schicksal ungerecht behandelt, da ich kleinlaut antworten musste: »Nein. Ich bin gesund.« Und um ein Haar hätte ich ein »leider« hinzugefügt.

Zum Schluss wusste ich nicht nur über die Krankheiten der anderen Bescheid, sondern auch, dass die Gruppe aus zwei Kleptomaninnen, einem Alkoholiker, einer Kauf-, einem Sexsüchtigen und einem Exhibitionisten bestand. Und mir.

Als endlich alles vorüber war, nahm mich Dr. Pontorra zur Seite und erinnerte mich mit einem ironischen Augenzwinkern an meine Einzeltherapie übermorgen. Ich wandte mich schon zum Gehen um, da verstellte mir Nadine den Weg. Ich roch ihren Raucheratem.

Sie säuselte: »Rod, hast du noch Lust, was zu drinkn?«

Ich wich einen Schritt zurück und stotterte: »Also …«

Erschrocken riss sie die Augen auf: »Ach so. Mensch, des tut mir ez echt leid. Ich wollt ned –«

»Was?«

»Ich hab einfach ned dran gedacht. Ich frag dich, ob du was drinkn willst, aber du bist ja … du därfst ja ned …«

Es dauerte eine Weile, bis bei mir der Groschen fiel. Dann berichtigte ich: »Ich bin der Spieler, Tom ist der Alkoholiker.«

Sie lächelte erleichtert und hielt sich dabei die Hand vor den Mund, um ihre schlechten Zähne zu verbergen. »Jetzt bin i aber froh. Also: Geh mä ins ›Spezi‹ oder ins ›Fässla‹?«

Aus dem Hintergrund rief Tom begeistert: »Ich komm mit und bin fürs ›Spezi‹!«

Ich versuchte, bedauernd zu klingen. »Heute geht es bei mir leider nicht, aber ein andermal vielleicht?«

Im Auto fischte ich mein Handy von der Ablage. Waldi hatte mir geschrieben: »Killer, morgen um acht Vorladung Kriegsgericht. Es wird Blutvergießen geben. Schönen Abend noch.«

Ich steuerte den Station Wagon in die Luitpoldstraße, fuhr über die Brücke und hielt mich am Bahnhof links. Vor mir schlich jemand mit zwanzig Sachen die Straße hinunter und schaffte die Ampel gerade noch bei Gelb, während ich bremsen musste. Ich setzte den Blinker und wartete eine gefühlte Ewigkeit auf Grün. Dann rauschte ich durch die Unterführung und die Zollnerstraße hoch. Ich versuchte, mich an die Namen der Etablissements zu erinnern, die ich rechts liegen ließ. Mir fiel ein, dass eines davon früher ein »Wienerwald« gewesen war. Dort hatte ich mir manchmal nach der Taxischicht um fünf Uhr morgens ein halbes Hähnchen geholt und es später in der Wohnung aus der Alufolie, in der das Öl schwamm, mit den Fingern gegessen. In ein anderes daneben hatte ich regelmäßig einen Stammkunden gefahren, der in der Gereuth wohnte, als ich schon aus ihr weggezogen war. Damals war die Bar, soweit ich wusste, Bambergs einziges Schwulenlokal gewesen, und ich dachte daran, wie seltsam ich mich gefühlt hatte, als ich dort zum ersten Mal einen Fahrgast abgeholt hatte. Schummriges Licht, schwülstige Musik, keine Frauen, nur Männer, von denen die Hälfte Händchen hielt oder eng umschlungen tanzte und sich dabei küsste. Der Typ, der ab diesem Abend immer meine Taxinummer verlangt hatte, war groß und blond, hatte beinahe meine Statur und ähnliche Haare. Wenn er sich morgens um drei von mir zurück in die Gereuth kutschieren ließ, hatte er meistens zwei oder drei andere Tunten dabeigehabt, die sich im Fond stritten und gegenseitig mit Ausdrücken wie »Hure«, »Flittchen« und »Schlampe« beschimpften.

Ich bog auf den Troppauplatz ab, parkte vor dem Häuserblock und klappte den Kragen hoch. Es war dunkel und kalt, ein typischer Novemberabend. Die Haustür war nur angelehnt. Während ich auf den Aufzug wartete, zog ich ein halbes Dutzend Werbeflyer aus meinem Briefkasten und warf sie in die Altpapiertonne. Ich schwebte mit dem Aufzug nach oben, blieb vor meiner Wohnungstür stehen und lauschte. Von drinnen hörte ich ein Geräusch. Ich lauschte erneut und schob den Schlüssel Millimeter für Millimeter ins Schloss. Jetzt war ich mir sicher: Irgendjemand war in meiner Wohnung. Ich drehte den Schlüssel, und es knackte leise, als das Schloss aufsprang. Meine Sinne vibrierten. Wer war da? Und wie war er hineingekommen? Für eine Sekunde bedauerte ich, dass meine Dienstwaffe nahezu immer im Waffenschließfach im Präsidium lag.

Langsam schob ich die Tür auf und schlich den Flur entlang. So wie früher in der elterlichen Wohnung, wenn ich als Sechzehnjähriger morgens um halb drei unbemerkt in mein Zimmer gelangen wollte, um einer Standpauke inklusive der Handschrift meines Vaters zu entgehen, der insgesamt wenig Wert auf Erziehung durch verbale Kommunikation legte.

Im Wohnzimmer brannte Licht. Ich hielt den Atem an und machte einen entschlossenen Schritt nach vorn.

»Rod! Hast du mich erschreckt!«

Nicole hockte mit angezogenen Beinen auf dem Sofa, die Augen weit aufgerissen. In einer Hand hielt sie eine Nagelfeile wie ein Messer. Ich runzelte die Stirn. Okay, wir hatten gestern miteinander geschlafen, aber was glaubte sie denn? Dass nach all dem Krieg, den wir vor unserer Trennung geführt hatten, der Beischlaf, zu dem die Initiative eindeutig von ihr ausgegangen war, mit erfolgreichen Friedensverhandlungen gleichzusetzen war?

»Hallo –« Ich krächzte und räusperte mich. »Hallo, Nicole.«

»Du schleichst herein, dass mir beinahe das Herz stehen bleibt.«

Es ist meine Wohnung, oder? »Ich dachte –«

Sie legte die Nagelfeile zur Seite, stand auf und kam zu mir. Ich spürte ihre Hand im Nacken und ihre kühlen Lippen. »Es war so schön gestern mit dir.«

Ich holte tief Luft. Natürlich waren da noch Gefühle, immerhin hatten wir über ein Jahr zusammengelebt, hatten uns geliebt, gestritten und wieder versöhnt. Und am Ende getrennt. »Warum – bist du hier?«, stotterte ich.

»Was meinst du?«

Ich ließ mich in den Sessel fallen und rieb mir die Schläfen. »Es hat mit uns nicht geklappt, hast du das vergessen? Es war eindeutig meine Schuld und absolut richtig, dass du ausgezogen bist. Ich habe dir am Ende nur noch Versprechungen gemacht, aber keine davon gehalten.«

»Ich verzeihe dir –«

»Das musst du nicht. Ich habe mich nicht verändert. Nichts ist anders, im Gegenteil, es ist alles nur noch schlimmer geworden. Wir haben einen neuen Mordfall mit Arbeit bis zum Anschlag, und ich bin und bleibe ein Zocker. Ich muss deswegen sogar eine Therapie machen.«

»Ich weiß. Es stand in der Zeitung –«

»Warum sollte unsere Beziehung dieses Mal funktionieren? Die Vorzeichen sind noch schlechter als damals.«

»Vorzeichen? Seit wann redest du so?«

»Ich meine, es macht doch keinen Sinn, dass wir wieder anfangen.«

»Hallo! Wir haben schon wieder angefangen, oder hast du vergessen –«

»Nein, hab ich nicht. Es tut mir leid. Es ist einfach … irgendwie … passiert. Aber ich will keinen Neuanfang – und wenn du ehrlich zu dir selbst bist, willst du ihn auch nicht. Du hast einfach nur vergessen, wie schrecklich das Zusammenleben mit mir am Ende unserer Beziehung für dich war. Erinnere dich wieder daran, wie wir gestritten haben und wie du auf diesem Sofa auf mich gewartet hast, ich aber nicht nach Hause kam. Oder wie ich drüben am Schreibtisch saß und nächtelang

Online-Poker gespielt habe. Wenn ich ehrlich bin, will ich genau das in diesem Moment auch tun: einfach nur nach Hause kommen, relaxen und ein paar Runden Poker spielen. Allein. Mir ist jetzt absolut nicht nach Beziehungskram – schon gar nicht nach aufgewärmtem.«

Nicole schnappte nach Luft. Sie öffnete den Mund, schloss ihn wieder und sah mich an. Dann verschleierten sich ihre riesigen Augen, und sie fing an zu schluchzen. Ich stand eine Weile unschlüssig herum, ging dann zu ihr und setzte mich neben sie. Es tat mir leid, dass ich sie verletzt hatte. Ich nahm sie in die Arme, murmelte ein paar tröstende Worte. Doch da legte sie erst recht los. Sie heulte wie ein Schlosshund, und ich spürte, wie ihr ganzer Körper bebte. Ich hielt und wiegte sie. Erst langsam beruhigte sie sich wieder. Ihre Schluchzer verebbten, wurden seltener, wie ein Schluckauf oder ein Nachbeben. Als sie sich schließlich von mir löste, waren ihre Augen klar wie frisch geputzte Fensterscheiben.

Ich spürte ihre Hand in meinem Nacken, und sie sagte: »Du bist ganz verspannt.« Sie begann, mich zu massieren, stand dann auf und trat hinter mich. Ihre Wange lag an meiner, während ihre Hände meine Schultermuskeln kneteten.

Ich sagte: »Nicole, bitte, lass das.«

Sie öffnete den obersten Knopf meines Hemdes und machte einfach weiter.

»Nicole!« Ich wollte ihre Hände wegschieben.

Ihre Lippen glitten über mein Ohr, und sie flüsterte: »Was du jetzt brauchst, Rod, sind einfach nur eine Menge Streicheleinheiten.«

Test

Ich war es nicht mehr gewohnt, dass jemand neben mir schlief, und hatte wahrscheinlich deshalb die halbe Nacht wach gelegen, während Nicole wie ein Engel schlummerte. Erst gegen fünf Uhr morgens war ich in einen unruhigen Schlaf gefallen. In meinem absurden Traum hatte ich wie in einem Videospiel Monster abknallen müssen, die mich immer wieder wie aus dem Nichts attackierten.

Nach Nicoles nächtlicher Massage hatte ich vergessen, den Wecker zu stellen, und war jetzt ziemlich spät dran. Ein kurzer Blick in den Flurspiegel war ernüchternd. Ich hatte dunkle Ränder unter den Augen, war unrasiert, hatte aber keine Zeit mehr, um ins Bad zu gehen. Hastig stieg ich in die Jeans, streifte das Hemd von gestern über, warf durch die offen stehende Schlafzimmertür noch einen Blick auf Nicole und verließ die Wohnung.

Nachdem ich mich durch den morgendlichen Berufsverkehr gewühlt hatte, stellte ich den Station Wagon auf dem Parkplatz vor dem Präsidium neben einem Betonmischer ab. Ich war zwanzig Minuten zu spät dran. Die Renovierungsarbeiten im Präsidium äußerten sich immer noch hauptsächlich darin, dass Wände eingerissen wurden. Der Lärm der Presslufthämmer war ohrenbetäubend. Das ganze Gebäude vibrierte wie bei einem Erdbeben.

Ich drängte mich mit einer Gruppe Bauarbeiter in den Aufzug. Die Männer waren grau vom Staub und sahen mit Mundschutz und Schutzbrillen aus wie ein Haufen verdreckter Chirurgen. In Einstimmung auf die Abreibung, die mich im Büro der Polizeipräsidentin erwartete, stellte ich mir vor, die dunklen Flecken auf ihren Arbeitsanzügen wären Blut. Der Aufzug hielt ruckend, die Tür zischte auf, und die Arbeiter ließen mir mit stummen Gesten den Vortritt. Die Wände und Türen im Flur waren mit Plastikfolien abgedeckt, ich musste über Bauschutt, Eimer und Abbruchwerkzeug klettern, um zum Präsidentinnenbüro zu gelangen.

Frau Schnell, Sekretärin mit imposanter Leibesfülle, thronte hinter dem Schreibtisch und ignorierte mich zunächst. Sie trug eine ihrer weißen Blusen, die sich voneinander lediglich durch ihre Form und die Anzahl der Rüschen entlang der Knopfleiste unterschieden. So wie Manager täglich ihre Krawatten wechselten, wechselte sie ihre weißen Blusen. Sie musste davon einen ganzen Schrank voll haben. Jetzt hob sie den Kopf und musterte mich eine Weile, als müsste sie nachdenken, ob sie sich überhaupt mit mir abgeben sollte. Dann wurden ihre dezent geschminkten Augen schmal, und sie sagte das, was in den letzten Tagen gefühlt jeder, dem ich begegnet war, zu mir gesagt hatte: »Rod, was ist los mit Ihnen?«

Ich zuckte die Schultern. »Nichts. Wieso?«

Sie klopfte auf die Uhr an ihrem Handgelenk: »Zwanzig Minuten zu spät! Die Präsidentin ist stinksauer. Und Ihr Kollege auch.«

Waldi saß in Ehrfurcht erstarrt auf einem der Besucherstühle. Er trug sein weißes Sonny-Crockett-Jackett und mitten im November eine dünne, helle Leinenhose. Sein Blick besagte: Killer, du bist tot. Frau Dr. Schulz-Bellingröhr stand hinter ihrem penibel aufgeräumten Schreibtisch. Ihr Kostüm hatte eine Farbe, die man bei anderen Frauen schon mal als Schweinchenrosa bezeichnet hätte. Nicht so bei ihr. Ihr nach hinten gebundenes Haar wirkte nicht streng, sondern verlieh dem Gesicht etwas Katzenhaftes. Wenn sie wirklich stinksauer war, ließ sie es sich nicht anmerken. Höchstens dadurch, dass sie sich bemühte, es sich nicht anmerken zu lassen.

Sie blickte mir betont ruhig in die Augen und sagte: »Herr Killer, ich weiß, wir beide hatten nicht gerade das, was man einen guten Start nennt. Ich schlage trotzdem vor, dass wir in Zukunft objektiv und in kollegialer Professionalität zusammenarbeiten. Nur so ist man erfolgreich. Ich denke, Sie stimmen mir darin zu?«

Ich nickte. »Selbstverständlich.«

»Gut.« Sie zog ein dicht beschriebenes DIN-A4-Blatt zu sich heran und musterte es, als gälte es, seine Bedeutung abzuwägen. Ich konnte erkennen, dass den Kopf des Schreibens das Logo der Oberstaatsanwaltschaft zierte.

Waldi begann, auf seinem Stuhl herumzurutschen, und ich wusste genau, dass er mir jetzt liebend gern einen Vortrag über Pünktlichkeit und das Verhalten gegenüber Vorgesetzten gehalten hätte, sich aber nicht traute.

»Herr Killer, ich bin den Mordfall Bärenzwinger noch einmal in allen Einzelheiten durchgegangen. Das, was wir haben. So viel ist das ja leider nicht. Aber bevor wir weiterreden: Bin ich auf dem aktuellen Stand Ihrer Ermittlungen, oder gibt es neue Fakten?«

»Nein. Das heißt«, ich drehte mich zu Waldi, »doch. Wir haben in der Wohnung des Toten Briefe gefunden.«

»Briefe?«

»Ein ganzes Bündel. Die Spurensicherung hat sie übersehen. Oder die Kollegen wollten nichts kaputt machen, die Briefe lagen nämlich in der verschlossenen Schublade eines Sekretärs. Der übrigens nicht zum Rest des Mobiliars in der Wohnung passt.«

»Erklären Sie mir das genauer.«

Waldi witterte die Chance, sich zu profilieren. Er stand auf, überlegte, ob er das Jackett zuknöpfen sollte, entschied sich aber dagegen und versenkte umso entschlossener die Hände in den Hosentaschen. Mit vorgerecktem Kinn erklärte er: »Die ganze Wohnung ist, wie soll ich sagen, seltsam. Sie sieht komplett unbewohnt aus, so als hätte sie das Opfer nur als eine Art Vorwand benutzt, keine Ahnung, für was. Nicht mal ein Bett gibt es. Alles ist penibel sauber, als würde jemand alle paar Tage gründlich durchwischen. In der Küche ebenfalls alles sauber und aufgestapelt wie bei einer besonders pingeligen alten Witwe. Zu der würden auch die Möbel im Siebziger-Jahre-Stil passen. Und dann steht da in einer Ecke dieses Schmuckstück von Sekretär wie … wie ein blühender Busch in der Wüste.«

Waldi, wunderte ich mich, was ist nur mit dir los?

Die Polizeipräsidentin lächelte gespielt geduldig. »Herr

Schöps, Sie wollten mir etwas über die gefundenen Briefe sagen?«

Sofort zog Waldi ein beleidigtes Gesicht, und ich fühlte mich bemüßigt, ihm beizustehen. »Frau Belling-Schulz –«

»Schulz-Bellingröhr!«

»Ja. Mein Kollege will Ihnen nur erklären, dass die Wohnung des Opfers so aussah, als hätte es sie nicht benutzt. Diese Beobachtung könnte sich noch als wichtig herausstellen.«

»Inwiefern?«

»Ich weiß es nicht. Aber Sie werden mir doch zustimmen, dass die Wohnung unseres Opfers möglicherweise von Bedeutung ist.« Ich wartete nicht ab, bis sie antwortete, sondern fuhr fort: »Jedenfalls haben wir in einer verschlossenen Schublade dieses Sekretärs ein Bündel Briefe gefunden, die allesamt in spanischer Sprache verfasst sind, aber weder über eine Adresse noch über einen Absender verfügen. Auf allen Umschlägen steht das spanische Wort ›querida‹. Ich habe es bereits online übersetzt, es heißt ›Liebster‹.«

»Worum geht es in diesen Briefen?«

»Ich kann kein Spanisch.«

Die Polizeipräsidentin drehte die lederne Lehne ihres schwarzen Chefsessels. »Glauben Sie, sie haben etwas mit dem Fall zu tun?«

»Vielleicht. Sicher kann man das natürlich erst sagen, wenn man den Inhalt kennt.«

»Kümmern Sie sich um einen Übersetzer.«

Waldi schaltete sich wieder ein. »Nicht nötig. Storchs Verlobte ist Spanierin. Ich habe ihr die Briefe gegeben, und sie hat sich bereit erklärt, sie zu übersetzen. Es wird allerdings eine Weile dauern, es sind insgesamt bestimmt über hundert Seiten.«

Die Polizeipräsidentin runzelte die Stirn. »Storch?«

»Unser Gerichtsmediziner«, half ich ihr auf die Sprünge.

»Aha.« Ihr Lächeln hatte die verschiedensten Facetten. Im Augenblick wirkte sie beinahe ein wenig verlegen. Sie sagte entschuldigend: »Nun, ich hoffe, ich werde bald alle Kollegen im Präsidium besser kennen. Ich brauche immer ein Gesicht zu einem Namen.«

Waldi grinste. »Er sieht so aus, wie er heißt.«

Die Polizeipräsidentin warf mir einen fragenden Blick zu.

»Wenn Sie ihn sehen, werden Sie sofort wissen, was mein Kollege meint.«

Frau Dr. Schulz-Bellingröhr setzte sich. Durch das Panoramafenster fiel Licht auf sie. Sie schlug die schlanken Beine übereinander und strich ihren Rock glatt. Das rosafarbene Kostüm kontrastierte hervorragend mit ihrem schwarzen Chefsessel. Man konnte es drehen, wie man wollte, die Frau hatte Klasse. Ich wartete darauf, dass sie auf das Schreiben des Oberstaatsanwaltes zu sprechen kam, das sie jetzt wieder in den Händen hielt.

Sie folgte meinem Blick und nickte: »Sie werden gleich sehen, dass ich über meinen eigenen Schatten gesprungen bin. Wenn es der Sache dienlich ist, kommt man in bestimmten Situationen nicht darum herum. Aber zuerst etwas anderes: Ich konnte das mit der Fähre, die Sie sozusagen zu Schrott gefahren haben, im positiven Sinne für Sie klären. Ihre absurde Schifffahrt wurde ja in den Medien beinahe als Heldentat gefeiert – der wagemutige Hauptkommissar, der seiner Mutter das Leben rettet. Das YouTube-Video, das Sie in Aktion zeigt, hat schon über zwanzigtausend Klicks. Langer Rede kurzer Sinn: Die Versicherung übernimmt die Kosten für die Anschaffung einer neuen Regnitzfähre.«

»Vielen Dank«, sagte ich artig.

»Gern. Allerdings gilt das nicht für die Gondel. Diesbezüglich stieß ich auf Granit. Für den Totalschaden einer historischen venezianischen Gondel sei die Diensthaftpflicht eines Polizisten wirklich nicht zuständig, ließ man mich wissen. Das heißt, darum müssen Sie sich selbst kümmern.«

»Kein Problem«, murmelte ich.

»Gut.« Eine schmale Falte bildete sich über ihrer Nase, während sie so tat, als müsste sie noch einmal gründlich darüber nachdenken, ob sie mir den Inhalt des Schreibens tatsächlich mitteilen sollte. Die Falte war noch immer nicht verschwunden, als sie die Katze schließlich aus dem Sack ließ. »Herr Killer, der Oberstaatsanwalt Dr. Herbert und ich sind übereingekommen, dass ein umfassender DNA-Test in dem von Ihnen vorgeschlagenen Umfeld aus ermittlungstechnischen Gründen durchaus sinnvoll sein kann. Allerdings sollten wir diesen Entschluss zunächst nicht öffentlich machen.« Sie reichte mir die Verfügung. »Hier. Die Organisation liegt in Ihren Händen. Sie können gleich loslegen.«

Auf dem Weg zu unserem Büro stiegen Waldi und ich über die Schutthaufen auf dem Flur. Ich begann gerade zu delegieren: »Du kümmerst dich um den ganzen Kram mit den Tests«, als die Presslufthämmer wieder einsetzten und mir bewusst wurde, wie ruhig es während des Gesprächs mit der Polizeipräsidentin gewesen war.

»Was?«, schrie Waldi über den Lärm hinweg.

»Du organisierst die Tests!«, brüllte ich zurück.

Die Tür zu unserem Büro lehnte ausgehängt neben dem Eingang. Als der Krach für einen Moment verstummte, fragte Waldi: »Warum ich? Du weißt, was das für eine Scheißarbeit ist. Was ist mit Heinrichsmeier?«

Ich starrte auf das mit Staub überzogene Chaos aus Umzugskartons und zusammengeschobenem Mobiliar, neben dem sich der Schutt der rausgerissenen Wand türmte, und sagte: »Top Gun, so ein umfassender DNA-Test ist eine große Sache. Dafür brauche ich jemanden, auf den ich mich zu hundert Prozent verlassen kann.«

»Warum machst du es dann nicht selbst?«

»Weil ich mich um tausend andere Dinge kümmern muss.«

Die Presslufthämmer donnerten wieder los und verschluckten Waldis Antwort.

Zwei Bauarbeiter standen etwas ratlos da, wo zuvor die Bürotür gewesen war.

»Äh«, sagte der vordere von ihnen, »wir müssten jetzt mal hier rein.«

Ich verließ das Präsidium, startete den Station Wagon und fuhr in die Gereuth.

Und es folgt der vierte Streich

Passgenau stapeln sich fünf Waschbecken übereinander, die alten verbeulten Siphons mit dem abgeplatzten Chrom liegen ineinander verschlungen wie Gedärme daneben. Das Porzellan der Kloschüssel ist stumpf mit einem leichten Gelbstich. Vor noch nicht allzu langer Zeit war dies ein Kohlenkeller, in der Ecke ein steiler Berg aus Steinkohlenkoks, die Wände dunkel überzogen in allen Schattierungen, vom durchscheinenden Grau bis hin zum dunkelsten Schwarz. Durch den schrägen Deckenschacht mit schwarzen Schlieren, durch den die Kohle geschüttet wurde, fällt ein Lichtstreifen. Rod erinnert sich an den alten Hanomag, dessen ursprüngliches Dunkelblau unter der Schicht Kohlenstaub nur noch zu erahnen war und dessen Dieselmotor vor dem Haus stoisch im Leerlauf vor sich hin tuckerte. Der Kohlenhändler mit schwarzgrauem Gesicht, aus dem die Augen hervorstachen wie helle, vom Wasser geschliffene Bachkiesel, lief stets gebückt wie unter der Last der unzähligen Kokssäcke, die er in seinem Leben schon geschleppt hatte. Den Inhalt der Säcke kippte er von der Schulter durch den Fensterschacht und schleppte anschließend die zusammengebundenen Brikettbündel, die seine Arme schwer nach unten zogen, in den Keller. Schweigend und hastig schob er sich die speckige Kappe in den Nacken und hielt schließlich die mit grauen Rillen durchzogene Handfläche hin, in die Rods Vater sorgfältig das Geld abzählte. Dann kam die Zeit der neuen Heizungen.

Jetzt werden überall die Straßen für Gasleitungen aufgeris-

sen, und Rod muss den Kohlenkeller für andere Verwendungen auf Vordermann bringen. Er fegt die Kohlenreste weg, wäscht und streicht die Wände, streicht sie ein zweites und noch ein drittes Mal, doch der Graustich, der unter der weißen Farbe durchschimmert, ist nicht wegzukriegen, genauso wie damals das Aschgrau im Gesicht des Kohlenhändlers, egal wie oft er sich auch wusch und schrubbte. Es gibt Dinge, die lassen sich nach einer bestimmten Zeit ihrer Existenz nicht mehr auslöschen.

Doch nicht nur die Heizungen ändern sich mit den Zeiten, auch die Menschen. Kaum ist der Kohlenkeller leer geräumt und sind die Wände gestrichen, beschließt Rods Vater das Ende seines Klempnerlebens. Er stapelt die Waschbecken, Kloschüsseln und Siphons im ehemaligen Kohlenkeller, den Rod renoviert hat, nimmt einen Kredit auf und kauft einen schmucken Chevrolet Station Wagon, einen Amischlitten. Bamberg ist Garnisonsstadt, bei zwanzigtausend GIs kann man sein Geld leichter im Taxigeschäft verdienen als damit, die Rohre verstopfter Klos zu säubern – vor allem dann, wenn man einen solchen Wagen fährt. Rods Vater ist sich sicher, dass die Amis ihn lieben und nur noch die Zweiundachtzig, seine Taxinummer, verlangen werden. Das sollte man doch meinen, oder?

Ist aber leider nicht so. Die Geschäfte laufen schlecht. Eigentlich gar nicht. Die Amis bewundern deutsche Autos. BMW, Mercedes, im Notfall nehmen sie sogar einen Volkswagen. Aber einen Chevy? Hey! This is fucking Germany. Take a ride in a fucking German car!

Also steht der Station Wagon mit der Nummer 82 die meiste Zeit nur herum. Die GIs steigen lieber in den BMmotherfuckingdoubleU oder Merceidis dahinter. Rod weiß nicht, dass seinem Vater das Wasser bis zum Hals steht. Der Kredit muss abbezahlt werden, aber womit? Der Vater redet nicht darüber. Ein Mann hat seine Familie zu ernähren. Und wenn er das nicht hinkriegt, ist das sein Problem. Dann muss er die Konsequenzen ziehen.

An all diese Dinge denkt Rod. Er kann nicht schlafen, liegt wach in der Dunkelheit und starrt an die Decke, wo Lichtmuster zucken. Die Gasheizungen sind neu, die Straße ist neu, die Neonlampen sind neu, aber sie funktionieren nicht richtig und blinzeln wie entzündete Augen.

Rod denkt auch an die Prinzessin. An ihre schwarze Haarflut, die sich dort unten im Keller über das weiße Porzellan ergossen hat, ihre riesigen Augen, deren Farbe er sofort vergisst, wenn er in sie hineinblickt. Er denkt an das komplizierte Spinnennetz aus Schnüren, das ihr Kleid über ihren Brüsten zusammenhält und das sie doch mit einem einzigen Zug entwirrt. Er sieht ihre helle Haut, die sich kaum von den Waschbecken in ihrem Rücken abhebt. Unterhalb des Halsansatzes liegt auf der weißen, glatten Fläche eine Ansammlung kleiner dunkler Punkte, die sich wie ein Sternbild hinunter zu ihrer Brust ziehen. Er spürt ihre Lippen und nimmt den Beigeschmack wahr, den er ignorieren will. Nun hört er doch zum ersten Mal ihr Lachen, das ihn an das Geräusch erinnert, wenn sie gegen eines der neuen Heizungsrohre stoßen: hell und klar, wie Metall auf Metall. Sie hat ihn ausgelacht. Er war viel zu aufgeregt.

Eine Salve Schotter prasselt gegen die Scheibe. Rod steht auf, geht zum Fenster und öffnet es. Unten holt der Knirps gerade für einen neuen Wurf aus, lässt den Arm aber wieder sinken. Neben ihm stehen die anderen: Matze, Hansi, Veith, Max. Und die Prinzessin.

»Los, komm.« Matze winkt ungeduldig. »Bring die Schlüssel mit.«

Rod hält im Schließen des Fensters inne. »Welche Schlüssel?«

»Mann!«, zischt Hansi. Er äfft Rod nach: »Welche Schlüssel?«

Matze klopft auf die Motorhaube des Station Wagon. »Wir wollen jetzt die Spritztour machen.«

»Was?« Rod hat keinen Grund, überrascht zu sein. Er hat es schließlich versprochen, allerdings in dem festen Glauben, dass es niemals stattfinden würde. »Wenn der Station Wagon da ist und mein Vater schläft«, hatte er gesagt. »Und es muss

nachts sein, damit niemand etwas mitbekommt.« Er hat angenommen, dass sich diese Konstellation nie ergeben würde. Bislang ist sein Vater immer nachts gefahren und hat tagsüber geschlafen. Aber seit ein paar Wochen sind die Amis weg, auf einen Schlag wurden zwanzigtausend GIs aus Bamberg abgezogen. Rods Vater hat noch ein paar Tage weitergearbeitet, aber das Bamberger Taxigeschäft, das jahrelang zu neunzig Prozent über die Amis lief, ist jetzt einfach nur tot. Für Rods Vater war es eigentlich schon vorher so gut wie tot, aber ein paar Fahrten hatte er dennoch immer mal wieder, mit GIs, die zu besoffen waren, um ein Auto von einer Pferdekutsche zu unterscheiden. Jetzt ist es nicht nur tot, es ist mausetot.

Deshalb schläft Rods Vater, der bisher sieben Nächte in der Woche im Station Wagon verbracht hat, zum ersten Mal seit Langem um diese Zeit in seinem Bett. Und Rod hat ein Problem. Er ist keiner, der leere Versprechen macht.

Von unten klingt die verächtliche Stimme der Prinzessin zu ihm herauf: »Er kneift. Wenn es drauf ankommt, zieht er den Schwanz ein.«

Rod weiß, dass sie damit auf seine Vorstellung im Keller anspielt. Wissen es die anderen auch? Er presst die Lippen zusammen, verlässt sein Zimmer und läuft durch den dunklen Flur zu dem schmalen Tisch unter der Garderobe, auf dem die Schlüssel liegen.

Matze fährt. Vorn neben dem Fahrersitz ist Platz für zwei: die Prinzessin neben Rod. Hinten die anderen drei. Matze hat das Radio aufgedreht, Wolfman Jack, »this is AFN radio«, der amerikanische Sprecher heult wie ein Wolf, und die gesamte Besatzung des Station Wagon heult mit: »Auuuuuhhhh!« Matze zündet sich eine Zigarette an und reicht die Packung gönnerhaft über die Schulter nach hinten.

Rod deutet auf das Nichtraucherzeichen auf dem Armaturenbrett aus Nussbaumholz. »Mach aus. Das ist ein Nichtraucher-Taxi. Den Gestank kriegt man wochenlang nicht raus.«

Matze grinst bloß, bläst ihm den Rauch ins Gesicht und langt nach hinten, um sich die Schachtel Lucky Strike zurückzuholen. Er ist ein Angeber, und deswegen wissen alle, woher die Zigaretten sind. Fünfundzwanzig Stangen. Eigentlich hat keiner geglaubt, dass er clever genug ist für so einen Deal. Matze hat nicht einmal die Hauptschule geschafft, er war einfach zu blöd dazu. Und trotzdem ist er an die Zigaretten rangekommen! Irgendwie hat er herausgefunden, wann die Amis Bamberg verlassen würden. Noch bemerkenswerter aber ist, mit welch psychologischem Geschick er den amerikanischen Sergeant bequatscht hat. Er hat ihm einen Riesengewinn versprochen – aber er braucht die Kippen sofort, für einen Kunden, der Kohle ohne Ende hat –, sodass sogar der ausgebuffte Hehler vor lauter Geldgier alle Vorsicht über Bord geworfen und Matze die fünfundzwanzig Stangen amerikanischer Lucky Strike überlassen hat. Allerdings mit der Drohung, ihm den Bauch aufzuschlitzen, die Eingeweide herauszuholen und genüsslich über seinem Feuerzeug zu rösten, bis sie durch sind, sollte nicht innerhalb der nächsten drei Tage das Geld da sein. Matze hat sich in den besagten daran anschließenden drei Tagen natürlich in Luft aufgelöst, was gar nicht nötig gewesen wäre. Er wusste ja, dass die Amis aus Gründen, die außer ihm nur irgendwelche Politiker und der Himmel kannten, schon am nächsten Tag Bamberg verlassen mussten.

Wolfman Jack heult wieder los und legt dann The Doors auf. Rods Schulenglisch reicht aus, um zu verstehen, wie Wolfman erklärt, dass »Riders on the Storm« etwas mit einem Auftritt der Band in Vietnam während des Krieges zu tun hat. Auf der Rückbank kennt keiner den Song, aber alle grölen mit. Matze gibt Stoff, und der V8 belohnt seinen Tritt aufs Gas mit einem bösen Grollen. Sie schießen über eine Kuppe, der schwere Chevy hebt fast ab, Matze ist der King, er bekommt Applaus. Natürlich will er es darauf nicht beruhen lassen und bringt den Station Wagon noch mehr auf Touren. Auch Rod profitiert von seinen Fahrkünsten, denn bei jedem neuen waghalsigen

Fahrmanöver appelliert die Prinzessin mit Körperkontakt noch mehr an seinen Beschützerinstinkt.

Die Wärme an seiner Seite erregt und euphorisiert Rod, und er beginnt sich auszumalen, was er alles mit der Prinzessin im Keller neben den Waschbecken und Siphons beim nächsten Mal nicht versäumt. Für einen Moment vergisst er sogar, dass er morgen seinem Vater einiges erklären muss, zum Beispiel, warum der Tank des Chevys halb leer ist und es im Innenraum so stinkt wie in der Stammkneipe der vereinigten Kettenraucher.

Matze jagt den Station Wagon mit hundertachtzig Sachen über den Zubringer, der nur Umbringer genannt wird. Viele unübersichtliche Kurven, viele Lkws, die man überholen muss, neunzehn Tote allein im letzten Jahr. Rods Vater hat erzählt, an den Wänden im Flur der Zulassungsstelle in Gaustadt kann man sich die Unfallbilder angucken, während man wartet, bis man dran ist. Eine eindrucksvolle Galerie tödlicher, missglückter Überholvorgänge in Schwarz-Weiß.

Matze rauscht in einer lang gezogenen Rechtskurve an einer Bundeswehrkolonne vorbei, die Prinzessin krallt ihre Nägel in Rods Arm, die Bande auf dem Rücksitz kreischt wie eine Horde Affen, und die Kolonne nimmt kein Ende. Die Tachonadel zittert bei zweihundert, Matze zirkelt mit einer Grimasse wilder Entschlossenheit durch die enger werdende Kurve, und alle werden von der Zentrifugalkraft nach links gedrückt. Vor ihnen ist das Ende der Kolonne, aber plötzlich sind da auch Scheinwerfer, die fiesen Augen eines Kolosses, die jetzt beginnen, hektisch zu blinzeln und zu blinken. Eine Sekunde lang hat Rod ein Schwarz-Weiß-Bild auf dem Flur der Zulassungsstelle vor Augen. Es zeigt den platt gewalzten Station Wagon. Matze drückt das Gaspedal durch, alle schreien auf, die Partystimmung von zuvor verwandelt sich in blanke Panik, die Luft vibriert mit der Elektrizität der unausweichlichen Katastrophe. Dann ähnelt das selbstmörderische Überholmanöver einem viel zu schnell gedrehten Film: auf der Tonspur das Dröhnen des Lkw-Diesels und die Pressluthörner, dazu die Bilder eines blendenden Blitzes, gefolgt von einem schwarzen Schatten, der in einer Zehntelsekunde an ihnen vorbeidonnert. Matze zieht den Station Wagon hinter dem Unimog am Kopf der Kolonne zurück auf die rechte Spur, irgendwie ist er durch die winzige Lücke geschlüpft, keiner weiß, wie, am wenigsten er selbst. Aus allen Mündern zischt der angehaltene Atem, eben noch Todesangst, jetzt der hysterische Überschwang der Überlebenden. Da sitzt er, der Held, der das Wunder vollbracht hat. Hände trommeln begeistert auf seine Schultern, und die Bande auf der Rückbank grölt wieder »Riders on the Storm«, aber Jim Morrison ist längst am Ende der zweiten Strophe angelangt: »If ya give this man a ride, sweet family will die, killer on the road, yeah.« Mit einem Mal verstummen die Siegesgesänge, und alle werden still und nachdenklich.

Matze ist bestimmt nicht der Hellste, aber so blöd, dass er nicht wüsste, wie knapp das gerade war, ist er auch nicht. Selbst er hat kapiert, dass er beinahe seine ganze Clique ausgelöscht hätte. Er nimmt den Fuß vom Gas.

Rod zittern immer noch die Knie, und er sieht, dass Matze ganz weiß im Gesicht ist. Es ist Zeit für eine klare Ansage. »Schluss jetzt. Wir kehren um. Und es wird nicht mehr geraucht.«

Matze nickt. Er setzt den Blinker und lässt den schweren Wagen im Leerlauf auf einen Parkplatz rollen.

Die Bundeswehrkolonne zieht an ihnen auf dem Zubringer vorbei, und Rod denkt, wie absurd doch alles ist. Erst jetzt spürt er die Prinzessin wieder neben sich, so als hätte er in den letzten dreißig Sekunden ganz allein auf der Bank gesessen. Im nächsten Moment hat er den gleichen Geschmack im Mund wie vor ein paar Tagen im Keller nach dem Kuss. Metallisch, als hätte er versehentlich auf ein Stück Eisen gebissen.

Matze fährt den Station Wagon vorsichtig aus der Parkbucht und guckt drei Mal, bevor er ihn auf die Spur lenkt, die zurück nach Bamberg führt. Im Radio gibt Wolfman Jack vor dem nächsten Song wieder sein Wolfsheulen zum Besten, aber diesmal heult niemand mit. Wie auf Kommando kurbeln Matze und die Prinzessin die Fenster hinunter. Die kühle Nachtluft rauscht durch den Innenraum, und es dauert eine Weile, bis Rod kapiert, dass es nicht seine Haare sind, die ihm ins Gesicht fliegen, sondern die der Prinzessin.

Es ist kurz vor drei. Seit Matze gewendet hat, ist ihnen kein einziges Fahrzeug mehr begegnet. Rod blickt nach rechts hinunter zur Regnitz. Das Wasser ist dunkel, fast schwarz. AFN spielt »Sympathy with the Devil« von den Stones. Rod mag den Song, weil ihm der Titel gefällt.

Matze schleicht mit knapp siebzig über den Zubringer.

Erst auf der Regnitzbrücke sagt Max von hinten: »Noch ein bisschen langsamer, und wir bleiben stehen.«

Es ist der einzige Satz, der auf dem Rückweg gesprochen wird. Als Matze vor unserem Wohnblock parkt, die Schlüssel abzieht und sie mir in einer theatralischen Geste überreicht, als wäre ich für diese Beinahe-Katastrophe verantwortlich, sagt Veith: »So eine Scheiße. Wie blöd kann man eigentlich sein.«

Am nächsten Morgen sitzt Rod in der Küche und wartet auf die Abreibung.

Sein Vater schweigt lange, bevor er fragt: »Rod, wie alt bist du jetzt?«

»Sechzehn.«

Der Vater nickt wie zur Bestätigung und sagt: »Also noch fünf Jahre.«

Rod nickt ebenfalls, obwohl er keine Ahnung hat, was damit gemeint ist. Unruhig ruckt er auf seinem Stuhl herum. Das Verhalten des Vaters macht ihn noch nervöser, als er ohnehin schon ist. Er hat erwartet, links und rechts eine gewischt zu kriegen, denn normalerweise redet der Alte nicht lange um den heißen Brei herum, sondern kommt gleich zur Sache.

»In fünf Jahren bist du einundzwanzig«, sagt sein Vater jetzt. »Bis dahin lernst du für ein ordentliches Abitur und ver-

plemperst die Zeit nicht. Wenn es dann so weit ist, machst du den Schein und übernimmst das Taxigeschäft.«

Rod fällt wieder nichts anderes dazu ein, als zu nicken.

Der Vater steht auf und verlässt die Küche.

War das jetzt alles?, fragt sich Rod.

Eine Woche später wird Rod von seiner Mutter auf den Dachboden geschickt, um nachzusehen, ob die Wäsche trocken ist. Es ist ein Gemeinschaftsdachboden für alle acht Parteien des Wohnblocks. Rod muss grinsen, als er die überdimensionalen weißen Damenunterhosen sieht, die ordentlich mit Wäscheklammern befestigt vor ihm an der Leine hängen. Die Trägerin, die mit ihren drei winzigen Kläffern schräg unter ihnen wohnt, wird von allen nur »Brauereigaularsch« genannt, ganz klar, warum.

Rod hört schnell wieder auf zu grinsen. Der Hocker, der normalerweise in der Ecke steht, liegt umgekippt schräg vor ihm auf dem Boden. Daneben ein fünfmarkstückgroßer blutiger Klumpen. Rod wischt eine der Unterhosen zur Seite und sieht seinen Vater. Er trägt seinen Sonntagsanzug, hält den Blick wie verwundert auf seine polierten Schuhe gerichtet – oder auf das Stück seiner abgebissenen Zunge auf dem Boden. Das Abschleppseil des Station Wagon ist ordentlich um den Dachbalken geschlungen. Wie alles in seinem Leben hat Rods Vater auch diese Aufgabe mit allergrößter Gewissenhaftigkeit erledigt.

¡Hola, Rodney!

»Sie fühlen sich also mitschuldig am Suizid Ihres Vaters.« Dr. Pontorras kluge Bernsteinaugen musterten mich über den diesmal quietschgelben Rand ihrer Brille. Offensichtlich besaß sie Brillen in allen Farben, bevorzugt in besonders schrillen.

Blödsinn. Das Taxigeschäft lief einfach nicht mehr, und die Schulden erdrückten ihn. Natürlich wusste er von unserer Spritztour, aber es fehlten höchstens zehn Liter im Tank, deshalb bringt man sich doch nicht um, oder? Von unserem Beinahe-Crash konnte er nichts erfahren haben, aber selbst wenn, wäre das kein Grund gewesen. Dann hätte er doch eher glücklich sein müssen, dass nichts passiert war. Nein, ihm stand das Wasser bis zum Hals, und er konnte nicht ertragen, dass er auf ganzer Linie versagt hatte. Mit mir hatte das nichts zu tun. Rein gar nichts.

Ich sagte: »Wie kämen Sie sich denn vor? Sie begehen eine große Dummheit, bei der das komplette Geschäftskapital um ein Haar zu Schrott gefahren wird, ganz zu schweigen von der Tatsache, dass ein Haufen junger Leute dabei hätte sterben können.«

»Sie sind nicht gefahren, Rod.«

»Aber ich habe die Fahrt ermöglicht!«

»Außerdem ist nichts passiert.«

»Es geht nicht darum, was nicht passiert ist.«

»Sondern?«

»Um das, was hätte passieren können.«

Dr. Pontorra breitete die Arme aus. Ich fürchtete schon, sie würde mich an ihren imposanten Busen drücken, wo ich entweder ersticken oder von einem der spitzen Gegenstände aufgespießt werden würde, die an ihren verschiedenen Ketten baumelten. Stattdessen rief sie begeistert: »Rod, endlich! Endlich! Endlich öffnen Sie sich.«

»Wenn Sie meinen –«

»Sie sind gar nicht der harte Bulle, den Sie aller Welt präsentieren. Sie haben – verzeihen Sie mir die Plattitüde – einen weichen Kern.«

Noch mal Blödsinn. Ist doch klar, dass es einen zum Grübeln bringt, wenn der eigene Vater sich umbringt. Und das eine Woche, nachdem man sein Heiligtum beziehungsweise seine Existenzgrundlage missbraucht hat, egal mit welchem Ergebnis.

»Rod, ich sehe an Ihrem Blick, was in Ihnen vorgeht. Vor allem, wenn man ihm so oft begegnet wie Sie, glaubt man, gegen den Tod gefeit zu sein. Aber wenn der Vater oder die Mutter stirbt, ist das etwas anderes. Der Tod ist archaisch und gleichsam ein Spiegel. Der Tod unserer Eltern berührt unser Innerstes, er kappt unsere Wurzeln, verstehen Sie, was ich meine?«

»Ja, klar.«

Dr. Pontorra lachte. »Sie sollen mir nicht immer einfach zustimmen, Rod. Das Ziel unserer Treffen ist es nicht, die Therapeutin glücklich zu machen, sondern Sie von Ihren Problemen zu erlösen.«

»Okay.«

Dr. Pontorra suchte mit dem Zeigefinger den Steg ihrer Brille und schob sie auf dem Nasenrücken nach oben. Der Bernsteinton ihrer Augen wurde diffus, als würde man sie mit einer Kamera heranzoomen, ohne die Schärfe zu justieren. Sie sagte: »Allerdings sind Sie leider schon wieder im altbekannten Schneckenhausmodus.«

»Nein, gar nicht. Fragen Sie mich alles, was Sie wissen wollen. Ich werde ehrlich antworten. Versprochen.«

Dr. Pontorra seufzte herzerweichend und sagte: »Passen Sie auf, was Sie versprechen, es könnte sonst problematisch für Sie werden. Die meiste Zeit sind Sie wie ein Igel, der seine Stacheln aufstellt und sich zusammenrollt. Es muss Ihnen übrigens überhaupt nicht peinlich sein, dass Sie Ihren Vater geliebt haben oder Sie Ihr Gewissen plagt. Das beweist nur, dass Sie beides haben: Gefühle und ein Gewissen. Nicht unbedingt ein Nachteil.«

In meinem Beruf und in diesem Fall schon. Und wenn wir schon dabei sind, erklären Sie mir doch bitte, warum ich es zulasse, dass Nicole gerade wieder bei mir einzieht. Ist das auch eine positive Entwicklung, oder bin ich nur einfach zu blöd, zu unentschlossen oder zu feige, um Klartext zu reden?

»Und Rod – noch ein Novum.«

»Bitte?« Es fiel mir nicht ganz leicht, von Nicole und der Frage, wie ich sie am besten wieder loswerden könnte oder ob ich das überhaupt wollte, zu Dr. Pontorras Exkurs über Tod und Gewissen zurückzukehren.

Frau Doktor beugte sich zu dem Tischchen in dem Sprechzimmer hinunter, griff nach der Eieruhr in Form einer Handgranate, die sie zu Beginn der Sitzung aufgezogen und dorthin gestellt hatte, und entschärfte sie. Auf meine anfängliche Frage, wie eine so martialische Gerätschaft zu dem feinsinnigen Beruf der Psychologin passte, hatte sie geantwortet: »Unsere Zeit ist eine Bombe, sie kann jederzeit so abrupt zu Ende sein, wie eine Granate hochgeht. Mit dieser Tatsache müssen und sollten wir uns ein Leben lang intensiv auseinandersetzen.« Nun sagte sie: »Die Zeit ist um.«

»Welche Zeit?« Für einen Moment dachte ich, sie meinte meine Lebenszeit.

Sie lachte. »Einfach nur die Zeit.«

Jetzt war ich komplett verloren. An ihrem mitleidigen Lächeln konnte ich ablesen, dass sie mein gedankliches Abdriften genau protokolliert hatte. Ich stotterte: »Sie meinen also die Zeit an sich? Und von welchem Novum haben Sie gesprochen?«

Zufrieden stellte sie die Handgranaten-Eieruhr auf das Tischchen zurück. »Ich bezog mich auf die Zeit unserer Sitzung. Und das Novum besteht darin, dass Sie erstens pünktlich erschienen und zweitens nicht mit irgendwelchen fadenscheinigen Begründungen vorzeitig wieder verschwunden sind.«

Ich entschloss mich, zurück ins Präsidium zu fahren, obwohl es nach neunzehn Uhr war und ich von der Soko kaum mehr jemanden antreffen würde. Während der Fahrt analysierte mein Polizistengehirn kopfschüttelnd Dr. Pontorra und ihre Praxis: die Räumlichkeiten, in denen der Duft von Räucherstäbchen waberte, dass einem schwindelig wurde. Die bunten Tücher überall, als befände man sich im Basislager am Mount Everest, das verschachtelte Labyrinth, vollgestopft mit barockem Mobiliar. Irgendwie passte das alles perfekt zu den Widersprüchen, aus denen sich Dr. Pontorra zusammensetzte. Einerseits die Psychologin, die das Innenleben ihres Gegenübers mit der sterilen Emotionslosigkeit eines Gerichtsmediziners sezierte, andererseits kleidete sie sich wie für einen Hexen-Lookalike-Wettbewerb. Ganz zu schweigen von der Verwendung einer Eieruhr, die aussah wie eine Handgranate und auch so zu bedienen war.

Während ich den Station Wagon vor dem Präsidium parkte, fasste ich zusammen: Ich hatte es mit einer empirisch fokussierten Hexe zu tun, die mit martialischem Gerät in ihrem Praxislabyrinth oder wie eine Schwarze Witwe im Spinnennetz hockte und darauf wartete, dass ich mein gesamtes Innenleben vor ihr ausbreitete. Ich war mir nicht sicher, ob das eine gute Idee war. – Stopp, ich war mir eigentlich absolut sicher, dass es das nicht war und Schweigen oder zumindest solide Irreführung die bessere Taktik war.

Der diensthabende Kollege drückte den Summer und nickte mir zu, während ich durch die Schleuse das Präsidium betrat. Der Fahrstuhl gähnte mit offener Tür in den Eingangsbereich, die Bauarbeiter hatten sich in der Asservatenkammer an Absperrband bedient und daran ein mit »Außer Betrib« beschriebenes Pappschild gehängt. Jemand hatte das fehlende e über das i gemalt und damit offengelassen, wo genau seine korrekte Position war.

Ich nahm die Treppe und bekam sofort von meinem Körper die Rückmeldung, mal wieder etwas für meine Fitness tun zu müssen. Klar, Online-Poker, Überstunden am Schreibtisch und Fertigpizza waren nicht unbedingt empfehlenswerte Trainingspartner. Im oberen Flur waren die Schutthaufen ordentlich mit Plastikplanen abgedeckt worden, und für einen Moment tauchte das Bild von einem Tatort vor meinen Augen auf: Unter den Planen lagen die Opfer eines Massenmörders. Aber so etwas gab es nur in anderen Ländern oder in Filmen, ganz bestimmt nicht in Bamberg.

Vor meinem Büro blieb ich stehen. Jemand hatte die Tür wieder eingehängt, sie stand einen Spaltbreit offen. Ich hörte Waldis Stimme und jemanden kichern. Ich räusperte mich, klopfte zweimal und zählte vorsichtshalber noch bis drei, bevor ich die Tür aufstieß und eintrat. Waldi fläzte in seinem Schreibtischsessel und strich sich die Hose glatt, als hätte darauf noch vor wenigen Sekunden das weibliche Wesen gesessen, das mich jetzt etwas verlegen – oder ertappt? – aus einigen Metern Entfernung anlächelte. Ich stand eine ganze Weile auf der Leitung, bis ich kapierte, wer die Frau war, die in der Lage war, über Waldis Witze zu lachen, dann wich mein Rätseln purer Verwunderung. Das zierliche Persönchen mit den Glutaugen war niemand anders als Storchs temperamentvolle Verlobte.

»¡Hola, Rodney!« Sie sprach das H nicht, rollte das R in meinem Namen, und ihr Lächeln war zuckersüß.

»Was machst du denn jetzt noch hier, Killer?«, wollte Waldi mit einem geheimnisvollen Grinsen wissen.

Da es ihn nichts anging, dass ich wegen Nicole noch nicht nach Hause wollte, antwortete ich: »Die gleiche Frage könnte ich dir stellen, Kumpel.«

»Wir wollten gerade ... die Briefe ...« Waldi wirkte plötzlich verklemmt wie ein pickeliger Fünfzehnjähriger, den die Mutter mit der Hand unter der Bettdecke erwischt hat.

Storchs Verlobte schien hingegen nicht die Spur verlegen. Gut, vielleicht lag ich mit meiner Einschätzung auch völlig daneben, und es war gar nichts gewesen, jedenfalls war ihr Lächeln nach wie vor gewinnend bis aufreizend, und ihr Anblick versetzte mir wie damals auf der Party einen winzigen Stich. Ich stellte es mir wunderbar vor, das Leben an der Seite eines Menschen zu verbringen, der so viel positive Energie versprühte. Ein Gedanke, der mich sofort wieder zu Nicole zurückbrachte. Eigentlich konnte ich nicht behaupten, dass sie ein ausgesprochen negativer Mensch war, was also war das Problem? Vielleicht war es gar nicht so kompliziert, wie ich dachte, sondern ganz einfach, weil ich sie nicht liebte?

Ich spürte die Blicke von Waldi und der kleinen Spanierin auf mir und sagte: »Stimmt, die Briefe. Weißt du inzwischen, was drinsteht?«

Waldi räusperte sich. »Noch nicht. Wir waren gerade dabei, anzufangen.« Entweder wollte er vom Thema ablenken oder vor Storchs kleiner Spanierin den Clown spielen, jedenfalls fügte er hinzu: »Wie geht es überhaupt deiner Mutter? Entführt sie vielleicht gerade ein Flugzeug?«

Am liebsten hätte ich ihm eine gelangt. Das war nicht witzig. Zumindest nicht jetzt. Manchmal hatte das Drama meiner Mutter tatsächlich eine komische Seite. So wie vor ein paar Wochen, als sie wieder stiften gegangen und es ihr gelungen war, eine Gleichgesinnte ebenfalls zur Flucht zu motivieren. Dabei hatten Mutter und ihre weißhaarige Flurnachbarin, die sie um zwei Köpfe überragte und aussah wie die große Schwester von Christine Lagarde, ihre Rollatoren vertauscht. Ich fand die beiden auf dem Weg unterhalb der Hainbrücke, über die der Verkehr der Südtangente rauschte. Da standen sie, Mutter mit den Griffen des falschen Rollators knapp unterhalb ihres Kinns, während ihre Nachbarin versuchte, sich auf den Rollator auf Kniehöhe zu stützen, und blickten auf das Wasser, das in grünen Strudeln von der Regnitz in einem Bogen zum Hollerbach wirbelte. Die Brücke über ihren Köpfen vibrierte wie ein lebendiges Wesen. Der Dialog, den sie führten, war von der Mischung von Schwerhörigkeit und Vergessen geprägt und ging in etwa folgendermaßen:

Mutter: »Hier sind wir sicher.« Sie blickte prüfend nach oben. »Solange nichts einstürzt.«

Große Schwester von Lagarde: »Ich durfte nie schwimmen lernen. Mein Vater hat es verboten. ›Das ist nichts für Mädchen‹, hat er immer gesagt.«

Mutter: »Onkel Hans ist mitten auf der Straße stehen geblieben und hat die Arme ausgebreitet. Das muss man sich mal vorstellen.«

Große Schwester von Lagarde: »Der Arme.«

Mutter: »Wer?«

Sie schwiegen eine Weile. Dann wieder Mutter: »Das durchgegangene Pferd galoppierte auf ihn zu, aber er ist einfach stehen geblieben. So wie dann das Pferd. Er hat es getätschelt und wieder in den Stall zurückgebracht.«

Große Schwester von Lagarde: »Ach, es gibt schon lange keine Pferde mehr.«

Erneut längeres Schweigen. Dann Mutter: »Wenn es aufhört zu fließen, ist alles zu Ende. Dann sterbe ich.«

Große Schwester von Lagarde: »Ich hab nix, also gibt's auch nix zu erben und keinen Streit. Ich habe fünf Kinder.«

Mutter: »Haben Sie denn keine Kinder?«

Große Schwester von Lagarde: »Nein. Ich glaube, man hat uns vergessen. Die alten Leute vergessen sie doch immer.«

Mutter: »Nein, ich habe es nicht vergessen.«

Vor meinen Augen schnippte Waldi mit den Fingern: »Top Gun an Erde. Killer, wo bist du?«

»Was?«

»Mensch, Killer. Du warst ja völlig abwesend.« Er beugte sich vor, öffnete die Schublade, holte den Packen Briefe aus Max' Wohnung hervor und legte ihn auf den Schreibtisch. »Hier.« Er zwinkerte Storchs Verlobter zu, und sie lächelte zurück. »Juanita, du kannst jetzt anfangen. Schließlich bist du ja deshalb hier.«

Aha, nur deshalb. Klar. Das war ja zu sehen gewesen. Ich überlegte. Bisher hatten wir ausschließlich zwei Spuren: Max' Verbindung zu DEIMU, einer Firma, aus deren Daseinsberechtigung ich ebenso wenig schlau wurde wie aus der Hochglanz-Barbie-Empfangsdame, die entweder superschlau oder superdoof war, und ihrem Chef, für den man sich einen Supersuperlativ für »aalglatt« wünschte. Und dann diese Briefe. Der Zufall war bei Ermittlungen eine nie zu vernachlässigende Größe, aber konnte es tatsächlich sein, dass Dr. Schäfer nach Chile geflogen war, von wo die Briefe stammten, die wir bei Max gefunden hatten? Und hatte Max für DEIMU gearbeitet, dort kurz vor seinem Tod ein Dutzend Mal angerufen, und alles hatte etwas miteinander zu tun?

Ich fragte: »Weiß Storch davon?«

Die kleine Spanierin zog ein bekümmertes Gesicht und sagte mit ihrem zauberhaften Akzent: »Lieber nicht. Roberto ist eine so – wie sagt man? – eifermächtige Mann.«

»Eifersüchtig«, korrigierte Waldi.

Storchs Vorname war eigentlich Robert. Ich musste mir ein Grinsen verkneifen und rätselte gespielt: »Roberto?«

Da klopfte es, und in der Tür stand unser Kollege Hans Schuch, den der Tod seiner Frau vor ein paar Jahren so aus der Umlaufbahn geworfen hatte, dass er aus dem Dasein als Pensionär in den Dienst zurückgekehrt war und seither seine einsamen Kreise um die Asservatenkammer zog. Er war knorrig wie ein alter Baum und behaart wie ein Affe. Die Haare quollen aus allen Körperöffnungen, und seine Brauen sahen aus wie Schuhbürsten. Sein Bass brummte: »Störe ich?«

Waldi sagte: »Hallo, Hans.«

Ich fügte hinzu: »Du störst nie. Was gibt's denn?« Ich sah seinen fragenden Blick, der auf der kleinen Spanierin ruhte. »Darf ich vorstellen? Das ist die Verlobte von Storch.«

»Weiß ich. Ich war auch auf der Feier. Hallo, Juanita.«

»¡Hola, Hans!« Es klang wie: Ola, Ans. »Ich muss jetzt gehen, leider.« Juanita stand auf, schüttelte einem nach dem anderen von uns lächelnd die Hand und verschwand durch die offene Tür.

Waldi und Hans blickten ihr überrascht nach, und Hans sagte, beinahe etwas enttäuscht: »Die ist jetzt aber schnell verschwunden. Ich hoffe, ich habe sie nicht verjagt.«

»Sie wollte uns helfen, die Briefe aus dem Spanischen ins Deutsche zu übersetzen«, erklärte Waldi. Der rasche Abgang irritierte ihn offensichtlich noch stärker als Hans.

»Spanische Briefe?«

Ich klopfte auf den Packen. »Haben etwas mit unserem Mordfall zu tun«, erklärte ich.

»Das interessiert mich«, sagte Hans. »Erzählt.«

»Da gibt es bisher nicht viel zu erzählen. Wir haben sie in einer Schublade des Schreibtischs vom Opfer gefunden. Ansonsten gab es in der Wohnung kaum persönliche Gegenstände.«

»Seltsam.« Hans zupfte an seinem Ohrläppchen. Selbst dort sprossen dicke schwarze Haare.

»Meistens gibt es für alles eine Erklärung. Vielleicht finden wir sie sogar in den Briefen.«

»Bestimmt. Ach, apropos finden. Wie findet ihr eigentlich unsere neue Chefin? Typische Karrierefrau, oder liege ich mit der Einschätzung falsch?«

»Jedenfalls hat sie Klasse«, sagte Waldi. »Besitzt mehr von diesen hammerhaften hautengen Kostümchen als unser Herr Oberstaatsanwalt Krawatten.«

Ich lächelte. Waldis Maß für die Klasse einer Frau wurde also durch die Enge ihrer Kleidung definiert.

»Ich schätze, ihre Klasse als Polizeipräsidentin wird sie erst noch beweisen müssen«, sagte Hans. Er war einer von der alten Schule, aus einer Zeit, in der es noch keine Frauen bei der Polizei gegeben hatte. Er war nicht unbedingt ein Hardcore-Macho, aber doch einer, dessen Weltbild eine eindeutige, klassische Rollenverteilung beinhaltete, an der man nicht rütteln sollte.

»Wir werden sehen«, sagte ich. »Und sonst? Was gibt es Neues bei dir im Asservatenkeller?«

»Nichts. Alles wie gehabt. Ach du liebe Zeit – jetzt werde ich wirklich alt. Ich habe ganz vergessen, dass ich ja eigentlich wegen der Fußfessel gekommen bin. Ich muss die nach Bayreuth zurückschicken. Hat das eigentlich funktioniert? Du wolltest sie doch an deiner Mutter ausprobieren, stimmt's?«

Plötzlich hatte ich ein mulmiges Gefühl. »Anfangs war es prima. Kannst in deinem Bericht schreiben, dass die GPS-Ortung einwandfrei funktioniert hat. Ich wüsste nicht, wie die zu manipulieren sein sollte.«

»Mit den entsprechenden Daten geht das problemlos über einen Rechner. Und sollten die Dinger in Serie gehen, werden exakt diese Daten im Internet frei verfügbar sein, dazu gibt es klare gesetzliche Richtlinien. Die einzige Möglichkeit, dies zu umgehen, sehe ich darin, ein Modell ausschließlich für die Polizei herzustellen, was offensichtlich der Plan ist. Die Fußfessel, die ich dir gegeben habe, ist dafür der Prototyp.«

Ich schluckte. »Die haben doch bestimmt noch mehr von diesen Prototypen?«

Hans schüttelte den Kopf. »Deine Fußfessel ist der Prototyp. Deshalb brauchen die das Teil jetzt ja auch unbedingt zurück.«

Ich hüstelte und flüsterte: »War der Prototyp.«

Waldi sagte: »Das ist aber unvorsichtig. Nur theoretisch – was, wenn mit so einem Prototyp etwas passiert? Das gäbe bestimmt Riesenschwierigkeiten. Also, ich hätte ja drei oder vier davon gebaut, nur um auf Nummer sicher zu gehen. Braucht ja nur der Typ, der, sagen wir mal, die Fessel trägt, plötzlich auf den Trichter zu kommen, hey, ich mach das Teil einfach kaputt und geh stiften. Könnte doch passieren, oder?«

Hans antwortete zunächst Waldi: »Nein, die Dinger sind unkaputtbar.« Dann warf er mir einen schrägen Blick zu. »Was hast du gerade gesagt?«

Das brachte mich in größte Verlegenheit. Vor ein paar Monaten war Hans in mein Büro gekommen, um ein bisschen zu quatschen. Seit dem Tod seiner Frau fühlte er sich ziemlich oft ziemlich einsam und war froh, wenn er im Präsidium eine offen stehende Tür fand. Er hatte die Fußfessel dabei, und wir kamen darüber ins Gespräch. Man hatte sie ihm zu Testzwecken geschickt, aber es stellte sich als schwierig heraus, einen geeigneten Ganoven zu finden. Da fiel mir ein, dass sie perfekt für Mutter wäre. Schon damals hatte ich ziemlichen Stress mit dem Heim, weil Mutter ständig abhaute und man mir damit drohte, sie in die geschlossene Abteilung zu stecken. Mir kam die Idee, die Ausflüge meiner Mutter über die Fußfessel per

GPS-App auf meinem Handy zu überwachen. Ich einigte mich mit der Heimleitung auf einen Radius, befestigte die Fessel an Mutter mit einem Klettverschluss und machte mich fortan erst dann auf den Weg, um Mutter wieder einzusammeln, wenn sie diesen Radius verließ. Alles lief wunderbar, bis zu dem Tag, an dem Mutter beschloss, sie habe die Fußfessel lange genug getragen, und sie von der Kettenbrücke in die Regnitz warf. Ich war zu Tode erschrocken, weil ich zuerst dachte, Mutter liege da unten im Flussbett. Für Hans musste ich die Geschichte jetzt allerdings anders aufbereiten, ich konnte ja schlecht sagen: Zum Glück lag nicht meine Mutter unterhalb der Kettenbrücke im Wasser, sondern nur dein Prototyp. Ich räusperte mich vorsichtig und murmelte: »Die gute Nachricht ist wie gesagt, dass die Fessel hervorragend funktioniert hat. Keinerlei Ausfälle, nicht einmal im Wasser.« Ich fügte hinzu: »Im tiefen Wasser.«

»Wieso?«, fragte Hans verständnislos. »War deine Mutter schwimmen?«

»Nein.«

»Was dann?«

»Damit kommen wir zur schlechten Nachricht.« Ich versuchte, möglichst geknickt auszusehen. »Die Fußfessel ist weg.«

»Wie: weg? Was willst du mir gerade erklären?«

Ich hob entschuldigend die Hände. »Vor ein paar Wochen ist Mutter mal wieder abgehauen. Ich bin natürlich sofort hinterher, kam aber zu spät. Sie hatte schon den Klettverschluss gelöst und das Ding in die Regnitz geworfen.«

Hans' Augen weiteten sich: »Und was hast du unternommen?«

»Nichts. Was hätte ich denn tun sollen? Von der Kettenbrücke aus hinterherspringen? Ich war gerade dabei, einen Mörder zu fangen.«

Hans wirkte erschüttert. »Und was soll ich den Kollegen in Bayreuth jetzt sagen?«

Ich zuckte hilflos die Schultern. »Keine Ahnung.«

»Warum hast du nicht gleich Bescheid gesagt? Man hätte die Fessel doch orten und bergen können. Für was gibt es Polizeitaucher?«

Na, dafür eher nicht, dachte ich.

Waldi schaltete sich ein. »Kann man doch immer noch.«

Hans sah ihn lange nachdenklich an und nickte schließlich. »Einen Versuch ist es wert.« Verärgert drehte er sich zu mir: »Aber du musst für den Einsatz geradestehen. Und wenn der Sender nicht mehr funktioniert, war der ganze Aufwand sowieso umsonst. Dann stecke ich ziemlich in der Scheiße.«

Ein bisschen viel, für was ich in letzter Zeit geradestehen muss, dachte ich. Für eine Gondel, eine Fähre, einen groß angelegten DNA-Test und jetzt auch noch für eine Fußfessel. Wie viel Glück kann man haben? Ausgerechnet der einzige Prototyp. »Okay«, sagte ich. »Ich kümmere mich drum. Aber jetzt mache ich erst mal Dienstschluss.«

Auf dem Weg nach Hause dachte ich darüber nach, dass ich Waldi wegen der spanischen Briefe wohl etwas Dampf machen musste. Außerdem sollte er bloß die Finger von der kleinen Spanierin lassen, um nicht auf Storchs Seziertisch zu landen. Als ich zum Troppauplatz abbog, fiel mir ein, dass ich Waldi nicht nach dem neuesten Stand der Dinge bezüglich der DNA-Tests gefragt hatte. Aber vermutlich würde er mir morgen von sich aus alles mitteilen, allein schon, um damit anzugeben, wie hervorragend er alles organisiert hatte.

Ich parkte den Station Wagon und blickte den Wohnturm hinauf. Elfter Stock. Das Apartment hatte mir seinerzeit Nicole vermittelt. Sie arbeitete als Maklerin, so hatten wir uns kennengelernt. Zwei Wochen danach war sie selbst eingezogen. Alle Bekannten hatten uns um unser phantastisches Liebesglück beneidet. Romantik pur, wie im Film, so wirkte unser Leben von außen. Die schöne Maklerin und der smarte Bulle. Aber hinter den Kulissen, dort, wo das Publikum keinen Zutritt hatte, sah es bald schon anders aus. Zunehmend wurde auf romantische Szenen verzichtet und auf ein Happy End sowieso. Wenn es wenigstens ein Drama gewesen wäre! Aber aus meiner Sicht wurden einfach nur alle Requisiten Stück für Stück abgebaut und verräumt, bis nur noch ein leerer Raum mit uns, den zwei Protagonisten, vorhanden gewesen war. Es war mir ein Rätsel, dass Nicole ausgerechnet jetzt zu mir zurückwollte. Sie war eine Klassefrau, sie konnte reihenweise gute Typen haben.

Ich stieg aus dem Wagen, ging zum Eingang, schloss auf und nahm die Post aus dem Briefkasten. Während ich auf den Aufzug wartete, sortierte ich Werbung, die wie auch immer sorgfältig auf meine Internetgepflogenheiten abgestimmt war, und Bittbriefe von sieben verschiedenen Hilfsorganisationen aus. Ein Umschlag mit dem Logo einer Anwaltskanzlei wanderte in die Innentasche meiner Jacke.

Ich schwebte im Lift nach oben, lief den Flur entlang zu meiner Wohnungstür und schloss auf.

Nicole saß auf dem Sofa, lächelte mich an und sagte: »Hallo, Rod. Wie schön, dass du da bist.«

Übernahmen

Am nächsten Tag spielte das Wetter verrückt. Mitten im November schoss das Quecksilber plötzlich in die Höhe, von im eiskalten Ostwind mit Nieselregen gefühlten Minusgraden vor wenigen Tagen auf zwanzig Grad plus. Die Sonne strahlte über der Stadt, vor den Cafés am Grünen Markt standen Tische, schon morgens saßen die Leute draußen, die Vögel spielten verrückt und überlegten offensichtlich ernsthaft, mit dem Nestbau zu beginnen.

Die Besprechung der Soko um zehn Uhr wurde von der Polizeipräsidentin – in kurzem schwarzen Rock, weißer Bluse und lila Kostümjäckchen – unter den Argusaugen von Oberstaatsanwalt Dr. Herbert persönlich geleitet. Was man so interpretieren konnte, dass dem eigentlichen Leiter der Soko, nämlich mir, ein symbolischer Tritt in den Hintern versetzt wurde, weil in unserem Fall nichts voranging. Immerhin durfte ich am Schluss ihrer Ausführungen das Ganze noch einmal mit eigenen Worten zusammenfassen, was gar nicht so einfach war. Wie sagte man, ohne etwas zu wiederholen, dass man weder Hinweise noch Spuren hat? Dass gleich im Anschluss eine Pressekonferenz stattfinden sollte, machte die Sache nicht besser, wenngleich ich der Polizeipräsidentin bescheinigen musste, dass sie es hervorragend verstand, dieses Nichts vor Staatsanwaltschaft und Presse als großartige Leistung zielgerichteter Polizeiarbeit zu verkaufen. Nüchtern betrachtet sah es so aus: Wenn die DNA-Tests über die Bühne gegangen waren, würde es noch einmal ziemlich lange dauern, bis diese ausgewertet waren. Zudem war ich mir mittlerweile bezüglich der Erfolgsaussichten auch gar nicht mehr so sicher. Max hatte für DEIMU gearbeitet und vielleicht sogar in Chile zu tun gehabt, ob im Auftrag der Firma oder nicht. Inzwischen war es mir selbst ein Rätsel, wo da eine Verbindung zu Albanern, Kosovaren oder gar Afghanen und Irakern sein sollte. Wahrscheinlich hatte die Polizeipräsidentin von Anfang an recht gehabt, und ich hatte mit der Schrotflinte in den Wald schießen wollen, in der Hoffnung, einen Hasen zu erwischen.

Was DEIMU betraf – natürlich stand es uns frei, Dr. Schäfer noch einmal zu befragen, er hatte bisher ja durchaus den Eindruck erweckt, kooperativ zu sein. Allerdings war sein Verhalten für mich eher Show gewesen. Um wirklich herauszufinden, ob und wie er und seine Firma in den Mordfall verwickelt waren, müsste man den Laden vermutlich komplett auseinandernehmen. Man brauchte kein Orakel, um zu prophezeien, dass die Staatsanwaltschaft das Risiko einer möglichen Komplettblamage nicht eingehen würde. Leute wie Dr. Schäfer waren clever, sonst wären sie nie dort angekommen, wo sie waren, und das wusste niemand besser als der Oberstaatsanwalt. Wenn ich einen Durchsuchungsbeschluss für DEIMU wollte, musste ich schon etwas Konkretes vorweisen können. Aber das konnte ich nicht.

Als ich auf die Baustelle meines Büros zurückkam, hockten Waldi und Hägar schon da, Waldi lässig auf dem Schreibtisch mit baumelnden Beinen, Hägar auf einer der Aktenkisten. Er hielt Papiere in seinen Pranken.

»Nicht gerade die großen Erfolge«, sagte Waldi.

Ich fragte: »Was meinst du?«

»Die Soko und die Pressekonferenz.«

»Hättest ja was über deine DNA-Tests erzählen können.«

»Es sind nicht meine Tests, sondern deine. Du hast sie an mich delegiert.«

Hägars Bass brummte aus dem Hintergrund: »Kollegen, nicht streiten. Während ihr in der Pressekonferenz wart, habe ich von unserem Wirtschaftsexperten endlich die angeforderten Informationen über DEIMU bekommen. Die Firma ist, vorsichtig ausgedrückt, sehr vielseitig.«

»Was heißt das im Klartext?«, fragte Waldi.

Hägar blätterte die Papiere durch. »Sie macht in Finanzen und Immobilien, beteiligt sich an verschiedenen Großbauprojekten hier in Bamberg, aber auch am Berliner Flughafen und auf internationaler Ebene.«

»Zum Beispiel in Chile?«

»Nein, da nicht. Allerdings ist Chile möglicherweise ihr Hauptsitz, das ist noch zu klären. DEIMU könnte die Mutter eines ganzen Netzwerkes sein oder umgekehrt eine Franchisetochter von einer größeren Hauptfirma. In Chile scheint das Unternehmen eng mit einer Holding mit dem Namen Villa Baviera zusammenzuarbeiten.«

»Villa Bayern?«

»Nein. ›Villa‹ heißt in diesem Fall ›Dorf‹. Also ›Dorf Bayern‹.«

»Und warum Holding?«

»Vermutlich um sich finanziell besserzustellen oder abzusichern. Eine Holding umfasst ja immer mindestens zwei Unternehmen – eine Mutter- und eine Tochtergesellschaft.«

»Also ist Villa Baviera ein Unternehmen?«

»Nein. Das ist, wie gesagt, ein Dorf in Chile. Die Villa Baviera Holding scheint aber an diesem Dorf wie an einer Firma beteiligt zu sein. Es liegt irgendwo in der Pampa im Süden Chiles und hat vielleicht einen Bezug zu Pinochet, ihr wisst schon, dem ehemaligen Diktator. Was die Holding wirklich macht, weiß ich auch nicht. Müsste man mal genauer recherchieren. Ich persönlich finde jedoch etwas anderes an DEIMU beziehungsweise an Dr. Schäfer viel interessanter.«

Waldi hatte sein Handy hervorgeholt und war gerade dabei, daran herumzufummeln. Jetzt hielt er inne. »Was denn?«

»Er scheint darauf spezialisiert zu sein, Firmen für sogenannte Übernahmen vorzubereiten.«

Ich fragte: »Wie ist das zu verstehen?«

»Man kann es auch brutaler ausdrücken: Er zerschlägt Unternehmen, damit sie von der Konkurrenz übernommen werden können.«

»Aha. Und warum?«

»Weil er dafür bezahlt wird.«

»Von wem?«

»Ich nehme an, von ebenjener Konkurrenz, die das Unternehmen dann zu einem Schleuderpreis übernimmt.«

»Und so was ist legal?«

Hägar zuckte mit den Schultern. »Scheint so. Jedenfalls ist Schäfer schon seit einigen Jahren in diesem Geschäft tätig. Es gab bereits ein paar Anklagen, die aber alle ins Leere liefen.«

Ich schüttelte den Kopf. »Moralisch integer sieht anders aus. Er lässt sich dafür bezahlen, dass er andere ruiniert.«

»Die Starken fressen die Schwachen. Wirtschaftsdarwinismus. Natürliche Auslese nennt man das.«

Waldi war vom Schreibtisch hinuntergeglitten und zum Fenster gelaufen, das er mit einer raschen, wütenden Bewegung öffnete. »Ich nenne das eine Riesensauerei.«

Hägar guckte mich aufgrund von Waldis Gefühlsausbruch überrascht an.

Mein Partner geriet jetzt immer mehr in Fahrt. Er übertönte sogar den Baulärm, der gerade wieder einsetzte. »Wie ich diese Typen hasse! Und es gibt immer mehr davon! Bei denen dreht sich alles nur darum, Kohle und noch mal Kohle zu scheffeln, und wenn dabei andere ins Gras beißen, geht ihnen auch noch einer ab! So sieht es in unserer Gesellschaft nämlich aus. Das sind alles nur noch Egos, am besten bewegen sie sich immer nah am Rande der Kriminalität, tricksen, ziehen andere über den Tisch und lachen sich über die armen Schweine tot, die sich jeden Tag abschuften, damit sie einigermaßen über die Runden kommen. Und das Schlimme ist, dass die Damen und Herren in der Politik die Gesetze genau so machen, dass das auch funktioniert.«

Schlagartig war der Baulärm wieder verstummt, und Waldis Ausbruch klang in der Stille nach wie ein unangenehmes Echo. Die für November unwirklich warme Luft strömte durch das offene Fenster, unten auf der Starkenfeldstraße rauschten die Autos vorbei.

»Ich versteh dich ja, aber lass uns sachlich bleiben.« Ich klopfte Waldi beruhigend auf die Schulter und fasste einen Entschluss. »Ich werde unseren ach so smarten Dr. Schäfer noch einmal besuchen. In der Zwischenzeit müsste er aus Chile wieder zurück sein. Top Gun, du könntest in Sachen DNA-Tests mal die Drehzahl erhöhen. Je eher wir Ergebnisse haben, desto besser.«

Waldi warf mir einen kalten Blick zu und blaffte mich an: »Was meine Arbeit in dem Fall betrifft, ist die Drehzahl schon längst im roten Bereich. Was man von deiner nicht unbedingt behaupten kann.« Er äffte mich nach: »Ich werde unseren ach so smarten Dr. Schäfer noch einmal besuchen. Wow! Was für ein Stress! Unglaublich, wie du das Wahnsinnspensum schaffst.«

Ich hob meine Stimme. »Mal langsam, Waldemar. So redest du nicht mit mir. Ich bin immer noch dein Vorgesetzter.«

»Vorgesetzter am Arsch. Du hast kein Konzept, keinen Plan, aber kritisierst ständig die anderen.«

»Ich kritisiere nicht, ich –«

»Jetzt halt einfach mal die Klappe und lass mich ausreden, verdammt!« Waldi blies seine eins fünfundsechzig bis kurz vor dem Platzen auf, was immer lächerlich aussah, und funkelte mich kriegerisch an. »Wie wäre es denn zum Beispiel, wenn du da anfangen würdest zu ermitteln, wo du schon lange hättest anfangen sollen?«

Hägar betrachtete uns interessiert und ging dabei seiner Lieblingsbeschäftigung nach. Er durchpflügte mit seiner Hand seinen Bart.

Ich wurde wieder ruhig und fragte kühl: »Okay, und wo wäre das?«

»Mensch, Killer, im privaten Umfeld des Opfers. In deinem Umfeld. Wo sonst? Oder kannst du mir verraten, warum du diesen Bereich bisher komplett links liegen gelassen hast?«

Für einen Moment, in dem ich mir eingestehen musste, dass Waldi vielleicht recht hatte, geriet ich ins Schlingern. Es war ein alter Ermittlergrundsatz: Und wenn die Spur auch noch so vage ist, man geht ihr nach. Natürlich hatte ich mich gedanklich bereits mit der Möglichkeit auseinandergesetzt, dass der Schlüssel zu diesem Fall in der Vergangenheit lag, auch wenn ich es für unwahrscheinlich hielt. Durch Max' mehrmalige Anrufe bei DEIMU am Tag seiner Ermordung war ein glasklarer Zusammenhang zwischen dem Verbrechen und der Firma hergestellt worden. Eine Verbindung zu den alten Zeiten, als wir noch eine verschworene Gemeinschaft gewesen waren, fehlte hingegen komplett. Ich sagte mit fester Stimme: »Es gibt keinen einzigen Anhaltspunkt, dass der Mord etwas mit meiner alten Clique zu tun hat.«

Waldi betrachtete mich herablassend. »Vielleicht weil du dich bisher noch nicht damit beschäftigt hast?«

Auch ich konnte herablassend sein: »Es ist die Regel, dass man zuerst der Fährte mit dem stärksten Geruch folgt, und der geht eindeutig von DEIMU aus. Ein ziemlicher Gestank sogar.«

»Warum setzt du dann Schäfer nicht auf den Grill und schürst ordentlich an? Und was spricht dagegen, dich anschließend in deinen Angeber-Amischlitten zu setzen und mal ein bisschen in deiner alten Umgebung herumzuschnüffeln? Womöglich müffelt es da ja auch.« Waldi blitzte mich immer noch an und fügte hinzu: »Vielleicht nimmst du dafür besser den Dienstpassat, sonst wirst du noch zu Punkt eins auf der Tagesordnung des nächsten Klimaschutzgipfels.«

Hägars Lachen klang wie Donnergrollen. Der Benzinverbrauch meines Chevys war Dauerthema für Witze im Präsidium – »Na, wieder ein paar Tierarten ausgerottet?« –, aber das war mir egal. Für mich wäre es ein Sakrileg gewesen, den Wagen nicht mehr zu nutzen. Er war die Erinnerung an meinen Vater. Ich sagte: »Sehr witzig. Du brauchst mir nicht zu sagen, was zu tun ist. Das hab ich schon längst vorgehabt, aber du lässt mich ja nicht ausreden.« Ich wandte mich an Hägar. »Ich stelle dir eine Liste mit den Namen von den Leuten aus meiner alten Clique zusammen, und du recherchierst die Adressen. Kann eigentlich nicht so schwierig sein. Heinrichsmeier soll dir helfen.«

Hägars Schaufelhände tauchten aus seinem Bart wieder auf, und er schüttelte ungläubig den Kopf. »Ich bin Hei… Ach, vergiss es einfach.«

Ich saß schon im Auto, als ich bei DEIMU anrief, um einen Termin zu vereinbaren. Offensichtlich hatte Schäfer die Empfangsdamen ausgetauscht, denn die Stimme am anderen Ende war definitiv nicht die des Hochglanzpüppchens mit den Regenrinnenwimpern. Die Dame klang freundlich, aber resolut und teilte mir auf Nachfrage mit, dass ihre Vorgängerin, Frau Schmidt, gekündigt habe. Dr. Schäfer könne ich mit etwas Glück in circa einer Stunde auf der ICE-Gleisbaustelle kurz hinter Gaustadt antreffen. Allerdings sei ungewiss, ob er Zeit für mich erübrigen könne, da er einen Termin mit dem Chef des Stadtbauamtes vor Ort habe. Ich rätselte kurz, was Schäfer auf der Baustelle zu suchen hatte, bis mir wieder einfiel, wie breit DEIMU aufgestellt war. Ich bedankte mich und beschloss, die Zeit lieber für einen Besuch im Altenheim zu nutzen. Das frühlingshafte Wetter würde Mutter sowieso zu einem Ausflug inspirieren, besser, er fand unter meiner Aufsicht statt. Bevor ich im Heim anrief, um anzukündigen, dass ich Mutter zu einem Spaziergang abholen würde, tippte ich eine Notiz in mein Handy, damit ich Frau Schmidt nicht vergaß. Die Gründe ihrer Kündigung dürften interessant sein.

Ich parkte den Station Wagon schräg gegenüber dem Otto-Heim. Die warme Sonne hatte schon ein paar Heimbewohner mit ihren Rollatoren ins Freie gelockt. Sie bewegten sich mit schwerfälliger Konzentration auf dem Gehweg voran. Alt werden war nicht nur ein immer rascher fortschreitender Prozess des Vergehens, sondern auch der Verlangsamung der einfachsten Dinge. Irgendwo hatte ich gelesen, die Zeit sei ein Gummiband, das von den jeweiligen Lebensumständen zusammengezogen oder schier unendlich in die Länge gedehnt werden könne.

Mutter stand im Eingangsbereich neben ihrer Pflegerin bereit. Sie wirkte grimmig entschlossen. Ich bedankte mich für den Service, der keine Selbstverständlichkeit darstellte. Eine Acht-Stunden-Schicht in der Altenpflege war ein schlecht bezahlter Knochenjob, der die Konstitution eines Ackergauls in Kombination mit einer riesigen Portion Menschlichkeit verlangte. Im Prinzip ging es darum, dem Verfall das größtmögliche Maß an Würde zu verleihen. Umso bewundernswerter war es, zu beobachten, mit welcher Großherzigkeit die zierliche Person neben Mutter tagein, tagaus ihre Arbeit verrichtete. Wann immer ich Mutter abholte, erzählte mir die Pflegerin in gebrochenem Deutsch ein bisschen mehr von ihrer Familie in der Ukraine, von ihren fünf Töchtern, ihrem Mann, der ein großes Künstlerherz, aber einen kleinen Hang zu geregelter Arbeit besaß, von der engen Zwei-Zimmer-Wohnung am Stadtrand von Kiew, von den bisher einzigen Ferien der Familie auf der Krim. Wenn sie hinzufügte, dass die Russen alle auf den Mond geschossen gehörten, blitzten ihre Augen wütend, bevor sie relativierte. Natürlich nicht alle, es gebe wie überall auf der Welt auch in Russland gute und böse Menschen, sie hätten sogar russische Freunde, aber diese Freundschaften in diesen Zeiten zu pflegen sei schwierig.

Mutter erkannte mich nicht. Sie blickte durch mich hindurch, fokussierte den Weg, der vor ihr lag, und hob ab und an ihr Gesicht der Sonne entgegen. Wir gingen die Ottostraße entlang. Mutter schob ihren Rollator vor sich her und blickte weder nach links noch nach rechts, als wäre ich nicht da. Als die Straße endete, überquerten wir die Brücke, die über den Hollerbach führte, bogen links ab und folgten dem Weg entlang der Regnitz. Ich dirigierte Mutter zu einer Bank in der Sonne, und wir setzten uns. Mutter blickte aufs Wasser, auf dem die Sonne glitzerte. Es war ein stiller Moment unausgesprochener Nähe. Wir schwiegen sehr lange.

Schließlich stellte Mutter fest: »Rodney. Ich hatte einen Sohn. So hieß er: Rodney.«

»Das bin ich, Mutter. Ich bin Rodney.«

»Er ist weg.«

»Weg?«

»Ja.«

»Wohin?«

Mutter sagte: »So ein schöner Tag. Die Sonne scheint.«

»Wenn die Sonne scheint, gehst du gern spazieren, nicht wahr?«

Sie streifte mich mit einem Blick, den ich kannte. Das taxierende Mustern begann bei meinen Schuhen und endete beim hoffentlich gerade gezogenen Scheitel. Sie sagte: »So kannst du nicht gehen. Du musst dir noch ein sauberes Hemd anziehen.«

Erigone atra

Die Baustelle, zu der ich fuhr, nachdem ich Mutter wieder beim Heim abgeliefert hatte, hatte über mehrere Jahre hinweg ein Politikum dargestellt. Böse Zungen behaupteten, man sei nur knapp an einem Bürgerkrieg vorbeigeschrammt. Streitpunkte waren der mehrspurige Ausbau der ICE-Strecke und – nach Meinung der Umweltschützer – die damit einhergehende Zerstörung wertvoller Biotope im Maintal.

Die Befürworter des Ausbaus argumentierten mit Begriffen wie Notwendigkeit des Fortschritts, besserer Anbindung Bambergs an die bayerischen Metropolen, wirtschaftlichen Vorteilen und so weiter. Die Gegner, Umweltschützer und Bürger, die in erster Linie hohe Lärmbelästigung befürchteten, liefen Sturm und setzten alle Hebel in Bewegung. Sie initiierten Referenden, Petitionen, Diskussionen und Demonstrationen – vergebens. Die Befürworter waren zu mächtig. Einzig eine seltene Spinnenart hätte das Projekt beinahe zum Scheitern gebracht. Das Insekt aus der Familie der Baldachinspinnen (das ausgerechnet den Namen Schwarze Glücksspinne trug) stand ziemlich weit oben auf der Roten Liste vom Aussterben bedrohter Arten und unterlag somit strengstem Schutz. Als ein findiger Geist damit an die Öffentlichkeit trat, dass dieses circa daumennagelgroße Insekt, das sich an einen Faden hängt und vom Wind getrieben auf Jagd geht – auch *ballooning* genannt –, genau dort sein Habitat hatte, wo der Ausbau stattfinden sollte, stellten die Gegner des Ausbaus schon den Champagner kalt. Sie waren sich sicher: Der Lebensraum eines so wertvollen Tieres konnte unmöglich zerstört werden. Doch sie hatten zu früh gejubelt. Auch der anderen Seite fehlte es nicht an Ideen und Inspiration, ihr Anliegen durchzudrücken. Man beschloss, die Baldachinspinne umzusiedeln. In einem gigantischen Aufwand wurde ein Spinnenexpertenteam aus Südamerika eingeflogen. Seiner Meinung nach würden die Kosten für die Umsiedlung pro Exemplar dreihundertfünfundsiebzig Euro betragen. Ein anderes

Expertenteam der Gegenseite kam zu dem Ergebnis, dass mit den Gesamtkosten der Umsiedlung sämtliche Kinder eines bitterarmen afrikanischen Landes ein ganzes Jahr lang weit mehr als ausreichend und gesund ernährt und beschult werden könnten. Die Höhepunkte der Auseinandersetzung krönte die örtliche Tageszeitung mit journalistischen Meisterleistungen unter Überschriften wie »Im Netz der Spinne«, »Schwarze Witwe frisst Männchen« und »Die spinnen, die Bamberger«.

Das alles ging mir durch den Kopf, als ich hinter Gaustadt in Richtung Maintal abbog und von einem riesigen gelben Kipplader ausgebremst wurde, der wie ein Kettenraucher schwarze Dieselabgase aus dem Auspuff neben dem Führerhaus paffte. Ich zockelte hinter dem Ungetüm bis zur Baustelle und parkte vor einer Reihe blauer Baucontainer mit rostigen Ecken und Kanten und zerschrammten, blinden Plexiglasscheiben.

Schäfer war leicht zu finden. Wie ein Feldherr stand er neben einem anderen Mann auf einem Hügel aus Bauschutt und erklärte mit weit ausladenden Gesten dem niederen Volk zu seinen Füßen die Welt. Als ich mich näherte, wirkte sein gebräuntes Gesicht kurz irritiert. Entweder hatte er tatsächlich ein schlechtes Personengedächtnis und hatte vergessen, wer ich war, oder seine Reaktion war Teil der Show, die er abzog.

Als ich meinen Dienstausweis hervorholte und ein bisschen mit ihm herumwedelte, reduzierte sich die multikulturelle Belegschaft unterhalb des Feldherrenhügels schlagartig. Immerhin schien es Schäfer langsam zu dämmern, dass wir uns bereits kannten.

Er wechselte ein paar Worte mit dem Mann im grauen Anzug neben sich und wandte sich dann gönnerhaft an mich. »Herr Kommissar, richtig? Sie stören mich schon wieder bei der Arbeit. Darf ich erfahren, warum? Was kann ich diesmal für Sie tun?«

»Hauptkommissar. Wenn ich störe, kann ich gern ein andermal wiederkommen. Mit den Kollegen vom Zoll.«

Schäfer lachte, als hätte ich einen guten Witz gemacht. »Im

Ernst: Um was geht es? Immer noch um diese unangenehme Sache – diesen Mord?«

Scharf kombiniert. Ich sagte: »Ich bin beeindruckt von Ihrer Vielseitigkeit. Jetzt sind Sie auch noch Bauherr.«

Schäfer lächelte mich an, als wäre ich debil. Er wies auf die distinguierte Person neben sich. »Darf ich vorstellen: Herr Konrad. Er ist der Bauherr. Herr Konrad – Hauptkommissar Killer.«

Der Distinguierte war von der gleichen Marke erfolgreich wie Schäfer: gebräuntes, hageres Gesicht, straffe Figur im Designeranzug, smart. Bei meinem Namen verzog er keine Miene, sein Händedruck war fest. Er fragte: »Hat die Polizei seit Neuestem ein Umweltkommissariat und ermittelt, ob wir es geschafft haben, alle Erigone atra rechtzeitig zu evakuieren?« Er lächelte.

Ich runzelte die Stirn. »Tut mir leid, aber das verstehe ich nicht.«

Schäfer half aus: »Erigone atra. Schwarze Glücksspinne. So heißt die Spinnenart, die wir umgesiedelt haben. Eine sehr teure Aktion, aber sie hat sich gelohnt. Seltene Tiere muss man schützen, wir haben nur diese eine Erde.«

Ich ließ meinen Blick kurz über die riesige Baustelle schweifen und sagte zum Bauherrn: »Wären Sie so freundlich, mich mit Dr. Schäfer allein zu lassen?«

»Selbstverständlich.« Konrad drückte mir die Hand und versetzte Schäfer einen kumpelhaften Klaps auf die Schulter. »Bis später dann.«

Schäfer nickte.

Ich fragte ihn: »Wenn Sie nicht der Bauherr sind, wer sind Sie dann?«

»Der Investor.« Schäfer breitete die Arme aus wie der Teufel, der Jesus auf den Berg führt, um ihm sämtliche Reiche der Erde zu zeigen. »DEIMU finanziert das alles hier.«

»Aha. Und wie funktioniert so eine Finanzierung?«

Schäfer bedachte mich mit einem mitleidigen Blick. »Können Sie Ihre Frage präzisieren?«

»Sie investieren hier eine Menge Geld, bestimmt Millionen – was springt dabei für Sie beziehungsweise für DEIMU heraus? Wie verdienen Sie dabei?«

Hinter Schäfers nachsichtigem Grinsen konnte ich genau erkennen, was er dachte: Du kleiner Bulle mit deinem beschränkten Bullenhirn wirst nie kapieren, wie die Dinge laufen. Ein Geschäft wie dieses ist viel zu komplex für dich, trotzdem will ich versuchen, es dir zu erklären. Er sagte: »Vereinfacht ausgedrückt ist DEIMU ein als Investor risikobehafteter Teilhaber.«

»Risikobehaftet – wie eine GmbH.«

»Nicht nur wie. Wir sind eine GmbH.«

»Und wovon sind Sie Teilhaber?«

»Von dem, in das wir investieren.«

»Von der ICE-Strecke, wenn sie fertig ist? Ist das nicht eine rein staatliche Angelegenheit?«

»Im Prinzip ja. Aber es geht nicht nur um die Hardware, sondern, wie gesagt, vornehmlich um die Finanzierung.«

Mit Hardware war offensichtlich die Baustelle beziehungsweise der fertige Ausbau gemeint. Ich verstand immer noch nicht ganz. Wäre DEIMU dann an den Einnahmen der Bahn beteiligt? Ich fragte: »Ihr Gewinn resultiert also hauptsächlich aus den Zinsen?«

»Nein. Wir sind Investoren und keine jüdischen Geldleiher.«

Ich spitzte die Ohren. Eine interessante Formulierung, Schäfers weiße Weste hatte mit einem Mal eine leicht braune Färbung bekommen. »Aha.« Ich hatte keine Ahnung, wie es funktionierte, dass man Geld investierte, also ausgab, und sich dieses Geld, das ja eigentlich weg war, trotzdem vermehrte. Wahrscheinlich war Schäfers mitleidiges Lächeln mir gegenüber gerechtfertigt. Ich hatte nicht den blassesten Schimmer von der großen Welt. Ich war tatsächlich nur der kleine Bulle, der immer noch wie ein Achtjähriger Räuber und Gendarm spielt, dafür von Papa sein Taschengeld bekommt und nach dem »Sandmännchen« brav im Schlafanzug mit Bärchen-und-

Häschen-Motiv ins Bett geht, während die großen Jungs in ihren silbernen Rüstungen auf die wirklich wichtigen Schlachtfelder ziehen, um siegreich als Helden und mit fetter Beute zurückzukehren.

»Eigentlich bin ich wegen Max Kauder hier«, sagte ich, machte eine Pause und beobachtete Schäfer genau.

Seine Augen wanderten kaum merklich hin und her, aber sein Lächeln blieb. Er fragte: »Und?«

»Er war Mitarbeiter bei Ihnen, aber – formulieren wir es mal so – DEIMU hat sich von ihm getrennt.«

»Ich habe Ihnen bereits gesagt, dass Kauder vor meiner Zeit bei DEIMU beschäftigt war.«

Ich ging darauf nicht ein. »In erster Linie interessieren mich die Umstände, die zu seiner Kündigung geführt haben.«

Schäfer warf einen dezenten Blick auf seine goldene Breitling. »Ich verstehe den Sinn Ihrer Strategie, alle Fragen doppelt und dreifach zu stellen. Sie hoffen, dass sich ein Verdächtiger in Widersprüche verstrickt. Allerdings müssen Sie mir erklären, warum Sie mich verdächtigen. Erstens habe ich ein Alibi, das Sie bestimmt bereits überprüft haben, und zweitens kannte ich Kauder nicht einmal.«

»Erstens haben Sie meine Frage nicht beantwortet, und zweitens geht es nicht um eine Verdächtigung, sondern schlicht um die Tatsache, dass Max Kauder dreizehn Mal innerhalb von zwei Stunden versucht hat, Sie anzurufen. Und kurz darauf tot war. Bitte erklären Sie mir, warum Sie ihn nicht kannten, er Sie aber schon.«

Schäfer zuckte die Schultern. »Er wird sich informiert haben, wer der neue Chef von DEIMU ist. Heutzutage kann man so etwas auch ganz einfach im Internet oder in der Fachpresse herausfinden.«

Ich spulte die nächste Frage von meiner imaginären Liste ab: »Welche Forderungen hat Max Kauder an DEIMU gestellt?«

Schäfer unterstrich sein erneutes Schulterzucken mit einem

kurzen Lachen. »Sorry, aber ich habe keine Ahnung. Sie sollten sich wirklich an meinen Vorgänger wenden.«

»Wie war noch mal der Name?«

»Lautensinger. Dr. Lautensinger.«

Ich tippte den Namen in mein Handy.

Schäfer guckte jetzt demonstrativ auf seine Protzuhr und sagte: »Es tut mir außerordentlich leid, aber ich habe wichtige Termine, die nicht warten. Ich kann Ihnen wirklich nicht weiterhelfen, so gern ich das auch möchte.« Er machte Anstalten, von seinem Feldherrenhügel hinabzusteigen.

Ich hob die Hand. »Eine Frage noch. Sie betrifft Frau Schmidt.«

Schäfer hielt inne und wartete.

»Warum haben Sie sie gefeuert?«

Schäfer blickte mich ruhig an. »Sie wurde nicht gefeuert. Sie hat von sich aus mit sofortiger Wirkung gekündigt.«

»Warum?«

»Sie gab familiäre Gründe an. War's das jetzt?« Er wandte sich erneut zum Gehen.

Ich pfiff ihn zum zweiten Mal zurück. »Eine allerletzte Sache noch. Versprochen.«

Schäfer seufzte und klopfte auf die Breitling. »Aber wirklich nur eine Minute.«

»Ein Teil Ihrer Geschäftsaufgaben besteht darin, andere Firmen für eine feindliche Übernahme durch die Konkurrenz vorzubereiten beziehungsweise sie zu ruinieren.«

Schäfers Mundwinkel sanken verächtlich nach unten. »Marktwirtschaft, so nennt man das. DEIMU bewegt sich in allen Belangen zu hundert Prozent im legalen Rahmen mit mehr als ausreichend Platz zu seinen Grenzen, glauben Sie mir.«

»Herr Dr. Schäfer, haben Sie Feinde?«

»Konkurrenz, Herr Hauptkommissar, ja. Feinde, nein. Außerdem verstehe ich nicht, was das mit der Ermordung von Herrn Kauder zu tun haben soll.«

Ich steckte mein Handy zurück in die Tasche und schlug vor: »Bauernopfer?«

JVA Ebrach

Ich starrte auf die Liste, die Hägar mir auf den Schreibtisch gelegt hatte. Kopfschüttelnd las ich die Familiennamen, an die ich mich nur mit Mühe erinnert hatte. Am seltsamsten fühlte ich mich, als ich den Namen der Prinzessin las, weil er so gar nicht prinzessinnenhaft klang. Wir hatten sie nie so genannt. Irgendwann war sie von der Bildfläche verschwunden. Niemand hatte etwas mitgekriegt, niemand wusste, wohin. Außer Fritz, der Knirps. »Ich sag's euch doch, Leute: Spanien. Oder woandershin. Und wo die Sekten halt sind.«

Matze hatte einen Ehrenplatz auf der Liste, sein Name stand ganz oben: Matthias Heinlein. Er hatte die klassische kriminelle Laufbahn eingeschlagen: Körperverletzung, Zuhälterei, Hehlerei, Diebstähle, Einbrüche, bewaffneter Raub. Derzeitige Anschrift: JVA Ebrach. Ich kramte in meinem Gedächtnis nach einem Bild. Eine verschwommene Erinnerung an leicht gewellte dunkle Haare, eng stehende Augen, eine schiefe Nase, verächtlich heruntergezogene Mundwinkel, in denen meistens eine Kippe hing, und den einzigen Schnurrbart unserer Clique tauchte auf. Matze war der Älteste gewesen, hatte drei, vier Jahre Altersvorsprung vor den anderen gehabt.

Hansi war der Nächste auf der Liste. Hans-Georg Ganzmann. Dientzenhoferstraße 48. Gehobene Wohngegend im Hain neben dem Priesterseminar. Was war aus dem Jungen geworden, der Hornissen einen Flügel ausriss, um dann mit klinischem Interesse ihre stummen, verzweifelten, einflügeligen Fluchtversuche zu beobachten, wie ein Wissenschaftler, der sich in sein Forschungsobjekt vertieft? War er tatsächlich in der bürgerlichen Welt angekommen, hatte er Frau, Kinder,

Familienkombi und Wellensittich oder Hamster für das Töchterlein?

Es folgte die rote Heidi. Heidrun Müller, Kornstraße 5. Offensichtlich die Einzige, die noch in der Gereuth wohnte. Ein schwerer, süßlicher Parfümgeruch stieg mir beim Gedanken an sie in die Nase.

Dann Veith. Der Krieger. Veith Krieger, Würzburg, Schiestlstraße zwölf. Ein brauner Lockenkopf mit dunklen Augen. Ein wirklicher Kämpfer, immer fair. Einer, der sich bedingungslos vor die Schwächeren gestellt hatte.

Und Fritz. Fritz Böck. Der alles getan hatte, um bloß nicht mehr der Knirps zu sein. Ein Straßenköter, der mit vierzehn immer noch ausgesehen hatte wie andere mit neun oder zehn. Der seinem alkoholkranken Vater die Zigaretten, den Schnaps und die Pornohefte geklaut und an uns verteilt hatte, damit er ernst genommen wurde. Derzeitiger Wohnsitz: unbekannt.

Ich legte die Liste zur Seite und starrte aus dem Fenster. Der Himmel war bewölkt, nach dem Spätsommertag von gestern war Regen vorhergesagt. Ich griff nach dem Telefonhörer und wählte die Nummer der JVA Ebrach.

Der Chevy rauschte über die B 22. Debring, Birkach, Burgebrach, Wolfsbach, Burgwindheim. Typisch fränkische Dörfer: Einfamilienhäuser, Bauerngehöfte, alles dabei auf einer Skala von herausgeputzt bis halb verfallen. Teils auf Hochglanz polierte Supermärkte und Tankstellen an den Ortsrändern, das neue Leben neben der stehen gebliebenen Zeit. Die Landschaft dazwischen wirkte im einsetzenden Nieselregen wie ein dunkler Fluss, der an niedrigen Hügeln vorbeimäandert, ein Sägewerk wie eine Insel auf der Wiese.

Schließlich die weitläufige Anlage der JVA. Im Vordergrund eingezäunte Gärten, dahinter die klobige Gefängnisanlage mit der Klosterkirche der Zisterzienser. Der Turm wie ein erhobener Zeigefinger, der die Gefängnisinsassen mahnt: Du sollst nicht töten, du sollst nicht begehren deines Nächsten Hab und Gut.

Das Besuchszimmer war ein moderner, fensterloser Raum, mit eierschalenfarbigen Wänden und in die Decke eingelassenen quadratischen Leuchten. Darin ein großer Tisch und drei Stühle. Als ich eintrat, hockte Matze bereits da, seine Hände ruhten weit voneinander entfernt auf der Tischplatte, der Blick war starr auf einen Punkt dazwischen gerichtet. Er trug die blaue Anstaltskluft und stellte eine trotzige Gleichgültigkeit zur Schau, die Beine streckte er lang und betont lässig unter dem Tisch aus. Ich nahm ihm gegenüber Platz, und er zog sie zurück. Sein Blick, trüb oder stumpf, streifte mich kurz, glitt aber sofort wieder von mir ab. Ich war mir sicher, er hatte mich nicht erkannt. Man hatte ihm den Besuch eines Hauptkommissars angekündigt, natürlich rechnete er nicht mit einem Freund aus seiner alten Clique. Dementsprechend signalisierten seine Körperhaltung und sein Gesichtsausdruck klar und deutlich: Bulle, verpiss dich.

Ich musterte ihn schweigend. Matze gehörte zu dem Typus Mensch, dessen Aussehen sich in der Grundstruktur nicht verändert. Es waren bestimmt fünfundzwanzig Jahre vergangen, seit ich ihn das letzte Mal gesehen hatte, aber auch auf der Straße hätte ich ihn sofort wiedererkannt. Die gleiche Kopfhaltung, betont gerade, die gleichen halblangen braunen Haare, die Augen, die jetzt wässrig waren wie die eines alten Hundes, der Oberlippenbart, der sich zum Dschingis-Khan-Zuhälter-Schnauzer ausgewachsen hatte. An ihm hatte die Zeit andere Zeichen hinterlassen: tiefe Schatten unter den Augen, die verwelkte graue Haut eines starken Rauchers, auf Wangen und Nase bläuliche Äderchen wie ein winziges, aber stark verzweigtes Flussdelta. Eine Tattooschlange wand sich seinen Hals hinauf, und an den Enden der Anstaltsjackenärmel konnte ich die Ausläufer von Sleeve-Tattoos erkennen, als hätte jemand Tinte über Matzes Unterarme gegossen.

Ich sagte: »Hallo, Matze. Ich bin's. Rod.«

Er hob den Kopf, blickte mich an. Nach einer Weile schüttelte er ungläubig den Kopf. »Sie haben gesagt, es kommt ein Bulle.«

Ich nickte. »Das ist richtig.«

Seine Körpersprache veränderte sich komplett. Er wusste nicht, wohin mit seinen Beinen, er verschränkte die Arme vor der Brust und blinzelte, als könnte er nicht richtig sehen. »Wie …? Du bist …?« Er blickte mich ungläubig an. »Du verarschst mich doch. Rod? Rod Killer?«

»Ja.«

»Du bist kein Bulle. Du bist Taxifahrer.«

»War ich. Aber dann bin ich zur Polizei.«

»Scheiße.« Er straffte seinen Rücken wie jemand, der einen Entschluss gefasst hat. »Früher warst du mal ein guter Typ. Wir standen auf derselben Seite.«

Ich wollte ihm schon erklären, dass es nicht um Seiten ging, doch dann wurde mir klar, dass er recht hatte. Wir waren im selben Milieu aufgewachsen, mit denselben Freunden, denselben Interessen. Zusammen hatten wir den größten Schwachsinn verzapft, doch am Ende waren wir auf vollkommen verschiedenen Seiten des Tisches gelandet, Matze da drüben und ich hier, auf der Seite des Ausgangs. Unsere Begegnung im Besucherraum des Gefängnisses kam einem Resümee der vergangenen Zeit gleich, der Inventur zweier Leben. Dem von Matze und dem von Rod.

Er sagte: »Was willst du von mir?«

»Ich bin nicht wegen dir hier.«

Er nickte. Verstehend. Nirgendwo funktionierte der Informationsfluss schneller und geradliniger als in einem Gefängnis. Ich wusste nicht, warum er zu grinsen begann, als er feststellte: »Max Ich-hab-die-Hosen-voll. Max Hosenscheißer.«

»Er wurde ermordet. Nicht unbedingt auf die sanfte Art.«

»Weiß ich. Ziemliche Sauerei.« Er zuckte verächtlich die Schultern und gab mir Einblick in seine Ganovenehre. »Man regelt Probleme auf die saubere Art, nicht mit so einem Zirkus. Das machen nur durchgeknallte Kriegspsychos.«

»Kriegspsychos?«

»Diese Scheißtypen, die im Krieg waren und danach nur noch pervers drauf sind.«

»Sagen das die Jungs hier? Dass der Mörder ein Kriegspsycho war?«

»Nein, keine Ahnung. Aber es hat immer einen Grund, wenn einer auf so eine Art kaltgemacht wird.« Matze schüttelte den Kopf. »Meine Fresse, ich kann's immer noch nicht glauben. Du ein Bulle. Und Max, dieser kleine Feigling. Weißt du noch, wie er im Bärenzwinger gekniffen hat?«

Ich nickte.

»Wir haben jede Menge Scheiß gebaut. Max Hosenscheißer hat immer nur zugeguckt. Und trotzdem hat's ihn jetzt erwischt. Muss irgendjemandem ins Bier gepisst haben.«

»Weißt du etwas?«

Sein Grinsen wurde dreckig: »Ich war's nicht.«

»Sicher? Vielleicht hattest du Freigang.«

»Vielleicht.«

Wir blickten einander an, und ich war mir sicher, dass in Matzes Kopf ähnliche Bilder herumgeisterten wie in meinem. Unsere Clique war so etwas wie eine verschworene Gemeinschaft gewesen. Durch Max' Tod brachen die Erinnerungen an die gemeinsame Vergangenheit mit einer Wucht über uns herein wie ein Schwall aufgestauten Wasser. Doch der Augenblick war schnell vorüber, und Matzes Miene wurde wieder undurchdringlich.

Ich fragte: »Hast du eine Ahnung, wo er sich in letzter Zeit rumgetrieben hat?«

»Nein. Ich hab ihn seit damals nicht mehr gesehen. Als er komplett von der Bildfläche verschwunden ist.«

So wie ich. Eines Tages war Max einfach weg gewesen. Kein Abschied, keine Nachricht, nichts. Max, das Gespenst. Kurz nach dem Tod seiner Eltern, die beide innerhalb eines Monats starben.

»Wir wissen, dass er eine Zeit lang für eine Firma namens DEIMU gearbeitet hat. Sagt dir der Name etwas?«

»Nie gehört.«

»Offensichtlich gab es mit dem Arbeitgeber Probleme, Max hat Forderungen gestellt. Er wollte Geld.«

»Wie gesagt: keine Ahnung.«

Es entstand eine Pause, in der ich ihn taxierte und er mich. Das Milieu macht zu einem großen Anteil den Kriminellen, so steht es in den einschlägigen Untersuchungen. In Matzes Fall traf das zu hundert Prozent zu: der Vater schwerer Alkoholiker, mit fünfzig schon komplett am Ende, die Mutter, die sich mit US-Soldaten herumtrieb, er selbst ohne Schulabschluss und von Anfang an nur darauf versessen, Geld zu haben, ohne dafür arbeiten zu müssen. Matze war, seit ich ihn kannte, auf der falschen Bahn unterwegs gewesen, und sein Register legte offen, dass er keine Nische in der einschlägigen Branche ausgelassen hatte. Dazu kam, dass der liebe Gott den Eimer mit Intellekt offensichtlich nicht über ihn ausgeleert hatte. Matze war einfach auch ein bisschen dumm und wurde immer wieder erwischt.

»Wie lang hast du dieses Mal?« Ich wollte das Schweigen brechen.

Er blieb äußerlich kalt, aber ich konnte spüren, dass ihm meine Frage gar nicht gefiel. Er lehnte sich noch weiter zurück und sagte: »Das alles geht dich einen Scheißdreck an.«

»Wenn du meinst. Ich dachte, wir waren mal Freunde?«

Die harte Kruste bekam Risse, und seine Wut brach hervor: »Freunde am Arsch, Killer! Du bist doch immer überall sauber durchgerutscht. Erst Gymnasium, dann Abitur. Dein Vater hat sich nicht totgesoffen wie meiner.«

»Mein Vater hat sich erhängt.«

»Ich heul gleich, Killer. Du bist im Schlaraffenland aufgewachsen, bei mir gab's bloß Zoff und jede Menge Prügel.«

Ich hatte keine Lust, mich auf eine Diskussion über die schwerste Kindheit einzulassen. Schließlich war man selbst dafür verantwortlich, was man aus seinem Leben machte. Es brachte einen nicht weiter, die Schuld am eigenen Versagen anderen in die Schuhe zu schieben, selbst wenn man dafür sogar Gründe hatte. Matzes Ausgangslage war nicht viel anders als meine gewesen. Okay, er hatte vielleicht ein bisschen weniger Hirn bei dessen Verteilung abbekommen, aber auch mit einem niedrigeren IQ als meinem sollte man wissen, dass Körperverletzung kein legaler Weg ist, andere Menschen von der eigenen Meinung zu überzeugen. Und für Tankstellenraub kam man in den Knast, Punkt. Auch für diese Erkenntnis war kein höherer Schulabschluss erforderlich.

»Ich dachte nur, du könntest mir in Bezug auf Max irgendwie weiterhelfen.«

»Nein, Mann. Wie denn?«

»Kein Problem.« Ich schob meinen Stuhl ein Stück zurück, um aufzustehen, und sagte eher aus Verlegenheit oder weil ich mich dazu verpflichtet fühlte als aus tiefstem Herzen: »Ich geh jetzt wieder. Wie wär's, wenn du dich bei mir meldest, wenn du wieder draußen bist? Wir könnten die alten Zeiten aufleben lassen.«

»Ich komm nächste Woche raus. Wegen guter Führung.«

»Prima. Hier ist meine Karte.«

Matze zog verächtlich die Mundwinkel herab. »Klar, ich ruf bei euch Bullen an, weil der Ex-Knacki und der Hauptkommissar zusammen ein Bierchen trinken wollen. Gute Idee. Lass stecken, Killer.«

Es war dunkel, als ich zurückfuhr. Die Scheinwerfer des Station Wagon glitten über die Straße und wischten in den Kurven über die schwarze Landschaft, über Bäume, Felder und einzelne Gehöfte. In der Dunkelheit zwischen den Ortschaften kam es mir vor, als wäre ich der Einzige in einem unendlichen Universum. Ich fuhr in Gedanken und war schon oberhalb von Bamberg auf der vierspurigen Straße, als mich die angestrahlte Silhouette der Altenburg daran erinnerte, dass ich einen Mordfall zu klären hatte. Die Lichter der Stadt wurden vom Nieselregen weich gezeichnet und verschwammen hinter den Schlieren der Scheibenwischer. Im Radio palaverte der Sprecher, das Wetter spiele verrückt, gestern noch T-Shirt, heute Wintermantel, unübersehbares Zeichen für Klimawandel … Bla, bla, bla. Jetzt kündigte er den nächsten Song an, und das Klavier und die Streicher setzten ein. Ich erkannte das Lied nach dem ersten Takt, hatte es eigentlich schon vorhergeahnt. Ich drehte lauter und noch lauter, das Schlagzeug kam dazu, der Bass, die unverwechselbaren Gitarrenakkorde, dann die Kreissäge von Axl Roses' Stimme. Ich sang leise mit: *»When I look into your eyes, I can see your love restrained, but darlin' when I hold you, don't you know I feel the same.«*

Ich rauschte die Südtangente hinunter, über den Münchner Ring und erst über die Regnitz- und dann über die Main-Donau-Kanalbrücke. Letztere war an den Seiten befestigt wie ein Hochsicherheitstrakt. Anfangs war der Belag der Brücke eine Fehlkonstruktion gewesen, im Winter bildete sich auf der Fahrbahn leicht Blitzeis, ein paar Autos hatten in der ersten Saison schon einen Abgang in den Kanal gemacht. Daraufhin war der Straßenbelag komplett neu gemacht worden.

Ich hatte an allen Ampeln Grün. *»Everybody needs some time … on their own, don't you know you need some time … all alone …«*

Ich bog auf den Troppauplatz ein, parkte den Chevy, ging zum Wohnungsblock, und als ich oben die Tür aufschloss, klang mir die gleiche Musik wie im Auto entgegen. Nicole hatte Guns N' Roses nie gemocht. »Das ist doch nur Krach und Geschrei«, hatte sie gesagt. Ich trat ein, Nicole kam auf mich zu, umarmte und küsste mich. *»Everybody needs someone, you're not the only one.«* Der Song war aus.

Nicole wollte mir von ihrem Tag erzählen, ich hörte zu, nickte von Zeit zu Zeit, ging dann zu meinem Schreibtisch, fuhr den Laptop hoch und loggte mich ein. Eine Weile spürte ich noch ihre Blicke auf meinem Rücken, dann schaltete sie den Fernseher ein. Das Blatt, das ich auf die Hand bekam, war zum Gewinnen bestimmt. Ich spürte, wie das Adrenalin durch meine Blutbahnen schoss, und dachte: *Yes!* Das ist es! Das ist das wahre Leben!

Misery loves company

Am nächsten Morgen wachte ich mit brummendem Schädel auf. Ein Blick auf die Uhr zeigte, dass es kurz nach fünf war. Zunächst wusste ich nicht, was mich geweckt hatte, bis ich mein Handy auf der Ablage sah. Und es hörte. Ich tastete danach, während ich benommen auf das Display starrte, auf dem die Präsidiumsnummer leuchtete.

Ich wischte über den grünen Hörer, und eine mir unbekannte Stimme quäkte mir fröhlich entgegen: »Guten Morgen, Herr Hauptkommissar. Wir haben einen Toten an der Kettenbrücke.«

Ich räusperte mich, bevor ich knapp antwortete: »Okay, zehn Minuten.«

Ich zog mich an, so schnell es ging, wollte noch einen Blick in den Spiegel werfen, öffnete die Badtür und machte einen Schritt rückwärts. Nicole war schon früh zu einem Maklerkongress nach Hamburg aufgebrochen und hatte mir ein mit Lippenstift gemaltes großes rotes Herz hinterlassen. Darin stand: »Ich hatte zwar gestern Geburtstag, aber ich liebe dich trotzdem. Männer!« Okay, dann würde ich mich eben mit einem romantischen Abendessen und irgendetwas Glitzerndem bei ihr entschuldigen. Nicole hatte diesbezüglich allerdings einen ziemlich erlesenen Geschmack.

Am Station Wagon erwartete mich eine weitere Liebesbotschaft. Ein freundlicher Nachbar hatte in den Dreck auf der Heckscheibe mit dem Finger »Klimakiller« geschmiert. Es schien der Tag der schriftlichen Botschaften zu sein. Als Antwort steckte ich betont cool den Mittelfinger in den noch dunklen Himmel, aber innerlich kochte ich vor Wut, und das lag nicht nur daran, dass ich gestern wieder verloren hatte. *Misery loves company*, so sagen die Amis. Langsam kam ich finanziell in die Bredouille. Es war höchste Zeit, dass ich mal wieder den Pott abräumte. Gestern hatte es zunächst danach ausgesehen, aber dann war etwas schiefgelaufen, keine Ahnung, was. Im Augenblick war ich nicht unbedingt auf der Gewinnerstraße unterwegs.

Ich stieg in den Chevy, pflanzte beim Abbiegen auf die Zollnerstraße das Blaulicht aufs Dach und klickte den Hebel für die Sirene nach unten. Ein Toter an der Kettenbrücke. Wenn man mich anrief, war er eindeutig nicht auf natürliche Weise ums Leben gekommen. Ich jagte die Straße hinunter. In der Unterführung hatte ich noch fast hundert Sachen drauf und musste den schweren Wagen stark abbremsen, um oben in Richtung Bahnhof nicht aus der Kurve zu fliegen. Mein Hirn begann zu arbeiten. Bamberg war nicht Los Angeles oder Rio, wo Morde zum Tagesgeschäft gehörten. Der Tote der Kettenbrücke war innerhalb von zwei Jahren der dritte Mord in einer Stadt, in der normalerweise nichts dergleichen passierte. Und der Mord an Max war noch keine Woche alt.

Ich rauschte die Königstraße, die eine Einbahnstraße war, entgegen der Fahrtrichtung hinunter und kam auf der Kettenbrücke mit quietschenden Reifen hinter dem weißen Van der Spurensicherung und Waldis aufgemotztem BMW zum Stehen. Es war schon alles abgesperrt, trotz der frühen Uhrzeit gab es jede Menge Gaffer. Ich duckte mich unter dem rotweißen Band hindurch und begegnete dem grimmigen Blick von Storch, was mich verwunderte. Normalerweise versetzte ihn ein neuer Fall in besonders gute Laune. Ich begrüßte ihn: »Wusste gar nicht, dass du ein Morgenmuffel bist.«

Er knurrte etwas Unverständliches, warf Waldi, der neben ihm stand, einen finsteren Blick zu und zog mich am Ärmel an meinem Partner vorbei.

Innerhalb des abgesperrten Areals hielten sich eine Menge Leute auf, Kollegen von der Streife, ein aufgeregter Typ in Joggingklamotten, Techniker, die darauf warteten, mit der Arbeit loslegen zu können, aber ich konnte nirgendwo eine Leiche entdecken. Ich fragte Storch: »Wo ist der Tote?«

Storch machte eine vage Bewegung in Richtung Brückengeländer, das mit den Vorhängeschlössern von Verliebten zugepflastert war. Endlich machte er den Mund auf: »Wir haben ihn noch nicht hochgeholt, damit du dir das ansehen kannst.«

Erst jetzt bemerkte ich das Seil, das um den Handlauf geschlungen war. Ich trat ein Stück vor und beugte mich über das Geländer. Das Seil verlief straff gespannt nach unten, bis ins Wasser. Da es noch dunkel war, erkannte ich zunächst nur einen dunklen Schemen am anderen Ende.

Waldi war neben mich getreten. »Männliche Leiche. Vermutlich ertrunken beziehungsweise ertränkt. Es wurden keine Wiederbelebungsversuche unternommen, dafür war er einfach schon ... zu tot.«

»Zu tot?«, wiederholte ich.

»Ja. Unten liegt eins unserer Boote. Komm mit.«

Wir liefen zum Ende der Brücke, stiegen die Treppen zum Uferweg hinunter, sprangen in das Polizeiboot und fuhren zur Flussmitte unter die Brücke. Aus der Nähe besehen wirkte die Szenerie gespenstisch. Die Suchscheinwerfer schnitten grell durch die Dunkelheit des Novembermorgens und tanzten im Rhythmus des schaukelnden Bootes über das, was am Seil festgebunden war. Ich gab dem Bootsführer die Anweisung, so nah wie möglich an den Toten heranzufahren. Er hing kopfüber bis zur Brust im Wasser, die Hände auf den Rücken gefesselt. Sofort waren mir zwei Dinge klar: Er musste so lange gelebt haben, wie er es geschafft hatte, seinen Kopf immer wieder aus dem Wasser zu ziehen, um Atem zu holen. Zudem hatten wir es mit demselben Täter zu tun, der Max auf dem Gewissen hatte. Erneut hatte er sich das Opfer quasi selbst töten lassen. Ich rief nach oben: »Zieht ihn etwas weiter hoch.«

Das Seil ruckte, und langsam tauchten der obere Teil des Rumpfs und der Kopf des Toten aus dem Wasser auf.

»Stopp!«

Waldi schüttelte neben mir den Kopf. »Ein Perverser. Jede Wette, das ist derselbe Typ.«

»Ja.«

Der Tote baumelte jetzt neben mir in der Dunkelheit. Seinen Mund verklebte das gleiche graue Panzertape, das schon bei Max zum Einsatz gekommen war. Wahrscheinlich stammte es sogar von derselben Rolle. Jedenfalls hatte auch dieses Opfer keine Möglichkeit gehabt, um Hilfe zu rufen. Ich ging auf dem Boot nach hinten, richtete einen der Suchscheinwerfer auf das Gesicht des Mannes und trat wieder nach vorn. Der Schock schoss wie ein Stromschlag durch meine Nervenbahnen. Die Augen des Toten waren geschlossen, sein Gesicht war vom Wasser aufgequollen. Trotzdem erkannte ich ihn auch nach fünfundzwanzig Jahren sofort. Hans-Georg Ganzmann. Der Tote am Seil war Hansi.

Und es folgt der fünfte Streich

Der junge Fuchs verfolgt die Fährte im Zickzack den Weg entlang, die Schnauze nah über dem Boden. Er ist noch unerfahren, sonst hätte er Rod längst bemerkt. Er bleibt immer nur kurz stehen und hebt witternd die spitze Schnauze, um sie sogleich wieder zu senken. Der Geruch des Kaninchens ist zu verlockend.

Rod ist sich nicht sicher, ob es gut ist, dass der junge Fuchs hier ist. Soll er ihn besser verjagen? Das ist sein Revier, und ein Fuchs ist ein Raubtier mit vielen Gesichtern. Im Mittelalter galt er wegen seines roten Fells als Verkörperung des Teufels oder als Seele einer Hexe, die umherzieht, um Böses zu tun, während ihr Körper halb tot im Bett liegt. Die Leute sahen in ihm einen triebhaften Fruchtbarkeitsdämon, einen Geist toter Seelen. Narrheit und Weisheit liegen in der Meinung über das Tier nah beieinander.

Die Fährte führt den kleinen Fuchs direkt zum Versteck. Rod ist schon eine Weile nicht mehr hier gewesen, es ist ein einsamer Platz zwischen hohen Büschen und Dornensträuchern am Ende der Sackgasse mit dem sinnigen Namen Galgenfuhr. Das Wrack eines alten Opel Kadett Kombi ruht auf rostigen Felgen in der Mulde zwischen dem Gebüsch. Als er das erste Mal hier war, hatte Rod das Gefühl, ein Forscher zu sein, der mitten im Urwald einen längst vergessenen und von Dschungelpflanzen überwucherten Tempel entdeckt. Die Motorhaube des Wracks fehlt wie alles, was einst am Motorblock festgeschraubt war. Rod hat die Tür auf der Beifahrerseite gängig gemacht, sie lässt sich wieder öffnen und schließen. Der Innenraum ist somit dicht, er kann hier eine Decke aufbewahren, ein paar Dosen Cola und Bier, zwei Schachteln Zigaretten, vier Essenspackungen von den Amis. Alles hat er unter und neben dem Fahrersitz verstaut, dessen aufgeplatzte Polster so aussehen, als würden aus einem aufgeschlitzten Leib Gedärme quellen. Die Vorräte geben Rod noch mehr das Gefühl, dass dies sein Zufluchtsort ist. Hier könnte er ein paar Tage, vielleicht sogar Wochen untertauchen, auch wenn er keine Ahnung hat, welche Umstände ihn dazu veranlassen könnten.

Der kleine Fuchs ist stehen geblieben und fängt an, wie wild mit den Vorderpfoten in einem Kaninchenloch zu graben. Rod ist jetzt so nahe, dass er ihn wahrscheinlich packen könnte, aber das Tier könnte Tollwut haben, vielleicht ist es ja deshalb so unaufmerksam. Rod schnalzt mit der Zunge, der Fuchs fährt erschrocken hoch und macht sich mit weiten Sätzen aus dem Staub.

Rod hat das Autowrack fast erreicht, nur noch ein dichter Holunderstrauch versperrt ihm den Weg. Er hält inne und wittert einen Augenblick lang selbst so wie eben noch der junge Fuchs. Irgendetwas stimmt nicht oder wirkt verändert. Wegen des großen Buschs kann Rod nur die Heckklappe vom Kadett sehen. Er klettert auf den kleinen Hügel oberhalb der Mulde. Ständig verhakt er sich in den wilden Brombee-

ren und anderen Dornensträuchern, aber endlich hat er sich durchgekämpft. Sofort weiß er, was los ist. Zwei Personen drängen sich auf dem Beifahrersitz des halb verfallenen Opel. Die Prinzessin hockt auf Veith, ihr Kopf wird vom niedrigen Autodach auf sein zu ihr erhobenes Gesicht gedrückt. Ihr Blick ist triumphierend wie der einer Siegerin. Rod presst die Lippen zusammen. Dies ist sein Refugium, sein geheimer Zufluchtsort! Es ist, als hätten sie nicht nur sein Versteck, sondern viel mehr entweiht. Eine Weile sieht er hilflos zu, wie die Prinzessin Veith küsst, dann wendet er sich ab. Er klettert den Hügel hinunter, die Dornen der Büsche kratzen ihn blutig, und geht nach Hause.

Der nächste Tag ist heiß und schwül. Die Luft steht still und liegt auf der Stadt wie eine schwere, glühende Decke. Am Abend oder in der Nacht wird sich alles in einem gewaltigen Gewitter entladen.

Rod streunt in der Siedlung herum. Es ist Samstagnachmittag, die Mütter putzen die Wohnungen, die Väter haben die Oberhemden ausgezogen und waschen mit aufgedrehtem Radio die Autos – der Club spielt gegen Gladbach, schon vor der Halbzeit steht es null zu zwei, diese Flaschen, denen müsste man mal zeigen, wie Fußballspielen geht. In der Mohnstraße gabelt Rod Matze auf, der an seiner Kiste herumschraubt, was Blödsinn ist. Das Beste an der Karre ist mit Abstand der mottenzerfressene Fuchsschwanz an der verbogenen Antenne. Und selbst wenn das Ding wieder fahren sollte, hat Matze doch für die nächsten Monate seinen Lappen abgegeben. Sich besoffen hinters Steuer zu setzen ist dämlich, aber noch dämlicher ist es, sich dabei schnappen zu lassen.

Matze wischt sich die Hände an einem ölverschmierten Lappen ab, fährt sich mit dem Ärmel über die Stirn, steckt sich eine Zigarette an und steht da. »Scheißhitze.«

Rod nickt. »Was hältst du davon: Wir holen die anderen und gehen schwimmen?«

»Gute Idee«, sagt Matze.
»Wo?«
»Am Wehr.«

Auf der Brücke über der Schleuse bleiben sie stehen. Im Becken unter ihnen liegt einer der ellenlangen, flachen Frachtkähne, die den Europakanal vom Schwarzen Meer bis nach Rotterdam befahren.

Fritz fragt mit Blick nach unten: »Sollen wir mal wieder?«

Er meint ein Spiel, das sie in den Jahren zuvor häufig gespielt haben. Dabei steht die ganze Bande auf der Brücke, lenkt die Schiffsbesatzung durch Rufen und Schreien ab, und es darf auch ruhig derb zugehen. Währenddessen schleicht sich einer von ihnen auf die Seite des Schleusenbeckens, springt in einem geeigneten Augenblick auf das Schiffsdeck und versucht, so lange wie möglich unentdeckt zu bleiben. Nicht einfach, denn auf den flachen Decks gibt es keine Versteckmöglichkeiten. Normalerweise dauert es nur ein paar Minuten, bis die Männer den blinden Passagier finden, und dann heißt es so schnell wie möglich über Bord springen, sonst ist eine gehörige Abreibung fällig.

»Viel zu heiß«, stellt Max fest. Er ist barfuß und hüpft hin und her, um sich auf dem Asphalt nicht die Fußsohlen zu verbrennen.

Sie sehen noch eine Weile zu, wie das Schiff im Schleusenbecken dem Wasserstand folgend immer tiefer sinkt, aber schließlich wird es ihnen langweilig. Sie haben es schon tausendmal gesehen, also verlassen sie die Brücke und gehen über den Parkplatz der Jahngaststätte zum großen Regnitzwehr. Am Horizont über der Altenburg ballen sich dicke weiße Wolken zusammen. Seit einer Woche ist das Wetter so, tagsüber brütend heiß, spätabends oder nachts brechen die Gewitter mit sintflutartigem Regen über die Stadt herein. Deshalb führt die Regnitz viel Wasser, und von den drei Stahlwänden des Wehrs, die abgesenkt werden können, ist die mittlere offen.

Die Prinzessin ist vorgetreten, hat die Hände auf das Brückengeländer gelegt und blickt jetzt auf das in die Tiefe stürzende Wasser. Mit einem Mona-Lisa-Lächeln sagt sie: »Was ist los? Habt ihr Schiss? Traut sich einer?«

Matze zieht seine Klamotten bis auf die Badehose aus und knüllt sie zu einem formlosen Bündel zusammen, das er achtlos neben das Brückengeländer wirft. Er taxiert die Wasserkaskaden und überlegt laut: »Man könnte es mal probieren.«

Die anderen sehen ihn mit großen Augen an. Sie wollten doch weiter oben, an der Buger Spitze, schwimmen gehen, wo sich die Regnitz in den linken und den rechten Arm teilt. Dort ist das Wasser ruhig, kaum Strömung. Zwar darf man in der Regnitz eigentlich gar nicht mehr baden, seit es ein paar Meningitisfälle gegeben hat, aber wen kümmert das schon? Doch das hier wäre Wahnsinn, dafür müsste man schon komplett verrückt sein!

»Du springst jetzt nicht im Ernst da rein«, sagt Fritz, der Knirps.

Veith betrachtet stirnrunzelnd Matze, der am Geländer steht und wie ein Sportler vor dem Wettkampf seine Muskeln dehnt. Aber uns allen ist klar, dass er zögert. Selbst Matze ist schlau genug, um zu wissen, wie gefährlich ein solcher Sprung wäre. Zwar sieht das Wasser direkt an der rechten Schleusenkammer relativ ruhig aus, doch ein paar Meter weiter hätte er nicht die geringste Chance, zu überleben.

Die Prinzessin hört nicht auf zu sticheln: »Ihr seid echte Helden. War doch klar, dass ihr den Schwanz einzieht.«

»Nee«, sagt Matze. Er macht jetzt einen auf entschlossen und fokussiert. Sein Grinsen soll wohl verächtlich wirken. »Die Buger Spitze ist was für kleine Mädchen!«, ruft er und schwingt sich wie ein Turner übers Geländer. Mit einer Arschbombe klatscht er ins Wasser, ist kurz verschwunden, taucht wieder auf und wird sofort von der Strömung in Richtung offenes Wehr gezogen, wo das Wasser hellgrün und silbern fünf Meter tief in ein brodelndes Chaos stürzt. Matze johlt und schreit. Ist er wahnsinnig? Immer schneller treibt er an einem der Wehrhäuschen

vorbei auf die Kante zu. Noch zwei Armlängen, dann werden die Wassermassen ihn in die Tiefe reißen. Jetzt schreien alle, doch Matze erwischt einen eisernen Haken, der in die Betonwand eingelassen ist. Er johlt wieder, als die Strömung ihm die Beine wegreißt, sodass es beinahe so aussieht, als flatterten sie wie eine Fahne im Wind über dem offenen Wehr. Die anderen sehen, dass eine ganze Reihe solcher Haken wie Haltegriffe in die Betonwand eingelassen sind. Matze bleibt noch eine Weile über dem tosenden Wasser hängen und spielt mit den Elementen, dann hangelt er sich dorthin zurück, wo die Strömung weniger stark ist, schwimmt zum Ufer und klettert heraus.

Er kommt zurück auf die Brücke. Noch immer pumpt das Adrenalin in ihm, wieder und wieder schreit er: »Wow! Das war der Wahnsinn! Wow!«

Die Prinzessin sieht ihn mit einem Blick an, in dem für Rod Bewunderung liegt. Sie sagt: »Du durchgeknalltes Arschloch! Außer dir traut sich das keiner.«

Plötzlich hat Rod wieder das Bild vor Augen, wie sie in seinem Versteck im Wrack des Kadetts auf Veith hockt und ihn küsst. Er zieht das T-Shirt über den Kopf, schlüpft aus den Jeans und wirft alles neben Matzes Kleiderbündel. Er wird ihr zeigen, dass er so mutig ist wie Matze. Und dann wird man erst mal sehen, ob so einer wie Veith auch Eier in der Hose hat. Wie Matze schwingt er sich über das Geländer und klatscht ins Wasser. Er geht unter, kommt wieder hoch, spürt, wie die Gewalt der Strömung ihn zum offenen Wehr zieht, und erkennt mit einem Mal, worauf er sich eingelassen hat. Das tosende Chaos kommt immer näher; was bei Matze so spielerisch ausgesehen hat, ist harte Arbeit. Der Sog ist gewaltig, Rods Arme und Hände schlagen auf das Wasser ein, er hat keine Zeit, darüber nachzudenken, warum und wofür er gerade sein Leben aufs Spiel setzt, denn der Abgrund rauscht auf ihn zu. Wenige Meter bevor das Wasser in die Tiefe stürzt, erwischt er einen der Haken. Es ist der vorletzte. Mehrere Sekunden lang bleibt er so hängen, seine Beine werden in Richtung offenes Wehr gezogen, er will es so machen wie Matze, hangelt sich bis zum letzten eisernen Haken und klammert sich mit aller Kraft an ihm fest, während seine Beine auf der Abrisskante tanzen. Beinahe zieht ihm das stürzende Wasser die Hände weg, und er bekommt es wirklich mit der Angst zu tun. Panisch und mit letzter Kraft schafft er es, sich an den Haken, die wie Bügel geformt sind, zurück ins ruhige Wasser zu ziehen, schwimmt ans Ufer und klettert heraus.

Oben auf der Brücke haut Matze ihm mit leuchtenden Augen immer wieder auf die Schulter und kann nicht aufhören zu erklären, was für tolle Typen sie doch seien. Als Rod langsam wieder zu Atem kommt, merkt er, dass ihm immer noch die Knie schlottern. Ihm wird klar, was für ein Irrsinn das war. Und alles nur, um dieser blöden Kuh zu imponieren, die jetzt mit baumelnden Beinen auf dem Geländer hockt und so tut, als wäre sein Sprung die langweiligste Sache der Welt gewesen. Er spürt, wie die Wut in ihm hochsteigt wie eine heiße Welle, und weiß kaum noch, was er tut, als er zu ihr hinüberläuft, sie anbrüllt: »Du verdammtes Miststück!«, und ihr dabei einen Stoß gegen die Schulter verpasst.

Die Prinzessin stößt einen spitzen Schrei aus, verliert die Balance und kippt nach hinten. Rod langt hektisch nach ihr, will sie noch halten, aber seine Reaktion kommt zu spät. Rücklings fällt sie ins Wasser. Panisch mit den Armen rudernd taucht sie wieder auf, ihr bleiches Gesicht in Panik verzerrt. Rod ist wie erstarrt, kann sich nicht rühren und sieht zu, wie Matze und Veith in den Fluss springen. Veith ist als Erster bei ihr, packt sie und versucht, sie aus der Gefahrenzone zu ziehen. Aber die Strömung hat beide schon erfasst und zerrt sie unaufhörlich zur Mitte des Wehrs. Matze erkennt, dass er keine Chance hat, die beiden zu erreichen, und schafft es gerade noch zu einem der Bügel am Wehrhäuschen. Veith hält mit einer Hand die Prinzessin umklammert, die wild um sich schlägt und ihn damit beinahe ausknockt, während der Sog sie unaufhaltsam auf das Unausweichliche hinzieht.

Alle schreien entsetzt, als Veith und die Prinzessin in einer fließenden, immer schneller werdenden Bewegung über die Abrisskante hinunter in den brodelnden Wasserkessel geschleudert werden.

»Los!«, ruft Rod, und er und Fritz rennen über die Brücke. Nur Hansi hat es nicht so eilig. Rod hastet als Erster das kurze Stück den Weg links an der Regnitz entlang, bis zu den Stufen, die er mehr hinunterfällt als -läuft und die zu der Plattform führen, wo sonst, wenn alle Schleusentore geschlossen sind, die Angler stehen. Rod entdeckt die beiden Köpfe in dem tosenden Chaos, sie gehen unter, kommen hoch und gehen wieder unter. Er springt ins Wasser und ist schon losgekrault, schaut auf und sieht dann, wie Veith und die Prinzessin in ruhigeres Wasser gespült werden.

Als er in ihre Nähe schwimmt, brüllt Veith wie ein Verrückter: »Verpiss dich bloß, du Arschloch.«

Dann sind sie drei wieder am Ufer. Veith und die Prinzessin liegen auf dem Rücken und schnappen nach Luft wie Fische auf dem Trockenen, und Rod hockt daneben und will sagen, dass es ihm leidtut und es keine Absicht war, aber dann sieht er Veiths Blick und hält lieber den Mund.

Matze kommt zu ihnen und hört nicht auf, den Kopf zu schütteln. Immer wieder sagt er: »Mann, Mann, was für eine Nummer. Wie war's in der Waschmaschine? Hätte nicht gedacht, dass ihr da wieder rauskommt.«

Inzwischen ist auch Hansi eingetroffen, der alles wie ein Außenstehender beobachtet hat.

Nach einer Weile gehen alle wieder zurück auf die Brücke, sammeln ihre Kleider ein und machen sich auf den Heimweg. Die weißen Wolken am Horizont sind schwarz geworden, erste Blitze zucken über den Himmel, gefolgt von rollendem Donner.

Gottesanbeterin

Die Kollegen hatten den Toten auf den Radweg unterhalb der Kettenbrücke gelegt und auch diesen Bereich weiträumig abgesperrt. Die Hände und Füße von Hansi waren auf die gleiche Weise gefesselt wie die von Max. Mit schwarzen Kabelbindern, die man natürlich in jedem Baumarkt bekam und die vermutlich auch nicht zu den besonders selten verkauften Artikeln gehörten. Die Chance, dass ein Angestellter sich an den Käufer erinnern würde, ging erfahrungsgemäß gegen null. Trotzdem müssten wir durch die einschlägigen Geschäfte tingeln und in jedem einzelnen davon den Verkäufern die Kabelbinder unter die Nase halten und fragen: »Sie können sich bestimmt daran erinnern, wer die bei Ihnen gekauft hat?« Das Gleiche galt für das graue Panzertape, mit dem der Mörder Hansi und Max den Mund zugeklebt hatte. Alles Standardartikel. Das Seil war mit einem kompliziert wirkenden Knoten am Brückengeländer und an den Füßen des Opfers festgebunden worden. Ich hatte ein paar Bilder davon mit meinem Handy gemacht, und die Spurensicherung könnte mir später bestimmt noch mehr als ein Dutzend aus allen möglichen Perspektiven zeigen. Bei dem Seil handelte es sich um ein orangefarbenes Bergseil. Es wies deutliche Gebrauchsspuren auf, war aber äußerst solide. An ihm hätte man auch einen Elefanten in die Regnitz hängen können.

Die Techniker, die auf der Brücke und dem Radweg zugange waren, hatten auch einen Sichtschutz aufgebaut, denn immer mehr Schaulustige einschließlich der Presse trafen ein. Einige der Leute, die mit dem Rad zur Arbeit wollten, mussten wegen der Absperrung des Uferwegs umkehren und bis zur Luitpoldbrücke zurückfahren. Sie waren ganz und gar nicht begeistert.

Die Befragung des Joggers, der die Leiche entdeckt und uns per Handy gerufen hatte, war ohne größere Erkenntnisse geblieben. Er hatte in der Dunkelheit mehr schlecht als recht gesehen, dass etwas unter der Brücke an einem Seil im Wasser hing, und vorsorglich sofort den Notruf gewählt. Jetzt war er begierig darauf, zu erfahren, was passiert war. Wir nahmen seine Personalien auf und notierten, um welche Uhrzeit er die Leiche entdeckt hatte. Ansonsten war er uns keine Hilfe, ihm war in der Nähe des Tatorts niemand begegnet, und auch zuvor hatte er nichts Auffälliges bemerkt. Wir baten ihn, im Laufe des Tages wegen des Protokolls auf dem Revier zu erscheinen, und wollten ihn abschließend nach Hause schicken, aber es erwies sich als schwierig, ihn abzuwimmeln. Ich übergab ihn Hägar, damit der dem Mann etwas abseits vom Tatort dezent verklickerte, dass sein Job erledigt war und er jetzt duschen gehen konnte.

Obwohl ich mittendrin in dem ganzen Trubel steckte, fühlte ich mich, als würde ich alles nur von außen, aus einer gewissen Distanz beobachten. Zwei Freunde aus meiner Vergangenheit waren mir innerhalb von einer Woche als Mordopfer wiederbegegnet. Dass es bei den Verbrechen ein Schema gab, war klar. Aber wie genau sah das Schema aus, und wie weit würde der Mörder gehen? Wenn ich die Sache nüchtern und professionell betrachtete, war es nicht auszuschließen, dass die Mordserie gerade erst ihren Anfang genommen hatte. Irgendjemand da draußen schien damit begonnen zu haben, Mitglieder meiner früheren Clique zu exekutieren.

Nach der Zeugenbefragung nahm ich die beiden Polizeitaucher, die bereits im Wasser gewesen waren, zur Seite und trug ihnen auf, den Regnitzgrund im Bereich der Brücke und flussabwärts gründlich nach möglichen Beweisstücken abzusuchen. »Es ist gut möglich, dass dem Täter etwas ins Wasser gefallen ist, das uns Aufschluss über ihn gibt oder uns sogar auf seine Spur führt.«

Die beiden sahen mich immer nachdenklicher an, als ich sie anschließend anwies, auch und insbesondere nach einer Fußfessel Ausschau zu halten.

»Dann handelt es sich bei dem Toten um einen Straftäter, der

mit einer elektronischen Fußfessel ausgestattet war?«, fragte einer der Taucher stirnrunzelnd.
»Möglich. Ausschließen kann man es jedenfalls nicht.«

Ich hätte nie gedacht, die Liste mit den Namen der Mitglieder meiner alten Clique einmal auf diese Art abarbeiten zu müssen. Manchmal erfindet das Schicksal offensichtlich Absurditäten und Verdrehungen, anscheinend seine makabre Art von Humor. Und manchmal verspürt man selbst das Bedürfnis, die alten Holzkisten der Vergangenheit aus dem Keller heraufzuschleppen, die Nägel aus den Deckeln zu ziehen und in den Erinnerungen herumzuwühlen, einzelne herauszupicken wie verblichene Fotografien und bei ihrem Betrachten verwundert auszurufen: Wie doch die Zeit vergeht!

Doch als ich den Deckel von meiner Kiste hob, hatte ich darin zuoberst einen Kriminellen mit Hauptwohnsitz JVA und zwei Tote gefunden. Was darauf hinauslief, dass mir zusätzlich das zweifelhafte Vergnügen zuteilwerden sollte, der Ehegattin des einen zu erklären, dass sie von nun an Witwe war. Es gab wahrlich schönere Bilanzen.

Dientzenhoferstraße. Zwei Häuser mit je vier Wohnungen und gegenüber in der Claviusstraße deren Spiegelbild. Ein Hof dazwischen. Die vier Häuser wirkten so uniform wie Kasernengebäude der gehobenen Klasse, die sie ursprünglich gewesen waren. Nach dem Krieg waren zuerst amerikanische Offiziere eingezogen, denen privilegierte Beamte folgten. In den günstigen Wohnungen im noblen Hainviertel wohnten Richter und ein Staatsanwalt, leitende Zoll- und Finanzbeamte und Angestellte der Stadtverwaltung. Links und rechts daneben standen die Häuser von Ärzten, Anwälten, Architekten.

Auf der anderen Seite der Dientzenhoferstraße erstreckte sich fast auf ganzer Länge das Priesterseminar beziehungsweise das Bistumshaus Sankt Otto, wie es seit einigen Jahren hieß. Ein riesiger Gebäudekomplex mit eigenem Fußballplatz und Außenpool. Inzwischen gab es kaum mehr als eine Handvoll Alumnen, die Hälfte davon mit anderer Hautfarbe. Damals, als wir mit der Clique herumzogen, waren es noch jede Menge Priesterschüler gewesen. Manchmal kamen wir aus der Gereuth herüber, kletterten auf die Mauer, sprangen die drei Meter hinunter auf das Fußballfeld und forderten die Alumnen zum Match heraus. Sie ließen uns immer mitspielen. Die Meinungen darüber, ob sie nur unsere Seelen fangen wollten oder ihre Freundlichkeit einen anderen Grund hatte, waren auseinandergegangen.

Ich parkte vor der Nummer 48. Vier Parteien. Ich drückte den Klingelknopf links neben dem Schild »Ganzmann«. Der Türöffner summte so schnell, als hätte man mich erwartet. Ich stieg die Treppen hoch, bis ich einer mittelgroßen, schlanken Frau in der offenen Tür gegenüberstand. Sie hatte dunkle Haare und glänzende, aber leer wirkende Augen. Ihre ganze Erscheinung war elegant und poliert wie eine Weihnachtskugel – und auf den ersten Blick genauso hohl. Eine schöne, leere Hülle, dachte ich, als sie fragte: »Ja?«

Ich fischte meinen Ausweis aus der Tasche, hielt ihn vor ihr geschminktes Gesicht und sagte: »Hauptkommissar Killer. Ich habe schlechte Nachrichten für Sie. Darf ich hereinkommen?«

Ihr Gesichtsausdruck veränderte sich nicht, blieb ausdruckslos. Als sie einen Schritt zur Seite trat, bemerkte ich, dass sie hochhackige Schuhe trug. Knallrot.

»Bitte.«

»Danke.« Ich schob mich an ihr vorbei. Ein schmaler Flur, zwei Türen links, weiter hinten eine dritte, vermutlich zum Bad führend, drei rechts und eine am Ende des Gangs.

Wir blieben stehen, und sie fragte: »Schlechte Nachrichten? Welcher Art?«

Ich zögerte. War ihr nicht aufgefallen, dass ihr Mann letzte Nacht nicht nach Hause gekommen war? Natürlich legte auch ich mir vor einem solchen Besuch die Worte zurecht, und trotzdem blieb diese Nachricht die am schwierigsten zu überbringende aller Nachrichten überhaupt. Der emotionslose

Gesichtsausdruck der Frau brachte mich aus dem Konzept, und ich geriet tatsächlich ins Stottern. »Hansi … ich meine …«
»Hansi?« Sie hob das Abbild einer Braue, ein sauber gezogener dunkelbrauner Bogen. Eine Pigmentierung über der blank rasierten Braue.
»Hans-Georg. Ich kannte ihn. So hieß doch Ihr Mann?«
»Kannte? Hieß?«
Ganz so hohl wie von mir angenommen war sie anscheinend doch nicht. Ich holte tief Atem und sagte: »Frau Ganzmann, es tut mir aufrichtig leid, aber ich muss Ihnen mitteilen, dass wir heute Morgen Ihren Mann tot aufgefunden haben.«
Sie drehte sich wortlos um, öffnete die mittlere Tür rechts und trat in eine Art Wohn- oder Esszimmer, ganz in Schwarz und Weiß gehalten. In der Mitte ein weißer Tisch mit schwarzen Stühlen, rechts ein schwarzes Ledersofa, flankiert von zwei weißen Sesseln, gegenüber ein überdimensionales weißes Sideboard mit schwarzer Rauchglasfront. Sie setzte sich auf einen der schwarzen Stühle und legte die Hände auf den Tisch. Ihre Nägel hatten die gleiche Farbe wie die Schuhe. Ihre Stimme klang neutral, als sie fragte: »Tot?«
»Er wurde ermordet.«
»Wie?«
Ich gab ihr eine kurze Zusammenfassung, und sie hörte mir schweigend und ohne erkennbare Regung zu. Zuerst dachte ich, dass dies möglicherweise die Auswirkung eines Schocks war, aber ihr leblos wirkender Ausdruck war seit meinem Betreten der Wohnung unverändert geblieben. Ich sagte: »Sie erscheinen mir nicht besonders … betroffen.«
Sie betrachtete weiter ihre roten Nägel, die einen scharfen Kontrast zu der weißen Tischplatte bildeten. Dann sagte sie: »Ich habe vor Kurzem die Scheidung eingereicht. Wir wollten uns trennen.«
Sie hatte sehr schnell in die Vergangenheitsform gewechselt. Ich räusperte mich. »Aha. Haben Sie Kinder?«
»Nein. Was hat das mit seinem Tod zu tun?«

»Nun, es würde die Sache vielleicht … leichter für Sie machen?«

Sie antwortete nicht, sah mich aber mit ihren wie poliert wirkenden dunklen Augen an.

»Haben Sie eine Ahnung, wer es gewesen sein könnte?«

»Nein.«

»Hatte Ihr Mann Feinde?«

»Möglich.«

Ich wartete auf eine Ausführung, die nicht kam. Also hakte ich nach: »Warum halten Sie es für möglich, dass Ihr Mann Feinde hatte?«

Ihr Blick wanderte wieder zu den Händen. »Wegen seiner Arbeit.« Diesmal erklärte sie, ohne dass ich nachfragen musste: »Sie bestand darin, Firmen zu optimieren. Er erstellte für sie Analysen zur Gewinnmaximierung. Das ist natürlich nur ein Euphemismus dafür, dass in der Folge viele Arbeiter entlassen wurden. Aber er hatte auch noch andere Projekte.«

»Wo arbeitete Hansi – ich meine, Ihr Mann.«

»Er war selbstständig.«

»Können Sie mir ein paar seiner Auftraggeber nennen?«

»Die Platzhirsche, Bosch, Brose, Bamberger, XING.«

Hansi war also in einer Branche tätig gewesen, deren Philosophie Darwinismus hieß. Ich musste an Dr. Schäfer und sein sauberes Unternehmen denken und fragte: »Welche der Firma, die Ihr Mann optimiert hat, könnte Ihrer Meinung nach am nachtragendsten gewesen sein?«

Ihr starrer Blick traf mich wieder. Ihre Stimme war klar und sachlich. »Meine eigene. Allerdings hatte der Auftrag nichts mit Optimierung zu tun.«

»Sondern?«

»Ich wurde ausgebootet. Danach hatte ich keine Wahl mehr. Ich hatte bereits zu viel investiert und musste Insolvenz anmelden.«

»Sie wollen sagen, dass Ihr Mann die Firma ruiniert hat, in der Sie tätig waren?«

»Theiß Tiefbau. Ich war die Eigentümerin. Theiß ist mein Geburtsname. Ich werde ihn wieder annehmen.«
Ich brauchte eine Weile, bis ich klarsah. »Ihr Mann hat Ihre Firma ruiniert?«
»So haben wir uns kennengelernt.«
Innerlich runzelte ich die Stirn. Ich hätte ihr die Rolle der Gottesanbeterin zugetraut, die dem Männchen nach dem Geschlechtsakt den Kopf abbeißt, doch offensichtlich war die Verteilung andersherum gewesen. Ich fragte: »Können Sie mir das genauer erklären?«
»Es ging um den Großauftrag des Ausbaus des ICE-Abschnitts im Maintal.«
»Den letztlich DEIMU bekommen hat.«
»Ja.«
»Hans-Georg Ganzmann hat Sie also ruiniert, und als Dank dafür haben Sie ihn geheiratet?«
»Das eine hat mit dem anderen nichts zu tun. Privates und Geschäftliches sollte man immer auseinanderhalten, finden Sie nicht?«
Mir lag die Frage nach der Dauer der Ehe auf der Zunge, aber ich wollte nicht allzu pietätlos sein, auch wenn die frischgebackene Witwe nicht an gebrochenem Herzen zu sterben schien. Die Heirat konnte maximal ein Jahr her sein, die ICE-Baustelle gab es noch nicht lange. Ich sagte: »Wissen Sie, ob Ihr Mann noch Kontakt zu alten Freunden hatte? Aus der Jugendzeit? Kam vielleicht manchmal einer von ihnen zu Besuch, oder gingen sie zusammen aus?«
Weder schüttelte sie den Kopf, noch unterstrich sie ihre Antwort mit einer anderen Geste. Sie sagte einfach nur: »Nein.«
»Hat er Ihnen wenigstens von seinen alten Freunden erzählt?«
»Negativ.«
So langsam kam ich in Versuchung, diese kalte Schönheit kräftig durchzuschütteln. Außerdem stellte sich die Frage, worüber Hansi und seine Ehegattin sich dann unterhalten hat-

ten, wenn nicht über Freunde und alte Zeiten. Ich wollte ihr gerade jene Routinefrage stellen, die sie einem für eine solche Situation auf der Polizeischule beibringen, als mein Handy klingelte und ich auf dem Display las: »Nicole«. Ich entschuldigte mich bei Hansis Witwe und ging ran.

Zunächst hörte ich am anderen Ende nur Schluchzen, bis Nicole schließlich herausbrachte: »Rod, ich bin daheim. Bitte, komm.«

Nicole hockte wie ein Häufchen Elend auf dem Sofa. Ich schob die Kleenex-Box und den Berg benutzter Papiertaschentücher zur Seite, setzte mich daneben und legte einen Arm um sie. Als sie sich ein wenig beruhigt hatte, fragte ich: »Was ist los, und warum bist du schon hier? Du wolltest doch erst abends zurückkommen.«

Ihr Schluchzen wurde wieder heftiger. Es lief wie seismische Wellen durch ihren Körper, und es dauerte eine Weile, bis sie herausbrachte: »Ich war nicht in Hamburg.«

Ich runzelte die Stirn, und Gedanken rasten durch meinen Kopf. »Nicht? Wo dann?«

»In Holland.«

»Dein Kongress –«

Sie hob den Kopf und sah mich an. Ihr Blick war verschleiert, ihr Gesicht von Tränen weich gezeichnet. Es gibt Frauen, die verheult jämmerlich aussehen. Nicht so Nicole, sie war noch immer wunderschön. Obwohl sie sich räusperte, war ihre Stimme kaum mehr als ein Flüstern: »Es gibt keinen Kongress für Immobilienmakler in Hamburg.«

»Und was hast du in Holland gemacht?«

»Was macht frau wohl in Holland?«

Ich stand auf der Leitung, dachte an Amsterdam und Drogen, aber das erschien mir unwahrscheinlich. Nicole trank am Abend gern mal ein Glas Rotwein, aber Marihuana und Konsorten waren, soweit ich sie kannte, nicht ihr Ding.

Plötzlich wurde sie beinahe schon beängstigend ruhig. Ir-

gendwann sagte sie: »Frauen fahren nach Holland, weil Abtreibungen dort legal sind.«
»Abtreibungen? Wieso?«, stotterte ich und entsprach in diesem Augenblick voll und ganz dem Klischee des Volltrottels, der nicht das Geringste kapiert.
Ihre Stimme wurde noch leiser. »Rod, ich bin schwanger.«
Ich konnte immer noch nicht klar denken, verstand aber immerhin die Sache mit Holland. »Du bist nach Amsterdam gefahren, um abzutreiben?«
Sie nickte wortlos, und eine Träne rollte über ihre Wange.
»Aber von wem …?«
»Rod!«
»Doch nicht von mir?«
»Doch.«
»Aber das ist unmöglich, du bist erst vor zwei Tagen wieder eingezogen.«
»Falls du dich erinnerst, wir hatten vor genau acht Wochen einen One-Night-Stand.«
»One-Night-Stand?«
»So nennt man das doch, wenn man nur eine Nacht lang zusammen ist, oder?«
»Ja, schon.« Bevor ich weiterreden konnte, fing Nicole wieder an zu weinen. Ich streichelte unbeholfen ihre Schulter. Okay, so eine Abtreibung war kein Spaß, und ich konnte verstehen, dass jetzt die ganze Anspannung von ihr abfiel und sie ihren Gefühlen freien Lauf ließ. Ich setzte gerade dazu an, ihr Mut zu machen, wollte ihr erklären, dass sie die richtige Entscheidung getroffen hatte, da wir erstens uns unserer Beziehung nicht sicher waren beziehungsweise ich mir ziemlich sicher war, dass es nichts mehr werden würde, aber das konnte ich ihr nicht sagen, wir zweitens beide keine Kinder wollten und ich drittens ja auch schon ziemlich alt für ein Kind war.
Da presste sie unter Schluchzen hervor: »Ich hab es nicht gemacht.«
»Was?«

Nicole wurde mit einem Mal hektisch. Sie sprang auf, ihre Augen waren riesengroß, sie gestikulierte wild und wirkte beinahe aggressiv, als sie mich anschrie: »Mensch, du Eisblock! Ich hab unser Kind nicht weggemacht! Ich konnte es nicht!«

Mein Himmel, mein Leben

Die Sitzung der Soko konnte nicht wie sonst im Untergeschoss stattfinden, da dort die Bauarbeiten in vollem Gange waren. Die gut dreißig Kolleginnen und Kollegen versammelten sich im zweiten Stock in einem Raum, der später das neue Großraumbüro werden sollte, im Augenblick aber eher noch den Titel Großbaustelle verdiente. Obwohl noch nicht alles abgerissen war, was abgerissen werden sollte, verströmte das Gebäude eine solide Ruinenatmosphäre. Fußboden und Wände waren nur noch nackter Beton, und die aufgestellten Stühle wirkten in dem Zimmer mehr als verloren. In der Mitte stand ein Tisch mit einem Beamer, der Bilder vom Opfer und von Beweisstücken auf eine behelfsmäßig installierte Leinwand projizieren sollte. Der Assistent unseres Gerichtsmediziners, Kevin Schaller, bastelte noch an dem Gerät herum, irgendetwas funktionierte nicht. Ich suchte mir einen einigermaßen sauberen Stuhl und schob ihn hinter den Tisch, der wohl auch dafür gedacht war, dass die Soko-Leitung hinter ihm Platz nahm.

Die letzten Kollegen, die zeitlich immer knapp dran waren, wuselten noch herein, dann warteten wir auf die Präsidentin, die zwischen mir und Waldi sitzen sollte.

Wenige Sekunden später absolvierte sie den Slalom durch abgedeckte Abrisshaufen und die über den Raum verstreuten Teilnehmer der Soko überraschend elegant. Die Blicke der meisten folgten ihr bewundernd, in diesem Provisorium aus Mauerresten und Bauschutt wirkte sie in ihrem engen Kostüm exotisch. Ich war mir sicher, dass es dem einen oder anderen schwerfiel, einen Pfiff zu unterdrücken. Inzwischen war er auch schon bis zu mir durchgesickert – ihr hinter vorgehaltener Hand kursierender Spitzname: die Göttin. Wie sie jetzt im blau schillernden Kostüm auf den freien Platz zwischen Waldi und mir zusteuerte, kam mir allerdings ein anderer Alias in den Sinn: Eisvogel.

Sie setzte sich lächelnd, begrüßte alle, bedankte sich für ihre Anwesenheit und begann: »Leider ist unser Gerichtsmediziner, Dr. Storch, krank geworden. Aber ich denke, Herr Schaller kann an seiner statt alle notwendigen Informationen für uns zusammenfassen.«

Schaller nickte nervös. Wieder trug er die Jeans auf halbmast, sein schwarzes T-Shirt zierte ein weißer Totenkopf mit darunter gekreuzten Knochen. Gerichtsmedizinerhumor. Seine Aknenarben leuchteten rot, und ich betrachtete sein gepierctes Gesicht genauer. Irgendetwas war anders. Es dauerte eine Weile, bis ich es lokalisiert hatte. In seinen Ohrläppchen steckten centgroße schwarze Ringe. In Kombination mit seinen Piercings und Tattoos entsprach er damit locker der landläufigen Vorstellung von einem Drogensüchtigen. Die Technik hatte er immer noch nicht ganz im Griff, Bilder flackerten auf und verschwanden wieder. Erst als er immer hektischer auf dem Pointer herumdrückte, gelang es ihm endlich, ein Bild auf der Leinwand zu fixieren. Es zeigte Hans-Georg Ganzmann, der von der Kettenbrücke an einem Seil kopfüber im Wasser der Regnitz hing. Es war Schallers erster Auftritt vor einer Soko, und seine Stimme wackelte ein wenig, als er sagte: »So wurde das Opfer gefunden. Am Bild lässt sich ablesen, wie der Exitus erfolgte. Tod eindeutig durch Ertrinken, es befand sich Wasser in der Lunge.« Schaller untermalte seine Erläuterungen mit dem Laserpointer, der rote Linien auf den Toten zitterte. »Im Prinzip hatte der Mann zwei Möglichkeiten, sein Ende durch Luftholen hinauszuzögern: Er konnte seinen Kopf immer wieder über Wasser ziehen, indem er quasi mit den Beinen Klimmzüge am Seil machte, oder seinen Körper mit Hilfe der

Bauchmuskulatur durch Hüftbeugung in eine Neunzig-Grad-Position bringen. Wenn er clever war, hat er zwischen den Möglichkeiten gewechselt. Das Klebeband über seinem Mund und ein zusätzlicher Knebel darunter hinderten ihn daran, um Hilfe zu rufen.«

Schaller klickte zwei Bilder, die ein Stück grauen Klebebandes und einen zusammengeknüllten beigen Stofffetzen zeigten, auf die Leinwand. »Das Tape ist von derselben Rolle wie das, das beim Toten im Bärenzwinger verwendet wurde. Ein eindeutiges Indiz dafür, dass wir es mit ein und demselben Täter zu tun haben. Der Stoffknebel wurde vermutlich aus einem Baumwoll-T-Shirt hergestellt. Es wäre interessant, wenn wir den Rest des T-Shirts sicherstellen könnten. Der Todeszeitpunkt liegt zwischen vier Uhr dreißig und fünf Uhr morgens. Daraus lässt sich schließen, dass das Opfer zwischen drei und vier Uhr an die Brücke gehängt wurde.«

Hägar meldete sich zu Wort: »Gibt es irgendwelche Hinweise auf die Anzahl der Täter? Ich meine, ich bin nicht der Schwächste, aber selbst ich könnte einen Mann nur dann so hindrapieren, wenn er komplett wehrlos ist. Was übrigens ebenso auf das Opfer im Bärenzwinger zutrifft.«

Hägar hatte natürlich recht. Für einen Einzeltäter mussten Hansi und Max sediert gewesen sein. Ich versuchte, mir vorzustellen, wie das Ganze abgelaufen war. Waren der oder die Täter mit einem Auto auf die Brücke gefahren? Mit dem Opfer im Kofferraum? Und dann? Wie hängte man ein Seil an die Brücke, band einen Menschen daran fest und ließ ihn hinunter? Und maß die Länge des Seils genau so ab, dass nur der Kopf in die Regnitz tauchte?

Schaller klickte noch ein paar weitere Fotos von der Leiche, dem Knebel und dem Klebeband auf die Leinwand, zuckte dann mit den Schultern und sagte: »Wir warten noch auf die Blutanalysen. Dann wissen wir, ob den beiden Leichen Sedativa verabreicht wurden. Die Grippe hat ihre Saison offensichtlich ausgerechnet im Labor eröffnet, es kann also noch ein paar

Tage dauern, bis wir die Testergebnisse haben. Aus Sicht der Gerichtsmedizin war es das. Vielen Dank.«

Als Nächstes waren die Fahnder an der Reihe, die mögliche Zeugen ausfindig machen und sie befragen sollten. Sie meldeten Fehlanzeige. Keine Zeugen außer dem Jogger. Niemand schien etwas gesehen zu haben. Ich beauftragte den anwesenden Kollegen von der Presseabteilung, diesbezüglich Aufrufe im lokalen Radiosender und im »Fränkischen Tag« zu schalten.

Auch die Techniker, die den Tatort gründlich abgegrast hatten, konnten mit keinerlei hilfreichen Spuren aufwarten.

Allerdings meldete sich danach einer der Taucher zu Wort, die im Verlauf des weiteren Morgens den Regnitzgrund unterhalb der Brücke abgesucht hatten. Er sagte: »Wir haben uns jeden Millimeter dort unten angeguckt und zwei verrostete Fahrräder, eine Autofelge, drei Schuhe, einen linken und zwei rechte, einen leeren Geldbeutel, ein Plastikgebiss und eine Fußfessel sichergestellt. Ist alles inzwischen bei den Technikern.«

Hans saß plötzlich kerzengerade. »Fußfessel?«

»Ja. Die ist sogar noch intakt.«

Ich spürte Hans' Blick, behielt aber ein Pokerface. Innerlich grinste ich jedoch breit. So schlug man zwei Fliegen mit einer Klappe. Immerhin dieses Problem schien gelöst.

Und weiter ging es. Zwei Laufburschen der Soko, die sich vom unteren Ende der Nahrungskette erst noch nach oben arbeiten mussten, waren beauftragt worden, die Heimwerkermärkte Bambergs und der näheren Umgebung abzuklappern, um Hinweise auf den Käufer des Klebebands und der Kabelbinder zu finden. Außerdem sollten sie in sämtlichen Outdoor-Läden Bambergs und der Umgebung nach Leuten fragen, die ein orangefarbenes Seil gekauft hatten – auch wenn unser Seil vom Tatort wahrscheinlich schon älteren Datums war. Man wusste ja nie. Weiterhin beschloss ich, davon kein Bild zu veröffentlichen, denn da es sich um ein ganz normales Bergseil handelte, würden wir in diesem Fall Hunderte von Meldungen erhalten, denen wir dann nachgehen müssten. Ich erinnerte mich an einen Fall, bei dem Kollegen das Bild eines Küchenmessers als Mordwaffe in die Zeitung gesetzt hatten. Anschließend war die komplette Soko zwei Wochen lang ausschließlich damit beschäftigt gewesen, verdächtige Hausfrauen zu verhören.

Die Kollegen diskutierten wieder das Problem, wie es möglich war, einen Mann so punktgenau an die Kettenbrücke zu hängen, dass er sich irgendwann selbst ertränken musste. Als jemand eine mathematische Formel zu faseln begann, die ähnlich wie die, die Henker früher verwendet hatten, Seillänge im Verhältnis zum Körpergewicht und so weiter berechnete, drifteten meine Gedanken ab. Hansis Körpergewicht war mit Sicherheit kein zu beachtender Faktor gewesen. Richtig war allerdings, dass die Länge des Seils ausschlaggebend für die gelungene Aktion gewesen war. Ich schaltete mich wieder in die Unterhaltung ein: »Meiner Meinung nach gibt es zwei Möglichkeiten. Entweder wurde tatsächlich gerechnet. Eine nicht besonders schwere Subtraktion. Vom Abstand zwischen Oberkante des Geländers und Wasseroberfläche wurde die Länge von der Brust des Opfers bis zu seinen Füßen abgezogen, und schon konnte es losgehen.«

Die Polizeipräsidentin machte sich Notizen auf ein Blatt.

»Bei dieser Version müssten wir einen Einzeltäter sowie mehrere Täter in Betracht ziehen.«

»Richtig.«

»Wie ist Ihre zweite Version?«

»Diese geht von mindestens zwei, besser drei Tätern aus. Zwei sind mit dem Opfer auf der Brücke und lassen es an dem Seil herunter. Der dritte steht auf dem Radweg und gibt Instruktionen, wann sie das Seil an der Brücke festbinden müssen.«

»Klingt wahrscheinlicher«, sagte Waldi.

»Wie dem auch sei, für mich ist es unbegreiflich, dass niemand etwas davon bemerkt hat. Die Kettenbrücke liegt mitten in der Stadt, an einem Ende der Fußgängerzone. Irgendwelche Nachtschwärmer sind da doch immer unterwegs, selbst zur Tatzeit von etwa halb vier Uhr morgens. Falls wirklich niemand etwas gesehen hat, dann hatten die Täter einfach riesengroßen Dusel. Und das schon zum zweiten Mal. Auch beim Bärenzwingermord hätte man sie leicht auf frischer Tat erwischen können.«

Die Präsidentin klopfte mit ihrem Füller auf die Notizen. »Dann werden wir also weiter nach Zeugen suchen. Und nach verdächtigen Personen und verdächtigen Fahrzeugen. Was schlagen Sie sonst noch vor, Herr Killer?«

Ich blickte auf die Leinwand, auf die wieder das erste Bild von Schallers Diashow projiziert wurde: Hansis Rumpf am Seil hängend, sein Kopf unter Wasser. Mir kam der Gedanke, dass es vielleicht keine schlechte Idee gewesen wäre, mir diese Frage selbst vor der Sitzung zu stellen. So musste ich improvisieren. Ich wandte mich an Waldi. »Was machen die DNA-Tests?«

»Ach ja.« Waldi kramte einen Zettel aus seiner Hosentasche und las vor: »Wir haben bisher eintausendeinhundertundsiebzehn Proben ausgewertet – also die Laborratten, meine ich –, als sie noch gesund waren. Alles Fehlanzeige.« Er grinste, weil er wieder mal witzig sein wollte. »Nicht die Laborratten, sondern die Proben.« Er wurde mit ein paar Lachern belohnt, nickte seinem Publikum zu und fuhr fort: »Es sind noch genau eintausendunddreizehn Proben zu überprüfen. Laut Labor dauert das circa acht Tage.«

Ich erhob mich langsam und sagte: »Ich glaube, wir können uns das sparen.«

Die Augen der Polizeipräsidentin wurden schmal. »Wie bitte?«

Ich räusperte mich. »Unsere Ermittlungen und Hinweise, gerade in Verbindung mit dem neuen Fall, weisen in eine gänzlich andere Richtung. Beim ersten Mord sind wir noch davon ausgegangen, es mit mafiösen Strukturen im entsprechenden Umfeld zu tun zu haben. Ich glaube, das können wir jetzt ausschließen.«

Die Polizeipräsidentin legte vorsichtig ihren Füller zur Seite, als befürchtete sie, er könne zerbrechen. »Herr Killer«, sie machte eine kurze Pause, bevor sie fortfuhr, »Sie beantragen bei mir den aufwendigsten DNA-Test in der gesamten Bamberger Kriminalgeschichte, ich überrede den Herrn Oberstaatsanwalt mit Engelszungen, dass er ihn genehmigt, und jetzt, nachdem die Sache zur Hälfte durchgezogen ist, wollen Sie die Untersuchungen einstellen?«

Ich rang um die richtigen Worte. »Wie gesagt … der zweite Mord wirft ein gänzlich neues Licht auf die Sache. Die beiden Fälle hängen höchstwahrscheinlich zusammen.«

Die Miene der Polizeipräsidentin versteinerte sich. »Ich werde auf die DNA-Tests später zurückkommen. Jetzt erläutern Sie uns Ihre These erst einmal genauer.«

Etwas steckte mir im Hals, und ich musste ein paarmal schlucken, bevor ich beginnen konnte: »Zwischen den beiden Mordopfern besteht eine Verbindung. Zumindest in ihrer Jugend waren sie befreundet.«

»Und das wissen Sie sicher?«

»Ja.«

»Und weiter?«

Ich überlegte, ob ich meine frühere Freundschaft mit Max und Hansi offenlegen sollte, aber Waldi kam mir zuvor.

»Mensch, Killer, warum sagst du nicht einfach, dass du mit den beiden in einer Clique warst?«

Mit einem Mal war es so still, als hielten alle dreißig Soko-Kollegen gleichzeitig den Atem an. Ich konnte deutlich sehen, wie es hinter der Stirn der Präsidentin arbeitete. Ich sagte: »Das ist richtig. Die beiden Mordopfer sind wie ich in der Gereuth aufgewachsen. Zusammen mit ein paar anderen Jugendlichen waren wir so etwas wie eine Clique.« Der Frosch in meinem Hals quakte, und ich versuchte, ihn wegzuräuspern. »Aber das ist beinahe dreißig Jahre her. Ich glaube, es gibt eine wesentlich interessantere Spur.«

»Die da wäre?«, fragte die Präsidentin.

»DEIMU. Wir haben ja bereits über die Firma gesprochen; ihr Chef, Dr. Schäfer, wurde von uns mittlerweile zweimal befragt. Es hat sich herausgestellt, dass auch Hans-Georg Ganzmann mit DEIMU zu tun hatte – allerdings nicht als Angestellter oder Mitarbeiter. Ganzmann hat den Weg für die Firma in Bezug auf das ICE-Großprojekt freigeräumt, indem er deren größten Konkurrenten ausbootete. Kauder und Ganzmann arbeiteten also direkt und indirekt für die Firma. Beide hatten dabei nicht nur mit Leuten zu tun, die sie lieb hatten. Plausible Mordmotive inbegriffen.«

»Gut. Dann ermitteln Sie in diese Richtung.« Die Präsidentin machte sich eine Notiz und blickte mich wieder an. »Verfolgen Sie aber auch die andere Spur weiter. Die mit Ihrer ehemaligen Clique.«

»Damit haben wir schon begonnen. Eine der betroffenen Personen sitzt allerdings noch in der JVA in Ebrach ein, und zwei sind seit dieser Woche tot.«

»Nette Kumpels hast du«, flachste Hägar, und die ganze Soko lachte.

Dr. Schulz-Bellingröhr klopfte resolut mit dem Füller auf den Tisch. Als wieder Ruhe eingekehrt war, sagte sie: »Vor ein paar Tagen haben Sie Briefe erwähnt, die in der Wohnung des ersten Ermordeten gefunden wurden.«

»Waldi, jetzt bist du dran.« Ich nickte in seine Richtung.

Mein Partner hüstelte kurz, und ich bildete mir ein, dass er errötete. »Damit sind wir noch nicht besonders weit«, sagte er. »Es sind ja über fünfzig Stück. Allerdings ist davon auszugehen, dass es sich um Liebesbriefe von einer Frau an einen Mann handelt. Es werden nur Kosenamen verwendet, die unisex sind: ›mi cielo‹ und ›mi vida‹. Was so viel heißt wie ›mein Himmel‹ und ›mein Leben‹.«

»Und weiter? Wissen Sie, wer der Adressat ist?«

»Nein. Wie gesagt, wir haben noch nicht viel. Im Prinzip geht es bisher hauptsächlich darum, wie der Schreiber die betreffende Person vermisst und wie er sich freut, sie wiederzusehen. – Ach ja, die Briefe sind in einem besonderen Spanisch geschrieben, in *castellano*.« Er sprach das letzte Wort spanisch aus.

»Was?«, fragte ich.

»Diese Art von Spanisch wird vorwiegend in Lateinamerika gesprochen.«

»Und woran erkennt man den Unterschied zum spanischen Spanisch?«, fragte die Präsidentin.

Waldi blühte regelrecht auf. Wie jedes Mal, wenn er mit Wissen glänzen konnte, war er kaum zu stoppen. »Wenn ein Spanier zum Beispiel einen Argentinier hört, fühlt er sich um hundertfünfzig Jahre zurückversetzt. Das hängt mit der Kolonialzeit zusammen. Die Spanier brachten ihr Spanisch in die Kolonien, wo es sich im Laufe der Zeit in eine etwas andere Richtung entwickelte. Einiges vom älteren Spanisch wurde beibehalten, andere Elemente –«

»Wir haben schon verstanden«, unterbrach ich seinen Redefluss. Mir war klar, woher all dieses Wissen über die spanische Sprache stammte, und ich machte mir ein klein wenig Sorgen über die Art und Weise der Zusammenarbeit zwischen Waldi und Storchs kleiner Spanierin. Ich hoffte, dass Waldis Teenager-Erröten und seine sichtliche Begeisterung nicht von Bedeutung waren, befürchtete aber gleichzeitig, dass Storchs Krankenstand etwas mit Waldis Engagement in Bezug auf die Übersetzung der spanischen Briefe zu tun haben könnte. Storch war schon am Tatort auf der Kettenbrücke ungewöhnlich einsilbig gewesen. Ich fragte: »Gibt es sonst noch etwas Wissenswertes zu den Briefen – zum jetzigen Zeitpunkt?«

Waldi schüttelte etwas indigniert den Kopf. »Nein. Das war's.«

Ich hatte das Gefühl, dass wir mit der heutigen Besprechung durch waren. Es gab noch einiges in Bezug auf die beiden Mordfälle zu koordinieren, und ich verteilte die Aufgaben.

Als ich endlich mit den anderen den Raum verlassen wollte, rief die Polizeipräsidentin mir und Waldi hinterher: »Herr Killer, Herr Schöps, einen Moment, bitte.«

Wir standen schon an der Tür beziehungsweise da, wo sie hätte sein sollen, und drehten uns um. »Ja?«

»Ein Wort noch.«

Waldi und ich wechselten einen Blick, dann gingen wir zurück. Waldi, der Möchtegernwomanizer, der im Beisein einer schönen Frau immer verkrampfte und deshalb auch gern einmal peinlich wurde, lächelte angestrengt und nahm dann wie ein Soldat Haltung an. »Frau Präsidentin, immer zu Diensten, die Polizei, Ihr Freund und Helfer, stimmt's nicht, Killer?«

Am liebsten hätte ich ihm einen Tritt verpasst, aber ich rollte nur innerlich mit den Augen.

Auch Dr. Schulz-Bellingröhr ließ sich nichts anmerken und blieb professionell sachlich. »Es geht um die DNA-Tests. Sie wissen, dass ich die Maßnahme von Anfang an übertrieben fand. Gerade in der jetzigen Zeit sollte man einen Generalverdacht möglichst vermeiden.«

»Generalverdacht?«, wiederholte Waldi, bis bei ihm der Groschen fiel. »Ach so, Sie meinen, dass wir mit den Tests quasi alle Immigranten und Asylanten verdächtigen.«

»Was wir natürlich nicht tun. Aber die Öffentlichkeit denkt so.«

Ich rätselte, worauf sie hinauswollte. Das Thema hatten wir schon durchdiskutiert, als es um Sinn und Unsinn der flächendeckenden Maßnahme ging. Doch nach Auffinden unseres zweiten Mordopfers hatten sich die Vorzeichen deutlich geändert.

Die Präsidentin legte ihren Standpunkt dar: »Es ist doch so: Ich wollte die Tests nicht, der Oberstaatsanwalt wollte die Tests nicht, aber Sie wollten sie. Also habe ich mich als Ihre Chefin hinter Sie gestellt und – gegen meine Überzeugung – die Sache für Sie durchgeboxt.«

»Was sehr kollegial von Ihnen war.«

»Und jetzt stellen Sie sich vor die versammelte Mannschaft und erklären, Sie hätten sich getäuscht und wir sollten die Aktion mittendrin abblasen.«

»Nun ja, es ist doch besser, rechtzeitig zu erkennen, wenn –«
»Ist es nicht!« Dr. Schulz-Bellingröhr hob zum ersten Mal die Stimme. Sie hatte ihre Rechte zur Faust geballt, als wollte sie im nächsten Moment damit auf den Tisch schlagen. Aber ihre feingliedrigen Finger öffneten sich wieder, und sie wiederholte, diesmal ruhiger: »Das ist es wirklich nicht. Wir werden den Test durchziehen.«
»Aber warum? Ich habe mich geirrt, das hat unser zweiter Mordfall gezeigt. Es ergibt doch keinen Sinn, sich zu verrennen, denken Sie allein nur an die Kosten –«
»Es ergibt sehr wohl einen Sinn. Sie denken als Ermittler nur an den Fall, aber als Chefin eine Polizeibehörde muss ich das große Ganze im Auge haben. Es geht um weit mehr, unter anderem um die Öffentlichkeit. Wir haben einen bereits angeschlagenen Ruf zu verteidigen. Stellen Sie sich nur den Tenor der Berichterstattung vor: ›DNA-Tests an Ausländern werden abgebrochen, weil sie sich als unsinnig herausgestellt haben. Wir als Steuerzahler ...‹ Und so weiter und so fort. Verstehen Sie, was ich meine?«
»Schon, aber worauf wollen Sie hinaus?«
Dr. Schulz-Bellingröhrs graublaue Augen fixierten mich. »Herr Killer, wir haben diese Tests begonnen und ziehen sie jetzt durch.«
»Aber –«
»Nichts, aber.« Sie wandte sich von mir ab und Waldi zu. »Herr Schöps, Sie sind der dafür verantwortliche Polizist.«
Waldi nahm wieder Haltung an.
»Machen Sie weiter. Bringen Sie die Sache zu Ende.«

Straightflush

Nach der Besprechung fuhr ich zum Otto-Heim. Der weiße Mercedes Kombi eines Bestattungsunternehmens parkte in zweiter Reihe vor dem Eingang, die Heckklappe geöffnet. Fuhren Bestattungsinstitute jetzt aus Pietätsgründen schon weiße Autos? Ein eiskalter Ostwind wehte die letzten Blätter von den Bäumen. Der Himmel war klar, weit und stählern grau. Ein alter Mann quälte sich mit seinem Rollator die Rampe herunter, und wie immer, wenn ich hier war, spürte ich eine Mischung aus schlechtem Gewissen und Mitleid. Wie viele Träume und Wünsche hatte man im Leben, und diese wenigen, voller Anstrengung mit dem Rollator zurückgelegten Schritte sollten alles sein, was am Ende davon übrig blieb?

Ich ging am unbesetzten Empfang vorbei und bog auf den Gang ab. Der Geruch von Urin und Desinfektionsmitteln hing in der Luft, eine trostlose Atmosphäre, der mit Schnittblumen in den Nischen und Bildern von Kindern des Kindergartens Sankt Josef an den Wänden entgegengewirkt werden sollte. Ich klopfte kurz an die Tür und trat dann in Mutters Zimmer, das sie mit einer anderen alten Frau teilte. Beide lagen in ihren Betten und schliefen. Mutter schnarchte mal wieder leise mit halb geöffnetem Mund. Ich setzte mich auf einen Stuhl neben sie, betrachtete ihren starren, beinahe konzentrierten Gesichtsausdruck und beobachtete, wie die Lippen erzitterten, wenn der Atem austrat und sie im Schlaf die Luft wieder einsog. Ich erinnerte mich an meine erste Begegnung mit dem Tod. Die aufgebahrte Leiche meines Großvaters hatte in der Aussegnungshalle auf dem Friedhof gelegen. Ich war sieben oder acht Jahre alt gewesen und hatte versucht, die Bedeutung des Todes zu begreifen.

Ich erschrak furchtbar, als Mutter aufhörte zu atmen und die Zeit plötzlich stillstand. Der Gedanke durchzuckte mich, dass so das Ende aussah, beinahe belanglos, in diesem Fall nur dann bemerkbar, wenn man genau hinsah. Mein Blick fiel auf den roten Alarmknopf, der über ihr an einem Kabel um den Triangel gewunden war, an dem sie sich hochziehen konnte. Ich sprang auf und streckte gerade panisch meine Hand danach aus, als Mutter mit einem pfeifenden Geräusch den Atem aus-

stieß und damit den seidenen Faden weiterspann, an dem alles hing.
Ich setzte mich wieder, ohne Mutter aus den Augen zu lassen. Ein paarmal berührte ich ihre Schulter, schließlich war ich nicht gekommen, um sie beim Schlafen zu beobachten. Ich hatte vorgehabt, sie trotz der Novemberkälte zu einem Spaziergang an der Regnitz zu überreden, aber sie reagierte nicht. Sie lag nur da und schnarchte leise. Ich stand auf, wandte mich zum Gehen und tröstete mich mit dem Gedanken, dass sie vielleicht von etwas Schönem träumte.

Als ich mich im Wagen anschnallen wollte, spürte ich den Umschlag, der seit zwei Tagen in meiner Jackeninnentasche steckte. Ich holte ihn heraus und betrachtete eingehend das Logo der Anwaltsfirma: ein majestätisch daliegender Löwe, die Beute zwischen seinen Pfoten. Ich warf den Brief ungeöffnet auf den Beifahrersitz, kurbelte den Station Wagon aus der Parklücke, wendete, fuhr zurück auf die Hainstraße und von dort aus Richtung Troppauplatz.
Meine Wohnung war kalt, leer und düster. Nicole war bei der Arbeit, verkaufte Häuser und Apartments. Gedanken an unser Gespräch gestern Abend tauchten auf, aber ich verdrängte sie. Ich schob eine Tasse in die Espressomaschine, die Nicole mitgebracht hatte, und drückte auf einen Knopf. Dann ging ich zurück ins Wohnzimmer, holte eine Leinwand hinter dem Schrank hervor und platzierte sie auf der Staffelei. Ich pinnte die Bilder der Leichen von Max und Hansi in die Mitte, holte die Tasse mit dem fertigen Espresso, stellte sie auf meinem Schreibtisch ab und zerschnitt mit der Schere ein DIN-A4-Blatt. Auf die einzelnen Quadrate schrieb ich die Namen »Fritz«, »Prinzessin«, »Matze«, »Veith«, »Heidi«, »Schäfer« und verteilte sie auf der Leinwand. Als mir die Briefe einfielen, heftete ich noch einen Zettel mit dieser Beschriftung unter das Bild von Max, bevor ich rote Schnur aus der Schreibtischschublade nahm. Ich schnitt verschieden lange Stücke

ab und verband mit ihnen die einzelnen Personen. Eine rote Schnur von Schäfer zu Max und Hansi. Bald umspann ein rotes Spinnennetz die gesamte alte Clique. Den Raum unter den Namen füllte ich mit Informationen. Zu Dr. Schäfer schrieb ich: »DEIMU – ICE-Baustelle – Firmenzerschlagung – Entlassung der Sekretärin – Franchise-Unternehmen im Ausland – Chile«. Zu Max: »leere Wohnung – DEIMU – die letzten 10 Jahre? – Bärenzwinger«. Zu Hansi: »DEIMU – Firmenoptimierung – Kettenbrücke – Scheidung«. Zu Matze: »JVA, noch eine Woche«. Unter die Namen von Heidi, Veith und Fritz notierte ich ihre aktuellen Adressen.

Schließlich legte ich den Stift zur Seite, ließ mich auf den Schreibtischstuhl fallen, rollte auf ihm zwei Meter zurück und betrachtete mein Werk. In unseren neuen Büros im Präsidium würden Smartboards Einzug halten. Internetfähige Großbildschirme aus Glas, auf denen wir sämtliche Informationen zu einem Fall virtuell festhalten konnten – Fotos, selbst editierte oder kopierte Texte, Zeitungsausschnitte, Stadtpläne und Landkarten, Google-Earth-Projektionen und so weiter und so fort. Ich würde trotzdem weiterhin in meiner Wohnung die Leinwand aufstellen. Sie gab mir das Gefühl, näher am realen Geschehen zu sein, als dies mit einem gläsernen Bildschirm der Fall sein würde, da war ich mir sicher. Normalerweise verteilte ich sogar Fotos, die mit meinem laufenden Fall zu tun hatten, in der ganzen Wohnung, aber mit Rücksicht auf Nicole wollte ich es dieses Mal bei der Staffelei belassen.

Wenn ich den Gedanken an Nicole *und* an das Gespräch mit ihr, verbunden mit der Vorstellung, dass sie schwanger war, zuließ, richtete das ein ziemliches Chaos in mir an. Ich war nicht in der Lage, klarzusehen, wusste nur, dass ich ziemlich angefressen war. Warum hatte Nicole nicht verhütet wie früher? Jaja, ich konnte schon den Aufschrei aller Frauen hören – typisch Mann, denkt nur an sich, aber wenn es um Verhütung und Verantwortung geht, hört der Spaß für ihn ganz schnell auf. Aber erstens hatte Nicole mich verführt und nicht ich sie, und zweitens hätte sie auch sagen können, dass sie nicht mehr verhütet. Aber nein, sie hatte schön den Mund gehalten, und wenn ich die Sache weiterdachte, kam ich vielleicht sogar zu dem Schluss, dass sie alles so gewollt hatte.

Ich betrachtete die Leinwand mit den angepinnten Bildern und Zetteln und versuchte, meine Gedanken auf die beiden Mordfälle zu fokussieren. Aber ich schweifte immer wieder ab. Warum richtete Nicole gerade jetzt ein solches Durcheinander an? Dass die Situation in ihrer heimlichen Fahrt nach Holland inklusive deren Nicht-Ergebnis geendet hatte, zeigte nur, dass sie selbst keinen blassen Schimmer davon hatte, was sie eigentlich wollte. Verdammt, ein Kind war das Letzte, das ich jetzt brauchen konnte.

Ich rollte mit dem Stuhl zurück zum Schreibtisch und fuhr den Laptop hoch. Mir war die Idee gekommen, dass ich bei Facebook und Co. vermutlich mehr über Veith, Fritz und die anderen herausfinden könnte, was ihr Leben betraf, als mit einem persönlichen Besuch. Während ich die Seite des sozialen Netzwerks aufrief, beschloss ich, in Bezug auf meine alte Clique Soko-Mitarbeiter mit der Recherche vor Ort zu beauftragen. Erstens erschien es mir zu zeitaufwendig, dafür persönlich in der Weltgeschichte herumzufahren, und zweitens konnte in diesem Fall ein gewisses Maß an Abstand und Objektivität bestimmt nicht schaden.

Ich fluchte, als ich feststellte, dass ich mich nicht einloggen konnte. Ich war eine Ewigkeit nicht mehr auf Facebook gewesen und hatte versäumt, irgendein Update zu genehmigen. Ich würde nur Zugang bekommen, wenn ich bereit wäre, ein umfangreiches Formular auszufüllen, mit dem ich noch mehr meiner persönlichen Daten Mark Zuckerberg zur Verfügung stellen würde. Ich schloss die Seite entnervt, begann, mich durch meine Websitefavoriten zu klicken, und blieb bei Royal Flush Online hängen. Ich überflog die Liste mit den Namen der aktuellen Spieler. Moneymaker. Mit dem arroganten Proleten hatte ich noch eine Rechnung offen. Das Großmaul hatte mir eine der besten Hände verhagelt, die ich je gehabt hatte. Ich war nicht sauer, weil ich verloren hatte, sondern weil ich auf den primitiven Bluff dieses Angebers hereingefallen war und am Ende hatte zusehen müssen, wie er prahlend und grinsend mit dem Topf voll Gold abzog. Ich gab mein Passwort ein, wählte den Tisch aus, an dem er gerade spielte, und setzte mich auf einen freien Platz. Ich dachte nicht, dass er sich an mich erinnerte, denn die Sache war bestimmt schon ein halbes Jahr her, aber damit lag ich falsch. Er begrüßte mich sofort mit einem überheblichen virtuellen Schulterklopfen.

»Hey, NiceCop«, schrieb er, »ist 'ne Weile her. Wieder Lust, den Hintern versohlt zu bekommen?«

Ich antwortete nicht, ließ mir stattdessen vom Croupier die Hole Cards geben und schob den Einsatz für die Eingangsrunde in die Tischmitte. Moneymaker pfiff affektiert, als er seine zwei Karten ansah. Ich ignorierte ihn und konzentrierte mich auf das Spiel. Wir waren zu viert am Tisch, und nachdem jeder gesetzt und den Flop taxiert hatte, begann die zweite Runde. Der Erste mit dem Alias HotHand gab auf, warf seine Karten hin und schenkte sich einen virtuellen Whiskey ein. Es ging in die nächste Setzrunde, und ich wartete auf den Turn. Ich hatte zwei Buben und eine Neun, und auf dem Tisch lag eine weitere Neun. Es sah sehr gut für mich aus, obwohl ich am Anfang des Spiels stets ein gewisses Understatement bevorzugte. Moneymaker ging gleich in die Vollen, ich bot eine Weile mit und stieg dann aus, nicht weil ich Angst hatte, zu verlieren, sondern um unberechenbar zu bleiben. Es heißt, ein erfahrener Online-Pokerspieler kann spüren, ob die Mitspieler gute Karten haben oder nur bluffen. Auch ich glaubte an diese Aura, die jemand selbst ohne physische Anwesenheit ausstrahlt. Einer, der weiß, dass er verlieren wird, hat eine andere als ein Gewinner, selbst wenn er sich noch so sehr um ein zuversichtliches Lächeln bemüht. Das beste Pokerface ist nur eine äußere Hülle, ein Schein, der täuschen will. Wenn der Gegenspieler gut ist, blickt er durch den Schein hindurch und sieht die Wahrheit. In dieser Hinsicht gleicht jeder Spieler, der blufft, einem Mörder, der die Tat vertuschen will.

Ich behielt meine Taktik bei, ließ die anderen ein bisschen gewinnen, gewann selbst ab und zu und wartete geduldig wie ein Jäger darauf, dass die Beute den Fehler machen und die Deckung verlassen würde. Dabei konzentrierte ich mich in erster Linie auf Moneymaker. Ich wusste, dass hinter dem großkotzigen Typen ein ausgebuffter Profi steckte, und würde den Fehler, ihn zu unterschätzen, nicht ein zweites Mal machen. Inzwischen schwebte ich längst in der zeitlosen Parallelwelt des Pokerns, alle meine Sinne waren nur noch auf die Karten und die Spieler ausgerichtet, es war, als hätte sich jede meiner Körperzellen mit elektrischer Spannung zu einer schier unendlichen Quelle der Kraft und Konzentration aufgeladen. Ich wartete auf den großen Augenblick, auf den einen Moment. Und ich spürte, dass er kommen würde.

Er kam tatsächlich. Inzwischen waren wir nur noch zu dritt am Tisch, HotHand, Moneymaker und ich. Wir waren in der letzten Setrunde, der Croupier hatte soeben den River aufgedeckt. Mein Pulsschlag beschleunigte sich. Die Herzdame lag jetzt neben den anderen offenen Karten, einer Herz Sieben, einem Herzbuben, einer Pik-Fünf und einer Karodame. Meine beiden Hole Cards waren die Pik- und die Kreuzdame. Ich hatte einen Vierling. Sollten HotHand oder Moneymaker auch vier gleiche Karten haben, dann wären sie mit Sicherheit unter mir, denn meine Damen würden den Buben im Flop stechen. Bereits in den vorangegangenen Spielen hatte ich die Zeiträume beim Setzen variiert, egal ob bei guter oder schlechter Hand. Mal setzte ich schnell, als täte ich es unüberlegt, mal langsam, wie um den Schein zu erwecken, unsicher zu sein und lange nachdenken zu müssen. Dieses Mal zögerte ich keine Sekunde und schob alles, was ich hatte, in die Tischmitte. Es waren beinahe dreißigtausend Dollar in Coins. Moneymaker nahm die Sonnenbrille ab, legte sie vorsichtig neben seine Coins und fixierte mich. Die Zeit stand still, alles stand still, das ganze

Universum hielt den Atem an. Nur die Luft vibrierte, aufgeladen wie mit hunderttausend Volt. Ich war mir sicher, auch Moneymaker würde gleich seinen gesamten Stapel Coins in die Mitte schieben. Er würde seine Sonnenbrille wieder aufsetzen und aus der Liste mit den Emoticons, die ihm zur Verfügung standen, ein siegesbewusstes Grinsen auswählen. Dann hatte ich ihn.

Doch Moneymaker tat zunächst weder das eine noch das andere. Er wartete. Eine gefühlte Ewigkeit. Dann sah ich, wie er bedächtig, als würde er sich jeden Coin noch einmal einzeln ansehen, einen Tausendercoin nach dem anderen zur Mitte schob, dreißig an der Zahl. Als er fertig war, lehnte er sich zurück und verschränkte die Arme. Genauso langsam, mit vibrierenden Nervenzellen, die Adern voller Adrenalin bis zum Überlaufen, deckte ich eine Karte nach der anderen auf, bis die vier Damen auf dem Tisch lagen. Ich verspürte ein unglaubliches Gefühl des Triumphs. Ich hatte die drittbeste Hand, die möglich war, die Wahrscheinlichkeit, dass Moneymakers besser war, ging gegen null. Mein Gegenspieler beugte sich vor, und die Mimik seines virtuellen Gesichts wechselte von nachdenklich zu überrascht. Jetzt war ich mir vollkommen sicher, dass ich ihn hatte. Das ganze Geld auf dem Tisch gehörte mir, und ich konnte mit einem Schlag alle meine Probleme vergessen. Spielchen halfen in diesem Moment nicht mehr, Moneymaker musste die Hosen runterlassen. Jetzt. Er begann wie ich, langsam. Als Erstes deckte er eine Pik-Zwei auf. Dann drehte er eine Pik-Drei um und anschließend eine Pik-Vier. Eiseskälte kroch mir den Rücken hinunter. Das war unmöglich, bluffte er immer noch?

»Tja«, sagte Moneymaker, als er seine letzte Karte aufdeckte. Ein Pik-Ass.

Mir wurde schlecht. Zusammen mit der Pik-Fünf aus den offenen Karten hatte er einen Straightflush. Ich nahm kaum mehr wahr, dass er seinen Sieg wieder mit einer Zigarre zelebrierte, deren Rauch den gesamten Bildschirm vernebelte. Eine unglaubliche Leere breitete sich in mir aus. Als ich endlich wieder einigermaßen denken konnte, sagte ich nur ein Wort: »Fuck.«

Und dann registrierte ich, dass Nicole keine zwei Meter entfernt mir gegenübersaß. Keine Ahnung, wie lange sie schon da hockte und das Drama beobachtete, aber ihr Gesichtsausdruck sprach Bände. Ich wollte gerade etwas sagen, als sie mir wortlos mein Handy herüberschob.

Das Display zeigte sechs unbeantwortete Anrufe, der erste von Dr. Pontorra. Ich blickte auf die Uhr. Es war zehn nach acht. Abends. Ich hatte den gesamten Nachmittag bis jetzt gezockt und darüber die Therapiesitzung vergessen. Die restlichen fünf Anrufe verhießen noch mehr Unheil. Sie kamen alle vom Heim, der letzte war um siebzehn Uhr zweiundfünfzig eingegangen. Ich sprang auf, nahm meine Jacke und rannte aus der Wohnung.

Sah ein Knab ein Röslein stehn

Mutter war verschwunden. Ich klapperte alle ihre Lieblingsplätze ab, die Brücke am Hollergraben, das Wehr an der alten Walkmühle, den Spielplatz und das E.T.A.-Hoffmann-Denkmal auf der Hainwiese und den Pavillon an der Regnitz unterhalb der Südtangentenbrücke. Mit eingeschaltetem Blaulicht und Scheinwerfern fuhr ich sämtliche Wege im Hain bis zur Buger Spitze ab, dann auf der anderen Seite zurück zum großen Wehr am Jahnsportplatz und schließlich den Radweg entlang Richtung Stadtmitte.

Aber Mutter war wie vom Erdboden verschluckt. War sie in die Innenstadt gelaufen? In diesem Labyrinth an Straßen und Gassen und mit ihrem über dreistündigen Vorsprung konnte sie überall sein. Wenn ihr nur nichts passiert war. Sie konnte in den Fluss gefallen und ertrunken oder irgendwohin gelaufen sein, wo sie niemand finden würde. Es war November, und eine alte Frau konnte bei den niedrigen Temperaturen nachts leicht erfrieren. Ich versuchte, den Gedanken zu verdrängen, dass alles meine Schuld war. Diese verdammte Zockerei. Ich saß verflucht noch mal in der Klemme. Meine finanzielle Lage war nur mit einem Wort zu beschreiben: katastrophal. Ich brauchte mindestens ein Wunder, um da wieder herauszukommen. *Killer, Superbulle, wie konntest du dich nur selbst so in die Scheiße reiten? Hast einen ganzen Nachmittag verzockt, den Dienst geschwänzt. Hast alles aus den Augen verloren, was wichtig ist: deine Mutter, deinen Job, dein Privatleben.*

Hinter mir hob ein Hupkonzert an. Ich stand in Gedanken versunken mitten auf der Kreuzung am Schönleinsplatz, ohne dass mich Gegenverkehr am Abbiegen gehindert hätte. Ich schlug aufs Lenkrad, schrie ein paar Schimpfwörter nach hinten, klickte das Blaulicht an und jagte mit bedrohlichem Grollen des V8-Motors die Lange Straße hinunter, bis mir klar wurde, dass bei über achtzig Sachen die Chancen, Mutter zu übersehen, ziemlich gut standen. Am Grünen Markt drosselte ich das Tempo abrupt, ließ das Blaulicht aber weiterkreisen und tuckerte am Gabelmann vorbei die Fußgängerzone hinunter. Inzwischen war es einundzwanzig Uhr, es fiel ein stetiger Nieselregen, und kein Mensch war unterwegs. Im Schritttempo zockelte ich am Maxplatz vorbei bis zur Kettenbrücke, wo ich anhielt. Nichts deutete mehr darauf hin, dass hier vor Kurzem ein Mord geschehen war. Ein Mann mit einem Hund lief vorbei, beide schienen nicht sonderlich begeistert von ihrem abendlichen Spaziergang im Nieselregen. Sie nahmen keinerlei Notiz von mir und dem kreisenden Blaulicht auf dem Station Wagon.

Ich fuhr wieder los und bog in die Königstraße ein, in der sich bei Sonnenschein die Menschen drängten und die mit den Fachwerkhäusern und bunten Geschäften einen malerischen Anblick bot. Jetzt, im Regen und in der Dunkelheit, ohne eine Menschenseele, mit grauen Fassaden und nassen Schemen geparkter Autos links und rechts, wirkte sie nur trostlos. Als ich das Taxi vor der Gaststätte Fässla sah, knipste ich das Blaulicht aus und hielt an. Den Wagen mit der Nummer 93 fuhr Hermann, genannt Hermann the German, ein guter Bekannter aus meiner Zeit im Taxigeschäft. Er hatte gerade einen Fahrgast abgesetzt. Als ich an sein Seitenfenster klopfte, winkte er mich auf die Beifahrerseite.

Ich lief um den Wagen herum und stieg ein. Hermann hatte sich seinen Spitznamen redlich verdient, er sah wirklich aus wie ein Germane oder Wikinger. Eins neunzig groß, breit wie ein Schrank, aschblonde Haare und Hände, die zwar meistens ein Lenkrad hielten, aber genauso gut eine Streitaxt hätten schwingen können. Der Blick aus seinen eisgrauen Augen machte jedem Fahrgast sofort klar, dass man sein Ziel nannte, sich anschnallte und danach die Klappe hielt, es sei denn, Hermann the German war nach einem Gespräch zumute. Was aber selten genug vorkam. Er hatte schon immer einen auf cool gemacht.

Er sagte: »Hey, Bulle. Alles senkrecht?«, und hob die Hand.

Ich erwiderte sein Begrüßungsritual mit der Ghetto-Faust und antwortete: »Geht so. Wie laufen die Geschäfte?«

»Tote Hose. Seit die Amis weg sind. Weißt du ja.«

»Ja. Deshalb hab ich aufgehört.«

»Was gibt's?«

»Ich suche meine Mutter.«

»Aha.«

Ich war mir nicht sicher, was die Erwiderung bedeutete, und erklärte ihm kurz, wie es um Mutter stand. Er ging darauf nicht ein.

»Bist du nicht der Boss in diesen Mordfällen?«

»Doch.«

»Dann erzähl mal.«

»Da gibt es nicht viel zu erzählen. Außerdem darf ich über laufende Ermittlungen nichts sagen.«

»Komm schon. Es gibt doch bestimmt schon Verdächtige. Die Morde sollen ja ziemlich abartig gewesen sein. Der Killer ist ein Psycho, hab ich recht?«

»Wie gesagt, wir wissen noch nicht viel.«

Hermann runzelte die Stirn und rückte sich im Sitz zurecht, sodass das ganze Auto schwankte. Der Regen war stärker geworden, er prasselte jetzt auf die Windschutzscheibe, die immer mehr beschlug. Hermann sagte: »Du verarschst mich doch, aber okay. Was willst du von mir?«

»Die Sache ist die: Wenn Mutter bisher weggelaufen ist, habe ich sie immer sehr schnell an ihren Lieblingsplätzen gefunden. Aber da ist sie diesmal nicht.«

»Ist ihr halt langweilig geworden. Wollte mal was Neues ausprobieren.«

»Kann sein, ja. Ich dachte, du könntest mein Problem durchfunken. Du und deine Kollegen, ihr fahrt doch überall herum. Da stehen die Chancen, dass einer die alte Dame sieht, doch eigentlich ganz gut. Besser jedenfalls, als wenn ich ein Streife durch die Gegend schicke.«

Hermann reagierte nicht, sodass ich hinzufügte: »Ich weiß schon, Funkdisziplin und so weiter. Wird nicht gern gesehen, wenn man einfach rumquatscht. Aber das ist ein Notfall.«

»Notfall.« Hermann streifte mich mit einem Seitenblick. Dann beugte er sich ein wenig vor, drückte den Funkknopf am Blinker und sagte: »Hier ist die Dreiundneunzig. Alle mal herhören. Ein Notfall. Die Polizei braucht unsere Hilfe. Gesucht wird eine alte Frau. Dement und hilflos. Sie ist mit 'nem Rollator unterwegs. Wer sie sieht, gibt mir Bescheid.«

Sofort klangen aus dem Lautsprecher Kommentare wie »Was hat die Alte denn verbrochen?« und »Aber Obacht, sie hat 'n MG am Rollator montiert«. Dann folgte die Mahnung von der Zentrale, den Funkverkehr nicht zu stören, und es wurde wieder ruhig.

»Danke, Hermann.« Ich reichte ihm eine meiner Karten. »Hier ist meine Nummer. Bitte ruf durch, wenn ihr sie habt.«

Ich war gerade bis zum Parkplatz am Troppauplatz gekommen und hatte den Motor abgestellt, als mich Hermanns Anruf erreichte. Sofort startete ich den Wagen wieder. Ein Fahrer hatte gemeldet, er habe im »Schlenkerla« eine alte Frau mit Rollator gesehen, als er dort drei japanische Touristen abholen wollte. Sie hätten die Fahrt im Voraus bezahlt, aber dann doch nicht in Anspruch genommen. Es sei nicht ganz klar gewesen, wer betrunkener gewesen war, die Japaner oder die alte Frau. Ich glaubte nicht, dass es sich dabei um meine Mutter handelte. Soweit ich wusste, hatte sie in ihrem ganzen Leben keinen Tropfen Alkohol angerührt.

Trotzdem fuhr ich beinahe den kompletten Weg, den ich gerade gekommen war, durch die Stadt wieder zurück, bis ich in der Unteren Sandstraße vor dem »Schlenkerla« parkte. Inzwischen war es kurz nach neun Uhr, nach wie vor fiel ein eiskalter Regen, den Windböen durch die enge Straßenschlucht peitschten.

Japanische Touristen. In Bamberg im »Schlenkerla«. Im November. Wenn man schon durch die Weltgeschichte reiste, gab es zu dieser Jahreszeit nicht verlockendere Ziele, an denen man sinnvolleren Aktivitäten nachgehen konnte?

Ich öffnete die Tür zur Gaststube, trat ein und entdeckte Mutter und die Japaner sofort. Selbst aus einer Distanz von etwa zehn Metern bestand nicht der geringste Zweifel, dass die vier betrunken waren. Die drei sturzbesoffenen Asiaten hätten sich bestimmt nicht mehr auf den Bänken halten können, hätten sie sich nicht links und rechts bei Mutter untergehakt. Diese gab eine wesentlich bessere Figur ab, allerdings offenbarte die Liedstrophe, die sie den Japanern vorsang, auch ihren Zustand, ohne ihn zu beschönigen. Sie lallte wie ein Bräutigam am Ende des Junggesellenabends und sang vor: »Sah ein Knab ein Röslein stehn.«

Die Japaner grölten etwas Unverständliches, während sie nach links und rechts schunkelten.

Mutter schüttelte den Kopf und korrigierte: »Röslein auf der Heide«, wobei sie das »Heide« nach oben zog, bis sich ihre Stimme überschlug.

Sofort versuchten die Japaner, den Kehlkopfüberschlag zu imitieren.
Es dauerte eine ganze Weile, bis es mir gelang, die bilaterale Chorprobe aufzulösen. Auch deshalb, weil sich die Japaner erhoben hatten und sich immer wieder vor mir verbeugen wollten, es ihnen aber anscheinend nicht mehr so gelang, wie es ihnen das Zeremoniell vorschrieb. Sie kippten dabei beinahe vornüber.
Mutter sang immer noch vom Heideröslein, als wir den Schankraum unter dem Beifall der Japaner und der übrigen Gäste verließen. Bereits während ich sie auf den Beifahrersitz des Station Wagon verfrachtete, begann ich zu überlegen, wie ich den Verantwortlichen im Heim beibringen sollte, dass ich ihnen Mutter im Vollrausch zurückbrachte.

Kerzenlicht

Nachdem meine immer noch inbrünstig singende Mutter auf ihr Zimmer gebracht worden war, erklärte mir die aufgebrachte stellvertretende Heimleiterin, dass ihr Ausflug mit Sicherheit ein Nachspiel haben und die zu ergreifenden Maßnahmen in einer in den nächsten Tagen einberufenen internen Haussitzung besprochen werden würden. Ich sollte mich auf einschneidende Veränderungen in Bezug auf die Freiheiten meiner Mutter gefasst machen. Wenn sie überhaupt im Heim bleiben könnte.
Auf der Fahrt zurück nach Hause spürte ich, wie meine Stimmung kippte. Die Situation mit den Japanern und meiner Mutter war skurril und komisch gewesen, wurde aber immer weniger lustig, je deutlicher ich mir die Konsequenzen ausmalte. Eingesperrt in einem Zimmer würde Mutters Lebenswille erlöschen wie ein Licht, das man mit dem Schalter ausknipst.

Am Bahnhof bog ich nicht links ab, sondern rechts. Ich hatte mir vorgestellt, wie Nicole auf dem Sofa saß und auf mich wartete. Und mit ihr ein weiteres Problem, das für mich im Augenblick unlösbar war. Noch vor kurzer Zeit war die einzige Frage, die ich mir zu stellen gehabt hatte, eigentlich nicht allzu schwer zu beantworten gewesen. Ich hätte mich lediglich entscheiden müssen, ob ich mit ihr oder ohne sie leben wollte. Jetzt, da es um ein gemeinsames Kind ging, war gar nichts mehr einfach. Genauso, wie ich nicht der Typ sein wollte, der zu egoistisch ist, sich um seine alte Mutter zu kümmern, rebellierte mein Gewissen gegen die Vorstellung, die schwangere Freundin sitzen zu lassen. Aber erstens war ich offensichtlich nicht in der Lage, angemessen für Mutter zu sorgen, und zweitens spielte ich durchaus mit dem Gedanken, mich von Nicole trotz Schwangerschaft zu trennen. Und zwar ernsthaft. Mir war klar, dass mein Rechtsabbiegen, um die Tatorte noch einmal aufzusuchen, nichts weiter war als Flucht vor der Wahrheit. Ich fuhr vor den wichtigen Entscheidungen davon.

Der Parkplatz an der Altenburg war dunkel und leer, die Scheinwerfer des Chevys wischten flüchtig durch den Regen und über die nassen Konturen der Burg, bevor sie erloschen. Ich drehte den Zündschlüssel, und der Motor erstarb mit einem letzten düsteren Grollen. Ich stieg aus, streckte meinen steifen Rücken und stakste ein paar Schritte in Richtung Brücke. Natürlich war das große Tor auf ihrer anderen Seite geschlossen, womit es für mich keine Möglichkeit gab, an den Tatort zu gelangen. Ich ging bis zur Mitte der Brücke, blieb stehen und stützte mich auf das Geländer. Luftlinie zwanzig Meter. Dort war Max gestorben. Der erste Eindruck von einem Tatort war bei Gewaltverbrechen immer brutal. Es galt, den Anblick des Toten, von Blut, gesplitterten Knochen und anderen unschönen Dingen zu verkraften. Ein Ermordeter war schließlich nie friedlich eingeschlafen. Auch das Vis-à-vis mit Max hatte sich wie ein Faustschlag in die Magengrube angefühlt. Und als ich mir jetzt den Bärenzwinger vorstellte, leer und sauber, aber

immer noch behaftet mit der Präsenz des Todes, fühlte ich sofort wieder die Schockwirkung dieses Ortes.
 Ich ging zum Wagen zurück und stieg ein, ohne den Motor zu starten. Im Talkessel lag die Stadt, die Lichter wirkten unter dem Regenschleier wie hinter einer Milchglasscheibe.
 Ich hockte bestimmt eine halbe Stunde so da, versuchte, alles, was ich von den beiden Mordfällen hatte, zu ordnen, konnte aber nur daran denken, dass Nicole schwanger war. Und dann stellte ich mir vor, wie mein Leben aussehen würde: zwischen Nicole mit ihren vorwurfsvollen Blicken, weil ich Überstunden schob oder zockte, einem plärrenden Kind und vollgeschissenen Windeln.
 Schließlich startete ich den Chevy wieder und zirkelte ihn die engen Kurven den steilen Berg hinunter, vorbei am Kaiser-Heinrich-Gymnasium, auf der anderen Seite bis zum Kaulberg wieder hinauf und von da aus über die Nonnenbrücke, den Schönleinsplatz und den Bahnhof zurück zum Troppauplatz.
 Nicole wartete auf mich. Es war schon nach neun, aber sie hatte gekocht, den Tisch gedeckt und Kerzen aufgestellt. Sie lächelte mit von Lipgloss glänzenden Lippen, küsste mich auf den Mund, während ihre Hand meinen Nacken umfasste, und sagte: »Schön, dass du da bist. Setz dich. Es ist alles noch warm.«
 Ich warf meine Jacke über den Schreibtischstuhl. Es roch sehr gut, und ich merkte, dass ich Hunger hatte. Ich nahm Platz, und Nicole kam mit einer Flasche Wein und schenkte mir ein. Ich sagte: »Du weißt doch, dass ich normalerweise nichts trinke. Aber okay, ich mache eine Ausnahme. Was ist mit dir?«
 Sie strich lächelnd über ihren flachen Bauch. »Ab heute nur noch Wasser.«
 Ich versuchte meinerseits ein Lächeln. »Verstehe.«
 Es gab Tagliatelle mit Gemüse und Lachsstücken, dazu eine rötliche, scharfe Soße, die hervorragend schmeckte. Ich nahm zweimal nach, sowohl vom Wein als auch vom Essen. Nicole hatte selbst einen gesunden Appetit, und wir aßen schweigend.
 Als wir fertig waren, fragte sie: »Noch etwas?«

Ich blies die Backen auf. »Danke, aber ich platze. Es war hervorragend.«
»Erinnerst du dich?«
»Woran?«
»An dieses Essen.«
»Was ist damit?«
Nicole machte eine kleine Pause, bevor sie antwortete: »Es war unser zweites Date. Das habe ich dir damals gekocht, und danach hatten wir zum ersten Mal Sex.«
Ich grinste innerlich, weil ich mich nur noch an den Sex erinnern konnte. Ich sagte: »Richtig. Das war ein schöner Abend.«
»Rod, es war einer der schönsten Abende meines Lebens. Du warst – bist das größte Geschenk für mich.«
Ich trank einen Schluck Wein, und wir blickten eine Weile aneinander vorbei. Wieder zögerte Nicole, als wäre sie nicht sicher, wie sie beginnen sollte. Schließlich stellte sie mir die Frage, die ihr wohl schon die ganze Zeit auf der Zunge lag: »Wovor hast du Angst?«
Ich verstand sofort, trotzdem sagte ich: »Was meinst du?«
»Ich meine dich und mich und das Kind. Hast du davor Angst?«
»Natürlich nicht. Warum sollte ich?«
»Rod, das frage ich dich.«
Ich trank mein Glas leer. Nicole schenkte mir nach und sah mich dabei erwartungsvoll an. Ich spürte die Wirkung des Alkohols, ich hatte bestimmt ein halbes Jahr lang nichts mehr getrunken, weil ich es hasste, nicht mehr klar denken zu können. Dementsprechend stammelte ich: »Nicole ... Angst ... ist das falsche Wort.«
»Was ist dann das richtige?«
»Es ist schwer zu erklären.«
»Versuch's trotzdem.«
Ich nahm einen neuen Anlauf: »Vielleicht bin ich ja schon zu alt, um Vater zu sein. Ich bin bald fünfzig.«
»Das ist doch nicht zu alt.«

»Außerdem –«
»Was?«
»Ich … weiß einfach nicht, ob das gut gehen kann mit uns.«
»Das weiß man nie. Das ist das Leben, oder, Rod? Man tut etwas und weiß erst hinterher, ob es gut war oder nicht.«
»Das meine ich nicht.«

Nicole beugte sich vor. Ihre Lippen glänzten, und in ihren Augen flackerte Kerzenlicht. Ihre rote Mähne hatte ich schon immer geliebt. Ohne Zweifel war sie eine wunderschöne Frau. Ihre Stimme war ganz leise. »Dann sag mir endlich, was du meinst. Verstehst du nicht, Rod? Wir bekommen ein Kind. Ich muss wissen, woran ich mit dir bin.«

Aber wie sollte ich es ihr erklären, wenn ich es doch selbst nicht wusste? Ich sagte: »Nicole, es ist gerade eine schwierige Zeit für mich. Ich habe zwei Morde am Hals und muss diese saublöde Therapie machen –«

»Was ich für durchaus sinnvoll halte.«
»Das ist doch nicht der Punkt.«
»Doch, ist es. Oder zumindest einer der Punkte. Wenn du dich gestern beim Online-Spielen gesehen hättest. Du warst vollkommen weggetreten. Hattest diesen irren Blick. Wie ein Fanatiker!«

Nicole, dachte ich, hatten wir diese Diskussion nicht schon tausendmal? Ich arbeite zu viel, ich zocke zu viel? Ich sagte: »Ist es nicht so, dass du eigentlich einen anderen willst als den, der ich bin? Ich bin ein Bulle, ja, und ich zocke gern. Das bin ich. Ich war nie anders. Du kannst dir aus mir nicht deinen Wunschmann basteln, ich bin kein Baukastensystem.«

»Aber das will ich doch gar nicht!« Nicole saß mir gegenüber, ihre Augen versprühten Funken, und ihre Wangen waren gerötet.

Sie liebt dich!, dachte ich. Plötzlich sah ich deutlich die Wahrheit, die mir einen Dorn ins Herz trieb, und ich konnte nicht einmal erklären, warum.

Nicole hob die Hände wie zur Kapitulation. »Ich will mir

keinen Wunschmann basteln. Ich liebe dich, wie du bist. Aber meinst du nicht auch, es könnte nicht schaden, dich ein bisschen zusammenzureißen?«
»Zusammenzureißen?«
»Du wirst Vater. Egal wie viel du zockst oder arbeitest. Der Tatsache kannst du dich jetzt nicht mehr entziehen. Du kannst dir nur noch aussuchen, ob du gemeinsam mit mir und dem Kind oder allein leben willst. Es ist deine Entscheidung. Vater wirst du trotzdem.«
Ich leerte das vierte Glas und starrte auf den Tisch. Ich war betrunken, aber nicht zu betrunken, um nicht zu bemerken, dass ich mich selbst in eine Situation hineinmanövriert hatte, aus der ich keinen Ausweg mehr fand.
»Rod Killer«, sagte Nicole, »weißt du überhaupt noch, was oder wer du bist?«
»Was?«
Nicole stand auf, lief um den Tisch herum, auf dem noch das Geschirr stand, küsste mich und flüsterte: »Du bist ein Feigling. Ein kleiner, jämmerlicher Feigling.«
Ich sagte: »Stimmt.«
»Weißt du, was man einem Anfänger als Erstes erklären sollte, wenn er schwimmen lernt?«
»Schwimmen?«
»Ja. Schwimmen.«
»Was?«, lallte ich verwirrt. Ich konnte keinen Zusammenhang zwischen unserem Problem und Schwimmunterricht für Anfänger erkennen.
»Dass er aufhören muss, gegen das Wasser zu kämpfen. Er muss sich entspannen. Sich treiben lassen. Einfach zulassen, dass das Wasser ihn trägt. Auch du solltest aufhören zu kämpfen – unsere Beziehung kann funktionieren oder nicht, aber dafür musst du sie zulassen.«
Mir fiel keine dümmere Frage ein als die, wann Nicole je einen Schwimmkurs gemacht hatte. Aber zum Glück hatte ich Angst, zu sehr zu lallen, und hielt die Klappe.

Nicole setzte sich auf meinen Schoß, nahm mein Weinglas und stellte es auf den Tisch. Ich spürte, wie ihre warme Zungenspitze über meine Lippen glitt. Ihre Stimme klang schläfrig, als sie murmelte: »Rod, ich liebe dich, aber ich bin müde. Kommst du?«

Es muss der Alkohol gewesen sein, der mich antworten ließ: »Ich liebe dich auch.«

Wildwechsel

Ich wusste, dass es in diesen Zeiten politisch nicht korrekt war, einen Amischlitten zu fahren, der selbst bei seriöser Fahrweise schon über zwanzig Liter auf hundert Kilometer schluckte. Noch unkorrekter war es also, damit sinnlos durch die Gegend zu gondeln. Aber genau das tat ich gern, wenn ich ein Problem hatte, über das ich nachdenken musste. Und im Augenblick hatte ich nicht nur ein solches Problem, sondern mein ganzes Leben bestand aus einer endlosen Aneinanderreihung davon.

Ich hatte nicht gut geschlafen, ein schlechtes Gewissen wegen Nicole und höllische Kopfschmerzen. Außerdem Spielschulden, eine demente Mutter, die alkoholisiert Japanern deutsches Liedgut nahegebracht hatte – und der Brief der Anwaltskanzlei auf dem Beifahrersitz verhieß auch nichts Gutes. Eine Zeitbombe, die so oder so irgendwann hochgehen würde. Und ganz nebenbei hatte ich noch zwei Mordfälle aufzuklären, bekam aber keinen Fuß auf den Boden. Vielleicht würde mir wer auch immer verzeihen, dass ich auf dem Weg zur Arbeit einen kleinen Umweg nahm, um beim Fahren in einem original 68er Chevy Station Wagon, dem Erbstück meines Vaters, ein bisschen Ordnung in mein Gedankenchaos zu bringen.

Es war sieben Uhr morgens und noch dunkel. Ich war vom Troppauplatz auf die Zollnerstraße und von dort aus auf den Berliner Ring abgebogen. Nun fuhr ich am Bambados – ein weiteres Beispiel für den bescheuerten Trend, zwanghaft neue Wortschöpfungen zu kreieren, denn dahinter verbarg sich nur ein etwas größeres Hallenbad – vorbei die Pödeldorfer Straße hoch. Im Radio liefen die Nachrichten. Der übliche Wahnsinn oder, um es mit Waldis Vokabular zu formulieren: Die Welt war am Arsch. Die Straße führte aus Bamberg hinaus, einmal war ich hier nachts im Winter mit Fahrgästen unterwegs gewesen, vier schwarze GIs, die einen Mordslärm veranstalteten. Sie schrien sich gegenseitig an, einer lauter als der andere, ich dachte zunächst, es werde gleich ein riesengroßes Problem geben, aber dann stellte sich heraus, dass es sich um eine ganz normale Unterhaltung zwischen ihnen handelte. Das wirkliche Problem war das Blitzeis, das hinter der Kuppe lauerte, dort, wo der Wald begann, es deshalb kälter war und der Regen auf der Straße gefror. Ich hatte hundertzwanzig Sachen drauf, als ich auf die Eisfläche fuhr, die Amis schrien noch lauter, diesmal aus Panik, und ich wusste instinktiv, ich konnte jetzt nur noch ganz vorsichtig vom Gas gehen und darauf hoffen, dass alles gut ging. Der schwere Wagen schlitterte über die Eisbahn, die GIs brüllten wie am Spieß, aber am Ende überstanden wir alle die Situation unbeschadet, und ich hatte noch nie so bleiche schwarze Menschen gesehen.

Als die Nachrichten zu Ende waren, fuhr ich durch den Hauptsmoorwald. Mir kam der Gedanke, dass all unsere kleinen Welten womöglich nur ein Abbild der großen Welt waren. Mikrokosmus und Makrokosmus, meine Welt war im Augenblick irgendwie genauso am Arsch wie die große. Natürlich gab es in ihr keine Bomben, keine Kriege, und ich hoffte, die Kollateralschäden würden sich auch ansonsten in Grenzen halten.

Ich sah das Wildschwein klar und deutlich, natürlich sah ich es, wie es im Galopp vor mir die Straße überquerte. Es war überhaupt kein Problem, ich musste nicht einmal bremsen, noch jede Menge Platz zwischen dem Station Wagon und der Sau. Im Nachhinein betrachtet beging ich den typischen

Anfängerfehler. Schlimmer noch, ich war Polizist, also Teil der Polizei, die Autofahrer sogar schulte, was Wildwechsel betraf: Vor allem in den frühen und späten Dämmerstunden in Waldstücken langsam fahren und immer bremsbereit sein, denn ein Wild überquert die Straße selten allein, es ist fast immer im Rudel oder in einer Rotte unterwegs, sodass ihm wenigstens noch ein zweites Tier folgt. In meinem Fall war es eine Rotte. Aus den Augenwinkeln sah ich noch, dass die Sau ein Stück weiter im Wald wartete, doch als ich kapierte, was das bedeutete, war es schon zu spät. Die drei halbjährigen Ferkel brachen direkt vor mir aus dem Wald, ihre Frischlingsstreifen noch schwach sichtbar, und ich erwischte mindestens zwei von ihnen frontal. Als ich circa fünfzig Meter weiter zum Stehen kam, wünschte ich noch, die Straße hinter mir wäre leer, weil ich die Jungtiere vielleicht nur touchiert hatte und sie mit dem Schrecken davongekommen waren. Aber im Rückspiegel sah ich etwas auf der Straße liegen. Ich setzte langsam zurück und stieg aus. Immer noch hatte ich die schwache Hoffnung, dass die Ferkel nur einen Schock erlitten hätten und gleich aufspringen und putzmunter zur Bache in den Wald rennen würden. Aber ein Blick genügte, und ich wusste, was Sache war. Ich ging zurück zum Wagen, pflanzte das Blaulicht aufs Dach und schaltete es ein. Dann holte ich das Warndreieck aus dem Kofferraum und positionierte es hundert Meter hinter dem Station Wagon. Ich suchte in meinem Telefonverzeichnis die entsprechende Nummer, setzte mich in den Chevy und wartete auf den Förster.

Im Radio lief Snow Patrols »Chasing Cars«. Der Song gefiel mir gut, eine einfache, eingängige Melodie, und der Text, *»chasing cars around our heads«*, entsprach dem Zustand in meinem Kopf, aber auch dem meines Lebens oder des modernen Lebens überhaupt. So viele sinnlose Ziele, denen man mit großem Ernst nachjagt, unerfüllbare Sehnsüchte, *»show me a garden that's bursting into life«*, weil man selbst zu unvollkommen und selbstsüchtig ist, um sich ein Paradies, und sei es noch so klein, zu schaffen. Man scheitert an niemand anderem als an sich selbst. So gesehen machte die Geschichte von Adam und Eva als Metapher für die Geschichte der Menschheit absolut Sinn.

Ich nahm mein Handy aus der Ablage und begann, ein Memo zu den zwei Mordfällen zu tippen. Als Erstes beschäftigte ich mich mit meiner alten Clique. Auch wenn ich es mir ungern eingestand – Waldi hatte recht. Es war möglich, dass zumindest einige der Fäden, die es zu entwirren galt, sich genau dort verknotet hatten. Wir mussten also nicht nur Heidi und Veith interviewen, sondern auch herausfinden, wo der jetzige Aufenthaltsort der Prinzessin war. Am allermeisten aber musste ich in der Vergangenheit von Max herumstochern. Wahrscheinlich war das Loch, in dem er sich die letzten Jahre über verkrochen hatte, ein entscheidender Faktor für die Aufklärung seines gewaltsamen Todes.

Graues Halblicht begann beinahe unbemerkt, in den Novembermorgen zu fließen. Die Umrisse der hohen Kiefern schälten sich aus der Dunkelheit. Die Kiefern oder Föhren waren Berühmtheiten, bis aus Russland kamen Forstwissenschaftler, um die Koniferen mit den mächtigen geraden Stämmen und den Boden, auf dem sie wuchsen, zu studieren. Meine nächsten Notizen betrafen DEIMU und Frau Theiß alias Ganzmann, Hansis undurchsichtige Witwe mit dem kalten Herzen. Dr. Lautensinger, Schäfers Vorgänger, setzte ich ebenso auf die Liste der zu befragenden Personen wie die gefeuerte oder selbst gekündigte Plastik-Sekretärin Schmidt. Ich musste mehr über DEIMUs Transaktionen und die ihrer Ableger erfahren – DEIMU, das darwinistische Exempel dafür, dass Stark immer Schwach fraß. Als Letztes ergänzte ich meine Notizen um Chile und die Holding Villa Baviera. Als ich alles auf dem Display noch einmal durchging, schüttelte ich den Kopf. Ich war mir selbst ein Rätsel. Killer, die anderen haben recht, dachte ich. Was ist bloß los mit dir? Es gibt jede Menge Spuren, jede Menge Arbeit ist zu erledigen, und du hockst nur rum, verzockst Geld, das du nicht hast, und überfährst Wildschweine.

Ein olivgrüner Jeep hielt hinter mir. Der Förster war ein stämmiger Typ mit rötlichem Borstenhaar, klaren grünen Augen und wenigen Worten. Er besah sich die toten Schweine und sagte: »Selbst die Polizei ist nicht vor ihnen gefeit. Sind eine richtige Plage, aber zu schlau, um sich abschießen zu lassen.«

Ich erwiderte: »Aber nicht schlau genug, um nach rechts und links zu schauen, bevor sie über die Straße rennen.«

Der Förster öffnete die Heckklappe des Jeeps. »Helfen Sie mir?«

»Selbstverständlich.«

Zusammen hievten wir die zwei toten Ferkel auf die Ladefläche.

Der Förster fragte: »Hat Ihr Fahrzeug Schaden genommen?«

Ich zuckte mit den Schultern, lief einmal um den Wagen herum, fand aber nur ein paar Blutspuren und verklebte Borsten. »Nichts. Der Chevy ist ein Panzer.«

»Gut.« Der Förster tippte sich an eine imaginäre Kappe. »Dann ist die Sache für Sie erledigt. Schönen Tag noch.«

Ich bedankte mich, wendete und fuhr ins Präsidium.

Treffer

Es war halb neun, als Waldi und Hägar mich zu einem Briefing mit Dr. Schulz-Bellingröhr und Oberstaatsanwalt Dr. Herbert begleiteten. Jemand hatte zusätzliche Stühle in das Büro der Präsidentin gestellt, die uns aufforderte, Platz zu nehmen.

»Guten Morgen«, sagte sie, »und vielen Dank für Ihr Erscheinen. Kaffee, die Herrschaften?«

Wir nickten, inklusive Dr. Herbert, der sich bisher außer durch eine in die Runde geworfene Begrüßung noch nicht geäußert hatte.

Die Präsidentin holte Tassen aus einem Schrank und stellte

eine silberne Kanne auf ihren Schreibtisch. »Bitte. Bedienen Sie sich.«

Hägar langte nach der Kanne und schenkte allen ein. Dr. Herbert nahm sofort einen Schluck, der ihm offensichtlich zu heiß war, denn er biss sich auf die Lippen und blies dann in die Tasse. Er trug einen seiner Designeranzüge, dazu ein weißes Hemd und eine blaue Krawatte.

Wieder wusste die Präsidentin ihre schlanken Kurven mit einem engen grauen Rock und einer hellen Seidenbluse zu betonen. Sie hatte die Haare hochgesteckt, und ich konnte sehen, wie Waldi und Hägar sie anstarrten wie hypnotisierte Kaninchen eine Schlange. Sie sagte: »Bevor wir beginnen, Herr Killer, ein Wort an Sie, in aller Kollegialität.« Sie war offensichtlich kein Fan von langen Pausen, denn sie fuhr gleich fort: »Es geht um gestern. Sie sind nachmittags einfach von der Bildfläche verschwunden. Seien Sie doch bitte in Zukunft so nett, die Kollegen zu informieren, wo Sie was recherchieren. Und wenn es Ihnen, aus welchen Gründen auch immer, nicht möglich ist, an Ihrer Therapiesitzung teilzunehmen, rufen Sie Ihre Therapeutin kurz an und sagen Sie Bescheid.«

»Ich –«, begann ich.

Doch die Präsidentin machte eine kurze Handbewegung und lächelte mich kühl an. »Wir müssen das jetzt nicht ausführen, ich empfehle Ihnen nur, künftig so vorzugehen.«

»Okay.« Ich hatte nicht gedacht, so billig davonzukommen, wobei ich mir gar nicht sicher war, davongekommen zu sein. Oberstaatsanwalt Dr. Herbert hatte mit gespitzten Ohren die Brauen hochgezogen, und ich konnte mir gut vorstellen, dass Miss Perfect eine Art Fass irgendwo versteckt hatte, das in Bezug auf mich kurz vor dem Überlaufen war.

Sie sagte: »Bevor wir wieder in die Einzelheiten der Mordfälle gehen, möchte ich den jetzigen Stand der Dinge zusammenfassen. Bitte ergänzen Sie, was ich möglicherweise vergessen habe.« Ihr Blick war auf ihre Kaffeetasse gerichtet. »Wir gehen also davon aus, dass in beiden Fällen derselbe oder dieselben Täter zugange waren. Das schließen wir aus der jeweiligen Tötungsart, die zwar unterschiedlich ist, aber demselben Schema folgt, nämlich dem, dass das Opfer in eine Situation beziehungsweise Lage gebracht wurde, in der es sich zwangsweise früher oder später selbst getötet hat. Außerdem lässt diese Art von Hinrichtung – und so müssen wir den Mord tatsächlich nennen – die Vermutung zu, dass es sich bei den Morden entweder um Rache oder um eine Bestrafung des jeweiligen Opfers handelt. Stimmen Sie mir bis hierhin zu?«

Waldi, Hägar und ich nickten, Dr. Herbert schlug die Beine übereinander.

»Gut. Dann lassen Sie uns über mögliche Täter sprechen. Bitte, meine Herren.«

Waldi straffte seinen Oberkörper und sagte: »Ich beginne mit dem, was wir abhaken können.«

»Und das wäre?«, schaltete sich Dr. Herbert ein.

»Ich bin mir mit Killer, Verzeihung, meinem Kollegen Herrn Killer einig, dass der oder die Täter vermutlich nicht wie zuerst angenommen aus dem einschlägigen Bandenmilieu mit Migrationshintergrund kommen.«

»Erklären Sie mir bitte, wie es zur Änderung Ihrer Meinung kam.«

Ich ergriff das Wort. »Auslöser war der zweite Mord. Natürlich könnte sich auch eine mafiöse Bande so etwas Perfides ausdenken, aber die Spur führt doch eindeutig in eine andere Richtung.« Ich nahm einen Schluck Kaffee.

»Fahren Sie fort«, forderte mich Dr. Schulz-Bellingröhr auf.

»Da ist zunächst der Bezug der beiden Opfer zueinander. Sie kannten sich gut, sehr gut sogar, zumindest in ihrer Jugend. Und dann diese Firma DEIMU, die einen Großauftrag an Land ziehen konnte, weil Hans-Georg Ganzmann den stärksten Konkurrenten ausgeschaltet hatte. Indirekt ist DEIMU also ein weiterer Berührungspunkt von Ganzmann und Kauder, obwohl das auch Zufall sein könnte. Worin genau Maximilian Kauders Aufgabe in der Firma bestand oder was für eine Position er bekleidete, wissen wir noch nicht, aber die ehemalige Sekretärin hat ausgesagt, dass er vor einiger Zeit entlassen wurde und vor seiner Ermordung Geldforderungen an DEIMU stellte.«

»Ist bekannt, in welcher Höhe oder aus welchem Grund?«, fragte der Oberstaatsanwalt.

»Leider nicht. Aber wir wissen, dass er am Tag seiner Ermordung mehrmals in der Firma anrief, vermutlich um seine Forderungen zu stellen, jedoch von der Sekretärin abgewimmelt wurde.«

»Wie äußert sich diese Sekretärin dazu?«

»Äußerst diffus, wenn nicht sogar widersprüchlich. Zuerst leugnete sie die Telefonate, später lenkte sie ein und gab zu, Kauder habe angerufen. Über die Höhe der Forderung und ihren Grund konnte oder wollte sie nichts sagen. Eine sehr dubiose Person. Ihr ganzes Verhalten gibt zu der Vermutung Anlass, dass sie ebenfalls in Machenschaften verwickelt ist. Inzwischen wurde sie übrigens entlassen.«

»Postwendend nach der Befragung?«

»Ja. Allerdings behauptet der jetzige Chef von DEIMU, Dr. Schäfer, sie habe von sich aus gekündigt. Wir glauben ihm nicht.«

»Hm.« Dr. Herbert spielte mit dem spitzen Ende seiner Krawatte. »Wie erklärte die Sekretärin denn ihr Einlenken?«

»Als wir sie getrennt von Schäfer befragten, gab sie an, ein Verhältnis mit Kauder unterhalten zu haben. Sie habe sich nicht getraut, es vor ihrem Chef zuzugeben. Laut der Frau wurde das Verhältnis allerdings noch vor Dr. Schäfers Zeit einvernehmlich beendet.«

»Wer war vor diesem Schäfer Chef der DEIMU?«, fragte Dr. Herbert.

»Ein gewisser Dr. Lautensinger. Da wir bisher noch nicht wissen, wo er sich derzeit aufhält, konnten wir ihn auch nicht befragen.«

»Was haben wir über diese Firma?«

Hägar, der gerade einen Schluck Kaffee genommen hatte,

stellte die Tasse rasch ab. »Dazu habe ich recherchiert, kann aber nicht allzu viel sagen. Vielleicht nur, dass ich, nach allem, was ich bisher weiß, der Meinung bin, dass DEIMU unter anderem eine Art Schaukasten ist.«
»Ein Schaukasten?«
»Die Firma zeigt der Welt, was die Welt sehen will: Immobiliengeschäfte, imageträchtige Bauprojekte wie zum Beispiel die Bamberger ICE-Strecke und den Berliner Flughafen – wobei Letzteres inzwischen nicht mehr imageträchtig ist. Man muss schon ganz genau hingucken, um den schwarzen Fleck auf ihrer weißen Weste zu finden, der allerdings auf Nachfrage nicht geleugnet wird.«
Es schien ein Tick oder eine Strategie von Dr. Herbert zu sein, sich einzelne Worte aus dem vorangegangen Satz herauszupicken und als Frage zu stellen. »Schwarzer Fleck?«
Hägar malträtierte inzwischen wieder seinen Wikingerbart. »Dahinter verbirgt sich ein Tochterunternehmen der DEIMU mit dem euphemistischen Namen NEWHORIZON, was wohl so viel heißen soll wie: Wir eröffnen dir neue Horizonte. Tatsächlich wäre NEWDESTRUCTION passender.«
Dr. Herbert klang ungeduldig, als er sagte: »Können Sie sich nicht ein bisschen verständlicher ausdrücken?«
Hägar nahm die Finger aus dem Bart, um sie gleich wieder in ihm zu versenken. »Die DEIMU-Tochter NEWHORIZON zerschlägt im Auftrag von Firmen Konkurrenzfirmen.«
»Verstehe. Die sie dann für einen Spottpreis übernehmen.«
»Genau.«
Die Miene des Oberstaatsanwalts hellte sich auf. »Jetzt erinnere ich mich, wir hatten in der Vergangenheit einige Rechtsfälle, bei denen die Anklage Rufmord lautete, der aber nie nachgewiesen werden konnte. Wie war noch mal der Name der Firmentochter?«
»NEWHORIZON.«
»Genau. NEWHORIZON beschäftigte hervorragende Anwälte. Die Firma blieb unantastbar.«

Es entstand eine kurze Pause, bevor Dr. Schulz-Bellingröhr das Wort ergriff. »Herr Heinrichsmeier, meinen Sie mit der Schaukastenfirma die Tochter im Hintergrund von DEIMU oder noch etwas anderes?«

Hägar nickte bedächtig. »Etwas anderes. Etwas, das man nicht greifen kann.«

»Soll heißen?«

»DEIMU ist offensichtlich nur eine Unterfirma. Von einer Unterfirma, die wiederum Unterfirma einer anderen Firma ist.«

Dr. Herberts bisherige Mimik hatte hauptsächlich darin bestanden, vielsagend die Brauen zu heben. Jetzt sanken sie herab, und seine fokussierenden Augen hinter den Gläsern der Goldrandbrille wurden schmal. »Was soll das nun wieder heißen?«

»Dass hinter der Bamberger Firma DEIMU etwas viel Größeres steckt, das in seiner Vielschichtigkeit für uns nicht nachvollziehbar ist.«

»Unsinn.« In Dr. Herberts Kopfschütteln lag eine Spur der Arroganz von Vorgesetzten. »Sie wollen mir doch jetzt nicht die Story von der Briefkastenfirma auf den Caymans erzählen? Oder in Panama? Das ist kalter Kaffee.«

Hägars durchpflügter Bart gab Zeugnis von seiner Unsicherheit, dem Herrn Oberstaatsanwalt zu widersprechen. Aber es war nicht seine Art zu kuschen, und ich konnte den Ruck sehen, der durch seinen Körper ging, als der Entschluss, Kontra zu geben, gefallen war: »Bei allem Respekt, Herr Oberstaatsanwalt, aber genau das will ich. Sie müssen wahrscheinlich nur die Caymans oder Panama durch andere Orte ersetzen.«

Dr. Herbert gefiel der Einwurf gar nicht. Er blaffte: »Ich muss gar nichts.«

Beinahe noch mehr als Hägars Kontra interessierte mich die Position der Polizeipräsidentin in diesem kleinen Scharmützel. Dr. Herbert war ihr übergeordnet, und Hägar stand in der Nahrungskette ziemlich weit unter ihr. Ich hätte erwartet, dass sie sich nach oben orientierte. Meiner Meinung nach war sie die klassische Karrierefrau, die einerseits ihre Reize einsetzt, andererseits aber keinerlei Probleme damit hat, auf dem Schachfeld der Strategie Bauern, Pferde, Läufer und Türme zu opfern, wenn nur am Schluss der richtige König fällt. Aber ich hatte mich geirrt. Sie bezog überhaupt keine Position, sondern schien stattdessen amüsiert zu genießen, wie die beiden Männer sich anstarrten und mit Blicken ihren stillen Kampf ausfochten.

Überraschenderweise war es Waldi, der die Lage auf geradezu philosophische Weise deeskalieren ließ. Er sagte: »Weitpinkelwettbewerbe sind jetzt nicht die richtige Strategie, wir müssen an einem Strang ziehen.«

Für einen Moment herrschte Stille. Dann lachte Dr. Herbert laut los. »Weitpinkelwettbewerbe. Haha! Das ist gut. Frau Präsidentin, was sagen Sie dazu?«

Dr. Schulz-Bellingröhr lächelte verhalten. »Nun ja, was mich betrifft, eine etwas schiefe Metaphorik.«

Der Oberstaatsanwalt lachte jetzt schallend. »Schiefe Metaphorik! Das ist auch gut!« Schlagartig wurde er wieder ernst und sagte: »Also vergessen wir das.« Mit seinem Vorgesetztenblick wandte er sich an Hägar. »Sie sind also der Meinung, dass wir es bei DEIMU mit einer Matrjoschka zu tun haben.«

»Matrjoschka?« Hägar blickte unwissend.

»Diese russischen Puppen. Man macht eine auf, und drin steckt die nächste. Man macht diese auf, und wieder ist eine drin und so weiter und so fort.«

»Stimmt, so könnte man die Firmenkonstellation rund um DEIMU auch beschreiben.«

Dr. Schulz-Bellingröhr fuhr mit der Zungenspitze über ihre ebenmäßigen Zähne, wie um zu prüfen, ob Lippenstift an ihnen klebte. »Bis zu welcher dieser Puppen kann man vordringen, was glauben Sie?«

Hägar ließ von seinem Bart ab und nahm mit seinen Pranken

die Kaffeetasse in die Mangel. »Bis zur dritten. Aber das Bild stimmt nicht ganz.«

»Bild?«

»Bei den Puppen sehen wir nur die größte außen, nicht die kleineren in ihrem Inneren. Bei den Firmen ist es genau umgekehrt. Uns sind nur die kleinsten bekannt.«

Dr. Herbert nahm seine Brille ab, hielt sie gegen das Licht und säuberte sie mit einem Tuch. Dann sagte er: »DEIMU und NEWHORIZON, das macht zusammen zwei Firmen. Was ist mit einer dritten?«

»Die Villa Baviera Holding«, sagte Hägar.

Dr. Schulz-Bellingröhr dachte laut nach: »Eine Holding, deren ausschließlicher Zweck darin besteht, sich an anderen Firmen zu beteiligen.«

»Zum Beispiel an DEIMU«, stimmte Hägar ihr zu.

»Villa Baviera«, der Oberstaatsanwalt wedelte mit einer Hand, wie um eine fehlende Erinnerung herbeizuwinken, »der Name sagt mir etwas. Ist das nicht dieses –«

»Villa Baviera ist eigentlich eine Art Kommune«, erklärte Hägar. »Ein bayerisches Dorf mitten in Chile. Mit allem, was dazugehört: Lederhosen, Schweinshaxen und Bier in Maßkrügen.«

»Na ja, so etwas gibt es mittlerweile überall auf der Welt. Das Oktoberfest wird sogar in Amerika und wo sonst noch gefeiert. Die bayerische Kultur wird eben weltweit geschätzt.« Dr. Herbert spazierte vor dem Fenster auf und ab, die Hände in den Hosentaschen. »Aber erklären Sie mir, woher wir wissen, dass mehr Firmen hinter diesen dreien stecken.«

»Von den Münchener Kollegen vom K7«, sagte Hägar. »Es ist ein gängiges Schema: Eine, manchmal auch zwei oder drei Firmen dienen als Fassade, typischerweise sind sie so oder so ähnlich aufgestellt wie DEIMU. Besonders clever ist es, wenn man einen Ableger wie NEWHORIZON hat, der juristisch legal, moralisch aber eher verwerflich agiert. Dann konzentriert sich die Öffentlichkeit empört darauf und kann sich nicht vorstellen, dass der eigentliche Dreck ganz woanders versteckt ist. Oft geht es hinter der Fassade um Prostitution, Menschenhandel oder Glücksspiel.«

Dr. Herbert kratzte sich an der Nase und sagte: »Im Prinzip wissen wir ja, wie das funktioniert. Die Geschäfte laufen ab einer gewissen Ebene nur noch über das Darknet oder über E-Mail-Konten, die sofort anschließend oder spätestens dann, wenn wir auf sie gestoßen sind, gelöscht werden.«

Es folgte eine Pause, bevor sich die Polizeipräsidentin an mich wandte. »Dann zum nächsten Punkt, Herr Killer. Gibt es neue Erkenntnisse, was die spanischen Briefe betrifft?«

Ich nickte Waldi aufmunternd zu: »Darüber kann Ihnen Herr Schöps Auskunft geben.«

Waldi schien sich plötzlich nicht mehr ganz wohl in seiner Haut zu fühlen. Er fing an herumzudrucksen, das Ganze sei eine Zeitfrage, tausend andere Sachen seien zu tun, wir seien ja, wie auch der Herr Oberstaatsanwalt wisse, unterbesetzt und so weiter und so fort. Mir fiel sofort wieder seine Begeisterung ein, mit der er die Briefe an sich genommen hatte, und mir war klar, dass diese dabei nicht in erster Linie aus unserem Fall resultiert hatte.

Ich sagte: »Es gibt ein Problem mit Storch, stimmt's, Waldi?« Ich sah sofort, dass ich mit meiner Vermutung ins Schwarze getroffen hatte.

Frau Dr. Schulz-Bellingröhr hob den Kopf und drehte ihn ein wenig zur Seite, so wie ein graziles Tier, das Witterung aufnimmt. Sie war offensichtlich eine sehr genaue Beobachterin, der kein Stimmungswechsel entging. »Gibt es da etwas, was wir wissen sollten, Herr Schöps? Irgendwelche Probleme zwischen Ihnen und Herrn Storch? Und hat das Ganze vielleicht auch etwas damit zu tun, dass Herr Storch krankgeschrieben ist?«

»Weiß ich nicht«, brummte Waldi, der so tat, als inspizierte er den Sitz seines Hemdkragens.

Die Präsidentin ließ ihre Stimme seidenweich klingen. »Ihnen ist doch bewusst, dass es mir einzig und allein um eine gute Zusammenarbeit mit Ihnen allen geht. Wir sind erwachsene Menschen, die professionelle und gute Arbeit leisten wollen. Ich möchte nur vermeiden, dass Sand ins Getriebe kommt, denn das würde uns bei der Bewältigung unserer Aufgaben behindern. Also, was ist los?«

Waldi presste die Lippen aufeinander und rieb sich über die Fingerknöchel. Schließlich sagte er: »Das Problem ist, dass unsere Übersetzerin Storchs Verlobte ist. Sie ist Spanierin, und wir verstehen uns ganz gut, das ist Storch ein Dorn im Auge.«

»Ist er eifersüchtig?«

»Kann man so sagen.«

»Und deshalb übersetzt sie die Briefe nicht weiter?«

»Storch hat ihr die Briefe weggenommen und den Umgang mit mir verboten.«

Dr. Herbert schnappte nach Luft. »Er hat was? Die Briefe sind möglicherweise wichtiges Beweismaterial! Er kann sie nicht einfach zurückhalten, das blockiert doch die ganze Ermittlung!«

Ich schaltete mich ein. »Ich werde mich um die Sache kümmern.«

»Wir brauchen die Briefe. Sofort.« Das Seidenweiche war aus der Stimme der Präsidentin verschwunden. »Und eine andere Übersetzerin.«

»Wie gesagt, ich werde das gleich nach der Sitzung regeln.«

»Tun Sie das«, sagte Dr. Herbert. »Das hat uns gerade noch gefehlt. Ein eifersüchtiger Gerichtsmediziner, der uns einen Stock zwischen die Beine wirft.«

Ich streifte mit einem Seitenblick Waldi, der es vermied, irgendjemanden anzusehen. Ich kannte Storch als ruhigen, besonnenen Menschen mit absolut professioneller Einstellung. Wenn er so reagiert hatte, steckte mehr dahinter als »wir verstehen uns ganz gut«. Aber es machte keinen Sinn, das alles hier auszubreiten. Ich würde das Problem mit Storch und Waldi intern regeln. Also wechselte ich das Thema. »Herr Oberstaatsanwalt, ich würde gern noch einmal auf DEIMU zu sprechen kommen.«

»Bitte.«

»Kauder hat für die Firma gearbeitet und ist jetzt tot. Eine dubiose Sekretärin wurde entlassen. Ich glaube nicht, dass das alles Zufälle sind, und Dr. Schäfer gibt sich glitschiger als eine geschälte Mango. Meiner Meinung nach sollten wir den Laden komplett auseinandernehmen.«

»Welche Maßnahme schwebt Ihnen vor?«

»Ein richterlicher Beschluss.«

Dr. Herbert blickte skeptisch, nagte an seiner Unterlippe und überlegte. Dann wog er ab. »Sie haben recht, wenn Sie sagen, dass es der Zufälle ein bisschen zu viele sind. Die Wahrscheinlichkeit, dass DEIMU auf irgendeine Weise in die Mordfälle verwickelt ist, ist größer, als dass es die Firma nicht ist. Allerdings sprechen zwei Gründe gegen einen Durchsuchungsbeschluss. Erstens müssten wir die Wirtschaftsexperten aus München vom eben schon erwähnten K7 anfordern, die aber, wenn ich richtig informiert bin, bis zur Halskrause in Arbeit stecken. Zweitens zeigt die Erfahrung, dass solche Schaukastenfirmen juristisch gesehen fast immer absolut sauber sind. Mehr als die blank geputzte Fassade bekommt man von ihnen nicht zu sehen. Auch nicht, wenn man – metaphorisch gesprochen – auf den Putz haut. Wie Sie sehen, stehen also zwei Gründe gegen einen, was den richterlichen Beschluss betrifft. Abgesehen davon läuft mit den DNA-Tests schon ein riesiges Projekt.«

»Ich habe bereits vorgeschlagen –«, begann ich, doch die Präsidentin unterbrach mich.

An Dr. Herbert gewandt sagte sie: »Ich stimme Ihnen zu. Wir können nicht die halbe Welt auf unseren Fall ansetzen, sondern müssen ihn mit unseren eigenen Ressourcen lösen.«

»So ist es.« Dr. Herbert straffte sich, schloss den oberen Knopf seines Jacketts und zeigte uns entschuldigend seine goldene Uhr. »Ich muss Sie jetzt verlassen. Termine, Termine, Sie wissen ja, wie das ist. Machen Sie ohne mich weiter und informieren Sie mich, sobald es etwas Neues gibt.« Er nickte allen Anwesenden wohlwollend zu. Trotz Schutthaufen, Umzugskisten und Aktenstapeln, die überall im Weg standen, gelang ihm ein eleganter Abgang.

Dr. Schulz-Bellingröhr bleckte ihre weißen Zähne zu einem Haifischlächeln. »Herr Killer, es tut mir leid, dass ich Sie unterbrechen musste, aber ich kann nur wiederholen: Die DNA-Tests werden vollständig ausgewertet. Polizeiarbeit hat oft auch etwas mit Politik zu tun. An der Entscheidung, die getroffen wurde, wird nicht gerüttelt.«

Ich schüttelte den Kopf. »Ich bin bereits über meinen eigenen Schatten gesprungen, als ich meine falsche Einschätzung in Bezug auf das Balkanzentrum zugab. Ich weiß, dass ich für diesen Riesenaufwand verantwortlich bin, aber warum muss man jetzt mit allen Mitteln –«

»Herr Killer, das steht nicht mehr zur Diskussion.«

»Man könnte Kosten sparen und Kräfte für wichtigere Aufgaben einsetzen. War nicht ein Argument des Herrn Oberstaatsanwalts gegen einen richterlichen Beschluss für die Durchsuchung von DEIMU fehlendes Personal?«

»Sie können keine Labortechniker auf Computer oder Akten ansetzen. Es sei denn, Sie suchen dort Fingerabdrücke. Lassen Sie uns das Thema abhaken. Wir warten jetzt auf die Ergebnisse und tun unsere Arbeit.«

Während ihrer gesamten Rede hatte sie ihr Lächeln beibehalten wie eine schöne Maske, die man trägt. Jetzt trank sie einen Schluck Kaffee, setzte die Tasse wieder ab und sagte: »Ich werde mich um einen neuen Übersetzer für die spanischen Briefe bemühen. Wir brauchen diesbezüglich so schnell wie möglich ein Ergebnis. Außerdem werde ich Herrn Storch kontaktieren, damit wir wieder in den Besitz der Briefe kommen.«

Ich sagte: »Lassen Sie mich das tun. Wie gesagt, ich habe einen ganz guten Draht zu ihm.«

Sie überlegte einen Moment, bevor sie nickte. »In Ordnung.« Dann wandte sie sich an die anderen beiden. »Herr Heinrichsmeier, Herr Schöps, wie ist im Augenblick Ihre Sicht, was die beiden Morde betrifft?«

Waldi zuckte mit den Schultern. »DEIMU stinkt wie toter Fisch nach drei Tagen in der Sonne. Und zwar vom Kopf her. Wir sollten den Laden gründlich auseinandernehmen.«

»Herr Heinrichsmeier?«

Heinrichsmeiers Hand flog Richtung Bart. »Auch meiner Meinung nach macht es am meisten Sinn, in Richtung DEIMU zu ermitteln. Und im weiteren persönlichen Umfeld der Toten. Außerdem finde ich die Verbindung zu Chile interessant.«

»Inwiefern?«

»Soweit ich weiß, ist das Dorf mit dem Namen Villa Baviera ein Ableger der Colonia Dignidad.«

»Sie wollen auf die Sekte hinaus, die in den achtziger Jahren Schlagzeilen im Zusammenhang mit dem chilenischen Diktator gemacht hat?«

»Pinochet.«

»Sind Ihnen die genauen Umstände bekannt?«

»Nein, ich habe noch nicht recherchiert. Bisher weiß ich nur, dass es sich dabei um eine totalitäre religiöse Gemeinschaft handelte, deren Mitglieder fast ausschließlich Deutsche waren. Einigen davon und den Oberhäuptern der Sekte wurden massive Menschenrechtsverletzungen vorgeworfen.«

»Gab's darüber nicht sogar vor einiger Zeit einen Kinofilm?«, fragte Waldi.

»Stimmt«, sagte die Präsidentin.

Hägar ließ für einen Moment seinen Bart in Ruhe. »Jedenfalls werde ich versuchen herauszubekommen, wie und weshalb DEIMU und Villa Baviera zusammenhängen. Und auch, ob unsere beiden Opfer in deren Machenschaften verwickelt waren.«

Ich überlegte laut: »Das wäre eine mögliche Erklärung für den blinden Fleck in Kauders Vita. Vielleicht war er in der entsprechenden Zeit in Chile und hat für Villa Baviera gearbeitet.«

Hägar nahm die Arbeit an seinem Bart wieder auf. »Aber in seinem Reisepass war kein chilenischen Stempel, oder?«
»Das stimmt. Andererseits haben wir die Briefe gefunden. Das könnte ein Hinweis sein.«
»Umso wichtiger, dass sie schnellstens übersetzt werden«, sagte die Präsidentin.
Mir kam noch ein anderer Gedanke. »Wenn Max Kauder tatsächlich im Auftrag von DEIMU in Chile gewesen ist, dann hat sein Aufenthalt laut Aussage von Dr. Schäfer vor dessen Zeit stattgefunden. Dazu müssen wir also seinen Vorgänger, Dr. Lautensinger, befragen.«
Hägar machte sich eine Notiz. »Ich werde versuchen, ihn aufzutreiben.«
»Eine gute Idee.« Die Präsidentin lächelte wieder. »Und dann wäre da noch das Umfeld der beiden Opfer. Wir alle wissen, dass in neunzig Prozent aller Fälle die Täter aus dem Kreis der Familie, Verwandtschaft und der Freunde kommen.«
Mir fiel die kaltschnäuzige Witwe Hansis ein, und ich sagte: »Ich hatte das Vergnügen, Frau Ganzmann die Nachricht vom Tod ihres Mannes zu überbringen. Ein sehr aufschlussreicher Besuch.«
»Inwiefern?«
»Die Dame hat nicht einmal mit der Wimper gezuckt. Ich dachte zuerst, das wäre der Schock, aber nein. Die war kalt wie ein Eimer voller Eiswürfel. Angeblich wollte sie sich von ihrem Mann trennen. Trotzdem reagiert man doch, wenn der Ehemann ermordet wird, oder? Die beiden waren noch nicht einmal lange verheiratet.«
»Hat sie Ihnen das gesagt?«
»Indirekt. Sie hat mir erzählt, sie hätte ihn dabei kennengelernt, als er ihre Firma in die Insolvenz trieb.«
»Sie hatte eine eigene Firma?«
»Ja. Theiß Tiefbau.«
»Interessant.«
»Es ging um den Großauftrag für den Ausbau der ICE-

Strecke. Ganzmann hat es irgendwie so gedreht, dass nicht seine künftige Gattin den Auftrag bekam, sondern – man höre und staune – DEIMU.«
»Wie bitte?«
»Ja.«
»Er hat sie quasi ruiniert und dann geheiratet?«, fragte Waldi kopfschüttelnd.
»Das hat mich auch gewundert, aber sie erklärte mir, Berufliches streng von Privatem trennen zu können. Das eine habe mit dem anderen nichts zu tun.«
Hägar schenkte sich Kaffee nach und warf drei Stück Zucker hinterher. »Der Ruin ihrer Firma wäre ein mögliches Motiv, das dürfen wir nicht aus den Augen verlieren.«
Dr. Schulz-Bellingröhr nickte und machte sich mit ihrem Montblanc eine Notiz. Dann sagte sie: »Wir brauchen eine Liste mit allen Firmen, die für eine Übernahme zerschlagen wurden. Ich bin mir sicher, Dr. Schäfer hat eine solche in seinem Schreibtisch liegen.«
»Sehen Sie«, sagte ich, »mit einem Beschluss hätten wir sofort Zugriff darauf.«
»Wenn Dr. Schäfer clever ist, wird er sie uns auch so geben.«
Ich zuckte mit den Schultern. »Dann werde ich mal höflich bei ihm anklopfen. Wie weit soll die Übersicht zurückdatieren?«
»Bis zur allerersten Firma, die von NEWHORIZON ausgehebelt wurde. Sollte das Motiv für die Morde da liegen, können wir auch ältere Kandidaten nicht ausschließen.«
Für einen Moment herrschte Schweigen. Es ging auf Mittag zu. Auf der Starkenfeldstraße brummte der Verkehr, und von der Pfisterbrücke her klang das gedämpfte Rattern eines Güterzugs herüber.
»Soll ich uns eine Runde Pizza bestellen?«, fragte Hägar.
Waldi und ich nickten.
Die Polizeipräsidentin lächelte zuckersüß. »Pizza ist eher etwas für Männer. Gibt es bei Ihrem Italiener auch Salat?«

»Bestimmt. Aber der Italiener ist ein Grieche.«
»Ein griechischer Pizzabäcker?«
»Die Globalisierung. Jeder macht alles überall. Bei dem Griechen kann man Italienisch, Indisch, Chinesisch, Japanisch und Bayerisch bestellen. Wollen Sie eine Schweinshaxe?«
»Nein danke. Da bleibe ich doch lieber beim Salat.«
Während Hägar mit dem Griechen telefonierte, wandte sich die Polizeipräsidentin an mich. »Herr Killer, ich möchte noch einmal auf das persönliche Umfeld der beiden Mordopfer zurückkommen.« Sie machte eine Pause und musterte mich dabei aufmerksam, bevor sie sagte: »Sie gehören selbst dazu.«
»Gehörte«, verbesserte ich. »Das ist beinahe dreißig Jahre her.«
»Und seither hatten Sie keinen Kontakt mehr zu Ihren Freunden?«
»Absolut keinen. Den ermordeten Ganzmann habe ich sofort am Tatort erkannt, weil er sich wie manche Menschen nur wenig verändert hat, abgesehen von den normalen Spuren, die das Alter hinterlässt. Max Kauder wiederum hätte ich ohne die Identifikation durch seinen Ausweis niemals wiedererkannt.«
»Ich verstehe nicht ganz, was Sie damit sagen wollen.«
»Dass ich der einen oder anderen Person aus meinem damaligen Umfeld möglicherweise in all den Jahren unbewusst begegnet bin.«
»Wir müssen trotzdem in diese Richtung recherchieren. Da ein offensichtlicher Zusammenhang zwischen den beiden Mordfällen besteht, werden wir nach weiteren Verbindungen zu anderen Personen in deren Freundes- oder Bekanntenkreis suchen.«
»Das tun wir bereits. Bis auf zwei, bei denen wir noch nicht fündig geworden sind, haben wir von allen die Adressen. Ebenso eventuelle Freundschaften, die in den letzten dreißig Jahren entstanden sind. Ich war bereits bei einem Bekannten

der beiden Opfer. Er heißt Matthias Heinlein. Klassische Kriminellenkarriere: Serientäter, Diebstahl, Körperverletzung, Zuhälterei, Raub. Die ganze Palette. Sitzt gerade in Ebrach ein, kommt aber nächste Woche raus.«
»Könnte er etwas mit den Taten zu tun haben?«
»Möglich, aber eher unwahrscheinlich. Auch Heinlein gibt an, seit knapp dreißig Jahren keinerlei Kontakt zu den Opfern gehabt zu haben.«
»Glauben Sie ihm?«
»Ja. Warum sollte er lügen? Für die Morde hat er ein absolut wasserdichtes Alibi.«
»Er könnte sie von der JVA aus in Auftrag gegeben haben.«
»Wie gesagt: Möglich, aber ich persönlich glaube es nicht. Heinlein ist ein Serienkrimineller, aber kein Mörder. Was hätte er auch für ein Motiv? Selbst wenn es vor Jahren Streit zwischen ihm und den Opfern gegeben hätte, sollte das doch längst kein Thema mehr sein.«
Die Polizeipräsidentin erwiderte skeptisch meinen Blick, dann nickte sie. »Also gut. Und was ist mit den anderen?«
»Wir sind dran. Eine Frau wohnt in der Gereuth. Ich werde sie befragen, nachdem ich die Sache mit Storch und den Briefen geregelt habe. Ein weiterer Bekannter der Opfer lebt in Würzburg. Auch den werden wir schnellstmöglich aufsuchen. An den letzten zwei Personen aus dem ehemaligen Umfeld der Opfer, von denen wir noch keinen Aufenthaltsort haben, bleiben wir dran.«
Hägar war mittlerweile mit der Bestellung fertig. Er sagte: »In fünfzehn Minuten ist das Essen da.«
In diesem Augenblick kämpfte sich eine uniformierte Kollegin den Weg durch Kisten, Ordner und Stühle zu uns durch und reichte der Präsidentin einen DIN-A5-Umschlag. »Das ist gerade vom Labor gekommen.«
Dr. Schulz-Bellingröhr bedankte sich, öffnete das Kuvert mit dem Fingernagel und zog ein Blatt Papier heraus. Sie überflog es, und sofort stand ihr die Überraschung ins Gesicht

geschrieben. Sie reichte mir das Schreiben mit den Worten: »Sehen Sie sich das an. Wir haben einen Treffer.«

Bla, bla, bla

Der Mann war Kosovo-Albaner. Er war seit fünf Jahren in Deutschland und hatte davon eineinhalb in München-Stadelheim verbracht. Überfall auf eine Tankstelle mit schwerer Körperverletzung. Es war mir ein Rätsel, warum es nicht möglich war, solche Leute auszuweisen. Sein Name war Muhamed Shqip, er war achtunddreißig Jahre alt, hatte braune Augen, dunkelbraune Haare, trug einen Bart und war eins neunundsiebzig groß. Geburtsort Zgatar, laut Wikipedia ein Dorf in der Nähe der Stadt Dragash im Kosovo, nahe der albanischen Grenze. Religion: Islam. Und schon hatten wir ein Problem. Wann immer im Zusammenhang mit einem Verbrechen das Wort »Islam« oder »Moslem« auftauchte, sahen sofort alle rot. Terrorverdacht. In diesem Fall reichte allerdings schon der Vorname – Muhamed.

Die Kollegen hatten den Mann noch am Vorabend nach unserer Unterredung mit der Polizeipräsidentin im Balkanzentrum in den ehemaligen Warner Barracks festgenommen. Jetzt, am Morgen, saß er Waldi und mir in unserem Verhörraum, der als einer der wenigen des Präsidiums bereits renoviert war, gegenüber. Hinter der Glasscheibe erkannte ich die Silhouette von Dr. Schulz-Bellingröhr, die über Außenlautsprecher alles, was gesagt wurde, mithören konnte. Muhamed Shqip gab sich alle Mühe, dem Klischee von einem Bad Guy zu entsprechen. Er präsentierte mir seine stark tätowierten Unterarme unter hochgekrempelten Hemdsärmeln und streckte die Beine weit von sich. Sein dunkles, bärtiges Boxergesicht mit der eingeschlagenen Nase drückte nur eins aus: Verachtung. Er sah so aus, als würde er gleich angewidert vor sich auf den Boden spucken.

Ich schaltete das Aufnahmegerät ein, diktierte Datum, Uhrzeit und die Namen der beim Verhör anwesenden Beamten und lehnte mich mit verschränkten Armen zurück. »Herr – wie spricht man das aus? – Skip oder Schkip?«

Der Mann reagierte nicht, zuckte nicht mal mit der Wimper. »Sie haben natürlich das Recht, nichts zu sagen, aber es wird Ihnen mehr schaden als nützen.« Ich schob mein Handy über den Tisch in seine Richtung. Seine dunklen Augen folgten der Bewegung wie die eines Raubtiers, das seine Beute fixiert. »Haben Sie einen Anwalt, den Sie anrufen wollen?«

Shqip gab erneut keine Antwort und starrte weiterhin auf das Mobiltelefon, das vor ihm lag.

»Wenn Sie keinen Anwalt haben, wird Ihnen ein Pflichtverteidiger zugewiesen. Der Richter hat Untersuchungshaft für Sie angeordnet, das heißt, dass Sie nach den Befragungen stets zurück in die Justizvollzugsanstalt in der Sandstraße überführt werden. Sie sind der Morde an Max Kauder und Matthias Heinlein angeklagt. Die Beweislage gegen Sie ist eindeutig. An beiden Toten wurde Ihre DNA festgestellt. Haben Sie eine andere Erklärung dafür, als dass Sie der Täter sind?«

Wieder keine Reaktion.

»Vielleicht ist er stumm«, schlug Waldi vor. Er grinste Shqip an. »Hey, Kamerad, bist du stumm?«

Shqip hob zum ersten Mal den Blick und ließ ihn eine Weile auf Waldi ruhen. Draußen, im freien Leben auf der Straße, wäre dieser Blick einer ernsthaften Drohung gleichgekommen, aber im Vernehmungsraum zuckte Waldi nur mit den Schultern. »Skip oder Schkip, ich weiß jetzt, wie man deinen Namen richtig ausspricht: Shit. Wenn du Wert auf Formalitäten legst, sag ich auch gern ›Herr Shit‹ zu dir. Alternativ können wir natürlich beim kumpelhaften ›Shit‹ ohne ›Herr‹ bleiben, such's dir aus.« Er wartete eine Weile. Als vom Kosovo-Albaner nichts kam, fuhr er fort. »Du denkst vielleicht, dass einer von uns beiden der Good Cop und der andere der Bad Cop ist. Aber du täuschst dich. Mein Partner hier ist nämlich der Bad Cop, und ich bin der –« Er wandte sich an mich. »Killer, wie ist die Steigerung von *bad*? Richtig krass *bad*?«

Waldis Nummer war amüsant, aber ich hielt nicht viel von solchen Spielchen. Ich sagte zu ihm: »Vielleicht spricht unser Freund überhaupt kein Deutsch, und er antwortet deshalb nicht. Weil er gar nicht kann.«

Waldi schüttelte den Kopf: »Wetten, der versteht jedes Wort?«

Ich wandte mich wieder an Shqip: »*Do you speak English? Do you understand what I say?*«

Der Kosovo-Albaner zeigte keinerlei Reaktion. Also wechselte ich wieder ins Deutsche. »Wo waren Sie am 8. November dieses Jahres nachmittags zwischen vierzehn und achtzehn Uhr?« Wieder wartete ich eine Weile, aber seine Strategie war mir von Anfang an klar gewesen. Sie hieß Schweigen. Trotzdem fuhr ich unbeirrt fort: »Und wo am 11. zwischen zwei und fünf Uhr morgens?«

Schweigen.

»Herr Shqip, was war Ihr Motiv? Waren die beiden Opfer in Bandenangelegenheiten verwickelt?«

Nichts.

»Ging es um Schutzgeld? Um Drogen? Menschenhandel?«

Shqip holte seinen Kaugummi aus dem Mund, musterte ihn prüfend und steckte ihn wieder zurück.

»Es waren Auftragsmorde, stimmt's? Jemand hat Sie dafür bezahlt.«

Der Kosovo-Albaner schwieg.

»Herr Shqip, wir werden es so oder so herausfinden. Wenn Sie nichts sagen, kostet es uns nur ein bisschen mehr Zeit, was für uns kein Problem darstellt. Allerdings für Sie. Verstehen Sie, was ich meine?«

Shqip gähnte.

Waldi stand auf und stellte sich hinter ihn. Keine Ahnung, in welchem Film er das gesehen hatte, aber er legte beide Hände auf die Schultern des Kosovo-Albaners und fing an, wie ein

Trainer, der seinen Sportler für den Wettkampf fit macht, dessen Schultern zu massieren. Er sagte: »Shit ... 'tschuldigung, ich meine natürlich: Herr Shit. Mein Kollege hat recht. Für uns macht es keinen Unterschied. Ich erkläre dir das jetzt mal genauer. Du kannst hier natürlich weiter einen auf schweigsamen Helden machen. Das nennen wir allerdings ›unkooperativ‹, und der Richter hat noch ganz andere Ausdrücke dafür – zum Beispiel ›Abschiebung in ein schönes albanisches Gefängnis‹, wo man den Gefangenen zum Spaß Elektroden an die Eier klebt, wenn die nicht vorher schon als Weihnachtskugeln an den Christbaum gehängt wurden. Ach, stimmt ja, du bist überhaupt kein Christ, sondern von der anderen Fraktion. Habt ihr eigentlich so etwas wie einen Weihnachtsbaum? Na ja, ist ja auch egal.« Waldi hörte mit der Schultermassage auf und bückte sich, bis sein Gesicht nur noch Zentimeter vor dem des Verdächtigen war. »Das ist der Weg, den du im Augenblick gehst: zurück in deine schöne Heimat, wo man viel besser weiß als hier, wie man einen zweifachen Mörder zu behandeln hat. Obwohl – jede Wette, dass zwei Morde bei dem ehrenwerten Herrn Shit nicht reichen werden. Bei uns verhätschelt man Kriminelle ja bloß, wobei die total verweichlichen. Die Vorstellung muss der blanke Horror für dich sein, weil du ja so ein knallharter Bursche bist.«

Ich konnte sehen, dass Waldi sich in der Rolle des coolen, abgebrühten Bullen gefiel. Draußen vor der Glasscheibe stand die Polizeipräsidentin wie eine Statue. Wäre interessant gewesen zu wissen, was sie von Waldis Verhörmethoden hielt. Wie auch immer, es war an der Zeit, dass ich wieder übernahm. »Herr Shqip, ich muss Ihnen leider sagen, dass mein Kollege mit allem recht hat. Mit jeder Minute Ihres Schweigens werden Ihre Karten schlechter. Eine klare Aussage, zum Beispiel ein Geständnis, kann Ihnen hingegen ein paar Jahre Gefängnis ersparen. Wie Sie als Migrant wissen dürften, haben unsere Politiker gerade an den Abschiebungsgesetzen herumgebastelt. Und bestimmt nicht, damit es schwieriger wird, so jemanden wie Sie in ein Gefängnis in Ihrer Heimat zu überstellen. Schon allein aus Gründen der Kostenersparnis.«

Der Kosovo-Albaner hob zum zweiten Mal während des Verhörs den Kopf. Diesmal versuchte er, mich mit seinen dunklen Augen zu durchbohren. Und jetzt redete er auch. Er sagte: »Fick dich.«

Es war inzwischen acht Uhr abends, und unser Verdächtiger saß in Untersuchungshaft. Zusammen mit Waldi hatte ich nach der Befragung ein wenig im Internet recherchiert. Allein im Jahr 2015 waren über achtzehntausend Kosovo-Albaner nach Deutschland gekommen. Der Flüchtlingsstrom war erst wieder versiegt, als man ihnen erklärte, dass keiner von ihnen politisch verfolgt wurde, der Kosovo ein sicheres Land sei und sie als reine Wirtschaftsflüchtlinge keine Chance auf Asyl hätten. Auch ihre Behauptung, Deutschland habe, zusammen mit Verbündeten, ihr Land kaputtgemacht, änderte nichts daran, denn es verhielt sich genau andersherum. Die NATO hatte einen wesentlichen Anteil an der Beendigung der serbischen Herrschaft im Kosovo, und Deutschland hatte 2008 dem Staat Kosovo zugestimmt, von dem Kritiker allerdings behaupteten, er sei durch mafiöse Strukturen bestimmt, die auch in andere Länder exportiert würden – zum Beispiel nach Deutschland. In Bamberg hatten wir bisher mit Kosovo-Albanern nicht mehr oder weniger Probleme gehabt als mit Zuwanderern anderer Ethnien. Kriminalität war so oder so eher eine Sache des sozialen Umfeldes und des Bildungsstandes, die Quote stieg im umgekehrten Verhältnis zu Letzterem. Es war kein Geheimnis, dass es unter Akademikern am Starnberger See weniger Bandenkriminalität gab als im Hartz-IV-Ghetto in Berlin-Neukölln.

Jedenfalls wusste ich, dass noch eine Menge Arbeit auf uns wartete. Zwar hatten wir jetzt mit sehr hoher Wahrscheinlichkeit einen Täter – DNA-Tests lügen so gut wie nie, die Fehlerquote liegt bei null Komma null eins Prozent –, aber ich war mir absolut sicher, dass wir es mit keinem Einzeltäter zu tun hatten. Wir mussten Shqip irgendwie zum Reden bringen, doch mir war klar, dass wir mit ihm einen knallharten Burschen gefangen hatten. Waldis Spielereien würden ihn mit Sicherheit nicht von seiner Schweigestrategie abbringen. Wenn der Kosovo-Albaner wirklich im Bandenwesen tätig war und die Morde von Max und Hansi damit im Zusammenhang standen, dann würde er den Teufel tun, jemanden zu verpfeifen. Wie die Bestrafung dafür aussehen könnte, hatte er selbst demonstriert.

Ich war auf dem Weg zu Storch und fuhr die Südtangente hoch zum Babenbergerring. Ich stellte den Wagen vor der Haustür ab und musste dreimal klingeln, bevor es aus der Sprechanlage krächzte: »Ja?«

»Ich bin's, Killer.«

Es dauerte wieder ziemlich lang, bis der Summer ertönte und ich ins Haus gelassen wurde. Ich fuhr hoch in den vierten Stock und musste an die Party denken, die Storch zu seiner Verlobung mit der kleinen Spanierin gegeben hatte. Sie schien Ewigkeiten her zu sein. Die Tür zu seiner Wohnung stand offen, und ich betrat den Flur. Storch hockte auf dem Sofa, eine halb leere Flasche Wein vor sich auf dem Couchtisch. Er hatte tiefe Ringe unter den Augen und starrte ins Leere. Ich fragte: »Was ist denn los, Herr Gerichtsmediziner? Du siehst ja tatsächlich ein bisschen krank aus.«

Er gab keine Antwort, sondern sah mich nur an.

»Das kommt mir bekannt vor«, sagte ich.

»Was?«, fragte er mit tonloser Stimme.

»Ein Verhör, bei dem der Verdächtige schweigt und am Schluss nur sagt: ›Fick dich.‹«

»Fick dich.«

»Ich hoffe, damit hast du jetzt nicht mich gemeint. Aber um dich auf den neuesten Stand der Ermittlungen zu bringen: Die DNA-Tests waren doch noch ein Erfolg. Es gab einen Treffer, einen Kosovo-Albaner. Ich komme gerade von seiner Befragung. Sie ist wie gerade beschrieben verlaufen.«

»Glückwunsch zur Festnahme.«

»Ich denke, wir stehen trotzdem noch ziemlich am Anfang. Wir kennen sein Motiv nicht, und sollte er die Morde für jemand anderen begangen haben, wissen wir noch nichts über seinen Auftraggeber.«

»Na dann, viel Spaß.«

Ich betrachtete Storch stirnrunzelnd. Auch wenn er trotz der offenen Weinflasche keinen betrunkenen Eindruck machte, hatte er mit dem Storch, den ich als kühl analysierenden Verstandesmenschen kannte, kaum etwas gemeinsam. Er sah grau, alt und deprimiert aus. Dass ihm der Konflikt mit Waldi und seiner kleinen Verlobten so zu Herzen ging, wunderte mich schon sehr. Ich fragte: »Jetzt sag schon: Was ist los? Wo ist Juanita?«

»Juanita?« Storch klang total verbittert. »Lass dir das von deinem lieben Kollegen Waldemar Schöps erklären.«

»Er sagt, du seist eifersüchtig, weil er sich gut mit ihr versteht.«

Storch ließ ein zynisches Lachen hören. »Sie verstehen sich allerdings gut. Und zwar so gut, dass sie schon bei ihm eingezogen ist.«

»Wie bitte?«

»Du hast richtig gehört. Dein netter Partner hat mir die Verlobte ausgespannt.«

Ich verkniff mir die Bemerkung, dass immer zwei dazugehören, denn ich war mir sicher, Storch wollte die Binsenweisheit jetzt als Allerletztes hören. Aber wollte er überhaupt etwas hören? Für eine solche Situation fehlten mir die passenden Worte, wenn es überhaupt welche gab: Kopf hoch, alter Junge, die Welt geht davon nicht unter, morgen ist auch noch ein Tag, selbst die schwärzeste Stunde hat nur sechzig Minuten? Letzteres war das Motto meiner Mutter in schweren Zeiten gewesen. Ich war mir sicher, hätte ich solche schlauen Sprüchen von mir gegeben, wäre Storch mir an die Gurgel gegangen. Ich beschloss also, das Thema allgemein zu behandeln, und sagte:

»Das ist absolut schlechter Stil von Waldi, so etwas macht man nicht. Aber vor allem ist es nicht gut, wenn es Streitereien im Kollegium gibt und die Arbeit darunter leidet. Und genau das ist im Moment der Fall.«

»Erzähl das deinem Partner und nicht mir«, fauchte Storch, langte nach dem Weinglas, trank es leer und knallte es auf den Glastisch, dass ich Angst hatte, beides werde zu Bruch gehen.

»Die Sache ist die …« Ich sah zu, wie Storch sich mehr Wein einschenkte, und sagte dann: »Ich weiß, dass es momentan schwer für dich ist, aber ich möchte dich bitten, dich nicht gehen zu lassen. Wir brauchen dich. Schaller ist kein schlechter Mann, aber er kann nicht alles allein machen. Die vielleicht so wichtigen Details der gerichtsmedizinischen Ergebnisse fehlen noch. Ich gebe dir ein Beispiel: Mal angenommen, die Opfer wurden betäubt oder mit einem Elektroschocker außer Gefecht gesetzt und wir finden Betäubungsmittel oder einen Taser bei dem Kosovo-Albaner, dann haben wir ihn ganz anders an den Eiern als ohne.«

Storch blaffte: »Ich bin kein Anfänger. Ich weiß das. Aber dein Kollege hat die Sache verbockt, also soll er auch die Arbeit machen.«

Ich seufzte. »Robert, mir ist klar, das ist schnell dahingesagt, aber ich meine es ernst: Du musst versuchen, deine privaten Probleme vom Job zu trennen.«

Diesmal lachte er höhnisch. »Das sagt der Richtige. Wer macht denn gerade eine Therapie wegen Spielsucht – du oder ich?«

Der Treffer saß. Ich versuchte, es mir nicht anmerken zu lassen, und verzog meine Lippen zu einem gequälten Lächeln. »Lass uns sachlich bleiben. Ich bin hier, weil ich dich wieder zurück ins Boot holen will. Klar, die Sache tut weh, aber hier herumzuhocken, sich zu besaufen und zu bemitleiden ist auch keine Lösung.«

»Bla, bla, bla.« Storch klang zunehmend aggressiv und kippte sich mehr Wein nach.

Ich hob beschwichtigend die Hände und sagte: »Ich lass dich ja schon wieder in Ruhe. Aber gib mir wenigstens die Briefe, damit wir mit ihnen weiterarbeiten können.« Storch langte hinter sich und knallte das Bündel Papier wortlos auf den Glastisch.
Ich nahm es an mich. »Danke.«
»Und jetzt hau bitte ab.«

Hausregel Nummer 1

Zugegeben, es war nicht nur Storchs Herzschmerz, der uns bei den beiden Mordfällen etwas ausbremste, sondern zu einem guten Teil auch das gegenwärtige Chaos in meinem Privatleben. Im Altenheim hatte ich mit Engelszungen auf die Anwesenden der einberufenen Krisensitzung – Heimleiterin, drei Pflegerinnen, Arzt – eingeredet, um zu verhindern, dass Mutter in eine geschlossene Abteilung kam. (»Bei allem Respekt, Herr Killer, aber keine Ihrer Versprechungen hat sich bewahrheitet. Ich möchte Sie nur an diese absurde Idee mit der Fußfessel erinnern. Und Alkohol und Demenz sind die schlimmste Kombination, die man sich vorstellen kann.«) Ich weiß nicht, wie, aber es war mir tatsächlich gelungen, eine letzte Chance für Mutter herauszuschlagen. Zwischen diesem Gespräch und der nächsten Soko-Sitzung war ich zu Hause gewesen, um mich um Nicole zu kümmern, die in die Phase der Schwangerschaftsübelkeit eingetreten war. Das Gespräch über unsere unterschiedlichen Vorstellungen, was die Zukunft betraf – sie: »Rod, ein Kind, eine Familie, das ist doch etwas Wunderbares!«; er: »Nicole, das ist es sicher, vorausgesetzt, die richtigen Menschen sind zusammen« –, wurde immer wieder durch ihr Aufspringen und Zum-Klo-Rennen unterbrochen.

In der Soko-Sitzung legte uns ein Kollege schließlich eine Liste mit den Firmen vor, die von NEWHORIZON in der Vergangenheit zerschlagen worden waren. Es handelte sich um die stattliche Anzahl von vierzehn Unternehmen.

Hägar alias Heinrichsmeier, der erst letztes Jahr zu uns gestoßen war und sich noch nicht so gut mit Interna auskannte, fragte:»Und wer, bitte schön, soll sich auch noch darum kümmern?«

Er erntete hämisches Gelächter und erhielt, als er verwirrt nachfragte, warum alle lachten, von Waldi die Antwort: »Hausregel Nummer 1: Wer als Erster fragt.«

Als Nächstes berichtete die Polizeipräsidentin persönlich. Unser Mordverdächtiger, der Kosovo-Albaner Muhamed Shqip, schwieg nach wie vor wie ein Grab. Oberstaatsanwalt Dr. Herbert und Frau Dr. Schulz-Bellingröhr hatten ihn am Morgen eigenhändig in die Mangel genommen, ohne Ergebnis. Immer wieder betonten sie, dass seine Verhaftung einen großen Erfolg darstellen würde, im Augenblick aber mehr Fragen aufwarf als Antworten lieferte. Mit seiner Festnahme war der Fall jedenfalls nicht abgeschlossen. Es gab zu viele Querverbindungen, die es zu untersuchen galt. Zudem rückte seit Shqips Verhaftung wieder das Motiv der Racheakte im Bandenmilieu in den Vordergrund. Musste nur noch herausgefunden werden, was die beiden Opfer mit einer kriminellen Organisation zu tun gehabt hatten. Das Hauptproblem bei der Klärung der Frage lag darin, dass der Polizei von mafiösem Bandenwesen in Bamberg überhaupt nichts bekannt war. Natürlich gab es Kleinkriminelle, Drogendealer, Zuhälter. Aber weder waren die in Bamberg großartig organisiert, noch traute man einem oder auch mehreren von ihnen Morde dieser Art zu. Doch wie hieß es so schön? Man hatte schon Pferde kotzen sehen. Jedenfalls hatten Dr. Herbert und die Präsidentin beschlossen, sich der Presse gegenüber bedeckt zu halten. Bislang hatte man lediglich verlauten lassen, dass ein Tatverdächtiger festgenommen worden war. Über die Herkunft des möglichen Täters und vermutete Motive hatte man geflissentlich geschwiegen.

Schaller hatte noch die Neuigkeit, dass es vom Labor keine

Neuigkeiten gab. Wir warteten also immer noch auf die Auswertung des Blutbildes der Opfer, um die Frage zu beantworten, ob sie möglicherweise betäubt worden waren, bevor sie in die für sie tödliche Position gebracht wurden. Die Antwort darauf war nicht unwichtig, wenn es um die Täterzahl ging, denn es war ein Unterschied, ob wir einen oder drei Beteiligte fangen mussten.

Heinrichsmeier hatte noch keine Zeit gefunden, nach Würzburg zu fahren, um mit Veith aus meiner alten Clique zu sprechen. Auf meinen Vorschlag hin, ihn anzurufen, antwortete er: »Hab ich schon hundertmal probiert, es geht niemand ran.«

Immerhin hatten die Kollegen es in der Zwischenzeit geschafft, Fritz, den Knirps, ausfindig zu machen beziehungsweise zumindest seinen derzeitigen Wohnsitz. Wobei Wohnsitz übertrieben war, denn die Spur führte über verschiedene Adressen in Hamburg und Umgebung, von wo aus er wohl ein paar Jahre lang auf Containerschiffen um die Welt geschippert war, zu einer Anschrift in Düsseldorf, die aber ebenso nur Makulatur war. Unter ihr war ein Zirkus registriert, der durch Europa tingelte. Wie wir eine Befragung mit Fritz arrangieren sollten, stand also in den Sternen.

Blieb noch die rote Heidi, bei der ich heute oder morgen mal an der Tür klingeln wollte, und natürlich: die Prinzessin. Die war allerdings ebenfalls von der Bildfläche verschwunden, was bei allen Eigenartigkeiten unserer Ermittlungen vielleicht die allergrößte war. In der heutigen Zeit ist es zumindest in der modernen westlichen Welt nahezu unmöglich, sich unsichtbar zu machen. Man hinterlässt ständig und überall seinen Fußabdruck. Das beginnt bei Ämtern und Gemeinden, setzt sich in Schulen und Universitäten fort und endet nicht zuletzt bei Banken respektive am Geldautomaten. Um sich vollständig in Luft aufzulösen, gab es nicht allzu viele Möglichkeiten. Schon gar keine legalen.

Letzter Punkt der Besprechung war Dr. Lautensinger, ehemaliger CEO von DEIMU, Vorgänger von Dr. Schäfer. Auch in

Bezug auf ihn gab es keine guten Neuigkeiten. Dr. Lautensinger war vor einem Jahr bei einem Autounfall in Frankreich ums Leben gekommen. Es würde uns nichts anderes übrig bleiben, als zu versuchen, einen damaligen Stellvertreter oder jemand anderen aufzutreiben, der in der Lage und auch willens war, uns Auskunft über Max Kauders frühere Tätigkeit bei DEIMU zu geben.

Ausnahmsweise schaffte ich es pünktlich zur Gruppentherapie. Ich war sogar fünf Minuten zu früh dran, und trotzdem war bereits die ganze Mannschaft versammelt. Einschließlich Dr. Pontorra, die dieses Mal eine Brille mit Gestell im Tigermuster-Look trug und mir mit ihrer tiefen Altstimme entgegenrief: »Herr Killer, ich mache mir ernsthaft Sorgen um Sie!«
Ich stand auf der Leitung. »Wieso?«
»Ironie! Sie sind nicht nur pünktlich, sondern sogar überpünktlich.«
Ich setzte mich auf einen Stuhl, um die Sache mit stoischer Gelassenheit zu ertragen. Wieder machte das Wollknäuel die Runde beziehungsweise kullerte über den Boden. Als es schließlich von Nadine geworfen zwei Meter vor mir landete, fasste ich, während ich mich bückte, um es aufzuheben, einen Entschluss. Die ganze Zeit hatte ich Nadines Blicke auf mir gespürt: Sie trug wieder einen dieser unmöglichen Röcke, der bis zu den Fußknöcheln reichte, und dazu einen fleckigen Pullover, dessen Farbe man wohlwollend als Erdbraun bezeichnen konnte. Ich vermutete, die letzte Haarwäsche war bereits eine gute Weile her. Ich wollte ihr und ihrer Frage: »›Spezi‹ oder ›Fässla‹?«, die sie garantiert für das Ende der Sitzung plante, vorzeitig den Wind aus den Segeln nehmen, indem ich mich mit meinem privaten Status klar positionierte. Ich verkündete der Runde: »Also, was mich persönlich betrifft, gibt es eine sehr gute Nachricht.« Ich machte eine dieser effekthaschenden Pausen, die ich bei meinem Partner Waldi so hasste.
Aus Dr. Pontorras Blick, den sie mir über die Brille hinweg

zuwarf, sprach Misstrauen. Sie durchschaute vermutlich, dass ich mein Herz nicht aus Therapie-, sondern aus taktischen Gründen auf der Zunge trug.

Nadine rief in ihrem Hardcore-Fränkisch: »Jetzt saach scho!«

Ich lächelte in die Runde: »Ich werde Vater. Meine Freundin ist schwanger. Und wir werden bald heiraten. Ich weiß, dass so ein Kind viel Verantwortung ist, und ich habe beschlossen, diese Verantwortung zu tragen. Das heißt natürlich, dass ich nicht mehr spielen werde. Ein Spieler als Familienvater – das geht überhaupt nicht. Das ungeborene Leben, das mir anvertraut wird, wird mir die Kraft schenken, meine Spielsucht zu besiegen.«

Ich sah, wie Dr. Pontorras Lippen das Wort »Amen« formten, aber sie hatte sich im Griff und sprach es nicht aus. Erst nachdem alle Therapiegruppenmitglieder außer Nadine mein Bekenntnis mit überschwänglichen Glückwünschen (»Mensch, das ist ja so toll!« und »Es gibt nichts Schöneres!«) kommentiert hatten, sagte sie mit ihrem mütterlichen Lächeln: »Darüber werden wir noch in einer Einzelsitzung reden.«

Am Ende half mir mein Lippenbekenntnis gar nichts. Nadine kam trotzdem auf mich zu, strich sich keck eine speckige Haarsträhne hinters Ohr und sagte: »Heut hast ka Ausrede. Du kommst mit.«

Ich antwortete: »Äh, hast du nicht gehört, was ich gesagt habe? Ich werde Vater. Ich heirate.«

Sie grinste verschwörerisch. »Na und? Du willst doch vorher noch a bissla Spaß ham, oder?«

Sackgasse

Bamberg, Erlenweg 4: das Balkanzentrum. Der offizielle Name war auf dem Schild zu lesen, das vor dem Drahtzaun an zwei blank polierten Aluminiumpfosten befestigt war: »Regierung von Oberfranken – Ankunfts- und Rückführungseinrichtung II«. Über der Schrift das bayerische Wappen, das von zwei Löwen gehalten wurde. In den Gebäuden der ehemaligen Warner Barracks lebten im Augenblick nach offiziellen Angaben eintausendeinhundertfünfzig Asylsuchende aus den Balkanländern. Bamberg war in Bayern eins der zwei Zentren, neben Manching bei Ingolstadt. Die meisten Menschen, die hier untergebracht waren, stammten aus Mazedonien, Montenegro, Bosnien-Herzegowina und Albanien, Letztere stellten die Mehrheit da. »Asylsuchende« bedeutete in diesem Zusammenhang im Klartext, dass sie so schnell wie möglich wieder abgeschoben werden sollten, worauf der zweite, weniger beschönigende Titel des Balkanzentrums Bezug nahm: »Rückführungseinrichtung«. Menschen aus diesen Gebieten, die teilweise erst kürzlich von der Regierung als sichere Herkunftsländer eingestuft worden waren, hatten so gut wie keine Chance auf einen positiven Bescheid.

Warum Muhamed Shqip, unser Verdächtiger in den beiden Mordfällen, hier untergekommen war, blieb ein Geheimnis der zuständigen Behörden. Shqip lebte bereits seit fünf Jahren in Bamberg und hatte eine unbefristete Aufenthaltsgenehmigung – und fiel somit trotz Vorstrafe ganz bestimmt nicht in die Rubrik Asylsuchende. Das Balkanzentrum gab es erst seit etwa einem Jahr, zuvor hatte Shqip in der Kornstraße gewohnt. In der Gereuth. Ein Zufall?

Ich suchte einen Offiziellen, der mir ein paar Details über Shqip erzählen konnte, fand aber niemanden. Ich hatte gehört, dass die Mitarbeiter des Sicherheitsdienstes stark fluktuierten, über siebzig waren entlassen worden, vielleicht war das der Grund dafür.

Ich betrat den Gebäudekomplex, in dem Shqip gewohnt hatte, und ging in den dritten Stock. Die meisten Bewohner, die auf dem langen Gang herumlungerten, waren junge Männer. Sie musterten mich mit wachen und teils misstrauischen Blicken. Fast alle Türen standen offen, ich erblickte auch Familien mit einer – aus Sicht eines Deutschen, der den statistischen Durchschnitt von eins Komma drei fünf Sprösslingen pro Familie gewohnt ist – unüberschaubaren Anzahl von Kindern aller Altersstufen. Der Flur, in hellgrüner Ölfarbe gestrichen, der Geruch von zu vielen Menschen auf engem Raum, Desinfektions- und Reinigungsmitteln erinnerte mich an meine Zeit bei der Bundeswehr. Das erste Vierteljahr Grundausbildung, acht Mann in einem zwanzig Quadratmeter großen Raum, vier Stockbetten, acht schmale Spinde an der Wand.

Shqips Zimmer war das letzte links. Ich blieb in der offenen Tür stehen. Vier Männer, alle um die dreißig, lagen auf den Betten und spielten mit ihren Handys. Sie blickten nur kurz auf, als sie mich bemerkten.

Ich fragte: »Spricht einer von Ihnen Deutsch?«

Ein südländischer Typ setzte sich auf und legte sein Mobiltelefon vorsichtig zur Seite. Er war schlank und gepflegt mit schwarzen Haaren und Augen und hatte bestimmt keine schlechten Chancen bei den Frauen. Er sagte: »Ich spreche Deutsch.« Er hatte einen harten, rauen Akzent und musterte mich aufmerksam, aber nicht unfreundlich. »Polizei?«

Ich nickte: »Ich bin hier wegen Ihres Mitbewohners. Muhamed Shqip.«

Jetzt legten auch die anderen ihre Handys weg.

»Er gehört nicht zu uns.«

»Was wissen Sie über ihn?«

Die vier tauschten Blicke, dann sagte der Erste: »Ein schlechter Mensch.«

»Können Sie das erklären?«

Wieder Blicke, wie eine stille Absprache. »Er war damals im Krieg. Als wir noch Kinder waren.«

»Ist man deshalb ein schlechter Mensch?«

»Nein, aber er war – wie sagt man? – Soldat für Geld?«

»Söldner?«

»Ja. Zuerst für die Serben. Dann für die andere Seite. Und

dann wieder für die Serben. Wer besser bezahlt. Wir sind Mazedonier. Immer dazwischen.«
»Woher wissen Sie das?«
»Hat er gesagt.«
Ich dachte an das, was Matze mir in der JVA in Ebrach über die perversen Typen berichtet hatte, die in einem Krieg gewesen waren. Es gab ja genug davon, der damalige Jugoslawienkrieg, der in Afghanistan, im Irak und in Syrien. Ganz zu schweigen von Afrika. Tatsächlich konnte ich mir gut vorstellen, dass der Mann recht hatte. Ich fragte: »Was hat er noch erzählt?«
Der Mazedonier zuckte mit den Schultern. »Fast immer vom Krieg. Er hat viel getötet. Ist normal für ihn.«
»Und sonst? Hat er etwas darüber gesagt, was er hier macht?«
»In Deutschland?«
»Ja.«
»Wir haben ihn gefragt: ›Was arbeitest du?‹ Er hat gesagt: ›Mal dies, mal das.‹«
»Was hat er damit gemeint?«
Wieder Schulterzucken. »Ich glaube nicht, ehrliche Arbeit.«
»Also war er kriminell. Diebstahl? Drogen? Mädchen?«
»Weiß ich nicht.«
Ich sah ihn an, und er erwiderte meinen Blick ruhig und sicher. Ich glaubte ihm. Er und seine drei Freunde machten nicht den Eindruck, als würden sie viel von Muhamed Shqip halten oder gar mit ihm zusammenarbeiten. Eher das Gegenteil. Ich fragte: »Hatte er andere Kontakte hier im Zentrum?«
»Kontakte?«
»Besuch. Zum Beispiel Leute, die herkamen und mit ihm redeten.«
Der Mazedonier verneinte zuerst, dann sagte einer der Männer etwas zu ihm, und die beiden anderen schalteten sich ein. Eine Weile ging es zwischen ihnen hin und her, ihre Sprache mit den dunklen Vokalen und harten Konsonanten klang vor allem dann bedrohlich, wenn sie schnell redeten.

Dann wandte sich der Mazedonier, der Deutsch sprach, wieder an mich: »Meine Freunde sagen, ein Mann war da. Aber nicht hier. Draußen auf dem Gang.«

»Wissen Ihre Freunde, worüber er sich mit Shqip unterhalten hat?«

Der Mazedonier übersetzte meine Frage und erntete Kopfschütteln.

»Fragen Sie Ihre Freunde, wie oft der Mann hier war.«

Er tat es und dolmetschte die Antwort: »Vier- oder fünfmal.«

»Ein Kosovo-Albaner?«

»Nein. Deutscher.«

»Wie sah der Mann aus? Wie alt war er?«

Die Mazedonier waren inzwischen alle von ihren Betten heruntergerutscht, standen beisammen und schienen die Frage zu diskutieren. Offensichtlich waren sie sich nicht ganz einig.

Ich wusste aus Erfahrung, dass für einen Ungeübten eine Personenbeschreibung eine schwierige Sache ist. In einer Situation wie dieser erinnern sich Leute oft ganz genau an den Inhalt der Unterhaltung, meistens noch an die ungefähre Größe und manchmal auch an die Konstitution der Gesprächsteilnehmer, wenn beides von der Norm abweicht. Meistens bleiben Personenbeschreibungen aber so allgemein, dass man wenig mit ihnen anfangen kann. Es gibt eben viele normalgewichtige Menschen mit Allerweltsfrisuren. Frauen achten auf grundlegend andere Dinge als Männer, aber auch eine Beschreibung wie »Er hatte schöne Hände« oder »Ich mochte seinen Geruch nicht« sind für eine Fahndung nur bedingt hilfreich.

Die Beschreibung des Mannes, der vier- oder fünfmal auf dem Flur mit Muhamed Shqip gesprochen hatte, sah schließlich so aus: circa eins achtzig groß, schlank, braune Haare und Augen, Gesicht wie ein normaler Deutscher – was auch immer das bedeutete –, etwa fünfundvierzig bis fünfzig Jahre alt.

Ich fragte, ob der Kosovo-Albaner noch weiteren Besuch erhalten habe oder ihnen noch etwas Besonderes an ihm aufgefallen sei. Wieder berieten sich die Mazedonier ausgiebig, verneinten dann aber.

Ich bedankte mich und sagte zu dem ersten: »Sie sprechen sehr gut Deutsch.«

Er antwortete: »Ich habe in Mazedonien studiert. Sprachen. Deutsch, Englisch. Spanisch. Aber keinen Abschluss gemacht und später keinen Job gefunden. Die Regierung hat kein Geld für Schulen. Kennen Sie den Spruch: Erziehung ist teuer, keine Erziehung noch viel teurer? Das ist wahr in meinem Land.«

»Auch hier in Bayern gibt es viele junge Lehrer, die keine Anstellung bekommen, weil zu wenig Geld dafür da ist«, sagte ich. »Für die wirklich wichtigen Dinge gibt es nie genug Geld. Das ist bei uns, bei der Polizei, genauso.«

»Deutschland ist ein reiches Land.«

»Ich weiß. Eigentlich ist es eine Schande.« Ich gab ihm meine Karte. »Rufen Sie mich an, wenn der Mann wieder auftaucht.«

Der Mazedonier machte einen Schritt auf mich zu, ergriff meine Hand, schüttelte sie und sagte: »Deutschland ist ein gutes Land. Reich und gut. Wenn ich hier bleiben kann, werde ich auch Polizist. So wie Sie.«

Ich fuhr zurück ins Präsidium und bereute es, kaum dass ich das Gebäude betreten hatte. Immer noch wurde an allen Ecken und Enden mit Schlagbohrern gearbeitet, der Lärm war infernalisch, überall sah man nur genervte Gesichter.

Waldi und Hägar hockten wie zwei Teenager, die zum ersten Mal verbotenerweise Call of Duty spielen, hinter dem Dienstrechner.

Hägar bemerkte mich zuerst, drehte sich zu mir und sagte: »Ich glaube, wir wissen jetzt so ungefähr, wie das funktioniert.«

»Wie was funktioniert?«, fragte ich.

»Wie NEWHORIZON arbeitet. Wie all die Firmen auf der Liste in den Konkurs getrieben wurden.«

»Ich höre.«

Waldi schaltete sich ein. »Virales Marketing.«

»Was?«

»Die meisten Firmen sind heutzutage auf das Internet angewiesen«, erklärte Hägar. »Verkauf, Werbung, Kundenrekrutierung, das gesamte Marketing findet online statt. Virales Marketing macht sich das zunutze. Es ist primitiv einfach und gnadenlos effektiv: Irgendjemand beginnt, schlecht über die entsprechende Firma zu schreiben.«

»Wie – zu schreiben?«

»Mensch, Killer, eine Bewertung im Internet.« Waldi schrie fast, um die Presslufthämmer und Schlagbohrer zu übertönen, und trotzdem hörte ich an seinem Tonfall, dass er der Meinung war, ich lebte, was die modernen Medien betraf, im Steinzeitalter.

Hägar übernahm wieder. »Im Prinzip reicht eine Person, die auf verschiedenen Plattformen und Blogs mit unterschiedlichen Identitäten arbeitet. Jeder kann sich jeden x-beliebigen Namen geben. Auf Facebook, als Kunde, der ein Produkt auf Amazon bewertet, und sonst wo. Das Ganze geht dann zum Beispiel mit einer negativen Bewertung für eine Firma los. Diese wird sofort um Kommentare ergänzt, die in dieselbe Richtung gehen. Natürlich vom selben User, der sich aber immer wieder neue Namen zulegt. Das schaukelt sich höher und höher, die Verkaufszahlen des Unternehmens gehen schließlich den Bach runter, weil die User den Fake-Kommentaren glauben, und dann ist Ende Gelände.«

Der Baulärm verstummte, als hätte jemand das Kommando dafür gegeben. Einen Augenblick lang war die Stille beinahe unheimlich. Dann hämmerte noch einmal ein Schlagbohrer los, um gleich darauf wieder eine Pause zu machen.

Ich lauschte eine Weile, dann sagte ich: »Und das soll legal sein? Das ist doch glatter Rufmord.«

»Legal, illegal, scheißegal. Das Problem ist die Anonymität des Internets. Wenn jemand eine Ahnung von dem hat, was er tut, ist es einfach unmöglich, seine Aktivitäten zurückzuverfolgen. Das Problem ist und wird immer mehr die Art und Weise, wie unsere ganze Gesellschaft funktioniert. Die Leute googeln jeden Scheiß. Nur ein paar Beispiele: Sie kommen zum Arzt und haben ihre Diagnose schon selbst gestellt. Oder sie lesen die Bewertungen durch und kaufen schließlich bei dem Unternehmen, das am billigsten ist und die meisten Bewertungssternchen hat. Auf Facebook ist derjenige der King, der die meisten Likes hat. Die kannst du dir inzwischen sogar schon kaufen. Genauso wie positive Kommentare auf Google. Leider funktioniert das Ganze auch andersherum.«

»Und NEWHORIZON arbeitet so?«

»Ja.«

»Warum kann man ihnen dann nicht das Handwerk legen?«

Waldi seufzte: »Killer, siehe oben. Weil alles anonym ist und die ihre Spuren so schnell verwischen, dass du gar nicht gucken kannst.«

»Aber wieso glauben die Leute das alles? Wissen die nicht, dass die Bewertungen nur ein riesengroßer Schwindel sind?«

Hägar antwortete: »Selbst wenn es manche spitzkriegen würden, das negative Image ist erst einmal da, das bekommst du nie wieder weg. Kennst du das Beispiel mit dem Ehepaar, das einen Rosenkrieg führt? Weil die Frau sich rächen will, kommt sie auf die Idee, zu behaupten, der Mann habe die Tochter missbraucht. Daran ist kein Gramm Wahrheit, aber die Sache endet vor Gericht, und bald steht auf jeder Titelseite: ›Vater missbraucht Tochter‹. Dann stellt sich die Wahrheit heraus, nämlich dass alles nur erstunken und erlogen war, aber das wird in der Zeitung nur ganz hinten abgedruckt. In der Folge kann sich der Vater nirgendwo mehr blicken lassen, die Freunde wollen nichts mehr mit ihm zu tun haben, er verliert seinen Job und schießt sich schließlich aus Verzweiflung eine Kugel in den Kopf. Genauso läuft das mit den Fake-Bewertungen einer Firma. Die Produkte sind nach wie vor hervorragend, aber die Kundschaft macht einen großen Bogen um sie. Aus die Maus.«

Ich wollte das immer noch nicht wahrhaben und sagte: »Aber auf den meisten dieser Bewertungsplattformen gibt es doch inzwischen das, was man ›verifizierten Kauf‹ nennt. Damit lässt sich doch sicherstellen, dass derjenige, der das Produkt bewertet, es auch gekauft hat.«

Hägar nickte. »Das ist richtig. Wenn virales Marketing professionell betrieben wird, werden die Produkte tatsächlich gekauft, bevor sie schlechtgemacht werden.«

»Das heißt, es wird ganz schön viel Geld ausgegeben.«

»Sieht so aus.«

Ich schüttelte den Kopf. »Die Welt ist krank.«

»Wo du recht hast, hast du recht. Es ist doch interessant, dass gerade die Wesen mit der eigentlich höchsten Intelligenz die Welt und sich selbst kaputtmachen, oder? Die gefährlichsten Raubtiere des 21. Jahrhunderts sind Leute wie Schäfer. Investoren, Banker oder Konzernmanager, die unseren Planeten verscherbeln, damit sie sich die eigenen Taschen vollstopfen können.«

»Stimmt«, sagte Waldi. »Ein Schimpanse käme nie auf die Idee, den Baum abzufackeln, auf dem er hockt.«

»Und ich kenne auch keinen Schabrackentapir, der Kettenraucher ist«, leistete Hägar seinen Beitrag zur Philosophierunde.

Ich musste lachen. In der kurzen Pause, die folgte, suchte wohl jeder von uns nach weiteren Beispielen für die Dummheit und Habgier des Homo sapiens.

Dann klopfte Hägar auf den Notizblock, der vor ihm lag, und sagte: »Unsere momentan größte Baustelle ist die mit den Firmen, die NEWHORIZON auf dem Gewissen hat. Wenn wir davon ausgehen, dass jeder ihrer Geschäftsführer ein Motiv für die Morde an Kauder und Ganzmann haben könnte, wird mir ganz schwindelig.«

Ich nickte. »Das ist ungefähr so wie mit unserem Durchschnittsdeutschen.«

»Was meinst du?«, wollte Waldi wissen.

»Erkläre ich dir später«, sagte ich.
»Die Sache ist extrem unübersichtlich«, sagte Hägar. Er nahm die Finger aus dem Bart. »Auf unserer Liste stehen vierzehn Firmen. Vierzehn potenzielle Mordbeteiligte beziehungsweise Auftraggeber. Da es die Firmen nicht mehr gibt, müssten wir nicht nur ihre ehemaligen Führungsetagen, sondern theoretisch auch noch jeden einzelnen Mitarbeiter, der durch den Konkurs seinen Job verloren hat, überprüfen. Vom Pförtner über den einfachen Arbeiter an der Maschine bis hin zur Sekretärin.«

»Unmöglich«, sagte Waldi, und ich stimmte ihm sofort zu.

Hägar dachte laut nach: »Es wäre natürlich hilfreich, die ehemaligen Vorstände und Mitarbeiter aufzutreiben, jeden Einzelnen vorzuladen und zu fragen, ob er oder sie nicht zufällig einen Kosovo-Albaner beauftragt hat, zwei der für die Pleite ihrer Firma Verantwortlichen um die Ecke zu bringen. Nachdem alle diese Frage mit Nein beantwortet hätten, müssten wir sie wieder laufen lassen und würden anfangen, in den Überresten der Firmenunterlagen nach möglichen Beweisen zu graben. Da wir aber nichts entdecken würden, bliebe uns am Ende nichts anderes mehr übrig, als sämtliche bereits befragten Herren und Damen zu einem DNA-Test einzuladen, in der Hoffnung, dass vielleicht doch einer von ihnen mit einem der Opfer in Kontakt gekommen ist. Wenn ich mir unser Personal und den dafür erforderlichen Zeitaufwand betrachte, wären wir drei bis vier Jahre damit beschäftigt.«

»Wenn das überhaupt reicht«, sagte Waldi.

Ich erklärte: »Wir müssen das Pferd von hinten aufzäumen.«

»Welches Pferd?«, grinste Waldi.

»Metapher, Top Gun«, brummte Hägar.

»Weiß ich, war ein Scherz.«

»Wie meinst du das mit dem Von-hinten-Aufzäumen, Killer?«

»Wir müssen die Sache über DEIMU und NEWHORIZON

angehen. Du hast uns ja eben anschaulich erklärt, dass es unmöglich ist, das Problem über diese ganzen Firmen zu lösen.«
»Sehe ich auch so«, nickte Waldi.
»Unsere einzige Chance besteht darin, DEIMU komplett auf den Kopf zu stellen, schließlich steht die Firma mit ganz oben auf unserer Liste der potenziellen Verdächtigen. Ich habe das Gefühl, wenn wir diesen Dr. Schäfer richtig an den Eiern haben, wird sich einiges aufklären.«
Hägar wühlte sich zur Abwechslung nicht durch seinen Bart, sondern strich ihn nachdenklich glatt. »Um beim Bild vom Pferd zu bleiben: DEIMU ist eher auf Höhe des Sattels. Am Ende, also am Pferdearsch, sitzt unser Kosovo-Albaner. Den müssen wir zum Singen bringen.«
»Sieht schlecht aus.« Waldi zog die Mundwinkel nach unten.
Ich stimmte ihm zu: »Sehr schlecht. Der ist wirklich eine harte Nuss. Er scheint seine Taktik konsequent durchziehen zu wollen und sagt kein Wort. Wir können bloß hoffen, dass die Auswertung seiner Handydaten etwas Brauchbares ans Tageslicht bringt. Vielleicht den Auftraggeber, wenn es einen solchen gibt.«
»Hast du im Balkanzentrum was Neues herausgefunden?«, fragte Hägar.
»Nicht wirklich. Nette Burschen, mit denen Shqip da zusammenwohnt.«
»Shit«, korrigierte Waldi.
Hägar runzelte die Stirn. »Nette Burschen?«
»Ja, einer von ihnen hat studiert und möchte Polizist werden.«
»Na dann.«
»Shqip hatte im Zentrum Kontakt zu einem Deutschen, dessen Beschreibung uns aber nicht wirklich weiterhilft.«
»Wieso?« Hägar strich zur Abwechslung über seine Nasenwurzel.
»Durchschnittliche Größe, durchschnittliches Aussehen, durchschnittlicher Deutscher.«

»Glaubst du, das könnte ein potenzieller Auftraggeber gewesen sein?«, wollte Hägar wissen.

»Ja«, antwortete ich. »Und genau so würde ich es ausdrücken, mit ›könnte‹ und ›potenziell‹. Ich vermute dahinter nämlich eine weitere Sackgasse. Oder hast du eine Ahnung, wie wir einen Durchschnittsdeutschen finden sollen?«

»Nein. Es sei denn, er kommt wieder und wird zufällig erkannt.«

»Für den Fall habe ich dem Mazedonier unsere Nummer gegeben. Ich glaube aber nicht, dass wir davon ausgehen können. Wenn es sich um den Auftraggeber der Morde handelt, wird der schon erfahren haben, dass Shqip mittlerweile bei uns wohnt.«

»Ich hoffe ja eher, dass uns die Daten seines Mobiltelefons etwas bringen. Ich habe Dampf bei den Kollegen gemacht, dass wir die schnell kriegen. Aber du weißt ja selbst, dass wir überall unterbesetzt sind. Und die Leute, die wir haben, schieben ihre Überstunden bis zur Pension vor sich her. So wie wir.« Hägar stand auf, rollte die Schultern und streckte dann den Rücken. »Gutes Stichwort, was ich mir gegeben habe. Ich mache für heute mal Schluss, wenn das in Ordnung ist.«

»Klar, dann bis morgen.«

Hägar stapfte davon. Waldi hatte sich ebenfalls erhoben und wandte sich zum Gehen.

Ich sagte: »Warte mal«, um ihn aufzuhalten.

Er drehte sich wieder um. »Was gibt's, Partner?«

»Lass das, du weißt ganz genau, was es gibt. Was du im Augenblick veranstaltest, ist absolut nicht in Ordnung.«

Waldi machte erst einmal einen auf Unschuldslamm. »Was?«

Ich blickte ihn ernst an.

Er wich meinem Blick aus und murmelte: »Killer, das verstehst du nicht. Manchmal gibt es eben Gefühle, die sind stärker als alles andere.«

»So ein Blödsinn. Gefühle! Dir ist dein bisschen Hirn in den Schwanz gerutscht, das ist die Wahrheit.«

Waldi wurde wütend. Er blaffte: »Und du solltest erst mal den Dreck vor deiner eigenen Tür kehren, bevor du hier einen auf Heilige Jungfrau machst.«
»Okay«, sagte ich. »Du hast recht. Ist nicht mein Bier. Aber du bist ein egoistisches Kollegenschwein.«

Zirkus

Ich verließ das Präsidium, stieg in den Station Wagon und blieb eine Weile sitzen, ohne den Motor zu starten. Im Augenblick gab es ein paar Ebenen zu viel, auf denen es nicht rundlief. Waldi und Storch waren nur eins dieser Probleme – und zwar eines, das ich ausblenden musste. Die spanischen Briefe hatte ich auf den Schreibtisch der Präsidentin gelegt, womit das Thema Juanita in Bezug auf das Dienstliche für mich erledigt war. Was das Private betraf, sollte Waldi die Querelen mit Storch selbst regeln. Weitaus wichtiger war, dass ich das Gefühl hatte, einen Haufen ineinander verdrehter und verknoteter Fäden in den Händen zu halten, die ich nicht lösen konnte. DEIMU, NEWHORIZON, Dr. Schäfer und Muhamed Shqip. Max und Hansi, die ihren Lebensunterhalt damit verdient hatten, Existenzen zu vernichten – zumindest Hansi, von Max konnte ich das bisher nur vermuten. Wir hatten einen Täter und ein mögliches Motiv, warum nur fühlte ich mich trotzdem so, als hätte ich etwas Wichtiges übersehen? Hing es damit zusammen, dass die beiden Toten aus meiner früheren Clique stammten? Und mussten dann nicht auch die anderen ehemaligen Mitglieder um ihr Leben fürchten? Veith, der Krieger, Fritz? Die rote Heidi und die Prinzessin? Oder war die Sache mit Shqips Festnahme erledigt?

Ich betrachtete den immer noch ungeöffneten Brief auf dem Beifahrersitz, der mich an meine eigenen Probleme erinnerte. Ich hatte Spielschulden, die für einen Hauptkommissar der

Bayerischen Polizei einfach zu hoch für seine Besoldungsklasse waren. Meine Mutter drohte in eine geschlossene Abteilung gesperrt zu werden, und ich würde bald Vater sein, ohne dass ich wusste, ob ich die Verantwortung für ein Kind übernehmen konnte beziehungsweise wollte und ob ich der richtige Partner für Nicole war. Mein Leben war vorher schon zu kompliziert gewesen, um zu funktionieren. Warum sollte es ausgerechnet jetzt anders sein, wo alles noch chaotischer war?

Ich langte nach rechts, nahm den Brief und riss ihn auf. Ein Blick genügte, um das Fiasko zu erkennen: Es war eine gerichtliche Mahnung, die Zahlung von achtzehntausend Euro für die von mir zerstörte Gondel zu tätigen. Die Frist lief übermorgen ab. Ich ließ den Brief sinken und fasste einen Entschluss. Es gab nur eine Möglichkeit, meine Schulden zu bezahlen: Ich musste den Pott gewinnen. Ein letztes Mal pokern und richtig abräumen. So wie damals im Hinterzimmer der »Wunderbar«, als ich mit einem guten Blatt, ein bisschen Glück, etwas Mut und noch mehr Können alle finanziellen Probleme auf einen Schlag gelöst hatte. Dann würde ich auch in Bezug auf Nicole und mich Nägel mit Köpfen machen. Ich hatte die Sache verbockt, also musste ich auch dafür einstehen. Ich wollte nicht der Typ sein, der seinen Spaß hat und einfach abhaut, wenn es ernst wird. Ich konnte nicht vor Waldi den Moralapostel spielen, aber wenn es um mich selbst ging, alle Moral über Bord werfen. Verflucht, Killer, Zähne zusammenbeißen, Kopf runter und durch! Ich würde um Nicoles Hand anhalten. Und ich würde in Bezug auf die beiden Mordfälle endlich Vollgas geben und nicht weiter mit angezogener Handbremse fahren, weil ich zu weich war, um über meinen eigenen Schatten zu springen.

Ich startete den Motor und ließ den V8 kurz aufbrüllen. Es klang wie ein Kriegsschrei. Ich zirkelte aus dem Parkplatz und fuhr Richtung Gereuth.

Kornstraße, Hausnummer 5. Als ich ausstieg, zur Haustür lief und die Namensschilder studierte, konnte ich es nicht glauben. Vierte Klingel oben links: »H. Müller«. Die rote Heidi wohnte tatsächlich immer noch in derselben Straße, im selben Gebäude und im selben Stock wie damals. Heidrun Müller. Lebte ihre Mutter noch, und lebte sie mit ihr zusammen, so wie vor dreißig Jahren? Diese damals schon fertige und uralt wirkende Frau mit der grauen Pergamenthaut einer starken Raucherin und Trinkerin. Die die Welt nur noch durch die Augen der zynischen Verliererin gesehen hatte. Kein Mann, kein Job, kein Geld, die Zukunft eine düstere leere Kammer, in die kein Licht mehr fallen würde.

Zuerst dachte ich tatsächlich, die Frau, die mir gegenüber in der Tür stand und mich mit einer Mischung aus Misstrauen und Ablehnung musterte, sei Heidis Mutter. Die Zeit war stehen geblieben. Gleich würde sie tief und mit hohlen Wangen den Rauch ihrer Zigarette inhalieren und dann, während sie nur ganz wenig davon wieder ausstieß, in die dunkle Wohnung in ihrem verbitterten Tonfall mehr krächzen als rufen: »Heidi, schwing deinen Arsch her, Herrenbesuch!« Heidis Mutter hatte strähnige graue Haare, wässrige Augen, das Weiße von roten Äderchen durchzogen, ein verlebtes Gesicht mit zynischem Mund, in dessen herabgezogenem linkem Winkel eine fast aufgerauchte Kippe hing. Es dauerte eine Weile, bis mir dämmerte, dass diese Frau nichts über die Schulter zurück in die Wohnung rufen würde. Denn sie war nicht Heidis Mutter, sondern Heidi selbst.

Ich sagte: »Hallo, Heidi.«

Ihr Blick wurde noch misstrauischer und abweisender. »Was wollen Sie?«

»Ich bin's. Rod.«

»Was?«

»Rod. Ist schon eine Weile her.«

»Rod?«

»Du erinnerst dich doch, oder?«

Sie nahm die Kippe aus dem Mundwinkel und kniff die Augen zusammen. Dann grinste sie und krächzte, dass ich wieder glaubte, ihre Mutter zu hören: »Rod, na, so was! Das ist doch mindestens dreißig Jahre her. Bist ja ein richtiger Schönling geworden. Ich mach's ja eigentlich nicht mehr, aber du wärst schon eine Ausnahme wert.«

Ich grinste meinerseits und hätte beinahe erwidert, dass ich die Währung noch kannte. Aber ich verkniff es mir und sagte stattdessen: »Ich bin jetzt Hauptkommissar bei der Mordkommission.«

»Aha.«

»Deshalb bin ich hier.«

Ihr meckerndes Lachen wurde von einem Hustenanfall unterbrochen: »Willst du mich verhaften?«

»Nein. Aber Max und Hansi wurden ermordet.«

»Weiß ich. Max, der Hosenscheißer, und Hansi, der Quäler. Jetzt hat ihn selbst einer gequält und dann abgemurkst, oder?«

»Kann ich reinkommen?«

Sie trat ein wenig zur Seite und machte eine übertriebene Willkommensgeste: »Herr Kommissar.«

»Hauptkommissar.« Ich ging an ihr vorbei und durch den düsteren, verrauchten Flur, in dem ein blinder Spiegel über einer Kommode hing, die schon einige Jahrzehnte auf dem Buckel haben musste. Das Wohnzimmer, in das Heidi mich führte, bediente sämtliche Klischees einer typischen Hartz-IV-Bude. Der Rauchgestank hatte sich in jeden Winkel des Raums gefressen. Links stand eine abgetakelte, mit Kitsch überladene Schrankwand, gegenüber ein abgewetztes Sofa und zwei ebensolche Sessel. Auf einem niedrigen Tisch quoll ein Aschenbecher aus Kristallglas über, und zwei leere Weinflaschen leisteten angebrochenem Billigfusel Gesellschaft.

»Setz dich.«

»Danke.« Vorsichtig nahm ich auf einem der Sessel Platz und erwartete, dass mich gleich eine Staubwolke umwirbeln würde. Doch nichts passierte.

»Auch was zu trinken?«
»Danke, für mich nicht. Bin im Dienst.«
Ihr Lachen ging erneut in rasselndes Husten über. »Der Herr Hauptkommissar ist im Dienst. Soso.« Sie steckte sich die nächste Zigarette an, blies den Rauch in meine Richtung und schenkte sich Schnaps in ein Zahnputzglas ein. »So gut gehalten wie du habe ich mich nicht.«
»Stimmt doch gar nicht«, versuchte ich ein lahmes Kompliment, aber ihr bitteres Lachen enttarnte mich.
»Ich mach mir nichts vor, Rod. Wenn ich früher meine Mutter anguckte, dachte ich immer, um Gottes willen, hoffentlich werde ich nicht so wie sie. Aber wenn ich jetzt in den Spiegel schaue, ist sie es, die mich ansieht.«
»Lebt sie noch?«
»Sie ist vor über zwanzig Jahren gestorben. Den Arzt hat es nicht mal mehr interessiert, ob am Suff oder an den Kippen.«
»Mein Beileid.«
Wieder das rasselnde Lachen. »Du kannst dir nicht vorstellen, wie froh ich war, als das böse alte Weib endlich weg war. Und jetzt bin ich selbst so.«
»Heidi –«
»Lass stecken, Rod. Sag mir lieber, was du von mir willst. Aber erzähl mir bloß nicht, du wolltest mich mal wieder besuchen, von wegen alte Zeiten und so weiter. Das kannst du dir sparen. Dir geht es um Max, den Hosenscheißer, und um Hansi, stimmt's?«
»Stimmt.«
Heidi blies einen dünnen Rauchfaden zur Decke und trank von ihrem Schnaps. »Schieß los: Was willst du wissen?«
Ich beschloss, direkt auf den Punkt zu kommen. »Hattest du in den letzten Jahren noch Kontakt zu einem von den beiden?«
»Nein. Sie sind genauso wie du einfach von der Bildfläche verschwunden.«
»Oder zu jemand anderem aus unserer alten Clique?«

»Zu Matze. Ich sehe ihn ab und an, wenn er gerade mal nicht in Ebrach hockt. Und zum Fritz. Der kleine Fritz ist jetzt gar nicht mehr klein. Er war vor ungefähr einem Jahr hier. Etwas mehr als einem Jahr, weil es Sommer war. Arbeitet in einem Zirkus, den Namen hab ich vergessen, aber als der Zirkus in Bamberg war, hat er vorbeigeschaut.«
»Zirkus Donati.«
»Kann sein. Mit dem zieht er in der Weltgeschichte herum. Ist für die ganzen Viecher verantwortlich. Räumt die Kacke aus den Käfigen und wischt den Löwen den Arsch ab.«
»Was hat er dir erzählt?«
»Dass er die Kacke aus den Käfigen räumt und den Löwen den Arsch abwischt.«
»Sonst nichts?«
»Du meinst, ob er was von Max oder Hansi gesagt hat? Nein.«
»Oder von den anderen. Veith zum Beispiel?«
»Auch nicht. Fritz hat nur über sich und den Zirkus gequatscht. Und darüber, dass er mal zur See gefahren ist. Auf einem dieser Containerschiffe. Hat mir Bilder gezeigt, da wirst du verrückt. Hoch wie der Himmel war das, und wenn du von einem Ende zum anderen wolltest, bist du tagelang unterwegs gewesen. Das hat er gesagt.«
Ich betrachtete Heidi, die sich an der fertig gerauchten Kippe die nächste anzündete und dann den glimmenden Filter auf dem Massengrab im Aschenbecher ausdrückte. Aufs Neue verblüffte mich die Ähnlichkeit mit ihrer Mutter. Als hätte man die Zeit dreißig Jahre zurückgedreht. Für einen Augenblick wirkte Heidi wie der perfekte Beweis für die Unausweichlichkeit des Schicksals. Wie ein Beispiel dafür, wie erbarmungslos und gleichgültig es alle Hoffnungen und Träume, die man hegt, zertrümmert. Im Englischunterricht im Gymnasium hatten wir »Macbeth« gelesen. Neben den Hexen, der vom Ehrgeiz zerfressenen Lady Macbeth und ihrem Mann, der vergeblich versucht, sich das Blut von den Händen zu waschen, erinnerte

ich mich an einen Monolog, in dem es darum gegangen war, dass der Mensch nur ein schlechter Schauspieler ist, der sich auf der Bühne vor seinem Publikum abzappelt, aber am Schluss von niemandem mehr gehört wird. Diese Szene kam mir jetzt in den Sinn.

Heidi wedelte mit einer Hand vor meinem Gesicht: »Hallo? Bist du eingepennt?«

»Entschuldige. Ich dachte gerade an Fritz, wie er einen Löwenhintern abwischt.«

Heidi hustete: »Aus Fritz, dem Knirps, ist ein großer starker Mann geworden, überall Muskeln und Tattoos.«

Ich wartete, bis sie aufhörte zu husten. Oder zu lachen. Der Unterschied war schwer auszumachen. Dann fragte ich: »Hast du noch irgendetwas von Johanna gehört?«

»Johanna?«

»Johanna Kaiser.« Der Name klang in meinen Ohren fremd. Wir hatten sie nie so genannt.

»Du meinst die Prinzessin?«

Ich nickte.

»Die ist doch mit ihren Eltern wieder weggegangen. Die waren in dieser Sekte. Keine Ahnung, in was für einer genau. Erinnerst du dich noch, wie sie ein paar Straßen weiter eingezogen sind? Jeder wusste, dass sie da wohnten, aber in der ersten Zeit waren sie wie Gespenster, von denen man glaubt, dass es sie gibt, auch wenn man sie noch nicht gesehen hat. Ich weiß noch genau, wie die Prinzessin an einem Nachmittag wie aus dem Nichts aufgetaucht ist. Wir waren alle zusammen unten bei den Teppichstangen, und sie kam plötzlich aus dem Haus und ist die Straße heruntergeschwebt. Wie ein bleicher Geist.«

Ich erinnerte mich noch ganz genau. Es war exakt so gewesen, wie Heidi es gerade beschrieben hatte. Wir lungerten in irgendeinem Hof herum und hatten Langeweile, als die Prinzessin auftauchte. Heidis Bild war perfekt. Ein bleicher Geist, dessen Anblick uns Jungs den Atem verschlagen hatte. »Du

hast gesagt, sie ist damals wieder weggegangen, weil sie und ihre Eltern in einer Sekte waren?«
»Ja.«
»Weißt du, wohin?«
»Klar, du nicht?« Heidi, die einmal rote Haare und richtige Kurven gehabt hatte, von denen jetzt nichts mehr übrig war, saugte den letzten Rauch aus der Zigarette. Selbst wenn man genau hinsah, erkannte man nicht die winzigste Spur von all ihren früher gehegten Hoffnungen in ihrem Blick. Nicht einmal das leiseste Glimmen davon. Damals hatte sie ihre Lippen leuchtend rot angemalt und die Augen geschminkt. Sie war sehr penibel dabei gewesen. Jetzt war das Make-up verwischt. Heidi war auf dem Abstellgleis gelandet, und es sah nicht so aus, als würde sie es jemals wieder verlassen. Ihr Leben war eine Wiederholung aller Fehler und Niederlagen ihrer Mutter – und ich wette, auch von deren Mutter. Gefangen in einer Endlosschleife, auf jede Kippe folgte die nächste, auf jedes Glas Schnaps ein weiteres. Sie sagte: »Nach Chile sind sie gegangen. Das weiß doch jeder hier.«

Und es folgt der sechste Streich

Ein grauer Novembertag, nasskalt und düster. Ein Schwarm Krähen hockt auf den hohen Pappeln vor den Häuserreihen. Die Vögel haben die Köpfe ins Gefieder gesteckt, sodass es aussieht, als hätte der Teufel nasse schwarze Seelen zum Trocknen in die Bäume gehängt. Es heißt, in Wirklichkeit seien Krähen Hexen und Zauberer. Aber in den alten Sagen und Märchen haben sie nicht Böses über den Köpfen der Menschheit ausgestreut, sondern die alten Götter und Könige haben die Weisheit der Krähen für Vorhersagen ihrer Schicksale genutzt.

Eine der Krähen auf den Pappeln hebt jetzt ihre Schwingen, schüttelt sie und lässt sie wieder sinken, als wären sie durch den

Regen zu schwer geworden, um damit zu fliegen. Eine andere stößt einen heißeren, klagenden Laut aus: »Kra, kra.«
Hansi sieht zu den Vögeln hinauf, gierig wie ein Kater. Er stellt sich vor, welch ein Spaß es wäre, einen von ihnen zu fangen und ihm die Federn einzeln aus den Flügeln zu reißen. Bestimmt würde er sich beim Beobachten der verzweifelten Flug- und Fluchtversuche totlachen. Er hängt noch eine Weile dem Gedanken nach und verdrängt ihn dann. Die Viecher sind viel zu weit weg und zu schlau, um sich fangen zu lassen. Das wissen die Katzen am besten.
Jetzt kommen die anderen, Fritz, der Knirps, Veith und Rod. Sogar die rote Heidi ist heute dabei.
Fritz hat ein frisches Veilchen. Mit coolem Schulterzucken erklärt er: »Mein Alter«, und lässt die schmutzige, eingerissene Plastiktüte, die er dabeihat, geheimnisvoll knistern.
Hansi macht eine ungeduldige Handbewegung. »Was ist da drin?« Er greift nach der Tüte, doch Fritz versteckt sie grinsend hinter seinem Rücken.
»Nicht hier, wo alle zusehen.«
Die anderen blicken sich um. Kein Mensch in Sicht. Der Tag ist nur voll düsterem Halblicht, leichter Nieselregen fällt, ein paar Krähen auf den Bäumen plustern sich auf. Hansi hat die Hände in den Hosentaschen vergraben. Sie stehen eine Weile herum, da biegt die Prinzessin mit Matze im Schlepptau um die Ecke. Er folgt ihr wie ein Wolf der Fährte und trägt einen Karton. Wahrscheinlich hat er nicht nur die Stangen Lucky Strike von den Amis, sondern auch ein paar Flaschen Jack Daniel's dabei. Trotzdem gucken alle nur die Prinzessin an. Ihre Haare glänzen wie das Gefieder der Krähen im Regen. Alles, was sie trägt, ist schwarz, ihr Gesicht wirkt dadurch noch weißer als sonst, und der rot geschminkte Mund wird in dem düsteren Licht zu einer offenen Wunde. Sie stehen unter den Wäschestangen, von denen die Farbe abblättert. Alles ist lindgrün gestrichen, die Wäschestangen, die Hausflure, die Treppenaufgänge. Rods Vater hat mal gesagt, dass von dieser Farbe nach

dem Krieg jede Menge übrig war. Oder anders ausgedrückt: Es war die einzige Farbe, die es gab – und das im Überfluss. Matze holt die erste Flasche aus der Kiste, und sie lassen sie kreisen. Der Whiskey brennt wie Feuer, aber keiner gibt sich eine Blöße, und jeder versucht, in der zweiten Runde einen noch größeren Schluck als in der ersten zu nehmen. Es ist wie beim ersten Lungenzug: Bloß nicht husten, sonst wird man ausgelacht.

»*Was ist jetzt mit dem Zeug in deiner Tüte?*« *Hansi lallt schon leicht.*

»*Gehen wir in den Hain*«, *schlägt Fritz vor.*

»*Okay.*« *Die anderen nicken, und sie machen sich auf den Weg.*

Hinter dem Jahnplatz bleiben sie auf der Brücke über dem Wehr stehen und sehen zu, wie Matze die erste leere Whiskeyflasche ins Wasser plumpsen lässt. Sie verschwindet kurz, kommt dann wieder an die Oberfläche, nimmt Fahrt auf und treibt immer schneller auf den gerundeten Abriss des Wehrs zu. Alle johlen, als der fließende Wasserbogen sie wie mit einem plötzlichen Ruck in den brodelnden Abgrund schleudert. Sie laufen durch den Hain bis zum Pavillon, der von der Regnitz nur durch ein schmales Stück Wiese und den Uferweg getrennt ist. Der Pavillon bietet Schutz vor dem Nieselregen, aber nicht das Wetter verursacht ihnen eine leichte Gänsehaut, sondern das Wissen darum, was hier im letzten Jahr passiert ist. Ein GI hat genau da, wo sie jetzt stehen, eine Siebzehnjährige vergewaltigt und danach erstochen.

Matze stellt den Karton vor sich hin, bückt sich und holt die nächste Flasche hervor. Er dreht den Verschluss mit der Zollmarke ab und wirft ihn hinter sich.

Sie stehen im Kreis und trinken, der größte Schluck bekommt den größten Applaus. Rod ist Hochprozentiges nicht gewohnt und ist damit nicht der Einzige. Aber sie sind eine coole Truppe, jeder muss mitziehen.

Fritz holt die Pornoheftchen, denen er das Veilchen ver-

dankt, aus der Plastiktüte, Matze übernimmt das Blättern, die Flasche kreist weiter, es breitet sich eine seltsame Stille, eine Art Anspannung aus, unter deren Oberfläche es vibriert und knistert, so als würden kleine Flammen an einem trockenen Stück Holz fressen. Nur Heidi kichert, während die Prinzessin etwas abseitssteht. Sie hat sich ihre eigene Flasche Jack Daniel's aus dem Karton geholt und säuft das Zeug wie Limonade.

Alle sind schon reichlich betrunken, die anfängliche Stille ist längst gellten Kommentaren und Gelächter gewichen, das Matzes Umblättern der einzelnen Pornoseiten begleitet. Sie schwanken, und von Zeit zu Zeit sehen sie so aus wie eine Gruppe junger Bäume, durch die der Wind rauscht. Die Prinzessin hat ihre Flasche zur Hälfte geleert, sie kann kaum noch stehen, aber alles an ihr, ihr Blick, ihre herabgezogenen Mundwinkel und ihre Haltung, drückt Verachtung aus. Und dann lallt ihr roter, verschmierter Mund: »Ihr traurigen Wichser.«

»Was?« Hansi will gerade trinken, aber seine Hand hält auf halbem Weg inne. Er sieht die Prinzessin an wie eine Hornisse, der er gleich die Flügel herausreißt, und stellt die Flasche mit betrunkener Vorsicht ab.

Auch die anderen sind einen Augenblick lang wie erstarrt, nur Matze bewegt sich und wankt auf die Prinzessin zu. Er holt aus, schlägt aber nicht zu. Rod sieht, wie Matze anfängt, die Prinzessin zu betatschen, und wie andere dazukommen und das Gleiche tun. Jemand schreit etwas, aber er verliert den Überblick. Alles dreht sich plötzlich durcheinander, umeinander und ineinander, die Bilder, das Geschrei. Ihm ist speiübel, er fällt um und übergibt sich, und dann weiß er nichts mehr.

Irgendwann kommt er wieder zu sich und hat keine Ahnung, wo er ist. Er richtet sich halb auf. Eine Welle von Übelkeit steigt in ihm hoch, als er sein eigenes Erbrochenes riecht und sieht. Die Welt um ihn herum ist unklar, als würde er durch eine beschlagene Scheibe blicken. Es rauscht, als fiele Regen, und wieder dauert es eine Weile, bis er versteht, dass das Rauschen nicht in seinem Kopf ist, sondern, dass es tatsächlich regnet. Mühsam rappelt er sich hoch, zuerst auf alle viere, dann in einen wackeligen Stand. Er versucht, seinen verschwommenen Blick zu fokussieren, und es gelingt ihm, einzelne Dinge scharf zu stellen: leere Flaschen, Zigarettenkippen, Erbrochenes, ein einzelnes, gezacktes Stück Hochglanzpapier mit etwas darauf, das aussieht wie die Hälfte eines erigierten Gliedes. Eine Sohle, einen Absatz, einen schwarzen Schuh.

»Was ...?«

Er stolpert einen Schritt vorwärts. Ihre fahlen Brüste verschwimmen vor seinen Augen, tauchen wieder auf wie weiße Kugeln in pechschwarzem Wasser. Über ihrem Schoß liegt etwas, das er erst jetzt als den auseinandergerissenen Jack-Daniel's-Karton identifiziert. Sein Blick kriecht mühsam wieder höher, er konzentriert sich auf ein rotblaues Mal mit scharfen Rändern, es sieht aus wie eine Insel, deren Ufer abrupt ins Meer abfällt. Da sind noch mehr dieser Inseln, sie bilden dunkle Kontraste auf der ansonsten makellos weißen Haut. Das Gesicht ist eine starre weiße Maske mit einem quer verlaufenden grellroten Strich, als hätte jemand einen Pinsel in Blut getaucht und ihn mit zu viel Schwung von einer Wange zur anderen gezogen.

In Rods Innerem pocht es, es vibriert und rüttelt, als wollte etwas daraus hervorbrechen. Er zittert am ganzen Körper, und ein Film aus kaltem Schweiß legt sich auf seine Stirn und kriecht seinen Rücken hinunter. Was ist passiert? Er hat einen kompletten Filmriss. In seinem dröhnenden Schädel, der sich anfühlt, als würde er geschüttelt wie eine Schneekugel, damit die kleinen weißen Plastikteile durcheinanderwirbeln wie von einer tosenden Windmaschine angetrieben, ist nur dieses kreisende Kaleidoskop. Er fährt mit seinen Händen über den kalten Schweiß auf seiner Stirn und weiß nicht, was er anschließend mit ihnen tun soll.

Hat er etwa auch ...?

Hektisch zerrt er an seiner Jacke, bis er es schafft, sie aus-

zuziehen. Erst legt er sie nur über ihre Blöße, aber das reicht doch nicht. Sie lehnt wie leblos mit dem Rücken an einer der steinernen Säulen des Pavillons. Er zieht sie hoch, und die Jacke fällt wieder herunter, es beginnt ein absurder Kampf, in dem er versucht, nach der Jacke auf dem Boden zu angeln, ohne dass er das Gleichgewicht verliert oder die Prinzessin umfällt. Dabei lallt er: »Was ist passiert? Wo sind die anderen? Was haben sie...?«

Aber er erhält keine Antwort. Sie ist noch viel zu betrunken, oder ist es der Schock? Er weiß es nicht. Immerhin hat er es jetzt geschafft, ihr die Jacke überzuziehen, die nass ist und vorn besudelt mit seiner Kotze.

Er legt ihren Arm über seine Schulter und umfasst ihre Hüften. Ihr starrer, gefrorener Körper an seiner Seite, er ist ihr so nah, wie er es sich immer gewünscht hat, aber so hat er es sich natürlich nicht vorgestellt. Erst stehen sie schwankend da, dann taumeln sie los.

In der einbrechenden Dunkelheit geht der Regen in Schnee über.

Titanic

Obwohl es eigentlich schon viel zu spät für einen Besuch bei Mutter war, ertappte ich mich, dass ich auf dem Weg zu ihr war. Unterwegs ließ ich mir das Treffen mit Heidi durch den Kopf gehen und das, was sie mir erzählt hatte. Die Prinzessin war mit ihrer Familie nach Chile gegangen. Waren sie schon dort gewesen, bevor sie hier in Bamberg so plötzlich aufgetaucht waren? Heidi hatte von einer Sekte gesprochen, und ich erinnerte mich, dass es damals schon Gerüchte darüber gegeben hatte. So weit, so gut. Aber was war zum Beispiel mit der Tatsache, dass Dr. Schäfer gerade erst in Chile gewesen war? Oder mit diesem chilenischen Dorf, Villa Baviera, das Namensgeber für ein Franchise-Unternehmen von DEIMU oder dessen Mutterfirma war? Und was war mit den spanischen Briefen, die offensichtlich aus Südamerika stammten? Immer wieder stellte sich mir die Frage, ob das alles nur Zufälle waren. Oder hing alles miteinander zusammen – DEIMU, Schäfer, Max, Hansi und die Prinzessin? Aber wie passte Muhamed Shqip dazu? Gar nicht, wenn man näher darüber nachdachte. Es sei denn, Schäfer hätte ihn beauftragt, die Morde zu begehen. Aber was war sein Motiv? Seit wann brachten Manager ihre ehemaligen Mitarbeiter um, wenn sie sie einfach entlassen konnten? Vielleicht gab es eine Möglichkeit, herauszufinden, ob eine Verbindung bestand. Angenommen, die Mazedonier im Balkanzentrum würden Schäfer als den Mann identifizieren, der sich dort mit Shqip getroffen hatte, dann müsste Schäfer erklären, was der Grund für seine Besuche gewesen war. Und die Prinzessin? Sollte sie sich in Chile in dem Dorf Villa Baviera aufhalten, wäre sie mit großer Wahrscheinlichkeit ein Teil des Rätsels. Allerdings war sie aus unserem System, aus allen Akten und allen Computern komplett verschwunden. Sie war als Johanna Kaiser nicht mehr existent. War sie in einem Zeugenschutzprogramm untergebracht worden? Aber aus welchem Grund? Und konnte Oberstaatsanwalt Dr. Herbert die entsprechenden Quellen anzapfen, um ihre jetzige Identität aufzudecken, wenn sie denn eine andere angenommen hatte? Und – wo sollte ich jetzt anfangen?

Ich war schon am Schönleinsplatz, als ich mich entschloss, doch nicht nach links in die Hainstraße zu fahren, sondern nach rechts abzubiegen. Wahrscheinlich schlief Mutter sowieso schon. Sie konnte dieses eine Mal warten.

Es war abends um zehn, und der Verkehr tröpfelte nur noch dahin. Ich brauchte keine zwei Minuten zurück ins Präsidium. Als ich ausstieg, peitschte ein kalter Wind über den Parkplatz. Ich klappte den Kragen hoch und betrat das Gebäude.

Die Bauarbeiter hatten Feierabend gemacht, und es herrschte eine himmlische Ruhe. In meinem Büro brannte Licht, aber keine Menschenseele war zu sehen. Ich setzte mich an meinen Schreibtisch, fuhr den Rechner hoch, öffnete die Suchmaschine und tippte »Villa Baviera« ein. Sofort ploppten die Ergebnisse mit der Information auf, die mir Hägar schon gegeben hatte. Es handelte sich um die Siedlung einer Sekte beziehungsweise einer deutschen, totalitären, religiösen Gemeinschaft, die seit 1988 bestand und durch Menschenrechtsverletzungen die Aufmerksamkeit der gesamten Weltöffentlichkeit auf sich gezogen hatte. Ich las, dass das Areal bereits 1961 unter dem Namen »Colonia Dignidad« mit dem Zusatz »Sociedad Benefactora y Educacional Dignidad« gegründet worden war. Übersetzt: »Kolonie Würde, Wohltätigkeits- und Bildungsgesellschaft Würde«. Das Gebiet umfasste dreihundert Quadratkilometer. Ich wunderte mich, wie deutsche Auswanderer in einem südamerikanischen Land ein Areal von solcher Größe für sich beanspruchen konnten, bis ich weiter unten in dem Artikel die Antwort fand. Im Jahr 1956 hatten ein gewisser Paul Schäfer und ein Prediger namens Hugo Baar, der aus einer Baptistengemeinschaft geworfen worden war, in Heide bei Siegburg die »Private Soziale Mission« gegründet.

Moment mal, Schäfer? Paul Schäfer? So wie Schäfer, CEO von DEIMU, der aber Johannes mit Vornamen hieß? Ein Zufall? Ich öffnete ein zweites Fenster. Mir war bekannt, dass es nach dem Zweiten Weltkrieg viele Deutsche, vor allem Nazis, nach Südamerika verschlagen hatte. Nach der Wende folgten ihnen jede Menge Stasileute – vornehmlich nach Argentinien und Chile. Ein prominentes Beispiel war Margot Honecker gewesen.

Keine zehn Sekunden später wusste ich, dass der Name Schäfer in Chile weit verbreitet war, oft ohne den Umlaut und nur mit a oder mit einem Akzent auf dem a geschrieben. Auch allein in Bamberg gab es über drei Dutzend Schäfers, von Adelheid über Helmut bis Xaver Schäfer. Die Namensgleichheit konnte also tatsächlich Zufall sein, aber daran glaubte ich nicht.

Ich las den Artikel über die Colonia Dignidad noch einmal

von Anfang an. Bei der von Paul Schäfer in Heide gegründeten Privaten Sozialen Mission hatte es sich um ein Erziehungsheim für Kinder gehandelt. Als das Ganze immer mehr eine pseudoreligiöse Entwicklung nahm, der sich auch viele Eltern anschlossen, ermittelte die Staatsanwaltschaft gegen Paul Schäfer aufgrund von Anzeigen wegen Vergewaltigung zweier Jungen. Daraufhin war dieser mit einhundertfünfzig Mitgliedern der Gruppe nach Chile geflohen und hatte dort die Colonia Dignidad gegründet.

»Herr Killer, wenn Sie darauf hoffen, Ihre Überstunden abrechnen zu können, muss ich Sie leider enttäuschen.«

Ich fuhr herum. Ich war so vertieft in den Artikel gewesen, dass ich die Polizeipräsidentin nicht gehört hatte. Wie immer trug sie zu einem ihrer Kurven betonenden Kostüme hochhackige Schuhe. Auf dem nagelneuen Laminatboden, der in dieser Ecke des Büros bereits verlegt war, konnte sie bestimmt nicht lautlos herangeschlichen sein. »Keine Sorge. Ich wollte nur noch ein paar interessante Querverbindungen recherchieren.«

»Erzählen Sie.« Sie zog sich einen Stuhl zum Schreibtisch und setzte sich.

Ich berichtete von dem doppelten Auftauchen des Namens Schäfer und der möglichen Verbindung zur Colonia Dignidad beziehungsweise Villa Baviera.

Sie hörte aufmerksam zu und strich, als ich mit meiner Zusammenfassung zu Ende war, nachdenklich ihren Rock glatt. »Das ist alles sehr interessant. Ich frage mich gerade, wie ein einfacher Sozialarbeiter wie Paul Schäfer ein Projekt mit solchen Ausmaßen finanziert hat. Man fliegt doch nicht mit hundertfünfzig Leuten nach Chile und gründet dort – mal einfach so – eine Kolonie.«

Ich deutete auf den Artikel auf dem Bildschirm: »Hier steht, dass Schäfer das Erziehungsheim in Heide für neunhunderttausend Mark an die Bundeswehr verkauft hat. Das war damals ein ganz gutes Startkapital. Zusätzlich leitete er offensichtlich die Renten sämtlicher Gruppenmitglieder direkt auf sein

Konto. Keine Ahnung, wie er das gemacht hat. Vielleicht hatte er sie auch irgendwie dazu überredet, es selbst zu tun.«

»Und weiter? Wenn ich Sie richtig verstanden habe, war die Colonia Dignidad in Chile eine Art riesiges Mustergut, das sehr viel Bewunderung erntete. Einen Bezug zu Diktator Pinochet soll es auch gegeben haben, oder?«

»Allerdings. Schäfer verfügte in Chile über gute Kontakte zu einer rechtsextremen Gruppierung, der ›Patria y Libertad‹, auf Deutsch: ›Vaterland und Freiheit‹. Indem er zollrechtliche Ausnahmeregelungen für die Colonia Dignidad nutzte, schleuste er Gewehre und Munition über den Seeweg nach Chile ein, mit denen er den Militärputsch vom 11. September 1973 unterstützte. Inzwischen weiß man, dass die Colonia während Pinochets Militärdiktatur Operationsbasis des Geheimdienstes war.« Ich deutete auf den Artikel und las vor: »›Sie diente auch als Stützpunkt des Projektes ANDREA.‹ Ausformuliert: ›Alianza Nacionalista de Repúblicas Americanas‹ – entschuldigen Sie meine Aussprache –, was so viel wie ›Nationalistische Allianz amerikanischer Republiken‹ bedeutet. Lateinamerikanische Nationalisten, Geheimdienstler und Antisemiten sollten zusammenarbeiten. Hier steht auch noch, dass alle Details dazu durch Aussagen von Hugo Baar bekannt wurden. Sie erinnern sich, er war Mitbegründer der Colonia, floh aber 1984.«

Die Präsidentin kaute auf ihrer Unterlippe: »Ich muss an einen Artikel denken, den ich über den Film über die Colonia gelesen habe. Dort müssen ziemlich schreckliche Dinge geschehen sein.«

Ich nickte. »Die Siedlung war streng abgeschirmt, und die Bewohner konnten völlig autark leben und im Prinzip tun und lassen, was sie wollten. Es heißt, Schäfer habe sogar Minderjährige entführt, die offiziell zu einer Chorfreizeit eingeladen waren. Die Wahrheit darüber, was wirklich dort passierte, kam erst im Laufe der Zeit Stück für Stück ans Licht. Zwangsarbeit, sexueller Missbrauch und Folterungen müssen an der Tagesordnung gewesen sein.«

Dr. Schulz-Bellingröhr malträtierte immer noch ihre Unterlippe. Ich sah rote Lippenstiftspuren an ihren Zähnen. Schließlich schüttelte sie den Kopf. »Ich finde es zutiefst verstörend, dass so lange nichts dagegen unternommen wurde.«
»Das war wohl sehr schwierig bis unmöglich. Die Colonia war eine Enklave. Selbst als Chile wieder demokratisch wurde, scheiterten zunächst alle Versuche, das Gebiet unter Kontrolle zu bekommen. Offenbar war das Areal riesig und nur schwer überschaubar, außerdem saßen in der Polizei und in der Politik noch loyale Verbündete Schäfers – selbst als der 1996 untertauchen musste, blieben die alten Strukturen noch so lange erhalten, bis er 2005 schließlich gefasst werden konnte.«
»Und Sie glauben, dass es eine Verbindung zu unserem Dr. Schäfer hier in Bamberg gibt?«, fragte die Präsidentin nachdenklich.
»Vielleicht nicht direkt – oder eher andersherum. Auf jeden Fall existiert eine Verbindung von Dr. Schäfer zu Villa Baviera – schon allein durch die Holding, die den Namen trägt. Inwieweit und was diese Firma mit der Vergangenheit zu tun hat, kann ich Ihnen nicht sagen.«
»Ich sehe auch keinen Bezug unserer beiden Mordopfer zu dieser Kolonie.«
Ich schwieg eine Weile, bevor ich ihr zu erklären versuchte, warum ich anders dachte. »Es ist nur eine Vermutung, vielleicht sogar nur ein Gefühl …« Ich ließ das letzte Wort in der Luft hängen.
»Fahren Sie fort. Vermuten Sie.«
»Max Kauder könnte in Chile gewesen sein. In seinem Lebenslauf fehlen uns ganze zehn Jahre, aber er hat für DEIMU gearbeitet, und Dr. Schäfer ist gerade erst aus Santiago de Chile zurückgekehrt. Und dann gibt es noch etwas …«
Dr. Schulz-Bellingröhr hatte mich die ganze Zeit aufmerksam beobachtet. »Warum zögern Sie?«, fragte sie jetzt. »Was ist dieses Etwas?«
Ich zögerte tatsächlich und wusste im Augenblick selbst

nicht, warum. Lag es vielleicht daran, dass ich zumindest den Rest meiner alten Clique in Bezug auf die beiden Verbrechen als Tabuzone betrachten wollte? Es reichte doch schon, dass Max und Hansi grausam ermordet worden waren. Andererseits wusste ich bereits jetzt, dass die Frage, warum die Prinzessin wie vom Erdboden verschluckt war, mir keine Ruhe lassen würde. Ich atmete einmal tief ein und wieder aus und sagte: »In meiner alten Clique, in der auch die beiden Mordopfer waren, gab es ein Mädchen ...« Wieder hielt ich inne, und Dr. Schulz-Bellingröhr wartete mit gerunzelter Stirn. »Sie wurde von allen nur Prinzessin genannt.«

»Prinzessin?«

»Ihr richtiger Name ist – war – Johanna Kaiser.« Ich lachte etwas verlegen. »Sie war eine exotische Schönheit, schwarze Haare und Augen, weiße Haut. Sie wissen schon, hat uns Jungs den Kopf verdreht.«

»Ihnen auch?«

»Ein bisschen, ja.«

»Ein bisschen viel?«

»Kann sein.« Ich ärgerte mich über mich selbst, als ich spürte, wie ich rot wurde wie ein Teenager, und musste mich räuspern, bevor ich fortfahren konnte. »Es hieß nur, die Familie sei in einer Sekte und nach Bamberg aus dem Ausland gekommen. Irgendwann ist Johanna Kaiser wieder verschwunden. Keiner wusste damals, warum und wohin.«

»Wann war das? Wann ist sie verschwunden, meine ich.«

»Ich war höchstens sechzehn oder siebzehn.«

»Also waren die Kaisers Ausländer? Aber Kaiser ist ein deutscher Name.«

»Laut Internet leben viele Menschen mit dem Namen Kaiser in Südamerika. Schäfer ist dort übrigens auch weit verbreitet.«

»In Chile?«

»Chile und Argentinien.«

Die Präsidentin blickte skeptisch. »Und wegen des Namens denken Sie, dass es da eine Verbindung gibt?«

»Nicht deswegen. Ich habe vorhin mit einer ehemaligen Nachbarin von den Kaisers gesprochen, die ich auch von früher kenne. Sie behauptet, sicher zu wissen, dass die Familie nach Chile ausgewandert ist und dass der Wegzug mit ihrer Sekte zu tun hatte. Das ist meiner Meinung nach die Verbindung. Chile, die Sekte, die Colonia Dignidad beziehungsweise Villa Baviera. Oder Villa Baviera Holding. Wenn wir diese Auflistung zu Ende spinnen, landen wir auf Umwegen wieder bei DEIMU und bei Dr. Schäfer.«

»Und weiter? Was hat das mit unseren beiden Mordfällen zu tun? Okay, DEIMU hat eine Tochter in Chile, bei der Kauder möglicherweise gearbeitet hat, aber was ist mit Ganzmann?«

»Das ist mir auch noch nicht wirklich klar. Die Verbindung von Ganzmann zu DEIMU besteht bisher lediglich darin, dass er für Dr. Schäfer die Firma der Frau, die er kurz darauf heiratete, geopfert hat.«

»Immerhin. Aber machen wir mit der Villa Baviera Holding und DEIMU weiter.«

»Wir wissen eigentlich so gut wie nichts über die beiden Firmen. Es ist nicht einmal das Verschwinden von Johanna Kaiser und ihrer Familie ausgerechnet nach Chile und, wenn ich mit meiner Vermutung richtigliege, in die Colonia, was mich zum Grübeln bringt.«

»Was dann?«

»Obwohl wir gründlich recherchiert haben, verläuft die Spur von Johanna Kaiser in der Bamberger Gereuth im Sand.«

Dr. Schulz-Bellingröhr hob die Augenbrauen. »Das verstehe ich nicht. Sagten Sie nicht gerade, sie sei nach Chile ausgewandert?«

»Das sagte die Nachbarin, deren Aussage ich für glaubwürdig halte. Nur ...«

»Nur?«

»Es gibt nichts, was eine Auswanderung bestätigt. Keine Abmeldung im Einwohnermeldeamt, kein Visum für eine Ausreise.«

»Vielleicht ist die Familie dann doch in Deutschland geblieben.«

Ich schüttelte den Kopf.

»Warum sind Sie sich so sicher?«

»Weil wir sie dann erst recht aufgespürt hätten. Sie wissen doch, dass kein Mensch komplett abtauchen kann. Wenn er verreist, umzieht, Geld abhebt oder stirbt, hinterlässt er Spuren. Für alles gibt es ein Dokument, einen Computereintrag, einen Kontoauszug. Aber in diesem Fall haben wir nichts gefunden.«

»Das ist wirklich seltsam.«

»Mir ist bisher nur eine einzige mögliche Erklärung eingefallen, wenn wir die Grenzen der Legalität gedanklich nicht überschreiten wollen.«

Dr. Schulz-Bellingröhr begutachtete ihre rot lackierten Nägel, bevor sie wieder zu mir aufsah. »Sie meinen, die Familie ist in einem Zeugenschutzprogramm untergekommen?«

Ich nickte. »Gibt es eine Möglichkeit, das herauszufinden?«

Die Präsidentin rollte auf ihrem Stuhl zurück. »Ich werde mit Oberstaatsanwalt Dr. Herbert darüber sprechen.«

»Darum wollte ich Sie bitten.«

»Die Sache ist schon überaus seltsam und verzwickt, finden Sie nicht?«

Wieder nickte ich. Die Polizeipräsidentin hatte recht. Ich dachte an die Leinwand bei mir zu Hause und daran, dass ich eine Menge neuer roter Fäden ziehen musste. Und trotzdem hatte ich das Gefühl, dass wir mit allen unseren Überlegungen und Vermutungen immer noch auf dem Holzweg waren. Oder dass wir nur die Spitze des Eisberges sahen, dessen weitaus größerer Teil verborgen unter Wasser lag. Ich konnte nur hoffen, dass wir nicht alle auf der Titanic saßen und bald das große Orchester zu unserem Untergang aufspielen würde.

Glück

Nicole wartete auf mich. Sie hatte gekocht. Wenn sie sauer war, weil ich so spät nach Hause kam und das Essen kalt geworden war, ließ sie sich nichts anmerken. Erst als ich die ersten Bissen Gemüse und Fleisch in den Mund geschoben hatte, merkte ich, wie hungrig ich war.

Nicole sah mir schweigend zu. Sie hatte schon gegessen und schenkte mir Wasser nach, als ich das Glas leer getrunken hatte.

»Wie war dein Tag?«

»Ganz okay.« Ich kaute auf einem kalten Stück Fleisch herum und sagte: »Tut mir leid, dass es so spät geworden ist. Es gab viel zu besprechen.«

»Seid ihr weitergekommen? Du hast mir ja noch nicht besonders viel erzählt, aber das wenige, was ich weiß, klingt recht gruselig.«

»Das ist es auch.«

»Du willst nicht darüber reden.« Es war eine Feststellung, keine Frage.

Ich legte die Gabel zur Seite. »Was möchtest du denn wissen?«

»Ich interessiere mich einfach für die Arbeit des Mannes, von dem ich ein Kind erwarte.«

»Okay, aber dann frag doch einfach.«

»Rod, so nicht.«

»Was?«

Nicole seufzte. »Es wäre schön, wenn du von dir aus erzählen würdest: was du denkst und wie es dir geht, wenn du mit solchen Grausamkeiten konfrontiert wirst. Welche Probleme du wälzt. Wie du vorankommst. Und so weiter und so fort.«

»Wie wär's, wenn du damit anfängst? Ich höre gern zu, wenn du mir von deinem Tag erzählst.«

Nicoles Augen waren oft ein Spiegel ihrer Seele, doch wenn sie wie jetzt glasig wurden, war es schwierig, ihre Gedanken zu lesen. Ich erwartete, dass sich nun das entladen würde, was sich durch mein spätes Nach-Hause-Kommen, das kalt gewordene Essen und ihre ganze Situation angestaut hatte. Schließlich war sie erst vorgestern zu einer Abtreibung nach Holland gefahren, und ich hatte mich, was das ungeborene Kind und überhaupt unsere Zukunft betraf, ihr gegenüber noch nicht erklärt, sodass sie sich eigentlich unsicher fühlen musste. Aber all das versteckte sie seit Tagen hartnäckig hinter einem freundlichen Lächeln, das vermutlich nur eine Maske war.

»Rod, soll ich dir sagen, was mir heute passiert ist?«, fragte sie dann.

Ich nickte, und als ich sah, dass ihre Augen wieder klar wurden, hoffte ich, dass sie vielleicht nichts Schlechtes erlebt hatte.

»Ich musste mich mehrmals übergeben. Und weißt du, wie ich mich dabei gefühlt habe?«

»Wie?«

Nicoles Augen begannen zu strahlen, und ihr Lächeln leuchtete. Ganz leise sagte sie: »Mir war kotzübel. Aber ich war glücklich. So glücklich wie schon lange nicht mehr.«

Juanita zwei

Die Besprechung am nächsten Tag fand um elf Uhr im kleinen Kreis statt, nur Dr. Schulz-Bellingröhr, Dr. Herbert, Waldi und ich waren anwesend. Die restlichen Kollegen der Soko waren virtuell oder real unterwegs, um diejenigen Firmen abzuklappern, die nach getaner Arbeit von NEWHORIZON übrig geblieben waren, und um die anderen tausend kleinen Puzzleteile zu sammeln, die sich am Ende hoffentlich zu einem Bild zusammenfügen würden, das einen Sinn ergab und uns den Mörder lieferte.

Aus einem mir nicht bekannten Grund ruhten die Bau- und Renovierungsarbeiten heute, und es herrschte wohltuende

Stille. Dr. Herbert sah wie immer aus wie aus dem Ei gepellt, und Dr. Schulz-Bellingröhr stand ihm in nichts nach. Doch unter ihrem sorgfältig aufgetragenen Make-up schimmerten dunkle Augenschatten hindurch. Offensichtlich war sie gestern Abend noch länger im Präsidium geblieben, um zu arbeiten.

Sie begann ohne Umschweife, wobei ich erfuhr, dass sie seit Neuestem mit dem Herrn Oberstaatsanwalt per Du war: »Dieter, gleich zu Beginn eine etwas heikle Frage: Gibt es eine Möglichkeit, jemanden in einem Zeugenschutzprogramm aufzuspüren?«

Dr. Herberts Ton war leicht väterlich angehaucht, als er fragte: »Worum geht es denn?«

Ich antwortete: »Um eine Person, die wir in keinem System finden, von der wir aber gern wüssten, wo sie sich aufhält – oder ob es sie überhaupt noch gibt.«

»Sehr vage.«

»Das stimmt. Zudem wissen wir leider nicht einmal, ob sie für unseren Fall überhaupt eine Rolle spielt. Aber sie ist eine Spur, der wir nachgehen möchten.«

»Zu vage.«

»Wie konkret müsste der Zusammenhang zu den Mordfällen denn sein?« Ich dachte an den Fall vom Vorjahr, zu dessen Klärung ich Einsicht in eine Bundeswehrakte erhalten hatte. Allerdings war es zu diesem Zeitpunkt schon so gut wie erwiesen gewesen, dass die Akte uns Aufschluss über den Mörder liefern würde.

»Man kann es auf einen sehr einfachen Nenner bringen«, sagte Dr. Herbert. »Es muss Gefahr für Leib und Leben bestehen. Tut es das? Und vor allem – für wen?«

»Wenn ich ehrlich bin, ist das schwer zu sagen. Aber sehen Sie, Herr Oberstaatsanwalt, wir suchen einen zweifachen Mörder, und es ist nicht auszuschließen, dass die Person, von der ich spreche, mit den Mordfällen zu tun hat.«

»Auf welche Weise?«

»Das kann ich Ihnen leider nicht sagen.«
Dr. Herbert lächelte milde. »Herr Kollege, Sie wissen selbst so gut wie ich, warum die Zeugenschutzprogramme bei uns in Deutschland so hervorragend funktionieren und wir quasi nie Ausfälle haben: weil wir eben keine Ausnahmen machen. Alle Daten sind so verschlüsselt, dass es vermutlich leichter ist, den roten Atomknopf des amerikanischen Präsidenten zu drücken, als die Identität einer geschützten Person zu enttarnen. Sie müssen sich etwas anderes einfallen lassen. Tut mir leid.«

Ich wusste natürlich, dass der Oberstaatsanwalt recht hatte. Außerdem kam mir die Idee im Augenblick sowieso absurd vor. Viel wahrscheinlicher erschien mir jetzt etwas anderes. »Kein Problem«, erwiderte ich. »Wie Sie schon sagten: Die Möglichkeit, dass Johanna Kaiser überhaupt etwas mit unserem Fall zu tun hat, ist sehr ungewiss.«

Zum ersten Mal an diesem Morgen schaltete sich Waldi ein, der noch reichlich verschlafen dreinblickte. Bisher hatte er nur durch Gähnen auf sich aufmerksam gemacht. »Wir haben Hunderte von Vermissten in unserem System. Ich wette, die Hälfte davon sind nicht nur Karteileichen, sondern richtige. Zudem wird nicht jeder, der verschwindet, als vermisst gemeldet. Nehmen wir einmal an, die Eltern von Johanna Kaiser sind beide tot und sie fällt einem Perversling in die Hände, der sie dann irgendwo im Wald vergräbt. Simsalabim, schon ist sie verschwunden. Gibt es nicht immer mehr Kannibalen, die sich im Internet was zum Knabbern suchen? Auch in diesem Fall würden wir keine Spur mehr von ihr finden.«

»Das wäre eine plausible Erklärung«, sagte Dr. Schulz-Bellingröhr. »Auch wenn Ihre Kannibalismustheorie etwas an den Haaren herbeigezogen ist.«

Es entstand eine Pause, in der Dr. Herbert zuerst den Sitz seiner mokkabraunen Krawatte überprüfte und dann auf die Armbanduhr blickte, bevor er sich an mich wandte. »Herr Killer, Sie leiten die Ermittlungen. Ihre Idee des groß angelegten DNA-Tests wurde zunächst ja sehr kritisch betrachtet. Ich muss zugeben, am meisten von mir selbst. Der Erfolg ist also ausschließlich Ihr Verdienst. Wie ist Ihre Einschätzung? Die Art und Weise, wie die Opfer ermordet wurden, geht doch eindeutig in Richtung Bandenkriminalität. Klassische Racheakte an Verrätern. Die Tatsache, dass der Täter weiterhin hartnäckig schweigt, ist ein weiteres Indiz dafür. Für vorsätzlichen Mord in zwei Fällen bekommt er lebenslänglich, und Sie können den Erfolg für sich und Ihr Team verbuchen. Sollten wir an dieser Stelle nicht einfach die Soko auflösen und einen Schlussstrich unter die Sache ziehen?«

Ich musste zugeben, dass die Vorstellung verlockend war. Meine Energiereserven waren weitgehend aufgebraucht, und bisher hatten alle unsere Versuche, ein Motiv für die Taten zu finden, entweder in einer Sackgasse geendet oder eine Schachtel mit neuen Rätseln zutage gefördert, von denen wir bisher kein einziges gelöst hatten. Würde ich Dr. Herberts Vorschlag befolgen, könnte ich mich zurücklehnen und die Lorbeeren für zwei gelöste Mordfälle einheimsen. Ich könnte mich um Nicole und Mutter kümmern, versuchen, meinen Kopf aus der Schuldenschlinge zu ziehen und mein Leben wieder in Ordnung zu bringen. »Herr Oberstaatsanwalt«, begann ich, obwohl ich noch nicht wusste, was ich sagen sollte. Ich hatte dieses klassische Einerseits-andererseits-Problem.

Auch die Präsidentin bemerkte mein Zögern, aber als ausgerechnet Waldi zu einem Kommentar ansetzte, trat das Schicksal in Form von Hägar auf den Plan, und die Entscheidung wurde mir abgenommen.

Hägar war nicht allein, sondern hatte eine ziemlich lange, dünne Person im Schlepptau. Es sah ungeheuer lustig aus, wie sich der tapsige Heinrichsmeier, gefolgt von einem ungelenken Eins-neunzig-Schlaks, über Schutthaufen und Mauerreste den Weg zu uns bahnte. Außer Atem kam Hägar direkt zur Sache. »Wir haben einen Toten. Also, noch einen.«

Dr. Herbert runzelte die Stirn, und Waldi sprang von seinem Stuhl auf.

Dr. Schulz-Bellingröhr war keine Regung anzumerken. Sie lächelte sogar ein klein wenig, als sie freundlich sagte: »Dann mal der Reihe nach. Und wen haben Sie uns da eigentlich mitgebracht?«

Der Schlacks schob sich an Hägar vorbei und schüttelte der Präsidentin und dann allen anderen die Hand. »Hauptkommissar Baumgartner. Kripo Würzburg.«

»Ein weiterer Mord?«, fragte der Oberstaatsanwalt.

»Möglicherweise«, erklärte Baumgartner. »Ihr Kollege hat mir während der Fahrt alle Einzelheiten über Ihre beiden Morde in Bamberg berichtet, und wir sind zu dem Schluss gekommen, dass ein Zusammenhang mit diesem neuen Todesfall bestehen könnte.«

»Okay, dann fang ich mal von vorn an«, sagte Hägar. »Ich habe eine Zeit lang in Würzburg gewohnt, deshalb habe ich dort noch Freunde. Gestern Abend bin ich zu ihnen gefahren, wir sind wie in alten Zeiten ein wenig um die Häuser gezogen, und heute Morgen wollte ich mit Veith Krieger einen weiteren Zeugen von unserer Liste vor Ort befragen. Telefonisch war er ja nie zu erreichen.«

»Und?«

»Dann kam auf allen Kanälen die Meldung, dass in dem in Würzburg gastierenden Zirkus ein Tierpfleger von drei Löwen angegriffen und getötet wurde.«

»Wie bitte?« Ich spürte, wie sich meine Nackenhaare aufstellten, und wusste sofort, dass meine beiden Kollegen mit ihrer Vermutung recht hatten. »Im Zirkus Donati?«

Hägar und Baumgartner blickten mich an, als hätte ich ihnen gerade einen Zaubertrick vorgeführt, den sie nicht verstanden.

»Woher weißt du das?«, fragte Hägar.

Ich antwortete mit einer Gegenfrage: »Konnte die Identität des Opfers schon festgestellt werden?«

»Wir fanden seinen Ausweis. Allerdings haben ihn die Löwen ziemlich übel zugerichtet.«

Fritz, der Knirps. Eiskalt kroch es mir meine Wirbelsäule hinunter. Max, Hansi, Fritz. Was hatte das alles zu bedeuten? Welches Gespenst war aus der Tiefe der Vergangenheit heraufgestiegen und brachte einen nach dem anderen um?
»Fritz Böck«, sagte Baumgartner.
Ich nickte.
Oberstaatsanwalt Dr. Herbert, der gern im Licht der Öffentlichkeit stand, hob die Hände wie zum Plädoyer in einer Gerichtsverhandlung. »Kann mich jemand mal darüber aufklären, was hier vorgeht? Ich verstehe ehrlich gesagt gar nichts mehr. Ein Tierpfleger, der von Löwen in einem Zirkus getötet wird, das sieht mir doch nach einem tragischen Unfall aus. Was hat das, bitte schön, mit unseren beiden Mordfällen zu tun?«
Ich spürte, wie die Blicke der anderen zu mir wanderten und wie sie auf eine Erklärung von mir warteten. Ich versuchte, meine Gedanken zu ordnen, die chaotisch in meinem Kopf herumwirbelten. Es dauerte eine Weile, bis ich dazu in der Lage war. »Fritz Böck war auch ein Mitglied meiner alten Clique.«
»Oha«, machte Dr. Herbert. Genauso wie die Präsidentin war er in der Lage, schnell zu denken und ein Gedankenpuzzle in Sekundenbruchteilen zusammenzusetzen.
Es herrschte Schweigen, das Waldi in seiner typischen Weise brach. »Mensch, Killer, was hast du bloß für einen Umgang?«
»Hatte«, murmelte ich. »Das ist eine Ewigkeit her.«
»Können wir feststellen, ob Fritz Böck auch für DEIMU gearbeitet hat?«, fragte Dr. Schulz-Bellingröhr.
»Haben wir schon.« Hägars Bart litt besonders unter der neuen Situation. »Hat er nicht. Soweit wir es zurückverfolgen können, fuhr er auf Containerschiffen zur See und arbeitete danach bei dem Zirkus.«
»Und was ist mit Chile?«
»Dieser Zirkus tourt nach eigenen Angaben durch Europa, aber nicht bis nach Übersee.«
Dr. Schulz-Bellingröhr überlegte laut: »Wenn es bei diesem Mord keine Verbindung zu DEIMU und dem Firmenumfeld

gibt, dann müssen wir noch einmal komplett von vorn anfangen. Auch weil Muhamed Shqip bei uns in Untersuchungshaft sitzt und somit diesmal als Auftragstäter ausgeschlossen werden kann.«

»Ich fasse mal zusammen«, sagte ich, »aufgrund der Tatsache, dass alle Opfer in ihrer Jugend in ein und derselben Clique waren, sollten wir davon ausgehen, dass ein Zusammenhang zwischen den Verbrechen besteht. Meiner Meinung nach wäre es ansonsten ein zu großer Zufall –«

»Moment«, unterbrach mich Waldi. »Es könnte schon ein Zufall sein – wenn es nämlich einfach nur ein dummer Unfall war. Aus Unachtsamkeit. Kommt doch öfter vor.«

Jetzt war es Baumgartner, der den Kopf schüttelte. »Nach unseren bisherigen Ermittlungen müssen wir davon ausgehen, dass es sich um keinen Unfall handelt. Die Zirkusleute haben mir erklärt, dass der Löwenkäfig sozusagen aus zwei Zellen besteht, die durch eine Art Schiebetür getrennt sind. Man reinigt immer nur die, in der sich die Löwen gerade nicht aufhalten.«

»Vielleicht hatte er vergessen, die Schiebetür zu schließen«, sagte Waldi. »Oder er dachte, die Löwen seien eh nur Schoßhündchen, weil sie schließlich jeden Tag in der Manege ihre Kunststückchen machen und nach der Pfeife des Dompteurs tanzen.«

»Nein«, sagte Baumgartner. »Es gibt da wohl viele Vorurteile, aber so ein Zirkus hat sehr strenge Sicherheitsvorkehrungen, was Raubtiere betrifft. Man gelangt nur in den Käfig, wenn die Schiebetür geschlossen ist. Und die kann man nur von außen betätigen.«

»Aber die Löwen hätten ja, theoretisch gesehen, auch auf der falschen Seite sein können.«

»Dann wäre es Selbstmord gewesen.« Dr. Herbert war wirklich schnell im Denken. »Kann man das ausschließen?«

»Nun ja«, meinte Baumgartner. »Nicht wirklich.«

»Vorausgesetzt«, schlug die Präsidentin vor, »man lässt außer Acht, dass alle drei Opfer einen gemeinsamen Nenner haben.«

»Und dass Kabelbinder und Panzertape im Käfig gefunden wurden«, ergänzte Baumgartner.

Hägars Finger glitten aus dem Bart. »Ich bin mir jetzt schon sicher, dass dieses Tape von derselben Rolle stammt wie das an den anderen beiden Opfern. Den Kabelbinder werden wir selbstverständlich auch abgleichen.«

Ich ging zum Fenster, vor dem zum ersten Mal seit langer Zeit die Plastikfolie entfernt worden war. Der Himmel war eine geschlossene graue Decke, es herrschte düstere Novemberstimmung. Obwohl ich es besser wusste, fragte ich: »Und es ist nicht möglich, dass die Kabelbinder und das Tape zufällig im Käfig lagen?«

Baumgartner winkte ab. »Nein. Natürlich müssen wir noch den Laborbericht abwarten, aber ich bin mir sicher, dass es sich um Fleisch- und Hautreste handelt, die an dem Tape klebten. Die Löwen haben das Opfer einfach in Stücke gerissen. Ein Gesicht war nicht mehr erkennbar.«

Ich sah, wie Dr. Herberts Adamsapfel auf und ab hüpfte, als er schluckte.

Die Präsidentin, die ein wenig bleich um die Nasenspitze geworden war, versteckte ihr Entsetzen hinter Sachlichkeit. »Waren mit den Kabelbindern die Hände gefesselt?«

»Vermutlich. Aber für uns waren keine Hände mehr erkennbar. Ich schätze, das Labor wird einige Mühe haben, die Überreste zu sortieren. Der Kabelbinder war in etwa so weit zugezogen, wie es nötig ist, um damit zwei Handgelenke zu umschließen.«

Dr. Herbert wandte sich an den Würzburger Kollegen. »Können Sie schon den Tathergang rekonstruieren?«

Baumgartner kratzte sich am spitzen Kinn. »Den vorläufigen, ja – aber ohne Gewähr. Es muss ungefähr so gewesen sein: Der Täter fesselt und knebelt das Opfer und trägt oder zerrt es in den einen Teil des Käfigs. Dann öffnet er die Schiebetür, sodass die Löwen Zugang zu dem Opfer haben. Laut Auskunft des Dompteurs muss sich das alles am Morgen vor der Fütterung abgespielt haben. Die Löwen waren hungrig und wurden vielleicht noch zusätzlich von außen gereizt. Am Käfig lehnte eine Eisenstange mit einem Haken. Sie steht sonst an einem anderen Platz und wird normalerweise dazu verwendet, das Fleisch für die Tiere zwischen den Gitterstäben hindurchzuschieben. Außerdem fanden sich an den wenigen intakten Überresten des Opfers Schnittspuren.«

»Schnittspuren?«, fragte Waldi.

»Man hat das Opfer absichtlich mit einem Messer geritzt oder geschnitten, damit es bereits stark blutete, als es in den Käfig gebracht wurde. Der Blutgeruch hat die Raubtiere zusätzlich aggressiv gemacht.«

»Also eindeutig Mord«, stellte Oberstaatsanwalt Dr. Herbert fest.

Ich hörte mir das alles an und dachte an die beiden anderen Morde. Ein Opfer, das sich selbst erstickt, und eins, das sich quasi ertränkt hatte. Und jetzt eines, das den Raubtieren vorgeworfen worden war. Max, Hansi und Fritz, der Knirps. Ich hatte plötzlich das Gefühl, dass sich eine Schlinge zuzog, und war mir sicher, dass das Morden weitergehen würde, sollten wir den Täter nicht rasch finden. Veith. – Die Prinzessin. – Ich. Ich wandte mich an Hägar. »Hast du anschließend noch versucht, Veith Krieger zu erreichen?«

Hägar stockte, als er seinen Fehler erkannte. Er brummte: »Nein, aber hätte ich wohl tun sollen.«

»Allerdings. Wir müssen so schnell wie möglich Kontakt zu ihm aufnehmen, er könnte der Nächste sein.« Ich hielt inne, als das Klacken von hohen Schuhen erklang.

Die Sekretärin der Polizeipräsidentin bahnte sich ihren Weg zu uns, schwenkte dabei einen Schnellhefter und rief: »Ich dachte, ich bringe das gleich mal vorbei!«

»Was ist das?«, fragte Dr. Schulz-Bellingröhr.

»Eine vorläufige Übersicht über den Inhalt der spanischen Briefe.«

»Geben Sie her. Vielen Dank.«

Die Sekretärin, die aufgrund ihrer Figur – und wegen ihrer Abneigung gegen Euphemismen – im Präsidium gern einmal »das Schlachtross« genannt wurde, kämpfte sich mit offensichtlicher Verachtung für das Tohuwabohu aus Schutt- und Bauresten zum Flur zurück. Als sie verschwunden war, richteten sich alle Augen auf die Polizeipräsidentin, die mit gerunzelter Stirn die Blätter in dem Schnellhefter überflog.

Mehrmals schüttelte sie dabei den Kopf und erklärte schließlich: »Unabhängig davon, ob die Briefe mit unseren Mordfällen zu tun haben oder nicht – sie sind erschütternd.« Sie räusperte sich wie jemand, der das Verkünden einer unangenehmen Nachricht hinauszögern will, und fuhr dann leise fort: »Ich mache es chronologisch: Einleitend schreibt die Übersetzerin, dass es sich im Folgenden nur um einen ersten Eindruck und eine grobe Zusammenfassung der Inhalte handelt und sie im Augenblick dabei ist, die Briefe Wort für Wort zu übersetzen. Da wir aber eine möglichst rasche Rückmeldung wollten, hat sie sie bereits quergelesen. Sie sind in südamerikanischem Spanisch geschrieben, allerdings lassen einige wenige Orthografiefehler darauf schließen, dass Spanisch nicht die Muttersprache der Verfasserin ist. Sie enthalten weder Datum noch Absender. Einerseits werden darin wie in einem Tagebuch Ereignisse geschildert, andererseits finden sich Liebesbezeugungen und Sehnsuchtsbekundungen. Der Adressat wird nicht namentlich genannt, sondern mit Koseworten bedacht, die in etwa mit ›Liebster‹ oder ›mein Herz‹ übersetzt werden können. So wie die Briefe abgelegt waren, kann man von einer zeitlichen Reihenfolge ausgehen. Die Ereignisse werden zunächst sehr positiv, ja nahezu euphorisch dargestellt, ein Ort, den sie weder geografisch einordnet noch benennt, wird fast paradiesisch beschrieben, die zu verrichtenden Arbeiten als einfach, aber erfüllend, die Menschen als überaus freundlich und zuvorkommend. Doch der Ton ändert sich von Brief zu Brief, zunächst ist vorsichtige Kritik herauszulesen, dann immer häufiger der Wunsch, zurückkehren zu dürfen. Wohin, wird nicht gesagt.

In der zweiten Hälfte der Briefe schlägt die Kritik Stück für Stück in Angst und schließlich in Entsetzen um. Die Lebensbedingungen der Schreiberin werden von ihr menschenunwürdig genannt, der zuvor paradiesische Ort ist zu einem Gefängnis geworden, in dem Folter, Missbrauch, Demütigung und Tod lauern.« Die Polizeipräsidentin ließ den Schnellhefter sinken.
Eine Zeit lang sprach niemand ein Wort. Dann fragte ich: »Sie haben von einer Verfasserin der Briefe gesprochen. Dann wird an einer Stelle in den Briefen doch ein Name genannt?«
Dr. Schulz-Bellingröhr blätterte erneut im Schnellhefter. Sie überflog das erste und das zweite Blatt und wurde schließlich auf dem dritten fündig. »Ja. Einmal.«
Ich sah, wie sie die Stirn runzelte. »Und? Wie ist der Name?«
Sie zögerte. Dann schloss sie den Hefter und sah mich an. »Juanita.«
Ich zuckte zusammen. Juanita. Ich sagte: »Das ist jetzt fast ein bisschen viel auf einmal.«

Fünf Asse

Ich fand Mutter in ihrem Zimmer am Fenster in einem desolaten Zustand vor. Zwar war es typisch für ihre Krankheit, dass sich Höhen und Tiefen abwechselten, es aber trotz Höhen in einer erbarmungslosen Spirale abwärtsging – doch so wie heute hatte ich sie noch nie erlebt. Sie, die ihr Leben lang aktiv gewesen war, saß zusammengesunken in einem Rollstuhl und stierte ohne eine Gefühlsregung, ohne ein Lebenszeichen vor sich hin. Sie reagierte weder auf Ansprache noch auf Berührungen, sie schien nichts zu hören, zu sehen, zu spüren – als seien ihr sämtliche Sinne und auch alle Dimensionen dieser Welt abhandengekommen.

Natürlich fühlte ich mich schuldig, zum einen, weil ich zu ihrer Party mit den Japanern zu spät gekommen war, um sie vor dem Alkohol zu bewahren, und zum anderen, weil ich mir erst jetzt die Zeit genommen hatte, sie zu besuchen. Ich konnte mir vielleicht vormachen, sie bekäme sowieso nichts mehr mit, aber tief in meinem Inneren gab es eine Stimme, die mir zuflüsterte, dass sie sehr wohl die Dinge wahrnahm, die um sie herum geschahen. Nur eben auf eine Weise, die nach außen nicht mehr sichtbar und für mich nicht begreifbar war.

Sollte Mutter noch tiefer ins Nichts abdriften als sonst, so hoffte ich doch, dass irgendetwas in ihr zumindest spürte, dass nicht nur Gleichgültigkeit oder das reine Pflichtbewusstsein der Pflegerinnen sie umgab. Ich wollte, dass sie bemerkte, dass ich ihr Beistand leisten wollte und zumindest den Versuch unternahm, das schwarze Loch, das all ihre Erinnerungen und Gedanken so gierig auffraß, wenigstens mit ein paar Farben zu füllen.

Um ehrlich zu sein, half es auch mir, bei ihr zu sein. Wenn ich einen Monolog führte, während sie neben mir saß oder lag, gelang es mir öfter als allein im Auto, meine Gedanken zu ordnen. Vielleicht lag es daran, dass ich in ihrer Anwesenheit die Dinge aussprechen konnte, wie sie mir gerade in den Sinn kamen, und gerade deshalb zu Schlussfolgerungen fähig war, die sich bei einem normalen Gespräch mit Kollegen im Präsidium nicht eingestellt hätten.

Mutter saß also am Fenster. Sie schien hinaus in den grauen November zu sehen, aber ihr Blick war so leer wie ein Himmel ohne Sterne.

Ich begann, das zu sagen, was mich beschäftigte: »Mutter, erinnerst du dich an meine alte Clique? An die rote Heidi, die Prinzessin, Veith, den Krieger, und an Matze, der immer an seinem Auto herumgeschraubt hat? Und an Fritz, den Knirps, Max und Hansi? Es sind schlimme Dinge passiert. Fritz, Max und Hansi sind tot, ein Verrückter hat sie umgebracht, und ich muss herausfinden, wer es war.«

Ich bildete mir ein, ein kaum wahrnehmbares Zittern habe Mutter durchlaufen, wie ein Windhauch, der eine Pflanze streift.

»Ich habe einen der Mörder per Zufall oder Glück mit einem DNA-Test erwischt. Aber es muss noch einen zweiten oder einen Auftraggeber geben. Ein Gefühl sagt mir, dass DEIMU dahintersteckt.«

Vor dem Fenster hockte ein schwarzer Vogel in einem Busch und plusterte sich in der Kälte auf. Mutters Blick war leer, aber plötzlich ruckte sie in ihrem Rollstuhl wie jemand, der unbequem sitzt.

Ich fuhr fort: »DEIMU hat noch einen Ableger in Chile. Die Villa Baviera Holding, von der ich nicht weiß, was sie macht. Laut unserer Recherchen war Dr. Schäfer, CEO von DEIMU, mehrmals in Santiago de Chile. Und jetzt kommt das Seltsamste von allem: Wir haben bei Max Briefe gefunden, die in Spanisch geschrieben sind und in denen schreckliche Dinge stehen. Ich habe das Gefühl, dass die Briefe von Bedeutung sind. Hast du eine Ahnung, warum?«

Mutter rührte sich nicht. Sie saß da wie eine Statue, in ihren Augen war keine Spur von Leben.

»Eigentlich ist auch die Art und Weise der Morde seltsam. Stell dir vor, Fritz wurde Löwen zum Fraß vorgeworfen. Fritz, der Knirps. Früher hat er seinem Vater Zigaretten und Schnaps stibitzt, damit er in der Clique ernst genommen wurde, er war ja der Jüngste. Aber er hat nicht wie Max und Hansi für DEIMU gearbeitet.« Während Mutters Augen flackerten wie ein winziges, kaum sichtbares Flämmchen, kam mir eine Idee, und ich sprach sie aus: »Vielleicht musste, wer auch immer hinter den Morden an Max und Hansi steckt, das Schema ändern, weil wir Shqip verhaftet haben und ihm somit kein Handlanger mehr zur Verfügung stand.«

Das Flämmchen in Mutters Augen war wieder erloschen, aber vielleicht hatte ich mich zuvor auch nur getäuscht. Der schwarze Vogel in dem Busch vor dem Fenster flatterte auf und flog davon.

Ich fuhr fort, laut zu denken: »Wir müssen Veith so schnell es geht warnen – genauso Heidi. Und weißt du, was ich zu

gern wüsste? Wer diese Juanita ist, die die Briefe geschrieben hat. Storchs Verlobte heißt zwar auch so, aber das ist bloß ein Zufall.«
 Ich machte eine kurze Pause und wollte gerade fortfahren, als Mutter laut und deutlich sagte: »Johanna.«
 Unwillkürlich rutschte ich näher zu ihr. »Nein. Die Frau heißt Juanita.«
 Mutter erklärte: »Oma sagt immer: ›Kind, wenn du kein Unterhemd anziehst, holst du dir den Tod.‹«
 Ich sah sie mit großen Augen an. Vor zehn Sekunden war sie noch wie tot gewesen, jetzt redete sie in ganzen Sätzen und gestikulierte dabei mit den Händen. Und dann durchzuckte mich ein Gedanke wie ein Stromstoß. Die Prinzessin! Johanna Kaiser war angeblich nach Chile gegangen, aber laut Auskunft aller Behörden, die wir kontaktiert hatten, nie dort angekommen. Offiziell hatte sie die Gereuth und Deutschland also nie verlassen, war aber hier nicht aufzufinden. Sie existierte nicht mehr, sie war verschwunden wie ein Geist. Es sei denn …
 Ich fummelte hektisch mein iPhone aus der Tasche und gab in die Suchmaske ein: »Johanna spanisch«. Das Ergebnis löste einen weiteren Adrenalinschub aus: »Johanna span. Juanita«.

Vom Altersheim aus fuhr ich direkt ins Präsidium und schickte über den Dienstrechner meine Anfrage an unser System, an alle zuständigen Meldebehörden, an Flensburg und an Interpol: Juanita Kaiser, letzter bekannter Wohnsitz: Bamberg, Mohnstraße zwölf. Die Meldung unseres Systems war negativ. Eine Juanita Kaiser war nicht erfasst. Da es schon nach achtzehn Uhr war, erwartete ich die weiteren Antworten erst am nächsten Tag. Ich blieb noch eine Weile sitzen und starrte auf den Bildschirm, dann ging ich zum Fenster. Unter der Pfisterbrücke zog das Lichterband eines ICE in Richtung Bahnhof. Auf der Starkenfeldstraße kroch der Feierabendverkehr von Ampel zu Ampel. Ich spürte, wie mein Puls pochte. In den letzten vierundzwanzig Stunden hatten sich die Ereignisse überschlagen, und ich musste all meine Konzentration aufbringen, um wenigstens einigermaßen den Überblick zu behalten. Ich ging zurück zum Bildschirm, aber wie erwartet hatte ich keine weitere Antwort erhalten. Ich fuhr den Rechner herunter, nahm meine Jacke und machte mich auf den Weg zum Parkplatz.

Es dauerte eine gefühlte Ewigkeit, bis ich mich in den Verkehr einfädeln konnte. Kein Autofahrer gab auch nur einen Meter Straße preis. Je näher ich dem Troppauplatz kam, desto nervöser wurde ich. Ich hatte mir vorgenommen, Nicole gegenüber klar Stellung zu beziehen.

Als ich endlich auf den Parkplatz abbog und den Station Wagon abstellte, wurde mir bei einem Blick auf die Uhr bewusst, wo ich eigentlich hätte sein sollen. Einzelsitzung, Therapie, achtzehn Uhr. Natürlich war es jetzt schon dafür zu spät. Ich langte nach meinem Mobiltelefon und suchte in meinen Kontakten die Nummer der Praxis. Es klingelte dreimal, dann hörte ich Dr. Pontorras mütterliche Altstimme: »Sie sind verbunden mit …« Ich wartete bis zum Signalton, dann sprach ich auf Band: »Sehr geehrte Frau Doktor, ich mache es kurz und beende hiermit die Therapie. Erstens habe ich im Augenblick absolut keine Zeit dafür, und zweitens brauche ich sie nicht mehr. Tschüss, vielen Dank und machen Sie's gut.« Ich berührte auf dem Display den roten Kreis, steckte das Handy ein und blickte nach oben. Im elften Stock brannte Licht.

Killer, sagte ich mir, hör auf, dir in die Hosen zu machen.

Ich stieg aus und ging hinüber zum Gebäude. Die Briefkästen quollen über mit Werbung. Nur meiner war leer. Nicole liebte die Ordnung, sie hatte ihn wohl ausgeleert. Ich nahm den Aufzug nach oben, wo auf dem Gang hinter einer Tür ein harter Beat wie ein Herzschlag pochte, und schloss meine Wohnungstür auf.

Nicole kam mir entgegen, schlang die Arme um meinen Hals und küsste mich. Dann machte sie einen Schritt zurück, taxierte mich und sagte: »Rod, du siehst müde aus. Angespannt.«

»Na ja –«
»Komm doch erst mal rein.«
Im Flur blinkte der Anrufbeantworter. Ich drückte die Taste, und die Stimme von Dr. Pontorra klang aus dem Lautsprecher: »Herr Killer, ich bin's. Sie wissen, dass Sie Ihren Job riskieren, wenn Sie die Therapie jetzt abbrechen, oder? Rufen Sie mich an.«
Nicole warf mir mit gerunzelter Stirn einen fragenden Blick zu. Ich folgte ihr ins Wohnzimmer, wo der Fernseher lief. Auf dem Sofa waren eine Decke und jede Menge Kissen drapiert. Nicole dirigierte mich dorthin und schaltete den Fernseher auf stumm. »Hast du Hunger?«
Ich verneinte und setzte mich auf die Sofalehne. Ich wollte mit ihr über alles reden, aber ich wusste nicht, wie und wo ich beginnen sollte. Typisch Polizist, hatte Nicole mir in einem früheren Streitgespräch einmal vorgeworfen – verhörst stundenlang Verdächtige, aber wenn es um unsere Beziehung geht, ist das Gespräch nach fünf Sekunden vorbei. Bloß keine Gefühle zeigen und schon gar nicht darüber reden.
»Nicole«, begann ich, sprach aber nicht weiter.
Sie legte ihre Hand auf meinen Arm, und in ihren Augen war eine undurchdringliche Tiefe. »Warum willst du die Therapie abbrechen? Glaubst du, das ist eine gute Idee?«
Ich blickte auf ihre schöne, feingliedrige Hand mit dem silbernen Ring, den ich ihr einmal geschenkt hatte. Der kleine, eingefasste Rubin leuchtete. »Diese Therapie ist Blödsinn, sie bringt mir rein gar nichts. Die Gruppe besteht aus einem Haufen von Gescheiterten, die die Schuld an ihrem vermasselten Leben auf andere schieben wollen. Und was die Einzeltherapie betrifft – ich bin nicht der Mensch, der seine Probleme dadurch lösen will, dass er in irgendeinem Kindheitstrauma nach Ursachen sucht.«
»Du meinst die Sache mit deinem Vater? Wie du ihn gefunden hast? Das geht dir heute noch nahe.«
»Natürlich, wenn jemand, der einem nahesteht, Selbst-

mord begeht, fragt man sich immer, ob man nicht einen Teil der Schuld daran trägt oder nicht vielleicht etwas versäumt hat zu tun, was das Unglück hätte verhindern können. Aber das ist eine Art Traurigkeit, kein Trauma. Und schon gar nicht der Grund, warum ich gern Poker spiele.«
»Du spielst nicht gern Poker, Rod. Wenn ich dir beim Spielen zusehe, denke ich, du bist besessen.«
»Ich bin nicht besessen. Nur konzentriert. Und das sollte man auch sein, wenn es um so viel Geld geht.« Ich holte tief Luft und suchte ihren Blick. »Ich brauche wirklich keine Therapie, das ist nur Zeitverschwendung, und Zeit habe ich im Augenblick nicht. Ich muss drei Mordfälle aufklären. Das mit dem Pokern werde ich allein regeln. Ich spiele noch genau ein einziges Mal, und dann ist Schluss.«

Nicoles Blick fing an, nervös zu tänzeln. Sie spürte, dass da noch etwas war, was ich ihr verschwieg, und traf mit ihrer Vermutung voll ins Schwarze. »Hast du Spielschulden?«

Ich fühlte mich wie ein ertappter Schuljunge und murmelte: »Keine großen. Nicht der Rede wert.«

»Es geht um viel Geld, habe ich recht?«

Ich schluckte und versuchte, entschlossen zu klingen. »Ich werde noch einmal spielen und alles wieder reinholen. Das sollte überhaupt kein Problem sein. Mit dem Pokern ist es wie mit dem Spekulieren an der Börse. Mal geht es rauf, dann runter und dann wieder rauf.«

Nicole sah mich besorgt an. »Rod, ich glaube, du machst dir etwas vor. Was, wenn es schiefgeht?«

»Keine Sorge. Ich weiß, wie man spielt, und ich weiß, wie man gewinnt.«

»Wie viel ist es? Ich kann dir das Geld geben. Du weißt, dass ich genug habe.«

»Danke, das ist lieb von dir, aber nicht nötig.«

»Bist du sicher?«

»Ja.«

»Wirklich?«

»Wirklich.«
Sie entspannte sich ein bisschen und brachte sogar ein kleines Lächeln zustande. Es entstand eine Pause, in der sie mich mit ihren wunderbaren Augen ansah. Mit diesem Blick hatte sie mich schon früher um den Finger gewickelt. Für einen Moment wunderte ich mich über mich selbst. Vor ein paar Tagen, als sie einfach wieder bei mir eingezogen war, hatte sich alles in mir gesträubt. Ich war völlig überfordert gewesen – mit dem zukünftigen Kind und der Frage, was ich tun sollte. Jetzt ertappte ich mich dabei, wie etwas in mir zu schmelzen begann und ich das Lächeln erwiderte, mit dem sie mich anstrahlte.

Sie sagte zu mir, als wäre es die schönste Sache der Welt: »Heute war mir wieder ein paarmal schlecht.«

»Das ist nur in den ersten Wochen so. Es wird bald besser.«

Sie grinste. »Jawohl, du Schwangerschaftsexperte.«

Ich lachte unsicher. »Dazu muss man kein Experte sein. Das weiß doch jeder.«

»Willst du einen Jungen oder ein Mädchen?«

»Keine Ahnung. Egal.«

»Oh, Rod. Begeisterung klingt anders.«

»Aber ich freue mich.«

»Stimmt, du sprudelst regelrecht über.«

Ich dachte daran, dass sie selbst noch vor ein paar Tagen nach Holland gefahren war, um abzutreiben, und sich jetzt darüber freute, ständig aufs Klo rennen zu müssen, weil ihr kotzübel war. Aber auch in mir hatte sich etwas verändert, seit ich wusste, dass sie von mir ein Kind erwartete. Ich spürte, dass meine negative Haltung anfing zu kippen. Sofort drängte sich mein analytisches Gehirn in den Vordergrund und räsonierte, dass der Grund dafür nur chemische Botenstoffe waren, die vom Körper ausgeschüttet wurden, damit sich die Zahl der Rabenväter in Grenzen hielt. Trotzdem war es nicht gelogen, als ich wiederholte: »Nicole, ich freue mich wirklich. Ich bin sehr froh, dass du nicht abgetrieben hast, und ich denke, wir werden bald eine wunderbare Familie sein.«

Nicole sah mich an, als hätte ich mich vor ihren Augen in einen Fremden verwandelt. Es dauerte ein paar Sekunden, bis sie überhaupt etwas herausbrachte. »Rod – das ist – so schön.« Dann fiel sie mir um den Hals, küsste mich überschwänglich und flüsterte ganz nah an meinem Ohr: »Das werden wir sein: eine wunderbare Familie.«

Nicht mehr ganz so begeistert war sie, als ich wenig später den Rechner hochfuhr und mich auf der Seite, auf der ich normalerweise spielte, zum Pokern einloggte. Ich nahm Nicole und die Geräusche, die sie verursachte, noch eine Weile im Hintergrund wahr, aber als ich eine Nachricht erhielt, war nur noch der Bildschirm für mich existent. Mein Adrenalinspiegel stieg sofort, als ich las: »Alles klar? Wie wär's mit einer Revanche? Wäre doch nur fair, oder? Nur du und ich. Face to face.«

Moneymaker. Konnte er Gedanken lesen? Genau das hatte ich gewollt. Eine Revanche, eins gegen eins, ohne andere Zocker am Tisch, auf die ich noch zu achten hätte. Ich überprüfte meinen Account und stellte fest, dass ich immer noch Coins für fünfzigtausend Dollar hatte. Mein reales Bankkonto war hoffnungslos überzogen, nicht so das auf der Online-Plattform. Das kam mir zwar seltsam vor, war aber im Augenblick eher von Vorteil. Ich schrieb: »Klar. Von mir aus sofort.«

Was folgte, war das gewohnte Spiel. Das Abtasten, Bluffen und das bewusste Aussteigen, obwohl die Karten gut waren, und das Hochbieten, obwohl man so gut wie nichts auf der Hand hatte. Das typische Auf und Ab, Verlieren, Gewinnen – und alles nur auf die eine Hand ausgerichtet, die kommen würde – denn irgendwann kam sie immer, und dann sollte man bereit sein –, wenn der Gegner nichts mehr kalkulieren konnte. Wenn er alles riskieren musste, weil er vorher allzu oft auf die falsche Spur gelenkt worden war und keine Taktik mehr erahnen konnte.

Ich hatte jedes Zeitgefühl verloren, fühlte und spürte nur

noch das Adrenalin. Ich war voll auf das Spiel und den Gegner konzentriert.

Und dann kam das Blatt wirklich. Ich wusste es sofort, als ich die zwei Handkarten erhielt, die beiden Damen, Herz und Karo. Zweimal Rot, dachte ich, die Farbe der Liebe. Meine Hoffnung erfüllte sich, auch die erste Tischkarte war eine Dame, und die Erregung packte mich. Gleich würde etwas ganz Großes geschehen. Ein Drilling und die Damen waren nach dem König und dem Ass die dritthöchsten Karten. Selbst wenn weiter nichts mehr kam, waren meine Chancen, damit zu gewinnen, kaum mehr zu übertreffen. Ich behielt die Nerven und bot vorsichtig – nur den Gegner nicht gleich plattwalzen, sonst würde er aussteigen, und man hätte das Blatt seines Lebens verschenkt. Moneymaker verfolgte eine völlig andere Strategie und warf einen Haufen Geld in den Pott. Bluffte er, oder hatte auch er vielversprechende Karten?

Ich überlegte kurz, dann ging ich mit. Die zweite Tischkarte war ein Pikbube. Nicht optimal, aber immer noch mit der Option, durch die fünfte Tischkarte ein Full House zu bekommen. Natürlich konnte Moneymaker eine bessere Hand als ich haben, einen Vierling, ein Full House oder einen Flush. Aber bisher waren seine Blätter eher Durchschnitt gewesen, und ich wusste einfach, dass es so bleiben würde. Meine Nerven vibrierten, als der virtuelle Croupier seine Hand zur fünften Tischkarte führte und sie dort, um die Spannung zu erhöhen, einen Moment verweilen ließ, bevor er sie mit übertriebener Langsamkeit aufdeckte.

Mein Herzschlag setzte kurz aus. Herzbube. Ich hatte ein Full House. Jetzt ruhig bleiben. Ganz ruhig. Den Gegner nicht erschrecken, damit er nicht im letzten Moment abhaute, aber auch nicht zu tief bluffen, sonst würde er den Braten erst recht riechen. Auf dem messerscharfen Grat dazwischen souverän balancieren – das war jetzt meine Aufgabe.

Ich schob zehn Tausend-Dollar-Coins in die Mitte des Spieltischs.

Moneymaker erhöhte und setzte fünfzig.

Ich stieß den angehaltenen Atem aus. Ich hatte nicht damit gerechnet, dass er so hoch gehen würde. Um ihn zum Aufdecken zu zwingen, musste ich mitbieten, hatte aber nicht mehr genügend Geld dafür. Ich überlegte fieberhaft, was ich tun könnte, um zu gewinnen. Aber mir fiel nichts ein. Ich musste meine Karten, die beinahe nicht besser sein konnten und mit Sicherheit besser waren als die von Moneymaker, hinschmeißen.

Moneymakers virtuelles Pokerface zeigte keine Regung.

»Hey, was ist los?«, fragte er. »Steigst du aus?«

»Wird mir nichts anderes übrig bleiben. Zum Mitgehen und Sehenlassen fehlen mir zwanzigtausend in meinem Account.«

»Kein Problem«, schrieb Moneymaker. »Ich leih sie dir.«

»Das wirst du nicht tun. Woher willst du wissen, dass du das Geld wiederbekommst?«

»Weil du ein Ehrenmann bist. Polizist. Ich vertraue dir.«

Ich schwieg und dachte an mein Full House. Am liebsten hätte ich geheult.

»Scheiß drauf. Hier. Nimm.« Er schob mir Coins im Wert von zwanzigtausend Dollar über den Tisch.

Komplett verdattert fragte ich: »Ist das dein Ernst?«

»Klar.« Jetzt veränderte sich sein Pokerface, und er setzte ein Grinsen auf. »Ich krieg's ja eh gleich wieder, wenn ich gewinne.«

Ich zögerte, nahm dann aber die Coins, um sie zusammen mit meinen restlichen in die Mitte zu schieben.

»Na bitte. Geht doch, Herr Hauptkommissar.«

Ich spürte, wie es mir eiskalt den Rücken hinunterlief. Ich vertippte mich zweimal, bevor ich meinen Kommentar abschickte: »Was hast du gerade gesagt?«

Er grinste immer noch. »Hauptkommissar. Hauptkommissar Killer.«

In meinem Gehirn arbeitete es fieberhaft. Mein Alias auf diesem Portal war NiceCop, kombiniert mit meinem Geburts-

datum. Wie kam Moneymaker auf meinen wirklichen Namen und meinen Dienstgrad? Es war mir ein Rätsel. Eigentlich war ich mir sicher: Moneymaker konnte gar nichts wissen. Vielleicht hatte er in der Zeitung von den Morden gelesen und daraus irgendwelche Schlüsse gezogen. Und jetzt gab er einen wilden Schuss in meine Richtung ab und hoffte, einen Treffer zu landen. Nein. Ich war mir sicher. Er konnte nichts wissen. Ich tippte: »Hauptkommissar Killer? Wer soll das sein?«, schob die Coins in der Tischmitte an und schrieb: »Deck auf.«
»Mach ich. Du wirst dein blaues Wunder erleben, Hauptkommissar.« Er drehte eine Karte nach der anderen um. Es waren alles Asse.
Zuerst dachte ich, die Müdigkeit würde mir einen Streich spielen – es musste inzwischen schon früher Morgen sein. Ich rieb mir die Augen und zählte noch einmal. Eins, zwei, drei, vier, fünf. Fünf Asse. Wie von Geisterhand geschoben, wanderten alle Coins von der Tischmitte zu Moneymakers Platz. Virtuelles Gelächter erklang. Dann schrieb Moneymaker: »Rod Killer.«
Mein Gehirn arbeitete immer noch fieberhaft. Der Typ verarschte mich doch komplett. Die Frage war nur, wie er das machte. Da es nur vier Asse gab, musste er das Spiel irgendwie manipuliert haben. Und konnte er tatsächlich wissen, wer ich war? Ich sagte: »Was soll das mit den fünf Assen. Und wer ist Rod Killer?« Trotzig fügte ich hinzu: »Ich bin es nämlich nicht.«
Wieder das Gelächter. »Du bist ein digitaler Analphabet, Rod Killer.« Moneymaker schüttelte den Kopf. »Ich verstehe die Leute einfach nicht. Installieren Kameras an ihren Häusern, bringen Schlösser an den Türen an, lassen sich sogar Sicherheitsfenster einbauen und kaufen sich einen Dobermann, weil sie Schiss haben, dass jemand einbricht, aber wenn es um ihren Computer geht ... Ts, ts, ts, auch deine Tür steht sperrangelweit offen, Rod. Wie kann man nur so blöd sein, seine Passwörter in einem Ordner auf dem Desktop abzulegen? Habt ihr

bei der Polizei denn keine Fortbildungen gemacht, in denen ihr so etwas lernt? Stopp, habe ich gerade eben ›Passwörter‹ gesagt? Aber stimmt ja sogar, du hast deren ganze zwei, eins mit Vornamen und Geburtsdatum und eins mit deiner Automarke und Geburtsdatum. Beide kannst du dir anscheinend nicht einmal merken, sonst müsstest du sie nicht in einem Ordner speichern.« Erneutes Kopfschütteln. »Ich habe deine Einladung jedenfalls dankend angenommen. Und jetzt bin ich in deinem Kopf und kenne jede deiner Gehirnwindungen von innen!«

Er hatte meinen verdammten privaten Computer gehackt. Deshalb hatte er auch von Anfang an mein Blatt gekannt! Für einen Moment wurde mir angst und bange. Die Polizeiberichte, die auf dem Rechner geschrieben und gespeichert waren, all die persönlichen Dinge! Zudem wickelte ich über ihn auch Online-Banking ab. Aber wie? Wie hatte er das bewerkstelligt? Und warum gerade ich? Noch versuchte ich, zu bluffen und witzig zu sein. »Rod? Ein lustiger Name, aber sicher nicht meiner. Jetzt sag mir schon, wie du das mit den fünf Assen gemacht hast? Gibt's dafür eine App?«

»Es gibt für jeden Scheiß eine App. Du bräuchtest zum Beispiel eine Wer-passt-auf-meine-arme-alte-demente-Mutter-auf-App.«

Damit hatte er mich. Da draußen gab es also tatsächlich einen Typen, der sämtliche Daten auf meinem Computer kannte und über mein Privatleben Bescheid wusste. Ich ließ die Spielchen und redete Klartext: »Also gut. Ich bin's. Du hast mich irgendwie erwischt.«

»Irgendwie?« Wieder tönte das Gelächter aus dem Lautsprecher meines Rechners. »Ich hänge seit einem halben Jahr auf deinem Laptop herum, ich weiß alles, was du seither auf diesem primitiven Scheißding gemacht hast – und noch mehr. Ich habe dich erledigt, mein Bester. Jawoll!«

Ich starrte auf den Bildschirm und auf das grinsende Online-Gesicht. Steckte hinter Moneymaker ein Krimineller, den ich einmal überführt hatte und der sich auf diese Art an mir rächen wollte? Ich ging weiter in die Offensive. »Okay, du hast mich also kalt erwischt. Aber warum willst du mich erledigen? Was habe ich dir getan? Wir können das doch klären. Wer bist du?«

Moneymakers Gelächter dauerte jetzt eine gefühlte Ewigkeit, bevor er schrieb: »Es gibt nichts mehr zu klären. Arrivederci, Kumpel.«

Ich wollte noch eine Antwort tippen, als mein Bildschirm zu explodieren schien. Eine spektakuläre virtuelle Feuerwalze rollte darüber hinweg, dann wurde alles schwarz. Ich probierte mindestens ein Dutzend Mal, den Rechner wieder zu starten, aber er war tot. Mausetot. Nachdem ich ihn eine Weile angestarrt hatte, rollte ich mit dem Schreibtischstuhl einen halben Meter zurück und drehte mich um. Im Hintergrund stand reglos Nicole. Ihre Augen glänzten feucht in der Dunkelheit. Wie lange stand sie schon da und beobachtete mich?

Stimmenvergleich

Am nächsten Morgen, nach allerhöchstens zwei Stunden Schlaf und dem erfolglosen Versuch, die nächtliche Katastrophe zu verdrängen, war ich zuallererst bei Frau Dr. Schulz-Bellingröhr vorgeladen. Welch einen Kontrast bot sie zu meinem zerknitterten Aussehen. Ihr Gesicht sah frisch und rosig wie ein Apfel aus, die Augen waren klar und wach. Sie trug ein weinrotes Kostüm und kam sofort zur Sache.

»Herr Killer, zuerst die gute Nachricht: Sie werden nicht wegen Vergewaltigung der Zeugin Ihres letzten Falles angeklagt. Die Staatsanwaltschaft hat die Klage abgewiesen. Wie Sie wissen, stand Aussage gegen Aussage. Es scheint, dass man Ihrer Version Glauben geschenkt hat.«

Ich verschränkte die Arme vor der Brust und sagte: »Schön.«

Dr. Schulz-Bellingröhr hob die Brauen. »Das war es aber auch schon mit den guten Nachrichten. Wenn Sie jetzt Ihre Therapie abbrechen, riskieren Sie viel mehr als nur ein Disziplinarverfahren. Dann muss ich Sie suspendieren.« Ich kam gar nicht zu Wort, denn in diesem Augenblick klingelte ihr Telefon. Sie lauschte in den Hörer, sagte dann: »Ja, bitte«, und drückte demonstrativ den Lautsprecherknopf, während sie mir zunickte. Ich sollte mithören.

Eine weibliche Stimme sagte: »Ich möchte eine Anzeige aufgeben.«

»Bitte nennen Sie Ihren Namen.«

Eine kurze Pause entstand. Dann: »Ich will anonym bleiben. Hiermit zeige ich die Firma DEIMU sowie deren Tochter NEWHORIZON wegen organisierter Schleppertätigkeit an. NEWHORIZON ist für den Nahen Osten und Afrika zuständig, DEIMU operiert vorwiegend in Süd- und Lateinamerika.«

»Bitte legen Sie nicht auf«, bat die Präsidentin. »Sie müssen mir sagen, wer Sie sind, ansonsten können wir Ihre Anzeige nicht bearbeiten.«

Doch es war nur noch das Rauschen in der Leitung zu hören.

Die Präsidentin drückte die Taste für das Sekretariat, wartete einen Moment auf Antwort und fragte dann: »Können wir den Anruf zurückverfolgen?«

»Negativ.«

»Danke.« Dr. Schulz-Bellingröhr wandte sich an mich. »Was halten Sie davon?«

Ich zögerte mit einer Antwort. »Ich habe von Anfang an gedacht, dass an DEIMU und diesem Dr. Schäfer etwas faul ist. Aber dass es so etwas ist? Vielleicht ist der Anruf nur ein Racheakt?«

»An welche Art von Rache denken Sie?«

»Könnte doch gut sein, dass jemand, der durch DEIMU oder NEWHORIZON seinen Job verloren hat, auf die Idee kommt, ein paar Stinkbomben auf die Firma abzuwerfen.«

»Wenn die Anschuldigungen aber aus der Luft gegriffen wären – was würden sie dann bringen?«

»Sie würden Staub aufwirbeln, unter dem dann ja vielleicht anderer Dreck auftaucht.«

»Sehr theoretisch, finden Sie nicht?«

»Genauso theoretisch wie unsere Annahme, durch den Vorwurf ein mögliches Motiv für die Morde zu haben.«

Dr. Schulz-Bellingröhr wartete mit einer Erwiderung und tat dann etwas, das ihre resolute Art bisher offensichtlich nicht zugelassen hatte. Sie seufzte. »Ein solches Motiv ist mit dem Würzburger Mord nun aber wohl vom Tisch. Der Tierpfleger hatte nachweislich absolut keine Verbindung zu DEIMU oder NEWHORIZON, sehr wohl aber zu den anderen Opfern.«

»Leider hilft uns das im Augenblick nicht weiter. Alles wäre viel einfacher, wenn Shqip endlich reden würde. Doch Drohungen wie Versprechen prallen einfach an ihm ab.« Ich lehnte mich vor und sagte: »Um die Wahrheit über DEIMU herauszufinden, brauchen wir endlich einen Durchsuchungsbeschluss. Dann müssen eben doch die Kollegen vom K7 aus München kommen, Überstunden hin, Überstunden her. Wir sind ja auch nicht gerade überbesetzt.«

Dr. Schulz-Bellingröhr blickte nachdenklich auf ihre Hände, machte sich eine Notiz und nickte schließlich. »Also gut, ich telefoniere gleich mit Dr. Herbert.«

»Und ich weiß vielleicht, wer die Frau sein könnte, die soeben angerufen hat.«

»Haben Sie die Stimme erkannt?«

»Das nicht, aber es könnte sich entweder um die entlassene Sekretärin Schäfers oder um die Frau des zweiten Opfers, Frau Ganzmann, handeln. Sie war Chefin einer der Firmen, die von DEIMU sozusagen kannibalisiert wurden. Sie könnte vermuten, dass der Tod ihres Mannes etwas mit seinem Arbeitgeber zu tun hat.«

»Das ist eine gute Idee.«

»Danke. Dann mache ich mich mal an die Arbeit.« Ich stand

auf und wandte mich zum Gehen, aber die Präsidentin hielt mich auf.
»Herr Killer, warten Sie.«
Ich blieb stehen.
Sie hatte sich jetzt ebenfalls erhoben. »Ihre Therapie. Das geht so nicht.«
»Ich habe jetzt ganz bestimmt keine Zeit für diesen Unsinn.«
Dr. Schulz-Bellingröhr blickte mich warnend an. »Wenn Sie weiterhin im Dienst bleiben wollen, müssen Sie da durch.«
»Erst wenn die Arbeit getan ist.«
Sie zögerte, griff zum Telefonhörer und sagte: »Einverstanden. Aber danach gibt es keine Ausrede mehr.«

Ich fuhr den Dienstrechner hoch, weil ich hoffte, Antworten auf meine Anfragen bezüglich Juanita Kaiser erhalten zu haben, aber Fehlanzeige. Ich musste mich wohl noch ein wenig gedulden.
Ich verließ das Präsidium und lenkte in dem Station Wagon Richtung Dientzenhoferstraße. Es war inzwischen nach elf Uhr, ein weiterer nasskalter und wolkenverhangener Novembervormittag mit wenig Verkehr. Die meisten Leute waren auf der Arbeit, nur ein paar Rentner zockelten vor mir her. Ich hatte den kleinen Zoom-Rekorder dabei, den man eingeschaltet in die Jackentasche stecken konnte.
Während der Fahrt konnte ich die Gedanken an die Pokerrunde in der letzten Nacht mit Moneymaker nicht mehr verdrängen. Mir sträubten sich die Nackenhaare, als ich an die Konsequenzen dachte. Er hatte zwar gesagt, er sei fertig mit mir, aber Tatsache war, dass ich jetzt mit Schulden im oberen fünfstelligen Bereich dastand und keine Ahnung hatte, was er vielleicht noch mit mir anzustellen plante! Wie war er überhaupt in meinen Computer gekommen? Natürlich hatte er recht, es war mehr als leichtsinnig, nämlich einfach dämlich von mir gewesen, meine Passwörter auf dem Desktop her-

umliegen zu lassen. Aber erst einmal hatte er Zugriff darauf erhalten müssen, und das ging, soweit ich wusste, nur über Phishing mit gefälschten Webseiten oder Mailanhängen. Da ich mir sicher war, keine mysteriösen Anhänge geöffnet zu haben, musste er also den Weg über eine Webseite genommen haben. Am Ende vielleicht sogar über die Pokerseite?

Ich parkte vor der Nummer 48 und hatte ehrlich gesagt wenig Hoffnung, Hansis Witwe um diese Uhrzeit zu Hause anzutreffen. Trotzdem holte ich den Rekorder hervor, drückte den Aufnahmeknopf, steckte ihn in die Jackentasche zurück und klingelte an der Haustür. Diesmal musste ich sehr lange warten, und beinahe wäre ich schon abgezogen, als der Türöffner doch noch summte und ich eintreten konnte.

Frau Ganzmann war komplett in Schwarz gekleidet, wie zuvor äußerst elegant und geschmackvoll mit unauffälligem Silberschmuck und halbhohen schwarzen Schuhen. Dezent geschminkt blickte sie mir wieder mit diesen starren, kalten Augen entgegen. Ich wusste, sie würde meine Hand ignorieren, und streckte sie ihr gar nicht erst entgegen.

»Welche Nachricht überbringen Sie mir diesmal?«, begrüßte sie mich schnippisch. »Ist mein Mann vielleicht von den Toten auferstanden?«

Ich antwortete mit einer Gegenfrage: »Haben Sie vor einer halben Stunde im Präsidium angerufen?«

Sie beherrschte die Kunst, nur eine der zwei Brauen hochzuziehen, die gar keine echte Brauen mehr waren. »Warum hätte ich das tun sollen?«

»Zum Beispiel, um Anzeige gegen DEIMU zu erstatten?«
Die Pigmentierung wanderte noch höher. »Weshalb?«

Ich erwiderte ihren starren Blick. »Warum wollten Sie anonym bleiben? Warum haben Sie Ihren Namen nicht genannt? Haben Sie Angst, der Anruf könnte negative Konsequenzen für Sie haben? Hat man Sie bedroht?«

In ihrem Gesicht zuckte kein Muskel, sie zwinkerte nicht einmal. »Sie irren sich. Ich habe heute noch gar nicht telefoniert. Sie können gern mein Festnetz- und mein Mobiltelefon überprüfen.«

Wenn sie log, tat sie das verdammt gut. Für einen Moment dachte ich an Muhamed Shqip. Die beiden gäben ein gutes Paar ab. *Two polar bears*, beide eiskalt. Ich beschloss, die Strategie zu ändern. »Frau Ganzmann, heute hat im Präsidium eine Frau angerufen, die DEIMU beschuldigte, Flüchtlinge zu schleusen. Ist Ihnen darüber etwas bekannt?«

»Nein. Davon weiß ich nichts.«

»Sind Sie sicher?«

»Absolut.«

Wir standen noch immer zwischen Tür und Angel, und Frau Ganzmann machte keinerlei Anstalten, mich hereinzubitten. Ich tastete in meiner Tasche nach dem Aus-Knopf des Rekorders, fand und betätigte ihn. »Das war's auch schon, Frau Ganzmann. Vielen Dank. Und tut mir leid, dass ich Sie noch einmal stören musste.«

Der Osten Bambergs, gegenüber der Gartenstadt, hatte sich seit meiner Zeit als Taxifahrer von einem weitgehend unverbauten Gelände in ein riesiges Gewerbegebiet verwandelt. War man länger nicht dort gewesen, kam man sich vor wie in einer völlig anderen Welt. Früher hatte es dort nur das Fußballstadion der Eintracht neben den alten, kasernenartigen Häusern entlang der Memmelsdorfer Straße gegeben. Die Zuschauertribünen bestanden aus Graswällen, auf denen die Kinder im Winter Schlitten und Ski fuhren. Dahinter erstreckte sich das Gelände des Flugplatzes, eine weite, leere Fläche mit ein paar Sportmaschinen und ein oder zwei schief auf einem Flügel ruhenden Segelfliegern. Am rechten Rand des Geländes, hinter einem unbefestigten Parkplatz, lag das einzige offizielle Bamberger Bordell, das die GIs »Club Two« getauft hatten – es war ein nie gelöstes Rätsel unter den Taxifahrern gewesen: Wo oder was war »Club One«, und gab es den überhaupt? »Club Two« war ein unscheinbares zweistöckiges Gebäude mit einem pompösen Foyer, das an einen alten amerikanischen Film erinnerte. Wenn die GIs Zahltag hatten, brummte es dort wie in einem Bienenstock, zu anderen Zeiten saßen die Nutten auf den Sofas und Sesseln, tranken Kaffee, strickten und unterhielten sich wie artige Hausfrauen.

Ich fuhr die Hauptsmoorstraße hinauf, bog bei der Gartenstadt-Apotheke links in die Seehofstraße, passierte den China-Imbiss und suchte nach der Hausnummer 64. Da ich vor dem Haus nirgends parken konnte, ließ ich den Station Wagon in einer Seitenstraße stehen und lief im einsetzenden Regen die paar Meter zurück.

Frau Schmidt, Dr. Schäfers ehemalige Sekretärin, unterhielt sich mit mir zunächst nur durch die Sprechanlage. Es brauchte den Hinweis auf das nasskalte Wetter, damit sie mich in ihr kleines Apartment ließ. Als sie in Fleisch und Blut vor mir stand, hätte ich sie beinahe nicht wiedererkannt. Der Grund, warum sie mich zunächst nicht hatte hereinlassen wollen, war wohl doch nicht aus der Luft gegriffen gewesen: Sie sah aus, als hätte ich sie tatsächlich aus dem Schlaf gerissen. Sie trug einen Morgenmantel aus blasslilafarbener Seide oder einem ähnlichen Material, war ungeschminkt und unfrisiert – und sah im Großen und Ganzen ziemlich desolat aus. Aus schönem, glattem Schein war blasser grobporiger Durchschnitt geworden.

Im Wohnzimmer sah es aus wie in einem Puppenhaus, die Wände und die Möbel waren hauptsächlich in Rot und Violett gehalten. Der Raum wurde von einem viel zu großen Sofa aus weißem Alcantara beherrscht, das unter einer Vielzahl von Kissen erstickte. Ein Glasbuffet an der Wand quoll über von Nippes aus goldbemaltem Porzellan. Die Fenster wurden von fließenden Vorhängen in der Farbe von Frau Schmidts Bademantel verborgen. Als ich mich auf das Sofa setzen wollte, wehrte sie beinahe panisch ab und dirigierte mich zu einem filigranen Stuhl, den ich misstrauisch beäugte, bevor ich mich vorsichtig auf ihm niederließ.

»Wie gesagt«, nahm ich das über die Sprechanlage begonnene Gespräch wieder auf, »interessieren mich die Umstände Ihres Ausscheidens aus der Firma DEIMU.«

Sie stand neben dem Sofa und zog fröstelnd den Kragen ihres Morgenmantels enger. Ihre Stimme klang kratzig. »Was daran soll interessant sein?«

»Der Zeitpunkt.«

»Wie meinen Sie das?«

»Das erkläre ich Ihnen gern: Sie haben die Firma zu einem Zeitpunkt verlassen, als es da drunter und drüber ging. Ein ehemaliger Mitarbeiter, mit dem Sie ein Verhältnis hatten, wurde ermordet.«

»Ich habe DEIMU im beiderseitigen Einverständnis verlassen.«

»Warum?«

»Ich wollte etwas Neues machen.«

»Das glaube ich Ihnen nicht. Was denn Neues?« Ich musterte sie demonstrativ von oben bis unten. »Momentan sehen Sie eher so aus, als lägen Sie lediglich bis mittags im Bett.«

Für einen Augenblick hielt sie meinem Blick stand, dann wandte sie den Kopf ab.

Ich bohrte weiter: »Da Sie ja nicht mehr für DEIMU arbeiten, können Sie doch die Wahrheit sagen. Oder setzt man Sie unter Druck? Haben Sie Angst vor etwas oder jemandem? Haben Sie deshalb vor etwa einer Stunde anonym im Präsidium angerufen?«

Sie runzelte die Stirn. »Was habe ich?«

»Sie haben bei der Polizei angerufen und Anzeige gegen DEIMU erstattet. Allerdings anonym.« Im selben Augenblick, als ich die Worte sagte, wusste ich, dass auch sie es nicht gewesen war. Ihre Körpersprache, ihre Mimik, beides war eindeutig. »Sie haben wirklich nicht angerufen?«

»Warum sollte ich? Dr. Schäfer hat mich immer fair behandelt. Darf ich fragen, worum es bei der Anzeige geht?«

Für einen Moment erwog ich, sie im Unklaren zu lassen,

beschloss dann aber, ihr zu antworten und ihre Reaktion abzuwarten. Ich sagte: »Die Anruferin hat von organisiertem Schleusertum gesprochen.«

Sie nestelte am Kragen ihres Morgenmantels herum und drehte den Kopf kurz nach rechts, bevor ihr Blick wieder meinen traf.

Ihr Verhalten animierte mich zu einer weiteren Feststellung: »Deshalb hat Max Kauder am Tag, als er ermordet wurde, bei Ihnen angerufen. Er brauchte Geld, weil er pleite war, und so hat er beschlossen, sich sein Wissen über die illegalen Tätigkeiten von DEIMU bezahlen zu lassen.« Ich setzte noch eins drauf. »Frau Schmidt, Sie müssen nicht mehr lügen. Wir haben einen Gerichtsbeschluss für die Durchsuchung der Firma und werden finden, was wir brauchen. Aber Sie sollten besser kooperieren. Ansonsten werden Sie vor Gericht nicht als Zeugin aussagen, sondern zumindest als Mitwisserin auf der Anklagebank sitzen. Verstehen Sie mich nicht falsch, ich will Ihnen nicht drohen, sondern Sie lediglich über den Stand der Dinge informieren. Was Sie jetzt tun, ist allein Ihre Entscheidung. Und noch etwas: Es geht nicht nur um Schleusertum.« Ich machte eine effekthaschende Pause, bevor ich sagte: »Es geht auch um Mord.«

Sie setzte sich auf die Armlehne des Sofas. Ihre Augen waren müde und glanzlos, und ich war überrascht, wie schnell sie aufgab. »Also gut. Es stimmt.«

»Was?«

Schweigend rutschte sie auf der Sofalehne umher.

»Was stimmt?«

Sie straffte ihren Körper, saß still und blickte an mir vorbei, als sie antwortete: »Dass DEIMU im Schleusergeschäft tätig war oder ist.«

»War oder ist, was denn jetzt?«

Sie kaute auf ihrer Unterlippe herum, bevor sie antwortete: »Ist.«

»Und weiter?«

Ihr müder Blick wanderte durch ihr rosafarbenes Kleinmädchenzimmer, blieb kurz an mir hängen und glitt dann zu ihren Füßen, die in eleganten Slippers mit asiatischen Motiven steckten. »Was genau wollen Sie wissen?«
»Einzelheiten. Was hatte Max Kauder mit der Sache zu tun?«
»Max war die meiste Zeit im Ausland. In Algerien und Marokko, in Libyen und in Syrien. Bis es dort zu gefährlich wurde.«
Ich verstand. Deshalb auch die fehlenden Jahre in seinem Lebenslauf. Er war in diesen Ländern bestimmt nicht unter seinem richtigen Namen unterwegs gewesen. Ich stellte fest: »Von dort aus hat er Schlepper und alle notwendigen Aktionen koordiniert.«
»Vor allem die Finanzen.«
Ich nickte. »Schleusertum ist ein einträgliches Geschäft.«
»Vier- bis achttausend Dollar pro Person. Hundertfünfzig bis zweihundert Mann in einem Boot.«
Ich überschlug die Summe und schüttelte innerlich den Kopf. Dann korrigierte ich: »Mehr als einträglich.«
Allmählich bekam ich das Gefühl, dass Schäfers ehemalige Sekretärin froh war, Licht ins Dunkel der Ermittlungen bringen zu können. Und ich dachte an Heinrichsmeier, der gesagt hatte, dass eine Firma wie NEWHORIZON, die in einer legalen Grauzone operierte, möglicherweise als eine Art Vorhang diente, der vor dem wirklichen Drama zugezogen wurde.
Die Sekretärin wirkte plötzlich gar nicht mehr müde und plauderte munter drauflos: »Meiner Kenntnis nach waren es jährlich drei- bis vierhundert Schlauchboote, die entweder von Marokko oder Algerien aus über die Straße von Gibraltar nach Spanien fuhren oder von Libyen aus über die Mittelmeerroute die griechischen Inseln ansteuerten.«
Bilder aus den Fernsehnachrichten tauchten vor meinem geistigen Auge auf, und diesmal schüttelte ich tatsächlich den Kopf. »Schlauchboote?«

»Die sind doppelt billig: erstens in der Anschaffung und zweitens, weil sie nicht zurückgeführt werden müssen. Es gab nur ein paar stabilere Boote, klein, aber hochseetauglich. Die waren dazu da, die Kapitäne der Schlauchboote nach zwei Dritteln der Überfahrt oder bei zu riskantem Wetter zum Ufer zurückzubringen. Den Flüchtlingen wurde allerdings erzählt, es seien Begleitboote zu ihrer Sicherheit.«

Ich hatte von der Praxis gehört, dass die sogenannten Kapitäne der Schlepperboote die Schiffe noch weit vor dem Ziel verließen, um bei deren Ankunft nicht aufgegriffen und verhaftet zu werden. Die menschenverachtende Wirklichkeit war jedoch, dass die meisten Schlauchboote, besetzt mit zweihundert von der Hoffnung auf ein besseres Leben getriebenen Menschen, führungslos auf dem offenen Meer herumtrieben. »Und Dr. Schäfer?«, fragte ich die Sekretärin. »Was hat er damit zu tun?«

»Er ist der oberste Chef einer Firma, die in dieser Branche tätig ist. Er selbst soll diesbezüglich in Südamerika tätig gewesen sein, aber mit Sicherheit weiß ich das nicht.«

»Südamerika?«, wunderte ich mich.

Ein flüchtiges, nachsichtiges Lächeln huschte über ihr ungeschminktes, müdes Gesicht. »Natürlich. Was glauben Sie, warum es an der südlichen Grenze der USA einen Zaun gibt? Was für Flüchtlinge aus Afrika Europa ist, ist für die Bevölkerung aus Zentral- und Südamerika die USA. Nur dass man dort die Wüste und nicht das Meer überwinden muss, was aber nicht weniger gefährlich ist.«

Langsam kapierte ich immer mehr. Auch woher das Geld stammte, das DEIMU in Projekte wie den Ausbau der Bamberger ICE-Strecke investierte. Ich stand von dem Designerstühlchen auf und lief in dem Wohnzimmer herum.

»Hatten Sie Zugriff auf die Unterlagen, die es zu dieser Art von Geschäften gibt?«

»Nein.«

»Woher wissen Sie dann die Details?«

»Max hat sie mir erzählt, als wir noch zusammen waren.«
Ich überlegte laut: »Und dann war Schluss zwischen Ihnen beiden, und Max verschwand von der Bildfläche. Warum eigentlich?«
Sie grübelte sichtbar, bevor sie mit den Schultern zuckte. »Das weiß ich nicht genau. Max war kein schlechter Mensch und hatte gewisse Ideale. Es kam ja oft vor, dass Boote sanken und die Menschen ertranken. Das hat ihn beschäftigt. Ich glaube, irgendwann hat es in seinem Kopf klick gemacht und er hat erkannt, womit er sein Geld verdiente.«
»Er stieg also aus und ließ nichts mehr von sich hören, bis zu dem Tag, der sein Todestag werden sollte.«
»Ja. Und Sie haben recht mit Ihrer Vermutung. Er wollte Geld, viel Geld.«
»Dafür, dass er den Mund hält.«
»Ja.«
»Ein sehr schlüssiges Motiv, ihn dafür zu ermorden oder ermorden zu lassen, finden Sie nicht?«
In dem Schweigen, was anschließend herrschte, dachte ich, dass es wirklich kaum ein besseres Mordmotiv gab als Erpressung. Aber was war mit Hansi? Aus seiner Arbeit für DEIMU ließ sich kein Mordmotiv ableiten. Ich fragte: »Und Hans-Georg Ganzmann?«
Sie schüttelte den Kopf. »Wer soll das sein? Kenne ich nicht.«
»Unwichtig. Um noch mal auf meine Frage vom Anfang unseres Gespräches zurückzukommen: Warum sind Sie gegangen oder gegangen worden?«
Sie legte den Kopf leicht schief und sah mir zum ersten Mal fest in die Augen. »Erinnern Sie sich an Parndorf, Österreich?«
Im ersten Augenblick wusste ich nicht, was sie meinte.
Als sie meinen fragenden Blick sah, erklärte sie: »Am 26. August 2015 wurde dort in einer Nothaltebucht auf der Autobahn ein abgestellter Kühllaster entdeckt. Darin waren die Leichen von einundsiebzig Flüchtlingen. Neunundfünfzig Männer, acht Frauen und vier Kinder. Sie sind vermutlich er-

stickt. Vor ihrem Tod haben sie versucht, den Laderaum von innen aufzubrechen, er war nach außen ausgebeult und zum Teil aufgeschlitzt.« Sie hielt inne und sah mich weiter an.

»Das war der Grund?«

Sie nickte. »Es war eine furchtbare Erkenntnis für mich. Sie hat mich getroffen wie ein Schlag.«

Ich ließ sie nicht aus den Augen und sagte: »Das ist aber schon eine ganze Weile her. Wieso hat Sie der Schlag erst jetzt getroffen?«

Plötzlich war sie eingeschnappt. Besser gesagt, sie spielte die Eingeschnappte. Ich nahm ihr das Theater nicht ab, als sie mich anfunkelte und blaffte: »Sie sind zynisch. Sie können sich nicht vorstellen, wie sehr mir die Sache immer noch nachgeht. Schließlich ist die Firma, für die ich gearbeitet habe, dafür mitverantwortlich.«

»Ist sie das?«

»Wenn nicht direkt, dann doch indirekt, indem sie überhaupt solche Geschäfte macht.«

Ich setzte meine Wanderung durch das plüschige, kitschige Zimmer fort. Erst als ich wieder das Wort ergriff, blieb ich vor der ehemaligen Sekretärin stehen, sah auf sie hinab und sagte: »Es wäre schön, wenn wir das alles beweisen könnten. Nur die mündliche Aussage eines Toten Ihnen gegenüber nützt uns vor Gericht gar nichts. Sind Sie sicher, dass Sie belastende Unterlagen in der Firma nie zu Gesicht bekommen haben?«

Als Pokerspieler erkannte ich sofort, dass sie versuchte, etwas zu verbergen. Sie hatte mit einem Mal diesen Blick, den ein Anfänger nicht vermeiden kann, wenn er seinen ersten Royal Flush hat. Natürlich merkt der Gegner das sofort.

Dieses Mal druckste sie nicht lange herum, sondern kam sofort zur Sache: »Ich habe eine CD.«

Ich wartete und fragte, als sie nicht weitersprach: »Und was ist auf dieser CD?«

»Ein paar Dinge, die Ihnen in Bezug auf DEIMU vor Gericht helfen können.«

»Sagten Sie nicht, Sie hätten keinerlei Einblicke in diese Geschäfte erhalten?«
»Für kurze Zeit, eine knappe halbe Stunde lang, waren diverse Transaktionen auf dem Firmenrechner gespeichert.«
»Transaktionen, die Schleusertum nachweisen können?«
»Ja.«
»Und das haben Sie zufällig mitgekriegt?«
»Es war wirklich ein Zufall. Ich dachte, es wäre keine schlechte Idee, eine Sicherheitskopie zu machen.«
Das war es bestimmt nicht. Für einen Moment wirbelten die Gedanken durch meinem Kopf wie Flocken in einem Schneesturm. Dann schloss sich für mich der Kreis. Ich setzte mich wieder auf das Stühlchen, dieses Mal ohne allzu große Vorsicht. Ich verschränkte die Arme, schlug die Beine übereinander und blickte die Sekretärin seelenruhig an, bevor ich sagte: »Verstehe. Und Max Kauder hat von Ihnen eine Kopie der CD erhalten und wollte Dr. Schäfer damit erpressen. Sie waren gar nicht getrennt. Sie waren bei seiner Ermordung immer noch ein Paar.«
Sie hatte sich ziemlich gut im Griff. Ihr schlaues Lächeln änderte sich kaum, und sie hielt es für klug, nicht zu antworten. Allerdings war in diesem Fall ihr Schweigen eindeutig genug.
»Die Erpressung hat aus irgendeinem Grund nicht funktioniert«, fuhr ich fort. »Und dann wurde Max Kauder zielgerichtet ausgeschaltet.«
Die Sekretärin blieb stumm.
»Es ist sehr ... nett von Ihnen, dass Sie uns die CD zur Verfügung stellen.«
»Nett?« Sie lachte wie über einen guten Witz.
»Ist das vielleicht das falsche Wort?«
Sie verstummte, und ihre Augen wurden schmal. »Sie wissen schon, für welchen Preis verschiedene Landesregierungen die Unterlagen von Steuerflüchtlingen gekauft haben? Da ging es um Millionen!«

Und wieder verstand ich sofort. »Sie wollen Geld für die CD?«

Sie nickte so ruhig und bedächtig wie jemand, der sich seiner Sache sehr sicher ist, weil er genügend lange darüber nachgedacht hat.

Genauso ruhig und bedächtig langte ich in meine Tasche, holte das Aufnahmegerät hervor und legte es vorsichtig auf den Glastisch. Ich sagte freundlich: »Ich glaube, Sie werden uns die CD ganz ohne eine finanzielle Gegenleistung zur Verfügung stellen. Meinen Sie nicht?«

Ihre Lippen wurden zu einem Strich, und sie starrte auf den Glastisch. »Was ist das?«

»Als Sekretärin sollten Sie ein Diktiergerät erkennen, wenn Sie eins sehen. Eigentlich wollte ich die Aufnahme nur für einen Stimmenabgleich benutzen, um herauszufinden, ob Sie nicht vielleicht doch die anonyme Anruferin sind.«

Sie zog eine Grimasse, die ihr eigentlich hübsches Gesicht hässlich erscheinen ließ. »Damit kommen Sie nicht durch. Nicht vor Gericht.«

Ich zuckte gleichgültig mit den Schultern. »Warten wir es ab.« Innerlich grinste ich. Dass ich so fette Beute gemacht hatte, überraschte mich selbst.

Und es folgt der siebte Streich

Die Ratte läuft an der Kellerwand entlang. Die rosa Schnauze mit den Tasthaaren folgt dem verführerischen Geruch. Aber die Ratte ist vorsichtig. Sie bleibt stehen und wittert. Die Tasthaare erzittern. Sie riecht noch etwas anderes. Gefahr. Schnell huscht sie in ihr Loch zurück, ein altes Heizungsrohr, das wenige Zentimeter aus der Wand herausragt. Es heißt, Ratten können Katastrophen voraussehen und ihnen dadurch entgehen. Da sie in der Dunkelheit nach dem suchen, was zum Überleben not-

wendig ist, glaubte man früher, sie würden mit Geistern und den Toten in Verbindung stehen. Doch Rod glaubt nur daran, dass diese fette Ratte die Kartoffeln in der Holzsteige und die auf alten Zeitungen ausgelegten Äpfel frisst.

Jetzt wagt sich die Ratte doch wieder aus der Deckung. Zu verführerisch ist der Duft des Köders, ein schmaler Streifen Speck, den Rod auf den Boden gelegt hat. Die Ratte vergisst alle Vorsicht, ihre Instinkte lassen sie im Stich, und das blanke Blatt des Spatens saust auf sie hinab.

Jetzt baumelt sie am Schwanz in Rods Fingern. Er hebt den Deckel des Aschekübels, und die Asche staubt auf, als die Ratte hineinfällt. Am Spatenblatt klebt frisches hellrotes Blut. Rod wischt es an einem alten Kohlensack ab und lehnt den Spaten in die Ecke.

Der olivgrüne Benzinkanister steht an seinem gewohnten Ort. Als Rod ihn hochhebt, klatscht die Flüssigkeit in seinem Innern dumpf gegen die Blechwand.

Draußen bricht die Dämmerung über Bamberg herein. Der Junihimmel ist wolkenverhangen und düster. Wie Rods Stimmung. Er hat den Kanister auf dem Gepäckträger des Mopeds festgezurrt und ist jetzt Richtung Galgenfuhr unterwegs, zu seinem Refugium. Nur dass es nicht mehr seins ist. Heiße Wut kocht in ihm hoch. Dieser Ort – sein geheimer Platz. Wo der alte Kadett mit den demontierten Rädern auf einem Stapel Ziegelsteinen ruht. In der Mulde zwischen den Hagebutten- und Brombeersträuchern. Wo er auf dem Fahrersitz Hemingway liest. »Der alte Mann und das Meer«, »Wem die Stunde schlägt«. Die Bücher bewahrt er im Handschuhfach auf, das sich nur öffnen lässt, wenn man es mit dem rostigen Schraubenzieher aufhebelt. Zu geht es immer. Aus dem Sitz quillt die Füllung heraus. Auf diesem Sitz hat er die Prinzessin geküsst. Einmal. Er hat ihr sein Refugium gezeigt und wollte es mit ihr teilen. Seine Art der Liebeserklärung. Besser, als er es mit Worten hätte sagen können.

Als Erstes sind ihm beim Öffnen des Handschuhfachs die

Kondome entgegengefallen. Natürlich nicht von ihm. Das war genau sieben Tage nachdem er die Prinzessin hier geküsst hatte. Und dann – wieder später – hat er sie gesehen. Er hat sich versteckt und gewartet, bis sie kamen. Die Prinzessin und –
Die Wut ist wie kochendes Wasser. Warum? Und warum gerade hier?
Später hat er es noch zweimal probiert. Saß auf dem Fahrersitz, hat die Bücher aus dem Handschuhfach geholt und versucht zu lesen. Eine geraucht. Aber schließlich wusste er, dass er diesen Ort so nicht belassen konnte. Er musste etwas tun –
Das Moped holpert über den Feldweg. Zieht eine blaue Abgasfahne hinter sich her. Das Benzin schlägt hart gegen die Innenwand des Kanisters. Er dreht im Fahren den Zündschlüssel, der Motor erstirbt, und das Moped rollt die letzten hundert Meter nahezu lautlos bis zum Ziel. Er lehnt die Maschine an den Hang der Böschung, zieht den Spanngurt auf und klettert mit dem Kanister hoch. Es ist jetzt ganz dunkel. In der Mulde liegt der Schemen des alten Kadetts wie ein Schiffswrack auf dem Meeresgrund. Direkt unter ihm.
Der Deckel des Kanisters ploppt auf, und der Benzingeruch steigt ihm in die Nase. Ein kaum spürbarer Wind weht vom Kanal her, weshalb das tiefe Tuckern eines Schiffsdiesels in der Dunkelheit so nah klingt, als läge das Schiff nicht in der Schleuse, sondern würde nur ein paar Meter entfernt von ihm vorüberfahren. Rod neigt den Kanister, und das Klatschen des Benzins auf das Autodach geht im Dieselgeräusch unter. Als die Wolkendecke am Himmel für einen Augenblick aufreißt und der Vollmond herauskommt, glänzt das Benzin auf dem Wrack wie flüssiges Gold. Rod schiebt die Streichholzschachtel auf und streicht einen roten Zündkopf über die raue Fläche, bis es zischt. Eine Weile betrachtet er die kleine Flamme, die in der Nachtbrise hin- und herschaukelt, dann lehnt er sich vor, streckt den Arm weit aus und lässt das Streichholz langsam aus den Fingern gleiten. Es fällt auf das Autodach, und wie aus

dem Nichts züngelt die Feuerspur über das Blech. Rod rennt weg und bleibt wieder stehen. Er hat sich erschreckt. Hat einen Schrei gehört.
   Unten in der Mulde ist die Nacht jetzt taghell. Die Tür auf der Beifahrerseite wird aufgerissen, eine Gestalt fällt heraus, gefolgt von einer zweiten. Sie rappeln sich hoch, stolpern aus der Gefahrenzone. Wenige Sekunden später sieht Rod sie auf der gegenüberliegenden Seite der Böschung stehen, während sich das Feuer in das alte Wrack hineinfrisst.

Cause of death

Die Novembersonne schien durch das staubige Fenster auf den Computerbildschirm und erinnerte mich daran, dass ich ihn mal wieder säubern sollte. Ich rollte mit dem Schreibtischstuhl näher, bis ich trotz Staub und Spiegelungen einigermaßen gut sehen konnte. Ich hatte beschlossen, unsere Computerspezialisten einen Blick auf meine Pokerseite werfen zu lassen, vielleicht konnten sie herausfinden, wie Moneymaker das Portal manipuliert hatte – und vielleicht konnten sie ihn sogar identifizieren. Ich wollte mein Geld zurück, und das war nur möglich, wenn ich den Betrug nachweisen konnte. Mein Blick streifte die Tasche mit meinem Laptop. Auch ihn sollten die Fachleute untersuchen, sie kannten jede Menge Programme, aber auch Tricks und Kniffe, um einen toten Rechner wieder zum Leben zu erwecken und in den Geheimnissen seines Innenlebens herumzustochern.
   Wie üblich brauchte der Rechner für den Aufbau der Seite ewig. Die Schnelligkeit unseres Systems war im Augenblick vergleichbar mit der des Verkehrsflusses in einer Großstadt während der Stoßzeit. Nur langsames Vorwärtskommen, Stop-and-go, viel Geduld war nötig. Dieses Mal dauerte es allerdings besonders lang – zu lang für meinen Geschmack.

Ich löschte die eingegebene Adresse, tippte sie erneut ein und wartete wieder. Nach einer gefühlten Ewigkeit ging in der Mitte des Bildschirms ein kleines Fenster auf: »error – page not found«. Als bei meinem fünften Versuch zum fünften Mal dieselbe Meldung erschien, wurde mir klar: Moneymaker hatte die Seite gelöscht. Er hatte nicht nur meinen Laptop abgeschossen, sondern auch alle Spuren, die auf ihn oder die Seite hindeuten könnten, im World Wide Web gründlich verwischt. Und noch etwas dämmerte mir: Wenn er in der Lage gewesen war, die Seite zu löschen, hatte er sie vermutlich auch selbst gebastelt. Innerlich schüttelte ich den Kopf über mich selbst. Das war schon mehr als Ironie. Wie viele Vorträge über Internetkriminalität hatte ich gehört? Mindestens in den letzten fünf internen Fortbildungen im Präsidium war das Thema von kompetenten Referenten äußerst umfassend behandelt worden, inklusive aller Merkmale, an denen man sogenannte Fake-Seiten erkennt – zum Beispiel daran, dass es über den Betreiber keine oder nur spärliche Informationen gibt, die Kontaktmöglichkeit fehlt oder im Impressum eine Briefkastenfirma oder eine obskure ausländische Adresse eingetragen ist. Hatte ich irgendetwas davon überprüft? Natürlich nicht. Ich war zu happy gewesen, überhaupt ein Portal gefunden zu haben, auf dem ich quasi unbegrenzt spielen konnte. Ich erinnerte mich daran, wie ich darauf gestoßen war. Der Klassiker – bei einer Google-Suche war ein Pop-up-Fenster mit dem entsprechenden Link erschienen. Ich hatte es angeklickt, mich angemeldet und sofort losgelegt.

Als ich mich aus dem polizeiinternen System ausloggen wollte, ploppte auf meinem Posteingangszeichen auf dem Desktop plötzlich eine Eins auf. Die Mail-Adresse des Absenders endete mit ».cl«, Chile. Der kurze Text war auf Englisch verfasst und enthielt nur den Hinweis, dass die angeforderte Information im Anhang zu finden sei. Ich klickte auf das Symbol der Büroklammer und wartete, während der PC das Dokument lud. Dann erstarrte ich.

Auch wenn ich zweimal hinblickte, näher heranrückte und den Bildschirm beschattete, damit sich die Sonne nicht darin spiegelte – es gab keinen Zweifel. Ich hatte die Person auf dem Bild, unter dem der Name Juanita Kaiser stand, sofort erkannt. Die schwarze Haarflut, die dunklen, unergründlichen Augen, die hohen Wangenknochen, die vollen Lippen mit den leicht nach unten gezogenen Mundwinkeln, die dem Gesicht etwas Verächtliches verliehen. Ich überflog die von den chilenischen Behörden verfasste Nachricht und blieb an einem Datum hängen: »November 11th, 1995«. Dann las ich weiter: »Colonia Dignidad/Villa Baviera. Cause of death: work accident«.

Ich holte tief Luft. Mein Herz schlug hart und laut in meinen Ohren. Meine Vermutung war also richtig gewesen, und Johanna Kaiser, unsere Prinzessin, war tot. Gestorben im Jahr 1995 in Chile bei einem Arbeitsunfall. Mit einem Mal fühlte ich mich leer. Die Prinzessin war meine Jugendliebe gewesen. Wie so viele Jugendlieben – unerwidert.

Die Sonne verschwand hinter den Wolken, als ich den restlichen Text las. Laut Interpol war die Familie Kaiser im Jahr 1985 aus Deutschland nach Chile in die Enklave Colonia Dignidad eingewandert. Nur wenige Monate später war der Vater gestorben, zwei Jahre darauf die Mutter. Mehr Informationen gab es nicht. Ich druckte die Mail und das Foto aus, legte beides auf den Schreibtisch und starrte es an. Erst nach und nach wurde mir die Bedeutung dieser Neuigkeit klar. Vier Mitglieder meiner alten Clique waren tot, und die Prinzessin hatte vor über zwanzig Jahren den Anfang in diesem Todesreigen gemacht.

Ich saß immer noch regungslos auf meinem Stuhl, als Waldi hereinkam und mich skeptisch ansah, ohne ein Wort zu sagen. »Was ist?«, fragte ich ihn. »Hat dich Storch so fertiggemacht, dass du jetzt nicht mehr sprechen kannst?«

»Sehr witzig. Sag mir lieber, was mit dir los ist. Gute Laune sieht anders aus.«

Ich schob ihm das Blatt mit dem Bild der Prinzessin hinüber und murmelte: »Ich habe Johanna Kaiser gefunden.«

Drei Stunden später saßen mein Partner und ich bei Dr. Schulz-Bellingröhr im Büro. Sie trug ein hellblaues Kostüm und hatte die Haare hochgesteckt, um ihren Schwanenhals von uns bewundern zu lassen. Wie es ihre Art war, kam sie ohne Umschweife zum Thema. »Die Sache nimmt Fahrt auf. Kompliment, Herr Killer, Ihr Team arbeitet jetzt gut und schnell. Beinahe rasant, möchte ich sagen. Dr. Schäfer sitzt unten im Verhörzimmer, Dr. Herbert hat es sich nicht nehmen lassen, persönlich mit ihm in die erste Runde zu gehen.«

Ich hatte gewartet, bis sie eine kurze Pause machte, und fragte jetzt: »Wie sieht es mit der Gegenüberstellung aus? Sind die Mazedonier aus dem Balkanzentrum schon unterwegs?«

»Das haben wir schon hinter uns gebracht. Ergebnis – negativ. Sie haben Schäfer noch nie gesehen.«

»Und was ist mit Schäfer und Shqip?«

»Wir haben die beiden im Verhörraum bereits gegenübergesetzt und fünfzehn Minuten lang allein gelassen. Unsere Psychologin hat sie in dieser Zeit durch das Spiegelglas beobachtet und jede Bewegung und Geste analysiert.«

»Und?«

Die Präsidentin schüttelte den Kopf. »Auch negativ. Dr. Pontorra ist sich zu hundert Prozent sicher, dass sich die beiden Männer noch nie vorher gesehen oder sonst wie Kontakt zueinander gehabt haben.«

»Vielleicht sind beide auch nur hervorragende Schauspieler«, schlug Waldi vor.

Die Präsidentin ignorierte den Einwurf. »Bisher gehen wir davon aus, dass Dr. Schäfer nicht der Auftraggeber für die Morde ist. Wir warten auf die Kollegen vom K7 aus München. Die sind zwar sofort losgefahren, stecken aber noch auf der A 9 im Stau. Sobald sie hier sind, nehmen sie sich DEIMU vor. Sie werden sich auch um die CD von der Sekretärin Schmidt kümmern. Das war wirklich gute Arbeit, Herr Hauptkommissar.«

Ich bedankte mich artig für das Lob und wollte gerade die Sache mit der Prinzessin ansprechen, als Hägar durch die offene Tür hereinschneite. Anscheinend war er die Treppen hochgerannt, denn er schnaufte wie ein Walross. Da er nicht wusste, ob er sich einfach auf den freien Stuhl setzen durfte, trat er von einem Fuß auf den anderen und keuchte: »Ich komme gerade aus Würzburg zurück.«

»Nehmen Sie Platz.« Dr. Schulz-Bellingröhr deutete auf den Stuhl. »Sie sind ja ganz außer Atem. Erzählen Sie.«

Hägar setzte sich mit einem Ächzen, und sofort fuhr seine Rechte in den Bart. »Also«, er rückte sich zurecht und drehte sich zu mir, »ich war zusammen mit dem Würzburger Kollegen bei Veith Kriegers Wohnung. Da wir ihn nicht angetroffen haben und möglicherweise ein Bezug zu unserem Fall besteht – Krieger kennt oder kannte ja alle Opfer –, haben wir uns Zugang verschafft und die Wohnung durchsucht.«

»Was gefunden?«, fragte Waldi.

Hägar zuckte mit den Schultern. »Nichts Auffälliges, wenn du mich fragst. Ist eine Zwei-Zimmer-Wohnung im Erdgeschoss, normale Küche, normales Wohnzimmer, normaler Schlafbereich. Wie es aussieht, wohnt er allein. Wir haben Material für einen DNA-Test ins Labor geschickt und unter anderem seinen Reisepass fotografiert.«

Ich setzte mich kerzengerade hin. »Kannst du mir die Bilder zeigen?«

»Nein. Die sind in Würzburg. Soll ich sie anfordern?«

»Unbedingt.«

Die Polizeipräsidentin warf mir einen fragenden Blick zu. »Warum sind Sie am Reisepass von Krieger so interessiert?«

»Weil ich wissen möchte, wo er in den vergangenen Jahren war. Er hat mit den Opfern eine gemeinsame Vergangenheit, und vielleicht gibt es auch zu DEIMU eine Verbindung.«

»Sie vermuten, dass er in Chile gewesen ist?«

»Zum Beispiel.« Es folgte ein kurzes Schweigen, bis ich wieder das Wort ergriff: »Wir sollten Veith Krieger so schnell wie möglich finden.« Ich fragte Hägar: »Unternehmen die Würzburger Kollegen eigentlich etwas?«
»Glaub ich nicht.«
»Sollten sie aber. Können wir das veranlassen?«, wandte ich mich an die Präsidentin.
»Was genau?«
»Die Beobachtung von Kriegers Wohnung und eine Suche nach ihm.«
»Mit welcher Begründung?«
Ich zählte auf: »Max Kauder, Hans-Georg Ganzmann, Fritz Böck und«, ich holte tief Luft, »Johanna Kaiser. Oder besser: Juanita Kaiser.«
Dr. Schulz-Bellingröhr runzelte die Stirn. »Erklären Sie mir das bitte.«
Ich reichte ihr die ausgedruckte Mail und das Foto. »Das ist das Ergebnis meiner Anfrage bei den chilenischen Behörden. Johanna ist mit ihren Eltern 1985 nach Chile in die Colonia Dignidad ausgewandert und dort zehn Jahre später offiziell bei einem Arbeitsunfall gestorben. Damit sind außer Veith Krieger, Heidrun Müller, Matthias Höhnlein und meiner Wenigkeit alle der damaligen Clique tot. Veith Krieger ist also in Gefahr.«

Wir waren im Begriff, das Büro der Polizeipräsidentin zu verlassen, als sie mir mit einem Wink bedeutete, noch einen Augenblick zu bleiben. Also setzte ich mich wieder brav hin und bereitete mich auf die nächste Standpauke vor, in der es vermutlich um meine Therapie und sonst noch was gehen würde. Aber ich wurde angenhm überrascht.

Frau Dr. Schulz-Bellingröhr drehte ihren Laptop zu mir, deutete auf den Bildschirm und sagte: »Lesen Sie das. Wie es scheint, sind Sie eine Ihrer Sorgen los.«

Ich überflog den Text, der auf einer Social-Network-Seite veröffentlicht worden war. Es war der Aufruf zum Spenden für eine venezianische Gondel, die ein mutiger Polizeibeamter zur Rettung einer alten Dame gekapert und dabei so schwer beschädigt hatte – im Text wurde, versehen mit einem Smiley, klargestellt: »die Gondel, nicht die alte Dame« –, dass sie ersetzt werden musste. Ich klickte auf einen entsprechenden Link, sah den aktuellen Kontostand der Spendenaktion und den Kommentar am Ende: »Wir danken allen Spendern, hiermit ist die Aktion beendet, die notwendige Summe wurde erreicht.« Ich blickte Dr. Schulz-Bellingröhr an: »Ich wusste gar nicht, dass Sie auf Facebook herumstöbern.«

Sie lächelte nachsichtig. »Ich habe den Hinweis auf die Aktion von der Presse bekommen. Morgen oder übermorgen wird dazu auch ein umfangreicher Artikel in der Zeitung erscheinen. Unser Sekretariat hat eine Interviewanfrage an Sie erhalten, die ich Ihnen hiermit weiterleite.«

Ich drehte den Laptop zurück zu ihr. »Ich habe im Moment keine Zeit für Interviews.«

Dr. Schulz-Bellingröhr klappte den Rechner zu. »Mir liegt sehr daran, dass Sie das Interview geben. Das Image der Bamberger Polizei hat in letzter Zeit ein wenig gelitten. Übrigens unter anderem durch einen spielsüchtigen Beamten, der auch noch in Schlägereien im halbseidenen Milieu verwickelt war. Bügeln Sie das wieder aus.«

»Es war nur eine einzige Schlägerei. Und nicht mal eine richtige.«

»Herr Killer, das Interview wird nicht länger als eine Viertelstunde dauern. Nehmen Sie sich die Zeit. Ein mutiger Polizist rettet auf spektakuläre Weise eine alte Frau, bessere Imagepflege gibt es nicht.«

Ich seufzte. »Also gut. Sonst noch etwas?«

»Ja. Das habe ich gerade eben vergessen. Ich habe die Stimme der Anruferin, die wir aufgezeichnet haben, mit Ihren Aufnahmen verglichen. Ich bin keine Tontechnikerin, aber wenn mich nicht alles täuscht, haben Sie mit Dr. Schäfers Sekretärin Frau Schmidt einen Treffer gelandet. Es steht zwar noch der pro-

fessionelle Abgleich aus, aber ich habe Frau Schmidt ebenfalls für den Nachmittag vorgeladen.«
»Okay. Und das nächste Verhör mit Schäfer würde gern ich führen. Lässt sich das arrangieren?«
»Natürlich. Ist er Ihrer Meinung nach der Täter?«
Ich zögerte mit einer Stellungnahme, denn ich war unsicher. Sicher war nur, dass Schäfer Leichen im Keller hatte, aber ob unsere Toten dazugehörten? Shqip stand zwar als Mörder fest, doch immer noch war unklar, wer im Hintergrund die Fäden gezogen hatte. Zudem musste der Mord an Fritz, dem Knirps, von jemand anderem begangen worden sein. Entweder hatte der Auftraggeber nach Shqips Ausfall einen neuen Killer angeheuert, oder er war selbst tätig geworden. Ich sagte:»Ich war der Meinung, wir wären mit der Aussage der Sekretärin und mit dem Auffinden von Johanna Kaiser ein großes Stück weitergekommen, aber je länger ich darüber nachdenke, desto unwahrscheinlicher erscheint es mir, dass beides etwas mit den Morden zu tun hat.«
Dr. Schulz-Bellingröhr hatte mir aufmerksam zugehört und nickte jetzt. »Wie dem auch sei, bleiben Sie am Ball. Im Gegensatz zu Ihnen habe ich nämlich schon das Gefühl, dass wir uns auf der Zielgeraden befinden.«
Ich dachte mir meinen Teil, sagte:»Okay«, und wollte mich verabschieden.
»Herr Killer, noch eins …«, wurde ich von ihr aufgehalten.
»Ja?«
»Ich denke, Sie bekommen Ihr Leben langsam wieder in den Griff. Habe ich recht?«
»Klar«, antwortete ich.

Ich verließ das Präsidium, stieg in den Station Wagon und fuhr Richtung Troppauplatz. Vielleicht war Nicole zu Hause, und wir konnten zusammen Mittag essen. Doch als ich bei der ersten Kreuzung an der Ampel stand und mich die Sonne blendete, entschied ich mich anders. Ich bog bei Grün links in die Weißenburgstraße ab und fuhr dann auf der Zollnerstraße zurück Richtung Stadtmitte. Die Sonne hatte mich an Mutter erinnert, und ich hoffte, sie wäre inzwischen wieder so weit in Form, dass wir zusammen einen ihrer gefürchteten Spaziergänge unternehmen könnten.

Ich parkte vor dem Altenheim und ging hinein. Auf dem Gang versuchte ich, den typischen Geruch nach Arzneien, Kantinenessen, Urin und Alter zu ignorieren. Mutters Tür war die vorletzte hinten links. Sie stand offen, und ich trat ein. Der Fernseher lief ohne Ton. Eine Messe, die Kamera schwenkte durch ein hohes, altes Kirchenschiff und fokussierte dann den Priester, der die Arme ausbreitete. Mutter schlief wieder mit offenem Mund. Ich blieb eine Weile unschlüssig neben dem Bett stehen, dann beschloss ich, sie zu wecken. Zuerst berührte ich leicht ihre Schulter und sprach mit ihr, aber als sie nicht reagierte, rüttelte ich sie, bis sie die Augen aufschlug. »Mutter, die Sonne scheint. Lass uns einen Spaziergang zum alten Wehr machen, das ist doch dein Lieblingsplatz.«

Mutter reagierte nicht, sie sah mich nicht einmal an. Ihr Blick war absolut leer. Ins Nirgendwo gerichtet.

Ich versuchte es noch einmal: »Magst du nicht mit mir spazieren gehen? Das Wetter ist schön.«

Keine Reaktion. Sie war in ihrem dunklen Universum gefangen. Das Vergessen fraß ein schwarzes Loch in ihr Gehirn, das alle Gedanken auslöschte. Ich wollte sie unbedingt für einige Zeit nach draußen bringen, weil ich glaubte, dass die Sonnenstrahlen das Einzige waren, das durch die dunklen Räume wenigstens manchmal noch zu ihr ins Bewusstsein dringen konnte.

Meine Hand auf ihrer Schulter rüttelte noch einmal bestimmender, und für einen Moment bewegten sich Mutters Augen fast unmerklich in meine Richtung. Aber ihr Blick blieb leer, und das Leben, das noch in ihr war, war nur dadurch sichtbar, dass ihr Brustkorb sich leise hob und senkte – und durch ein schwaches Zittern, das durch ihren Körper lief, als meine

Finger sie jetzt noch fester berührten. Sie lebte, ihre Organe funktionierten. Ich erinnerte mich daran, was eine Pflegerin meiner Mutter mir einmal gesagt hatte: Demente Menschen vergessen alles – sie vergessen sogar zu sterben.

Ich zog mir einen Stuhl zu ihrem Bett und setzte mich. Ich nahm ihre Hand und spürte einen winzigen Gegendruck, den ich kaum zu erwidern wagte. Ihre Finger fühlten sich so filigran und verletzlich an, als könnten sie zerbrechen oder zerbröseln und wie Sand durch meine Hände rieseln. Ich beschloss, weiter mit ihr zu sprechen. Nicht weil ich auf Antworten wartete, sondern in der Hoffnung, dass noch irgendetwas bei ihr ankam, was sie zumindest passiv am Leben teilnehmen ließ. »Heute will ich mit dir ausnahmsweise nicht über meinen Fall reden. Es geht um etwas anderes, hörst du mir zu?« Es war eine rhetorische Frage, und trotzdem wartete ich nicht auf eine Antwort, sondern darauf, dass meine Worte eine Veränderung hervorriefen, dass Mutter mir ein Zeichen sendete. Wenn ich zuvor zu ihr gesprochen hatte, hatte sie in ihren guten Phasen den Kopf ein wenig schief gelegt oder in den weniger guten die Augen etwas weiter geöffnet. Heute blieb jegliche Reaktion aus.

Trotzdem fuhr ich fort: »Es geht um Nicole und mich. Du weißt doch, Nicole, wir waren zusammen.« Ich zögerte ein bisschen, bevor ich erklärte: »Und wir sind jetzt wieder zusammen. Die Sache ist nämlich die –«

Mutters Blick blieb starr.

»Ich werde Vater. Wir bekommen ein Kind. Du wirst Großmutter. Was sagst du dazu?«

Zuerst sah ich, wie ihre Mundwinkel zuckten und die Augenlider fast unmerklich flatterten. Dann bewegte sich Mutter so plötzlich, dass ich beinahe erschrak. Sie setzte sich auf, und ihr Blick schien direkt durch mich hindurchzugehen, als sie klar und deutlich sagte: »Herr Doktor, gehen Sie jetzt, das Kind ist wichtiger.«

»Mutter, ich bin nicht der Doktor. Ich bin dein Sohn, und du wirst bald ein Enkelkind haben. Freust du dich?«

Mutter saß kerzengerade in ihrem Bett und sprach mit strenger Stimme, so wie früher, wenn ich etwas ausgefressen hatte: »Sie sollen jetzt gehen. Denn ohne Kinder geht die Welt unter. Das weiß doch jedes Kind.«

Mitten im Satz

Zum ersten Mal seit der Renovierung des Präsidiums fand die Sitzung der Soko im neuen Großraumbüro statt. Die Bau- und Renovierungsmaßnahmen waren zwar noch nicht vollständig abgeschlossen, aber alle überflüssigen Wände waren verschwunden, und der freie Raum, der nun beinahe einen Flügel des gesamten Obergeschosses einnahm, war vom Bauschutt gesäubert und roch nach Reinigungsmitteln und frischer Farbe. Auch einiges an Technik war bereits eingetrudelt: ein Beamer und ein riesiger Glasbildschirm mit Touchfunktion, in dessen Bedienung ausgerechnet Storchs Assistent Schaller uns einweisen sollte – ganz einfach deshalb, weil er aufgrund seines jugendlichen Alters als einziger Digital Native dazu auserkoren worden war. Storch selbst war immer noch krankgeschrieben, und gewissermaßen war er ja wirklich krank – liebeskrank.

Überflieger Schaller stand vor einem schmalen Tisch und beugte sich über seinen Laptop. Sein Aufzug war wie immer gewöhnungsbedürftig, heute trug er seine Haare zu einem kunstvollen Knoten an seinem Hinterkopf gebunden, auch seine beigen Chinos hingen auf halbmast, und auf der Vorderseite seines schwarzen T-Shirts prangte der Pathologenspruch: »Ich kann Sie gern behandeln«, der auf der Rückseite fortgeführt wurde: »Vorher müssen Sie sich allerdings umbringen.« Schaller wirkte ein wenig hektisch, sein Blick flatterte vom Laptop zur Kombination aus überdimensionalem Bildschirm und Whiteboard. Auf diesem geschah bisher nichts, außer dass er in leuchtendem Blau strahlte und immer wieder der Text auftauchte: »*source not found*«.

Inzwischen war auch die Polizeipräsidentin in Gefolgschaft von Oberstaatsanwalt Dr. Herbert erschienen. Wir Übrigen saßen im Halbkreis und warteten darauf, dass es losging. Endlich zeigte der Bildschirm den Desktop von Schallers Dienstlaptop, und der junge Assistent nickte Dr. Herbert erleichtert zu.

Der Oberstaatsanwalt, ein offensichtlicher Bewunderer der eigenen wohltönenden Stimme, ergriff denn auch gleich das Wort, begrüßte alle Anwesenden gönnerhaft und hielt eine ausschweifende Rede über die Vorzüge eines Büros ohne trennende Wände sowie über die moderne, technikgestützte Polizeiarbeit im Allgemeinen. Das Ganze endete damit, dass sich Schallers Aknenarben feuerrot färbten, weil der Großbildschirm wieder blau wurde und sowohl er als auch Dr. Herbert sich auf dem Boden wiederfanden, um in den lose verlegten Kabeln nach dem Fehler zu suchen.

Während sich die beiden zu den entsprechenden Anschlüssen am Bildschirm des Whiteboards vortasteten, tauchte Baumgartner, der Kollege von der Würzburger Mordkommission, mit rotem Gesicht in dem Durchgang auf, der einmal der Eingang zum neuen Großraumbüro werden sollte. Er murmelte einen Gruß in die Runde, ließ sich auf den Stuhl neben mir fallen und fluchte leise: »Da nimmt man extra den Zug, weil die Autobahn eine einzige Baustelle ist, und dann bleibt man mitten in der Pampa eine halbe Stunde lang stehen und muss sich auch noch die Durchsage anhören, man wisse nicht, wo genau das Problem liegt.«

»Entspannen Sie sich«, tröstete ich ihn. »Hier ist es genauso.« Ich deutete nach vorn.

Baumgartner grinste ein wenig gezwungen und langte nach seinem Handy. »Ich muss Ihnen etwas zeigen.«

In diesem Augenblick tauchte auf dem Großbildschirm der Desktop wieder auf, und die schwarzen Silhouetten von Schaller und dem Oberstaatsanwalt tanzten im Lichtstrahl des

Beamers durch den inzwischen abgedunkelten Raum. Schaller warf zwar immer wieder besorgte Blicke von seinem Laptop zum Bildschirm, aber dann straffte er die Schultern und sagte: »Fangen wir also an. Alle, die fallrelevante Bilder oder Dateien auf den Handys haben, schalten jetzt bitte Bluetooth ein. Die Übertragung auf unseren neuen Bildschirm funktioniert leider nicht direkt, weil wir noch nicht kabellos arbeiten können, dazu müssen erst noch die Leitungen verlegt werden. Aber von meinem Rechner aus kann ich die Bilder weiterschicken.«

Ich aktivierte die Bluetooth-Verbindung und wartete darauf, dass Schallers Laptop in der Liste der zu verbindenden Geräte auftauchte.

Währenddessen spazierte Dr. Herbert wie ein Oberlehrer vor der Klasse auf und ab, bis ihm einfiel, dass er Baumgartner noch nicht begrüßt hatte. Wie es seine Art war, holte er das nicht mit einem einfachen Händedruck nach, sondern stellte sich vorn zu uns und erklärte: »Bevor wir endlich beginnen, möchte ich noch unseren Würzburger Kollegen, Hauptkommissar Baumgartner, herzlich in unseren neu gestalteten Räumlichkeiten willkommen heißen. Herr Baumgartner, vielen Dank, dass Sie gekommen sind.«

Baumgartner nickte einmal in die Runde, und Dr. Herbert fuhr fort: »Wir wollen heute noch einmal alle Details zu den drei Mordfällen durchgehen und dann gemeinsam eine Strategie festlegen. In den letzten Tagen gab es ja doch die eine oder andere überraschende Wendung. Leider betreffen diese nicht unseren bisherigen Hauptverdächtigen Muhamed Shqip, der nach wie vor eisern schweigt. Wir gehen zwar davon aus, dass er der Mörder ist, sind uns aber sicher, dass er Auftragstäter ist und wir den oder die Hintermänner noch finden müssen. Herr Baumgartner, vielleicht möchten Sie als unser Gast beginnen?«

Baumgartner räusperte sich, stand auf und ging zu Schaller. Während auf dem Bildschirm Stofffetzen und Klebebandreste neben einer Menge Blut und ziemlich unappetitlich aussehenden menschlichen Überresten auftauchten, holte der

Würzburger seine Brille hervor, setzte sie etwas umständlich auf und kämpfte noch einmal räuspernd gegen den Frosch in seinem Hals an. »Wir sehen hier eine Nahaufnahme von dem, was die Löwen vom Opfer übrig gelassen haben. Unser Labor hat einen Abgleich des Panzerbandes mit den Tapes erstellt, die bei den beiden Bamberger Opfern gefunden wurden und von denen Sie uns freundlicherweise Proben geschickt haben. Sie sind identisch, soll heißen, das Tape aller drei Opfer stammt definitiv von ein und derselben Rolle. Damit ist geklärt, dass alle Fälle zusammenhängen. Interessant sind diese Stofffetzen hier.« Baumgartner malte mit dem Laserpointer einen zittrigen roten Kreis um ein schwarzes Stück Stoff. »Es handelt sich offensichtlich um das, was von einem Kleidungsstück des Opfers übrig geblieben ist; dieser andere Fetzen allerdings«, der Pointer zitterte den nächsten Kreis um etwas Beigefarbenes, »wurde als Knebel benutzt, um zu verhindern, dass das Opfer um Hilfe rief. Das Interessante: Der beige Stoff stammt von einem T-Shirt, das in der Nähe des Tatorts in einem Müllcontainer gefunden wurde.« Auf dem Bildschirm erschien ein schmutziges T-Shirt, dem ein Ärmel fehlte.

»Kann man das Kleidungsstück einem der Zirkusmitarbeiter zuordnen?«, fragte Dr. Schulz-Bellingröhr.

»Wir haben natürlich alle befragt, aber alle haben vehement verneint«, antwortete Baumgartner. »Zusätzlich haben wir DNA-Proben von jedem Befragten genommen. In ein paar Tagen werden wir also Gewissheit haben.«

Ich schüttelte innerlich den Kopf. Dass einer der Zirkusmitarbeiter hinter den Morden stecken sollte, ergab absolut keinen Sinn. Ich fragte: »Weiß man, wo der Zirkus gastiert hat, bevor er Station in Würzburg machte?«

Baumgartner nickte. »In Belgien, und zwar in genau jenem Teil, den im Augenblick jeder kennt – Wallonien.«

Ein paar Kollegen grinsten. Vor ein paar Tagen war das CETA-Abkommen mit Kanada am Votum dieses Ländchens mit gerade einmal gut drei Millionen Einwohnern vorläufig gescheitert und hatte wieder einmal demonstriert, wie es um die gemeinsamen Interessen und die Handlungsfähigkeit der EU bestellt war. Ein Politiker hatte geunkt, sollten die Wallonen doch noch überredet werden können, könnte vielleicht das Votum des Hintertupfinger Kirchenchors das Handelsabkommen zur Strecke bringen.

Der Zirkus war also aus Belgien gekommen, was eine Beteiligung eines der Mitglieder an den Morden nicht unbedingt wahrscheinlicher machte. Auch wenn die Entfernung zwischen Würzburg und Bamberg mit circa achtzig Kilometern nicht allzu groß war.

Baumgartner klickte zum nächsten Bild: die Vorderseite eines deutschen Reisepasses. Ein weiterer Klick, und wir sahen das Foto eines etwa vierzigjährigen Mannes. Ich musste nicht den Namen unter dem Bild lesen, um zu wissen, um wen es sich dabei handelte. Es war Veith.

»Den Pass haben wir in der Wohnung von Veith Krieger gefunden. Als wir ihn nicht antrafen, haben wir uns Zutritt zu ihr verschafft.« Er klickte sich durch die verschiedenen Seiten des Dokuments, und es war zu sehen, dass es zweimal verlängert worden war. Als wir zu den Visaeinträgen kamen, sagte Baumgartner: »Das hier dürfte vor allem Sie interessieren, Herr Killer.«

Ich hielt die Luft an, während ich die Einträge las. Veith Krieger – Veith, der Krieger, aus meiner alten Clique – war vor vierzehn Tagen aus Südamerika kommend über den Münchner Franz-Josef-Strauß-Flughafen nach Deutschland eingereist. Der vorletzte Reisestempel trug das Datum vom 14. Januar 1995. Laut Ein- und Ausreisedokumentation war Veith einundzwanzig Jahre lang nicht mehr in Deutschland gewesen und hatte Chile – oder zumindest Südamerika – in dieser Zeit auch nicht verlassen.

Ich überlegte laut: »Das ist tatsächlich sehr interessant. Veith Krieger kehrt also nach über zwanzig Jahren aus Chile nach

Deutschland zurück. Just zu dem Zeitpunkt, als eine Mordserie seinen ehemaligen Freundeskreis ausdünnt.«

Die Polizeipräsidentin schaltete sich ein.»Also ist er möglicherweise nicht potenzielles Ziel eines Mordanschlags, sondern selbst Täter respektive Auftraggeber? Wollen Sie das damit sagen?«

»Wir sollten es in Erwägung ziehen«, erwiderte ich.»Vor allem, nachdem die Gegenüberstellung der Mazedonier mit Schäfer nichts gebracht hat.« Ich wandte mich wieder an Baumgartner.»Haben Sie beziehungsweise Ihre Kollegen in der Würzburger Wohnung von Veith Krieger sonst noch etwas Interessantes gefunden? Zum Beispiel Informationen, wann er sie angemietet hat? Das muss ja unmittelbar nach seiner Ankunft in Deutschland geschehen sein.«

Baumgartner schüttelte den Kopf.»Negativ.«

Dr. Herbert schritt auf und ab.»Das heißt, ab sofort schreiben wir Krieger zur Fahndung aus. Herr Hauptkommissar, veranlassen Sie das, bitte.«

»Am besten kümmere ich mich darum«, warf Baumgartner ein.»Über unser Präsidium läuft ja bereits eine Art Fahndung.«

»Auch gut.« Der Oberstaatsanwalt blickte zum Bildschirm, der immer noch das abgerissene T-Shirt zeigte, und dann zu mir.»Herr Killer, bringen Sie uns doch jetzt bitte auf den neuesten Stand Ihrer Ermittlungen.«

Ich erhob mich, lief nach vorn und übernahm von Baumgartner den Laserpointer. Als das Bild der Prinzessin auf dem Bildschirm erschien, ging ein ziemlicher Ruck durch die vornehmend männliche Soko.

Ein Kollege feixte:»Lass mal die Adresse rüberwachsen, Killer. Die Lady würde ich gern befragen.«

Ich wartete, bis das Gelächter verstummt war, und antwortete dann:»Die Adresse lautet: unbekannter Friedhof in Chile.«

Für einen Moment schwiegen alle. Dann fragte Hägar:»Schon wieder Chile?«

»Die Frau auf dem Bild heißt Johanna Kaiser, ist 1985 nach Chile ausgewandert und zehn Jahre später dort gestorben. Offizielle Todesursache: Arbeitsunfall.«

»*So what?*« Waldi legte seine Stirn in Dackelfalten. »Was sollen unsere Fälle mit einer Frau zu tun haben, die seit über zwanzig Jahren tot ist?«

Mir lag die Bemerkung auf der Zunge, dass sie insofern etwas mit ihnen zu tun hatte, als sie unter dem Vornamen Juanita ausgewandert war – dem Namen, den die Briefeschreiberin trug. Stattdessen sagte ich: »Es besteht eine Verbindung zu allen drei Opfern. Sie waren als Jugendliche in ein und derselben Clique. Von ihr sind heute vier Mitglieder tot, drei davon ermordet, und die gleiche Anzahl, also vier, noch am Leben.« Ich zählte auf: »Heidrun Müller wohnt nach wie vor in der Gereuth und bezieht Hartz IV, Matthias Höhnlein sitzt in Ebrach ein, Veith Krieger, der sich in Luft aufgelöst hat, und meine Wenigkeit.« Ich spürte die nachdenklichen Blicke aus der Soko-Runde auf mir ruhen.

Hägar blätterte durch sein Notizbuch, klopfte dann mit dem Finger auf eine Stelle auf einer Seite und sagte: »Der kommt heute raus.«

»Wer?« Ich war nicht der Einzige, der den Faden verloren hatte und Hägar fragend anblickte.

»Höhnlein. Normale Zeit dafür wäre gegen zwölf Uhr dreißig, damit er ein Mittagessen im Bauch hat, bevor er in die große Freiheit entlassen wird.«

Dr. Schulz-Bellingröhr, die bisher neben dem kleinen Tisch mit Schallers Laptop gesessen hatte, stand auf und stöckelte elegant zu uns nach vorn. »Dann sollten wir ihm zumindest ein paar Tage lang Personenschutz geben. Und dieser Heidrun Müller auch. Herr Killer, Sie kennen doch Höhnlein, könnten Sie ihn nicht abholen? Wenn er in seiner aktuellen Unterkunft angekommen ist, melden Sie sich bei uns, und wir schicken einen Kollegen, der die erste Schicht der Überwachung übernimmt.«

Ich nickte. »Kein Problem.«

Der Oberstaatsanwalt hatte scheinbar das Gefühl, dass die Besprechung an ihm vorbeilief, und rückte sich wieder in den Vordergrund. »Also weiter im Takt. Nach wie vor steht Dr. Schäfer auf unserer Liste der Verdächtigen. Erstens wegen seines Bezugs zu Chile und zweitens weil einer der Ermordeten für ihn gearbeitet hat beziehungsweise zwei, berücksichtigt man Ganzmanns freiberuflichen Einsatz für DEIMU.«

»Und weil er möglicherweise von Max Kauder erpresst wurde und damit ein klassisches Tötungsmotiv hat.«

Der Oberstaatsanwalt war nicht amüsiert, dass ihm schon wieder die Schau gestohlen wurde, und blickte mich irritiert an. »Womit wurde er erpresst? Und woher wissen wir das eigentlich?«

»Durch die Befragung einer ehemaligen DEIMU-Sekretärin, die mit Kauder liiert war. Wenn ihre Aussage der Wahrheit entspricht, hat sie Daten kopiert, die beweisen, dass die Firma im Schleusergeschäft tätig war. Eine CD damit hat sie an Kauder weitergegeben, eine zweite liegt bei unserer Präsidentin auf dem Schreibtisch und wartet darauf, ausgewertet zu werden.«

»Wir haben inzwischen auch eine Kopie und sind dran.« Einer der beiden Münchner Kollegen vom K7 war aufgestanden. Er hatte kurze rötliche Haare und ein blasses, beinahe weißes Gesicht. »Bildschirmbräune«, das war der spöttische Ausdruck, den Kollegen gern für den Teint der Computerspezialisten benutzten. Er fuhr fort: »Wir werden noch mindestens eine Woche brauchen, bis wir sämtliches Material in den Fällen gesichtet haben. Momentan sind wir noch damit beschäftigt, Computer und Akten der Firma zu beschlagnahmen. Natürlich werden wir anschließend mit dieser CD beginnen.«

Dr. Herbert streifte mich mit einem tadelnden Blick, der mich wohl ermahnen sollte, in Zukunft so bedeutendes Beweismaterial wie diese CD nicht in einem Nebensatz zu erwähnen, dann wandte er seine Aufmerksamkeit wieder den Münchnern zu. »Suchen Sie nach allem, was Dr. Schäfer oder einen seiner Mitarbeiter in Bezug auf die Mordfälle belasten könnte.«

»Konkret?«

Der Oberstaatsanwalt machte eine ungeduldige Handbewegung. »Was weiß ich – Unterlagen, Aufzeichnungen, Verbindungen zu Handlangern. Genaueres werden wir erst wissen, wenn wir es haben.«

Die Münchner Kollegen nickten äußerlich höflich, aber ihr innerliches Augenrollen war kaum zu übersehen.

Nach einer kurzen Pause, in der sich der Oberstaatsanwalt hoheitsvoll auf seinem Stuhl niederließ, ergriff die Polizeipräsidentin wieder das Wort: »Stichwort: Chile. Sie erinnern sich an die in Spanisch verfassten Briefe, die wir in der Wohnung des ermordeten Max Kauder gefunden haben. Wir wissen zwar nicht, ob sie in direktem Zusammenhang mit unseren Fällen stehen, können es aber nicht ausschließen. Chile taucht jedenfalls so häufig im Umfeld der Mordermittlungen auf, dass wir dieser Spur nachgehen müssen. Wir vermuten, dass die Briefe dort geschrieben wurden.« Dr. Schulz-Bellingröhr wandte sich freundlich lächelnd an eine unscheinbare Mittfünfzigerin in der Runde. »Frau Delgado, vielen Dank für Ihre rasche und gründliche Arbeit. Können Sie für die Kollegen Ihre Auswertung der Übersetzung der Briefe noch einmal zusammenfassen?«

»Sehr gern.« Die Frau hatte eine überraschend feste Stimme mit einem leichten, kaum hörbaren Akzent. »Die Briefe sind in *castellano* verfasst, südamerikanischem Spanisch. Schreiberin ist ein Mädchen oder einer Frau. Sie und der Adressat scheinen in einem Liebesverhältnis miteinander zu stehen, das schließe ich aus den Kosewörtern, die als Anrede gebraucht werden. Circa das erste Dutzend Briefe beschreibt das Leben in einer Art Kommune oder Enklave, die ›*nuevo país*‹ genannt wird, ›neues Land‹. Alle Briefe bis auf den letzten sind mit ›*tu est-*

rella‹, ›dein Stern‹, unterschrieben. Anfangs sind es typische Liebesbriefe. Die Schreiberin berichtet beinahe in Tagebuchform vom Tagesablauf, der in erster Linie aus bäuerlichen Arbeiten auf dem Feld und dem Hof besteht. Es sind sehr idyllische, idealisierende Beschreibungen. Die Briefe handeln auch häufig von Sehnsucht und Vermissen und von der Hoffnung, dass auch er endlich in das ›*nuevo país*‹ kommt.« Die Übersetzerin hielt kurz inne, wie um nachzudenken, kaute dabei auf ihrer Unterlippe und fuhr dann fort: »In einem einzigen Brief wird angedeutet, dass der Adressat möglicherweise in Bamberg wohnt oder wohnte, ansonsten habe ich keine geografischen Angaben gefunden. Weder Anschriften noch Absenderadressen sind vorhanden. Erschreckend ist, wie sich der Inhalt der Briefe nach und nach ändert. Immer häufiger werden Andeutungen gemacht, dass das vermeintliche Paradies vielleicht doch keines ist. Die Schreiberin schildert ein Lager, in dem schreckliche Dinge wie Missbrauch, Vergewaltigung und Folter geschehen, und beschreibt sich als eines der Opfer. Ich will Ihnen die Details ersparen.«

In der Runde ging ein Finger hoch.

»Sie haben eine Frage? Bitte.«

»Dieser Ort, der in den Briefen beschrieben wird, ist er real?«

Dr. Schulz-Bellingröhr tauschte einen Blick mit der Übersetzerin und sagte, als diese nickte: »Wir sind uns ziemlich sicher, dass es sich dabei um die berüchtigte Colonia Dignidad in Chile handelt. Inzwischen ist weitreichend dokumentiert, dass die von Frau Delgado geschilderten Verbrechen dort sowohl vom Pinochet-Regime als auch von Mitgliedern der Sekte oder Organisation begangen wurden, die die Colonia gegründet und verwaltet hat. Viele Deutsche und auch ein paar Bamberger sind dorthin ausgewandert.« Die Präsidentin griff nach einem Blatt, das auf dem Tisch neben Schallers Laptop lag. »Seit heute Morgen wissen wir, dass es sich bei einer dieser Personen um ebenjene Johanna Kaiser handelt, die Kollege

Killer vorhin erwähnte. Ob auch die Mordopfer in Verbindung mit der Colonia standen, ist noch zu klären. Die Anfrage bei den chilenischen Behörden läuft.«

Beinahe wäre ich aufgesprungen, zwang mich aber, ruhig zu bleiben. »Enthält diese Anfrage auch eine nochmalige Untersuchung der Todesursache?«

Dr. Schulz-Bellingröhr schüttelte den Kopf. »Es gab bereits seit Ende der neunziger Jahre umfassende Ermittlungen. Vor allem von deutschen Behörden, schließlich war der Gründer der Colonia ebenso wie viele Mitglieder aus Deutschland. Daher wissen wir, dass es sich bei den meisten sogenannten Toten durch Arbeitsunfälle um getötete Folteropfer handelte.«

»Gibt es eine Möglichkeit, festzustellen, ob Johanna Kaiser die Briefe geschrieben hat?«

»Schwierig. Dafür bräuchten wir handschriftliche Dokumente von ihr zum Vergleich. Ich glaube nicht, dass uns die chilenischen Behörden mit so etwas aushelfen können.«

Wieder entstand eine nachdenkliche Pause, die schließlich von der Übersetzerin beendet wurde. »Am interessantesten und erschütterndsten ist der unterste Brief des Stapels.«

Alle warteten, dass sie weitersprach.

»Er bricht mitten im Satz ab.« Sie nahm einen Ordner, in dem offensichtlich die Übersetzungen der Briefe abgeheftet waren, blätterte ganz nach hinten und las mit leiser Stimme vor: »›Ich will nicht alles beschreiben, was sie tun, vielleicht weil mir dazu die Worte und die Kraft fehlen. Und auch weil du nicht alles wissen sollst. Wenn dieser Brief durch ein Wunder irgendwann einmal in deine Hände gelangt, dann habe ich nur diese eine –‹«

Nun war ich tatsächlich aufgesprungen. »An dieser Stelle hört der Brief auf?«

Die Übersetzerin nickte. »Genau an dieser Stelle.«

Litauische Jungschweine

Nach der Besprechung mit den Soko-Mitgliedern nahm ich einen der Münchner Computerspezialisten zur Seite und bat ihn, einen Blick auf meinen privaten Laptop zu werfen. Äußerlich spielte er in Schallers Liga mit, er war höchstens fünfundzwanzig, mit Tattoos und Piercings übersät und trug Klamotten, die umso mehr kosten, je abgerissener sie aussehen. Mittlerweile hatte ich gelernt, dass hinter der kriegerischen Aufmachung meist ein vollkommen harmloser Mensch steckte, der durchaus professionell agierte, was die Arbeit betraf, aber in Bezug auf die große weite Welt noch etwas orientierungslos war.

»Wie kann ich Ihnen helfen, Herr Hauptkommissar?«, fragte er, als wir an meinem Schreibtisch standen.

»Nicht so förmlich. Ich bin Rod.«

»Okay. Keanu.«

Ich hatte »Kino« verstanden. »Bitte?«

Er buchstabierte. »K-e-a-n-u. Wie der Schauspieler Keanu Reeves.« Er wirkte etwas verlegen. »Meine Mutter stand wohl mal auf den. Der Name ist hawaiianisch und bedeutet ›kühle Brise‹.«

Ich nickte. »Dann haben wir wohl etwas gemeinsam. Meine Eltern hielten es für eine gute Idee, mich Rodney zu nennen.«

»Auch nicht schlecht. Und was genau ist jetzt das Problem mit dem Laptop?«

»Er wurde gehackt. Es geht gar nichts mehr.« Ich demonstrierte meine Aussage, indem ich mehrmals den Einschaltknopf drückte.

»Wie ist das passiert?«

»Ich habe etwa ein Jahr lang auf einer Pokerseite online gespielt. Vor ein paar Tagen hat sich herausgestellt, dass sie manipuliert war. Allerdings äußerst professionell. Es gab eine eigene Bank und viele andere Spieler, die offensichtlich genauso über den Tisch gezogen wurden wie ich.«

Keanus Finger flogen über das Keyboard. Er wirkte äußerst konzentriert. »Muss nicht sein«, sagte er.
»Was?«
»Dass das reale Mitglieder oder Spieler waren. Der oder die Betreiber der Seite haben möglicherweise verschiedene Accounts benutzt, hinter denen ein und dieselbe Identität steckt.«
Ich ließ mir das Gesagte durch den Kopf gehen. Nach allem, was Moneymaker mit mir schon angestellt hatte, lag das durchaus im Bereich des Möglichen. Ich fragte: »Wie konnte er meinen Laptop einfach zerstören?«
Keanu alias Kühle Brise runzelte die Stirn. »Hat dein Rechner, bevor er zerstört wurde, seltsame Dinge gemacht?«
»Zum Beispiel?«
»Hat er stundenlang gerechnet? Das wäre eine Möglichkeit, die Hardware zu zerstören. Der Hacker lässt die Festplatte so lange rechnen, bis sie heiß läuft und sich verabschiedet. Aber das merkt der Betroffene eigentlich daran, dass schon währenddessen nichts mehr geht.«
Ich verneinte. »Es war alles normal, bis der Bildschirm zuerst virtuell explodierte und dann schwarz wurde.«
»Das Ganze könnte auch passiert sein, nachdem der Bildschirm schwarz wurde.« Keanus Finger schwebten jetzt still über der Tastatur. Über den Bildschirm liefen plötzlich schier endlose Zahlen, die abrupt stoppten, als das Fenster aufploppte: »Windows normal starten?« »Der Typ hat einen stinknormalen Trojaner verwendet«, erklärte Keanu, und seine Finger tanzten wieder über die Tasten. Mein alter Desktopbildschirm baute sich vor mir auf. »Jetzt musst du nur noch den Virus eliminieren.«
»Aha. Und wie mache ich das?«
»Zuerst musst du den Laptop vom Internet nehmen und alle wichtigen Dateien auf eine externe Festplatte kopieren. Bitte nur, was wirklich unersetzbar ist, denn alles könnte Schadsoftware enthalten. Dann würde ich Windows plattmachen und

mich um ein neues Betriebssystem kümmern. Danach dürfte die Schadsoftware eliminiert sein. Kriegst du das allein hin?«

»Ich denke schon. Gibt es irgendeine Möglichkeit, herauszufinden, wer dahintersteckt?«

Keanu spielte an seinem Lippenpiercing herum. »Eher nicht. Dafür bräuchten wir die IP, aber welcher Hacker ist so blöd, die nicht zu verschlüsseln? Wie ist die Adresse der Pokerseite?«

Ich nannte sie ihm, und er tippte sie ein. Ihm wurde das gleiche Ergebnis wie mir zuvor präsentiert. Keanu nickte. »Das war klar. Ein Profi. Er hat alles gelöscht. An den kommen wir nicht ran.«

»Habt ihr nicht so eine Software, mit der man so ziemlich alles wiederherstellen kann, was verloren gegangen ist?«

Keanu taxierte den Bildschirm. »Deiner Beschreibung nach ist der Typ ein Vollprofi. Selbst wenn wir die IP hätten, würde sich bestimmt herausstellen, dass er schon lange nicht mehr unter dieser Adresse zu finden ist.«

Natürlich hätte ich gern gewusst, wer mich so vernichtend aufs Kreuz gelegt hatte, aber Kühle Brise hatte vermutlich recht. Manchmal musste man sich einfach mit den Tatsachen abfinden. Ich klappte den Laptop zu und bedankte mich. Kurz nach Keanu verließ auch ich das Präsidium.

Draußen war es nasskalt. Der Novembernebel drückte wie eine düstere graue Masse auf die Stadt. Die Straßen glänzten feucht. Mit hochgezogenem Kragen hastete ich zum Station Wagon. Ich musste mich beeilen. Matze wurde um zwölf Uhr dreißig aus der JVA Ebrach entlassen, in weniger als einer halben Stunde. Wenn alles glattging, wäre ich gerade noch pünktlich dort.

Ich war auf der Südtangente und fuhr auf der Brücke über die Regnitz, als mein Handy brummte. Ich schielte nach der Nummer auf dem Display: das Altenheim. Ich nahm ab, und sofort brach ein Sturm in bruchstückhaftem Deutsch über mich herein, aus dem ich Wörter wie »schlimm«, »Schweine« und »Schule« herauszuhören glaubte, die für mich keinen Sinn ergaben. Aber da die Frau am anderen Ende der Leitung sehr dramatisch klang, pflanzte ich das Blaulicht aufs Dach, legte den Kipphebel um und setzte den Blinker. Der V8 brüllte auf, als ich das Gaspedal durchdrückte und mit hundertdreißig Sachen den Berg hinauf in Richtung Kaulberg schoss. Trotz kreischender Sirene und Blaulicht ging auf Höhe der Oberen Pfarre gar nichts. Im engen Durchgang der Schranne steckten zwei Linienbusse fest, die weder vor- noch zurückkamen, weil sich hinter ihnen immer mehr Autos stauten, deren Fahrer der Meinung waren, das Problem durch permanentes Hupen lösen zu können. Schließlich gelang es mir, den Station Wagon durch eine sich kurzzeitig auftuende Lücke zu pfriemeln und, sehr zur Freude einer chinesischen Touristengruppe, über den Bürgersteig der Schranne Richtung Obere Brücke zu lenken. Wo sich die Straße teilte, entschied ich mich für die Untere Brücke, fuhr durch den Torbogen des historischen Rathauses und musste mich danach in der Einbahnstraße noch bis zum Schönleinsplatz durch den Strom der mir entgegenkommenden Fahrzeuge kämpfen.

Als ich endlich in die Ottostraße einbog, erschrak ich zunächst über die beiden Feuerwehrwagen, die mit kreisendem Blaulicht auf der Straße standen. War im Heim ein Feuer ausgebrochen? Bilder von panischen Pflegerinnen und hilflosen alten Menschen, im Chaos von Flammen und Rauch gefangen, schossen mir durch den Kopf. Ich hielt an und sprang aus dem Wagen. Nirgendwo waren Anzeichen eines Brandes zu sehen. Ich sog die Luft ein, sie roch feucht, nach kaltem Regen und altem Laub. Dann entdeckte ich einen Sattelschlepper mit litauischem Kennzeichen mitten auf der Straße vor dem Otto-Heim und eine schmale, auf einen Rollator gestützte Gestalt, die recht zufrieden auf die offene Ladefläche blickte. Mutter. Feuerwehrleute rannten über den Hof des Heims in Richtung Hainschule. Brannte es vielleicht dort? Aber warum parkten die Einsatzwagen dann nicht auf dem Schulhof? Ich ging ein paar Schritte, um einen Blick auf den Hof zu werfen. Kinder tobten herum und schrien. Sie schienen jede Menge Spaß zu haben. Zwischen ihnen rannten Schweine herum! Quiekende, rosafarbene Ferkel.

Es dauerte eine Weile, bis ich das ganze Schlamassel erfasst hatte. Die Ferkel waren offensichtlich die Ladung des litauischen Lasters gewesen, hatten es geschafft zu entkommen und waren über den Hof des Otto-Heims durch das offen stehende Türchen hinter dem Brunnen auf den Pausenhof der Hainschule gerannt. Das Bild der nach Ferkeln hechtenden Feuerwehrleute, das sich mir inzwischen bot, ließ mich grinsen, doch noch zufriedener wirkte Mutter.

Ich stellte mich neben sie. »Hallo, Mutter. Ein schönes Schauspiel, was? Ferkel, die Kinder und die Feuerwehr.«

Mutter beobachtete so konzentriert das Geschehen wie ein Trainer das Spiel seiner Mannschaft. In ihrer Stimme lag leise Verachtung. »Onkel Hans würde sich nicht so dumm anstellen.«

Onkel Hans war einer der letzten hellen Sterne in der erlöschenden Galaxie ihrer Erinnerungen. Wie immer erzählte sie das Ende der Geschichte: »Das durchgegangene Pferd galoppierte die Straße hinunter. Niemand konnte es einfangen. Es war zu wild. Aber Onkel Hans hat sich einfach auf die Straße gestellt, die Arme ausgebreitet und den Gaul mit festem Blick angesehen. Ein riesiges schwarzes, wild gewordenes Tier.« Mutter machte eine dramatische Pause und rollte mit den Augen. Sie war so lebendig und froh wie schon seit einer Ewigkeit nicht mehr.

Natürlich kannte ich den Ausgang der Geschichte, ich hatte sie schon hundertmal gehört. Trotzdem fragte ich: »Und das Pferd? Hat es angehalten? Hat es sich fangen und in den Stall zurückbringen lassen?«

Mutter blickte mich wie eine strenge Lehrerin einen besonders begriffsstutzigen Schüler von unten an. Sie schüttelte den

Kopf. »Da ist doch kein Pferd, das sind Ferkel! Wie dumm kann man nur sein?«

Ein Streifenwagen mit Blaulicht bog in die Ottostraße ein und parkte hinter dem Station Wagon. Die Beamten stiegen aus und kamen zu uns herüber. Der größere der beiden tippte sich an die Kappe und grüßte verwundert: »Herr Hauptkommissar? Wir dachten, es ginge um Schweine?«

Ich wollte gerade antworten, als ein Mann auf uns zurannte und sofort begann, in einer kaum verständlichen Mischung aus Englisch, Deutsch und noch einer anderen Sprache zu radebrechen. Er war klein und kräftig, trug zerschlissene Jeans und eine abgewetzte Lederjacke. Seine aufgerissenen Augen lagen in dunklen Höhlen, schwarze Bartstoppeln wucherten wie die Stacheln eines Seeigels auf seinem Doppelkinn und den Wangen. Mit wütendem Blick deutete er immer wieder auf Mutter. Er kam so in Fahrt, dass ich schließlich die Hand hob.

»Stopp«, sagte ich. »Noch mal langsam. Was genau ist passiert?«

Nachdem der Mann sich einigermaßen beruhigt hatte, konnte ich das ausgespuckte Knäuel aus englischen, deutschen und vermutlich litauischen Wörtern so weit entwirren, dass es einen Sinn ergab, der sich in etwa so darstellte: Das – wahrscheinlich uralte – Navi des Litauers hatte ihn in die Ottostraße gelotst, wieso, war nicht nachzuvollziehen, denn das eigentliche Ziel der Reise war ein Schweinemastbetrieb in der Nähe von Lichtenfels. Als der Mann ausgestiegen war, um im Heim nach dem Weg zu fragen, war offensichtlich Mutter auf den Plan getreten. Wie sie es geschafft hatte, die Tür zur Ladefläche zu öffnen, würde wohl immer ihr Geheimnis bleiben, fest stand nur, dass sie es bewerkstelligt hatte. Das Ergebnis der Befreiungsaktion von, laut dem inzwischen wieder wild gestikulierenden Litauer, exakt vierundachtzig Ferkeln war immer noch auf dem Pausenhof der Hainschule zu bewundern.

Dort war das Chaos nicht kleiner, sondern eher größer ge-

worden. Inzwischen genossen auch die beiden Kollegen von der Streife feixend das Schauspiel.
Ich wies sie an: »Nicht dastehen und grinsen. Einfangen. Auf geht's.«

Es nutzte wenig, dass ich vor der Heimleitung argumentierte, das Ferkeldesaster sei nicht von meiner Mutter, sondern von einem altertümlichen litauischen Navigationsgerät verursacht worden. Eine gekaperte Regnitzfähre und ein Saufgelage mit japanischen Touristen innerhalb von nur einer Woche seien definitiv schon zu viel des Guten gewesen – aber die Befreiungsaktion von vierundachtzig baltischen Jungschweinen, die immer noch zwei komplette Feuerwehrmannschaften, nicht zu vergessen die beiden Streifenpolizisten, in Atem hielten, habe das Fass nun endgültig zum Überlaufen gebracht. Ich hätte noch genau vierundzwanzig Stunden Zeit, mir eine Lösung zu überlegen, würde mir nichts Praktikables einfallen, werde man Mutter tatsächlich in die geschlossene Abteilung überstellen, aus, basta. Und ja, man wisse, dass ich Hauptkommissar bei der Bamberger Polizei sei, aber das eine habe mit dem anderen nichts zu tun.

Mein nächstes Problem wurde mir klar, als ich die quiekenden Ferkel, schreienden Schulkinder und hechtenden Beamten hinter mir gelassen hatte und den Station Wagon wendete, um nach Ebrach zu fahren und Matze abzuholen. Ich schaute auf die Uhr und wusste, dass ich mindestens eine halbe Stunde zu spät dran war. Ich griff nach meinem Handy, suchte die Nummer der JVA und wählte sie in der Hoffnung, die Entlassung hätte sich verzögert. Es klingelte dreimal, dann wurde abgenommen.

»Justizvollzugsanstalt Ebrach, Sie sprechen mit Herrn Höhrer«, sagte eine Stimme, die von der Stimmlage her auch zu einer Frau hätte gehören können. »Was kann ich für Sie tun?«

Herr Höhrer sächselte gewaltig, und ich überlegte, ob er nicht in Wirklichkeit Hohrer hieß. Ich sagte: »Hauptkommissar Killer, Mordkommission Bamberg. Ich soll einen Häftling, der heute entlassen wird, abholen. Matthias Höhnlein. Er bekommt Personenschutz von uns.«

Die sächsische Zwitterstimme antwortete: »Matthias Höhnlein? Der Personenschützer war schon da und hat ihn mitgenommen. Ist noch keine fünf Minuten her. Aber warten Sie mal ...« Nach einer kurzen Pause war Höhrer wieder dran. »Ich hab gerade aus dem Fenster geschaut. Die beiden sind noch da. Schicke Karre, ein 911er Porsche. Halt – jetzt fahren sie los.«

»Das Kennzeichen?«, fragte ich hektisch. »Schnell, bevor sie weg sind.«

»Zu spät. Konnte ich nicht richtig sehen, weil der mit Kavalierstart losgefahren ist. Vielleicht WÜ für Würzburg, bin mir aber nicht sicher.«

»Wie sah der Mann aus?«

»Höhnlein? Den haben Sie doch in der Kartei.«

»Nicht Höhnlein. Der, der ihn abgeholt hat.«

»Keine Ahnung. Entlassungen macht der Kollege.«

»Kann ich den mal sprechen?«

»Der ist gerade in die Mittagspause. Kommt um vierzehn Uhr wieder. Geben Sie mir Ihre Nummer, dann ruft er Sie zurück.«

Ich fluche innerlich, nannte ihm meine Handynummer, bedankte mich höflich und legte auf. Dann überlegte ich. Wer hatte Matze abgeholt? Einer seiner alten Kumpel oder Knastbekanntschaften? Veith, der Krieger? Der Mörder? Und wohin fuhren sie? Matzes offizieller Wohnsitz war laut Register die Nürnberger Straße, Hausnummer 58. Hinter mir hupte es, weil ich mitten auf der Hainstraße zum Telefonieren angehalten hatte. Ich entschied mich, zu Matzes Wohnung zu fahren, um dort auf ihn und seinen Begleiter zu warten, und setzte den Blinker.

Seit einer halben Stunde stand ich in der Nürnberger Straße und wollte mich gerade wieder auf den Weg machen, als mein Handy auf der Ablage brummte. Ich ging ran.

»Hallo, Killer. Na, wie geht's, wie steht's?«
Die Stimme am anderen Ende kam mir bekannt vor. Ich sagte: »Hallo«, und wartete.
»Weißt du, wer ich bin?«
»Warum sagen Sie es mir nicht einfach? Und wie kommen Sie an meine Nummer?«
»Ich habe alles von dir, Killer. Nummern, Kontakte, Passwörter, Kontostand – der ist übrigens wirklich besorgniserregend. Und bitte nicht so förmlich, wir duzen uns doch. Seit einer Ewigkeit schon.«
Moneymaker! Er wollte also weiter seine Spielchen mit mir treiben. Meine Nackenhaare sträubten sich, und mit einem Mal spürte ich das Adrenalin des Jägers durch meine Adern pumpen. Er rief mich an, war nicht mehr virtuell, sondern real! Ich sagte betont cool: »Moneymaker. Was gibt's?«
Moneymaker lachte. »Moneymaker. Genau der bin ich. Aber natürlich auch noch ein anderer. Du willst bestimmt herausfinden, wer?«
Ich seufzte so, dass er es hören musste. »Können wir vielleicht mal zur Sache kommen?«
Moneymaker kicherte. »Zur Sache, Schätzchen? Na, dann mal los. Wo bist du gerade?«
»Welche Rolle spielt das?«
»Na ja, um abzuschätzen, wie schnell du hier sein kannst. Ich habe nämlich eine Überraschung für dich.«
Es wurde immer skurriler. Ich sagte: »Ich bin in der Nürnberger Straße.«
»Hervorragend, dann kannst du ja beinahe zu Fuß gehen. Nein, komm lieber mit dem Wagen, das geht doch ein bisschen schneller. Die folgende Frage ist rhetorischer Natur: Kennst du noch den Platz hinter der Galgenfuhr? Schöne Metapher übrigens.«
Mir wurde heiß und kalt. Ich wusste genau, welchen Ort er meinte, fragte aber trotzdem: »Welchen Platz?«
Moneymaker schwieg einen Moment lang, dann ertönte

wieder sein leises Lachen. »Die Mulde zwischen den Holunderbüschen, in der noch immer ein alter, abgefackelter Kadett steht.«

Jetzt gab es keinen Zweifel mehr. Es war Veith. Veith, der Krieger.

Vom Wagen aus wählte ich Waldis Nummer. Er ging gleich ran, war aber kaum zu verstehen. Im Hintergrund heulten Krankenwagen- und Feuerwehrsirenen, weil sie auf dem Weg von der Mittagspause zurück zum Präsidium in einen Unfall auf dem Berliner Ring geraten waren. »Ich fahre jetzt gleich zur Galgenfuhr!«, schrie ich. »Und zwar bis zum Ende. Dort will mich Veith Krieger treffen, er hat mich gerade angerufen. Ich brauche dich und Heinrichsmeier zur Sicherheit und werde gleich noch im Präsidium anrufen, um Verstärkung anzufordern.« Waldi schien nicht zu kapieren, ich musste alles fünfmal wiederholen.

Schließlich schrie er zurück: »Killer, du machst jetzt keinen Alleingang – du wartest, bis wir da sind, kapiert?«

Ich schrie: »Ja!«, startete den Station Wagon und forderte zwei Streifen an. Ich hatte nicht die Geduld, zu warten. Ich musste sofort wissen, was los war.

Natürlich hätte ich den Weg auch blind noch gefunden. Während ich im Schritttempo über die ausgeschwemmten Löcher und Mulden des Feldwegs schaukelte, rasten wieder einmal die Gedanken durch meinen Kopf. Veith. Veith Krieger mit dem übergroßen Gerechtigkeitssinn. Der hinter Moneymaker steckte. Und der, ich wurde mir immer sicherer, auch ein dreifacher Mörder war.

Die Galgenfuhr. Mein ehemaliger geheimer Rückzugsort. Es mussten beinahe dreißig Jahre verstrichen sein, seit ich zum letzten Mal hier gewesen war.

Kurz bevor der Weg an der Böschung oberhalb der Mulde eine scharfe Biegung machte, bremste ich abrupt. Vor mir stand ein schwarzer Porsche 911. Ich rief noch einmal im Präsidium an und gab das Würzburger Kennzeichen durch mit der Bitte, den Eigentümer zu identifizieren.

Ich lief um den Porsche herum und kletterte auf die Böschung. Der Nebel hing tief, und es war totenstill. Die verkohlte Karosse des Kadetts, den ich vor dreißig Jahren in Brand gesteckt hatte, lag unter mir. Bewegte sich da etwas? Ich blickte mich um. Nein, nichts. Langsam näherte ich mich dem Autowrack, blieb dann stehen und lauschte. Ich konnte ein dumpfes unterdrücktes Geräusch wahrnehmen. Es kam vom Kadett. Mit ein paar raschen Schritten war ich auf der Fahrerseite. Jemand hockte gefesselt und geknebelt auf dem Sitz. Matze! Ich sah in seine weit aufgerissenen Augen.

In diesem Augenblick schoss mir ein heißer Schmerz ins Genick und breitete sich wie eine brennende, pulsierende Welle in meinem Körper aus. Mir wurde schwarz vor Augen.

So langsam wie möglich

Nach und nach kam ich wieder zu mir, nahm aber meine Umgebung nur verzerrt wahr. Ich spürte, wie ich über den Boden geschleift wurde, aber ich war nicht in der Lage, mich zur Wehr zu setzen. Alles an mir war wie gelähmt, und meine Sicht war verschleiert, als hätte man mir Milch über die Augen gegossen. Mein Nacken brannte, ich fühlte mich wie zerschlagen. Jetzt wurde ich in eine sitzende Position gebracht, etwas Hartes kollidierte mit meinem Rücken, dann wurden meine Hände nach hinten gezogen und fixiert. Eine verschwommene Gestalt stand über mir.

Erst allmählich konnte ich mich wieder bewegen. Als auch meine Sicht wieder besser wurde, war die Person verschwunden. Ich versuchte nachzudenken, aber mein Herz raste, und das Blut hämmerte hinter meinen Schläfen. Ich hockte mit dem

Rücken an einen dünnen Baumstamm gelehnt auf dem Boden, konnte meine Hände kaum bewegen. Ich ruckte sie hin und her, bis mir die Ränder der Fesseln tief ins Fleisch schnitten. Ich hatte keine Chance, mich zu befreien. Noch immer schlug mein Herz wie ein Dampfhammer in der Brust.

Ich bemühte mich, ruhig zu werden und zu begreifen, was geschehen war. Die Gestalt, die immer noch aus meinem Blickfeld verschwunden war, hatte mich in eine Falle gelockt und vermutlich mit einem Elektroschocker betäubt. Veith, der Krieger. Aber warum bestellte er mich hierher, setzte mich außer Gefecht und fesselte mich? Ich litt immer noch höllische Schmerzen, aber wenigstens arbeitete mein Verstand wieder reibungslos. Ich verspürte keine Angst, war eher ratlos.

Plötzlich hörte ich, wie ein paar Meter hinter mir ein Kofferraum zugeschlagen wurde, dann ertönten leise, schleifende Schritte. Ich drehte den Kopf und folgte mit den Augen dem Mann, der auf mich zukam, vor mir stehen blieb und einen Benzinkanister abstellte. Er war mittelgroß und trug einen schwarzen Anzug mit weißem Hemd und dunkelblauer Krawatte. Der vornehme Aufzug wirkte an diesem Ort völlig absurd. Die grauen Augen waren müde, das markante Gesicht war tief zerfurcht und erschien viel älter, als es tatsächlich war. Trotz der Veränderungen, ja Zerstörungen, die dreißig vergangene Jahre hinterlassen hatten, erkannte ich den Mann sofort wieder. Ich sah zu ihm hoch und sagte: »Veith – der Krieger?«

Er bleckte die Zähne zu einem Grinsen. »Du kannst mich auch Moneymaker nennen.«

Obwohl jede Bewegung wehtat, schüttelte ich den Kopf: »Was soll das alles?«

Er nahm den Benzinkanister wieder auf. »Du wirst gleich ein schönes Schauspiel erleben.« Er drehte sich um und kletterte die Böschung hinunter. Als er den Kadett erreicht hatte, hörte ich aus dem ausgebrannten Wrack wieder das dumpfe, vom Knebel gedämpfte Brummen. Veith öffnete den Kanister und kippte einen Teil des Inhalts mit gründlicher Langsamkeit über das Dach und in den Innenraum. Die unterdrückten Rufe wurde lauter, Matze ruckte wild hin und her, und der Kadett bebte, als würde er von innen durchgerüttelt.

Ich schrie: »Veith, was soll das? Hör auf!« Beinahe hätte ich hinzugefügt, dass meine Kollegen gleich eintreffen würden, aber etwas hielt mich davon ab.

Mein alter Kumpel stellte den Kanister neben den Kadett und kletterte wieder zu mir hoch. Ich blickte in sein gezeichnetes Gesicht, das für einen Augenblick verschwamm. Ich sah wieder Veith, den Krieger, aus meiner alten Clique vor mir, den Veith mit den weichen, beinahe mädchenhaften Zügen, in die sich nur harte Linien gruben, wenn er etwas sah, das in seinen Augen Unrecht war – etwa wenn Hansi ein Insekt quälte. Das Gesicht verwandelte sich wieder zurück, und an die Stelle des früheren Mitgefühls trat verbitterte Härte.

»Keine Sorge.« Veiths Stimme klang wie aus weiter Ferne. »Dir wird nichts passieren. Ich will nur, dass du zusiehst.«

»Wobei?«

Er hockte sich neben mich auf die Fersen und blickte hinunter zum Wrack. »Was so ein Feuer anrichten kann.«

»Warum?«

»Das weißt du genau. Du hast damals den Kadett abgefackelt. Mit mir und der Prinzessin drin. Und dann bist du weggerannt.«

»Ich hatte doch keine –«

Veith legte eine Hand auf meine Schulter. »Egal. Es ist so, wie es ist. Und jetzt wirst du zusehen müssen, was passiert.«

Ich zerrte wieder an meiner Handfessel. »Aber da ist doch Matze drin!«

»Natürlich, sonst würde es ja keinen Sinn ergeben.«

»Du hast die anderen umgebracht und willst jetzt auch noch Matze töten!«, schrie ich. »Warum?«

Veith wippte auf den Fersen ganz leicht vor und zurück. Seine Hand ruhte immer noch auf meiner Schulter. »Du willst mir weismachen, dass du das nicht verstehst? Tu doch nicht so. Ihr alle habt die Prinzessin auf dem Gewissen.«

»Was meinst du damit?«

Veith sprach ruhig und freundlich: »Heidi und du, ihr habt nur zugesehen. Deshalb werde ich euch auch am Leben lassen. Außerdem hat sich Heidi eh schon beinahe zu Tode gesoffen, und du bist auch am Ende. Deine Spielsucht hat dich ruiniert, ich habe nur ein bisschen nachgeholfen.« Er lachte. »Die Coins für das Spiel hast du von mir gekauft, das Geld ging direkt auf mein Konto. Vielen Dank auch dafür.«

»Was redest du da: Wir hätten die Prinzessin auf dem Gewissen? Das ist Blödsinn. Sie ist in Chile gestorben, bei einem Arbeitsunfall.«

»Ist sie nicht.« Veiths Finger krallten sich in meine Schulter. »Sie ist gestorben, weil Max, Hansi, Fritz und Matze sie vergewaltigt haben. Im Pavillon. Im Hain. Matze war der Anführer. Deshalb hockt er jetzt da unten und kommt als Letzter dran. Zu viert haben sie sich über sie hergemacht. Ich wollte ihr helfen, aber Matze hat mich niedergeschlagen. Als ich das Bewusstsein wiedererlangt habe, war alles schon vorbei. Keiner war mehr da. Ich habe sie geliebt, verstehst du? Und ich musste zusehen. Kurz jedenfalls.«

Wieder zerrte ich an der Fessel. Wo blieben nur Waldi und Heinrichsmeier? Sie müssten doch längst hier sein und dem Wahnsinn ein Ende bereiten. »Ich habe von all dem nichts mitbekommen! Ich war so betrunken, dass ich eine Zeit lang weggetreten war.«

Veith nahm die Hand von meiner Schulter. »Vergiss es, Rod. Wie gesagt, es ist, wie es ist.«

»Nein.« Ich spürte die Wut und die Verzweiflung, die mich immer mehr vereinnahmte. Dieser Irre würde seine Drohung wahr machen, sollte nicht rasch Hilfe eintreffen! Er würde Matze in dem alten Kadett bei lebendigem Leib verbrennen. Wie ein Verrückter riss ich an dem Kabelbinder, der meine Handgelenke umschloss, und schrie: »Die waren doch alle betrunken, und die Prinzessin hat sie verspottet und bis aufs Blut gereizt. Du kannst doch jetzt nicht –«

»Schrei nicht so. Und doch. Kann ich. Ich muss es sogar. So etwas kann man nicht einfach vergessen. Genau das ist das Problem unserer Gesellschaft. Menschen werden missbraucht, aber niemand unternimmt etwas dagegen.«

Ich blickte in Veiths Gesicht, sah diese unheimliche Ruhe und Entschlossenheit, die er ausstrahlte, und wurde immer verzweifelter. Ich musste Zeit gewinnen und erinnerte mich an die alte Regel, die man schon als Polizeianwärter lernt: Wenn von jemandem eine Bedrohung ausgeht, versuche, ihn in ein Gespräch zu verwickeln. Bringe ihn dazu, dass er redet! So ruhig wie möglich sagte ich: »Veith, wir waren Freunde. Du warst immer auf der Seite der Guten. Erinnerst du dich, wie du Hansi die Wespen und Hornissen weggenommen hast, weil er sie quälte? Und wie du Fritz vor dem Bären gerettet hast? Jetzt hast du einen Mörder angeheuert und selbst einen Menschen gequält und umgebracht. Warum hast du die Seiten gewechselt? Erklär's mir.«

Veith hielt den Blick weiterhin auf das diffuse Novembergrau gerichtet. Er antwortete, ohne den Kopf zu drehen: »Netter Versuch, Killer, aber du wirst mich nicht davon abhalten, die Sache zu Ende zu bringen. Die Vergewaltigungen waren der Anfang vom Ende. Sie waren der Grund, warum Johanna nach Chile zurückgegangen ist, wo sie und ihre Familie ursprünglich herkamen. Ihre Eltern wollten, dass sie das alles vergessen kann. Deshalb musste sie gehen. Sie hatten ja keine Ahnung, dass sie damit ihre Tochter in die Hölle schickten. Das war die Colonia am Ende nämlich, die Hölle. Johanna wurde dort missbraucht und gefoltert. Und ich saß hier und erfuhr alles aus ihren Briefen.« Er lachte hämisch oder bitter, das war nicht ganz klar. »Ich habe extra Spanisch gelernt, damit sie mir auf Spanisch schreiben konnte.« Veith geriet regelrecht ins Schwärmen, und seine Augen glänzten seltsam. »Hat sie in deiner Gegenwart je Spanisch gesprochen? Ich habe nie etwas Wunderbareres gehört.«

Nein, das hatte sie nicht. Es hatte trotz des Nachnamens das Gerücht gegeben, ihre Eltern seien Spanier gewesen, aber in der Clique hatte die Prinzessin immer Deutsch geredet. Doch etwas passte nicht an seiner Erzählung. Ich sagte: »Wir haben die Briefe bei Max in der Wohnung gefunden.«
Veith nickte ganz ruhig. »Das war ich.«
»Das verstehe ich nicht.«
»Psychologie ist nicht deine Stärke, oder? Ich habe mir Zutritt zu seiner Wohnung verschafft, ihm die Briefe hingelegt und dazugeschrieben, es sei seine Schuld und er werde dafür büßen. Ich glaube nicht, dass er Spanisch konnte, aber das musste er auch nicht. Hauptsache, die Briefe verunsicherten ihn. Er sollte wissen, dass etwas im Verborgenen lauerte. Entscheidend war, dass er ahnte, dass die Vergangenheit ihn einholen würde. Der Tod an sich ist nichts Schlimmes, es ist die Angst davor, das Wissen, dass man sterben wird. Dann kreisen alle Gedanken nur noch darum, und die Angst wird immer größer, bis man nur noch ein jämmerliches zitterndes Bündel ist, das sich in die Hosen scheißt.« Veith nickte nach unten zum Wrack des Kadetts. »So geht es Matze gerade. Er weiß, dass er bald sterben wird, und er weiß, wie. Nicht der Tod ist seine Strafe, sondern der Weg dorthin. Oder was meinst du, warum ich hier sitze und dir in aller Seelenruhe alles erkläre? Ich will nicht, dass es schnell vorbei ist. Ich will, dass es so langsam wie möglich geht.«

Wo verdammt blieben die Kollegen? Wieder entwich mir ein Schrei: »Veith, du spinnst! Du bist doch total verrückt!«

»Das reicht jetzt.« Mit einer raschen Bewegung riss er ein Stück Klebeband von der Rolle, die er aus der Hosentasche gezogen hatte, und klebte es mir über den Mund. Dann lächelte er zufrieden. »So kannst du auch besser zuhören. Also, wo waren wir stehen geblieben? Richtig. Es soll so lange wie möglich dauern. Ich glaube, Max hat beinahe eine Stunde durchgehalten, bevor er sich selbst erwürgt hat. Hansi war ein wenig enttäuschend, bei ihm ging es viel zu schnell. Aber vielleicht war auch nur einfach das Wasser zu kalt. Fritzchen durfte ein wenig schneller sterben, weil er Mitläufer war. Ich glaube, er hat nur mitgemacht, damit ihr ihn endlich für voll nehmt.« Sein Lächeln wurde diabolisch. »Und einem Löwen kann man sowieso schlecht erklären, dass er langsam fressen soll.«

Benzin

Wieder zerrte ich an den Fesseln, die keinen Zentimeter nachgaben. Ich begriff nicht, warum Waldi, Heinrichsmeier oder die Verstärkung immer noch nicht hier waren, und spürte, wie meine Verzweiflung wuchs.

Veith hockte neben mir und redete weiter, als führten wir ein harmloses Gespräch unter Freunden, als ginge es nicht um Folter und Mord. »Johanna musste unendlich leiden, und ihr habt ihr dieses Leiden verursacht, weil ihr sie erst gequält und dadurch in diese Kolonie getrieben habt. Ich mache mir die größten Vorwürfe, dass ich nicht rechtzeitig in Chile eintraf, um sie zu retten, aber ich hatte das Geld für das Ticket nicht. Doch ich habe versprochen, dass alle dafür bezahlen, die für ihr Leiden und ihren Tod verantwortlich sind, und Versprechen muss man halten. Und weißt du noch etwas?«

Veith sah mich an, als erwartete er eine Antwort. Ich erwiderte seinen Blick, bevor ich durch Matzes erneute dumpfe Hilferufe abgelenkt wurde.

Veith registrierte zufrieden, wie das Wrack schaukelte, und fuhr dann fort: »Es ist doch Ironie des Schicksals, dass Max immer wieder in Chile war. Sogar in der Colonia. Dieser Schäfer ist ein Schwein, ein Menschenhändler, und Max hat für ihn gearbeitet. Er wollte mir doch tatsächlich weismachen, nichts von den Folterlagern mitbekommen zu haben. Ich habe ihn ausgelacht. Natürlich wusste er, was dort abging. Und bestimmt auch, dass Johanna unter den Opfern war. Jeder von uns wusste das.«

Wäre mein Mund nicht mit dem Tape überklebt gewesen, hätte ich Veith erklären wollen, bis vor Kurzem keine Ahnung davon gehabt zu haben. Außerdem hätte ich ihn gefragt, warum er erst jetzt, beinahe dreißig Jahre nach den Geschehnissen, als Rächer auftrat. Aber er schien nicht nur komplett wahnsinnig geworden zu sein, sondern auch in der Lage, Gedanken zu lesen.

»Natürlich wirst du dich wundern, warum ich jetzt erst hier auftauche. Ganz einfach. Ich wurde leider dabei erwischt, wie ich die Folterknechte bestraft habe. Glaub mir, ein chilenisches Gefängnis ist kein besonders schöner Ort. Vor allem dann nicht, wenn man nur darauf wartet, endlich auch an den anderen Schuldigen Vergeltung üben zu können. Sei's drum, das Warten hat sich gelohnt.«

Ich fürchtete schon, er würde jetzt aufhören zu reden, und überlegte verzweifelt, wie ich Matze noch helfen könnte. Aber ich musste mir eingestehen, dass ich keine Chance hatte, mich selbst zu befreien. Ich war auf die Hilfe der Kollegen angewiesen. Würden sie nicht bald eintreffen, so war ich mir sicher, würde er auch mich, den Zeugen, umbringen. Er musste es tun, um ungeschoren davonzukommen. Mir blieb nur noch die winzige Hoffnung, dass in der Zwischenzeit genug von dem Benzin verdunstet war und der alte Kadett kein Feuer fing.

»Matze!«, rief Veith jetzt, beinahe fröhlich. »Bist du so weit? Gleich geht es los, du musst nur noch einen Augenblick Geduld haben.«

Der Kadett schwankte noch stärker hin und her. Matze zerrte wie ein Irrer an den Fesseln, aber natürlich vergeblich.

Veith wandte sich wieder mir zu. »Ich geh jetzt besser zu ihm. Du kannst auch alles gut sehen, ja?« Er stand auf, kletterte die Böschung hinunter und schlenderte mit den Händen in den Taschen zum Kadett, als würde er einen Spaziergang machen. Er beugte sich kurz zum Seitenfenster und sagte etwas zu Matze, das ich nicht verstehen konnte. Aber Matzes Reaktion war eindeutig: Er tobte so stark, dass ich für einen Moment sogar in Erwägung zog, er könnte es schaffen, sich zu befreien.

Veith stemmte den Kanister über den Kopf, goss wieder Benzin über das Autodach und in den Innenraum. Dann hielt er plötzlich inne. Er hob den Kopf und witterte wie ein Tier. Endlich hörte ich es auch. Ein Motorengeräusch. Zunächst nur sehr leise, aber es wurde kontinuierlich lauter.

Am Ende der Galgenfuhr

Inzwischen war nicht nur der Motor, sondern auch das Wummern des Fahrzeugs zu hören, das durch die Schlaglöcher zum Ende der Galgenfuhr rumpelte. Die Straße war eine Sackgasse, und ich fragte mich, ob im Mittelalter genau hier der Galgen gestanden hatte. Hatten die Karren mit den Verurteilten dort gehalten, wo jetzt mein Station Wagon und der Porsche standen – und wo nun der andere Wagen parkte? Ich hörte, wie der Motor abgestellt wurde und Türen schlugen.

Veith war für einen Moment erstarrt, aber als der Kadett wieder hin- und herschaukelte und Matzes verzweifelte Rufe erklangen, wurde er sehr schnell wieder lebendig. Ein Griff in seine Sakkotasche, und er holte ein Feuerzeug hervor. Eines dieser Zippos, die mit Benzin gefüllt werden – ein elegantes silbernes Teil. Er schnippte den Verschluss auf und hielt es über das Dach des Kadetts.

Wahrscheinlich sah er Heinrichsmeier und Baumgartner noch vor mir. Mit dem Daumen an dem Rädchen des Zippos blickte er ihnen entgegen und rief: »Stopp! Noch einen Schritt weiter und alles geht in Flammen auf.« Er deutete auf den Kanister und dann auf den Kadett. »Ich habe das Benzin über dem Wagen verteilt, in dem ein Kumpel eures Kollegen sitzt.«

»Gehen Sie weg vom Auto!« Baumgartner hatte die Waffe gezogen und zielte auf Veith. »Und nehmen Sie das Feuerzeug runter. Sofort! Oder ich schieße!«

Veith lachte. »Nein, das werden Sie nicht tun.« Sein Daumen machte eine blitzschnelle Bewegung nach unten, und ein Flämmchen tanzte auf dem Zippo. »Denn wenn Sie schießen, nimmt das Inferno seinen Lauf. Runter mit der Pistole, wird's bald!« Er neigte das Feuerzeug gefährlich in Richtung Dach.

Langsam ließ Baumgartner den Arm mit der Waffe sinken.

»Brav. Und jetzt legen Sie die Pistole vorsichtig auf den Boden und kicken sie ein Stück weg.«

Baumgartner zögerte, aber als er sah, wie das Zippo sich wieder dem Dach näherte, gehorchte er.

Veith nickte zufrieden. »Ich freue mich, noch mehr Publikum zu haben. Sind alle bereit?«

Der Krieger

Veith wurde von der Wucht der Kugel, die in seine Schulter schlug, beinahe umgerissen. Seine Hand hielt das Feuerzeug fest umklammert, aber die Flamme war erloschen. Panisch drehte er immer wieder an dem Rädchen, ich sah seine irr aufgerissenen Augen und die Funken, die aufblitzten. Aber er brachte keine neue Flamme zustande, war viel zu hektisch.

Sekunden später waren Baumgartner und Heinrichsmeier über ihm. Von hinten rauschte auch schon Waldi heran, und selbst zu dritt gelang es ihnen nur mit Mühe, den tobenden und um sich schlagenden Veith, den Krieger, zu überwältigen.

Pressekonferenz

Das beinahe fertiggestellte Großraumbüro, in dem die Pressekonferenz abgehalten werden sollte, war mit Journalisten gut gefüllt. Oberstaatsanwalt Dr. Herbert hatte auf einem Stuhl mit voluminösem Sitzkissen zwischen der Polizeipräsidentin und mir Platz genommen. Zwar behauptete er immer, das Kissen diene dem Wohl seines Rückens, in Wirklichkeit aber diente es dem Wohl seines Egos, denn mit der Unterlage thronte er majestätisch über allen anderen.

Und schon erklang seine wohltönende Stimme: »Meine sehr verehrten Damen und Herren von der Presse! Wir freuen uns, Ihnen mitteilen zu können, dass die spektakulärsten Morde, die Bamberg in jüngster Geschichte erlebt hat, aufgeklärt sind. Diese Leistung ist nur der hervorragenden Polizei- und Ermittlungsarbeit aller Kolleginnen und Kollegen der Soko Bärenzwinger zu verdanken. Die beiden Täter wurden gefasst und sind geständig. Bei ihnen handelt es sich zum einen um den Kosovaren Muhamed Shqip, der vor fünf Jahren nach Deutschland eingereist ist und zuletzt im sogenannten Balkanzentrum wohnhaft war. Er war Handlanger bei den Morden an Max Kauder und Hans-Georg Ganzmann. Der Auftraggeber und Mörder der beiden eben Genannten sowie Fritz Böcks, des zuletzt getöteten Opfers, ist Veith Krieger. Letzterer ist der Haupttäter. Er wurde beim Zugriff durch eine Kugel aus der Dienstwaffe von Kommissar Schöps an der Schulter verletzt und wird aus diesem Grund derzeit noch im Klinikum behandelt, natürlich unter strengster Bewachung. – Ihre Fragen.«

Eine hübsche dunkelhaarige Journalistin mit einem Tablet auf dem Schoß hob die Hand.

Dr. Herbert nickte ihr gütig zu. »Bitte.«

»Nach Wissen meiner Zeitung saß Veith Krieger bis vor Kurzem wegen mehrfachen Mordes in Chile im Gefängnis. Wie war es möglich, dass so jemand unbehelligt nach Deutschland einreisen konnte?«

Dr. Herberts Stirn furchte sich. »Liebes Fräulein –«
»Frau. Kunzmann.«
»Liebe Frau Kunzmann, Veith Krieger wurde in Chile aus der Haft entlassen, sein Pass wurde ihm ausgehändigt, und er hat ein Visum für die Ausreise nach Deutschland erhalten. Natürlich werden wir die Botschaft in Santiago de Chile kontaktieren und nachfragen, warum unsere Behörden darüber nicht informiert wurden. Doch selbst wenn ihnen sein Register vorgelegen hätte – sagen Sie mir, was hätten sie tun sollen?«
»Ihn überwachen – zum Beispiel?«
Dr. Herbert lächelte väterlich. »Mein liebes Fräu–«
»Frau!«
»Wir leben in Zeiten des Terrorismus. Unsere Ressourcen sind begrenzt, und wir müssen sie auf tatsächlich vorhandene Gefahrenquellen fokussieren. Nächste Frage, bitte.«
Die Journalistin wollte nachhaken, doch Dr. Herbert hatte schon einem ihrer Kollegen das Wort erteilt.
»Wie ist es Ihnen gelungen, ausfindig zu machen, wo der Täter sich aufhielt, und somit möglicherweise einen weiteren Mord zu verhindern?«, fragte ein grauhaariger Mittfünfziger in der ersten Reihe.
Diese Frage gefiel dem Oberstaatsanwalt schon besser als die erste, und er wandte sich an mich. »Herr Killer, das können Sie am besten erläutern.«
Schon vor der Pressekonferenz hatte mir die Polizeipräsidentin klargemacht, dass ich auf keinen Fall vor versammelter Presse meinen persönlichen Bezug zum Täter offenlegen durfte. Ich räusperte mich, um dann mit der halben Wahrheit herauszurücken: »Wir wussten, dass das potenzielle nächste Opfer nach seiner Entlassung aus der JVA Ebrach von einem Mann abgeholt worden war, der einen schwarzen Porsche 911 mit Würzburger Kennzeichen fuhr. Als dieser Wagen von einem Zeugen gesehen wurde, wurde er sofort zur Fahndung ausgeschrieben. Parallel dazu recherchierten meine Kollegen, dass der Porsche ein Leihwagen war. Teure Fahrzeuge wie die-

ses sind inzwischen häufig mit GPS ausgerüstet, und wir hatten Glück. Der Porsche konnte sehr schnell geortet werden und führte uns zu dem Ort, an dem der Täter schließlich festgenommen werden konnte.«

Die nächste Frage kam von ganz hinten. »Es handelt sich ja zweifelsfrei um eine Mordserie. Frau Polizeipräsidentin, können Sie etwas zum Motiv des Täters sagen?«

Dr. Schulz-Bellingröhr stahl mit ihrem engen knallroten Kostüm und den kunstvoll hochgesteckten Haaren definitiv dem Herrn Oberstaatsanwalt die Show. Ihr Lächeln war schlichtweg umwerfend. »Bitte entschuldigen Sie«, sagte sie, »aber eine Auskunft darüber ist aus ermittlungstechnischen Gründen im Augenblick leider noch nicht möglich.«

Ein älterer Journalist meldete sich. Er war einer der wenigen im Raum, die noch Bleistift und Notizblock verwendeten. Ich kannte ihn von einer Pressekonferenz zu unserem letzten Fall, dem Bamberger Mönchsmord. Seinerzeit hatte er den wahren Kern seiner Fragen hinter harmlosem, beinahe dümmlichem Gehabe verborgen, sodass ich ihm den Spitznamen Columbo gegeben hatte. Heute fragte er weitaus sachlicher: »Es gab einen richterlichen Beschluss für eine Hausdurchsuchung inklusive Sicherstellen von Akten, Computern und anderen Beweismitteln bei der Bamberger Firma DEIMU. Bin ich richtig informiert, dass der Leiter der Firma, Dr. Schäfer, zunächst einer der Hauptverdächtigen in den Mordfällen war, nun aber wegen Menschenhandels und Schleusertums angeklagt wird? Und ist dieser Schäfer mit dem Gründer der Colonia Dignidad verwandt?«

Die Antwort darauf war Chefsache. Dr. Herbert erhob sich sogar von seinem erhöhten Sitz und erklärte mit großem Pathos: »Ob eine verwandtschaftliche Verbindung zwischen Dr. Schäfer und Paul Schäfer, dem Gründer der Colonia, besteht, wird derzeit überprüft. Wir halten das allerdings für unwahrscheinlich. Und ja, die Staatsanwaltschaft hat Anklage gegen Dr. Schäfer erhoben. Es ist auch richtig, dass er durch seine geschäftlichen Beziehungen nach Chile und aufgrund der Tatsache, dass einer seiner Mitarbeiter ein Opfer ist, zu dem engen Kreis der Tatverdächtigen zählte. Durch hervorragende Polizeiarbeit ist es uns gelungen, seine wahren Machenschaften aufzudecken. Dr. Schäfer hat hinter der Fassade seiner verschiedenen Firmen ein Netzwerk aus Schleusern im Nahen Osten, Afrika und Amerika etabliert, das wir, zumindest bei uns in Deutschland, als einzigartig bezeichnen dürfen. In Zeiten, in denen die Flüchtlingsfrage das Tagesgeschehen bestimmt, ist es als ein großartiger Erfolg zu werten, einem Mann und damit auch einer Organisation das Handwerk zu legen, die nur darauf abzielten, aus der Not ärmster Menschen den größtmöglichen Profit herauszuschlagen. Und dabei über Leichen gegangen sind.«

Nach dieser beeindruckenden Rede herrschte zunächst Schweigen, bevor noch jede Menge anderer Fragen zu den Mordfällen gestellt wurden, die allesamt von Dr. Herbert oder der Präsidentin in typischer Politikermanier so beantwortet beziehungsweise nicht beantwortet wurden, dass die Zuhörer am Ende schwer ins Grübeln kamen, was überhaupt die Frage gewesen war. Oberstaatsanwalt Dr. Herbert hatte schon zu seinem Schlussplädoyer angesetzt, als die hübsche Journalistin, die sich zuerst gemeldet hatte, wieder den Arm hob.

»Entschuldigen Sie, wenn ich Sie unterbreche«, begann sie, »aber ich hätte noch ein paar Fragen an Hauptkommissar Killer. Darf ich?«

»Klar dürfen Sie«, sagte ich.

»Danke.« Wie Dr. Schulz-Bellingröhr beherrschte sie die Kunst des zuckersüßen Lächelns. »Herr Hauptkommissar, nachdem Sie bereits als Entführer einer historischen Gondel sowie als waghalsiger Kapitän der Regnitzfähre durch den Kanuparcours am Alten Rathaus in der Presse und in den sozialen Netzwerken für Schlagzeilen gesorgt haben, waren Sie laut unserer Information vorgestern an einer Befreiungsaktion von vierundneunzig baltischen Jungschweinen beteiligt, deren

Entkommen einen Großeinsatz von Feuerwehr und Polizei auslöste. Können Sie dazu Stellung nehmen?«

Ich wartete, bis sich das Gelächter gelegt hatte, und sagte dann: »Vierundachtzig.«

»Bitte?«

»Sie müssen gründlicher recherchieren. Es waren nicht vierundneunzig, sondern nur vierundachtzig Schweine. Und ich war nicht an deren Befreiung beteiligt, sondern nur zufällig vor Ort, weil ich meine Mutter im Altenpflegezentrum Sankt Otto besuchen wollte.«

»Aha.« Sie tippte etwas in ihr Tablet. »Und dann würde ich gern noch wissen, inwieweit Ihre Spielsucht die Aufklärung der Mordfälle beeinflusst oder verzögert hat.«

Die Polizeipräsidentin kam mir zuvor. »Diese Frage werde ich als Vorgesetzte von Hauptkommissar Killer an seiner Stelle beantworten: in keinster Weise. Bitte unterlassen Sie es fortan, im Zusammenhang mit Herrn Killer von Spielsucht zu sprechen. Die Online-Recherchen des Hauptkommissars im einschlägigen Milieu, das ihm bekannt ist, haben uns überhaupt erst auf die Spur des Täters gebracht. Zum Glück werden seine erheblichen finanziellen Verluste, die er dabei erlitten hat, durch die Ergreifung des Täters bald wieder ausgeglichen.«

»Können Sie das weiter ausführen?«

Dr. Schulz-Bellingröhr schüttelte ihrerseits mit zuckersüßem Lächeln den Kopf. »Tut mir leid, aber aus ermittlungstechnischen Gründen ist mir das nicht möglich.«

Stuhlkreis

Die Stühle im Therapieraum standen in einem ordentlich ausgerichteten Kreis. Ich murmelte eine Entschuldigung für mein Zuspätkommen und setzte mich auf den letzten freien Platz. Dr. Pontorras Blick, den sie mir über die Ränder ihrer Brillengestells mit Leopardenmuster zuwarf, war nur halbherzig tadelnd.

Sie wandte sich an die Runde. »Ich hoffe, unsere heutige Hauptperson ist in Bezug auf ihre Spielabstinenz genauso konsequent wie in ihrem katastrophalen Zeitmanagement. Jedenfalls ist es mir eine besondere Freude, Herrn Killer heute beglückwünschen zu können.« Sie breitete die Arme aus, blickte mich an und rief überschwänglich: »Ihre Therapie ist beendet. Sie gelten hiermit als geheilt. Kommen Sie her, lassen Sie sich drücken.«

Da musste ich wohl durch. Nachdem ich die Nähe von Dr. Pontorras Busen überstanden hatte, ohne erdrückt zu werden, waren reihum die anderen dran, um mir zu gratulieren.

Nadine, die bis zum Schluss gewartet hatte, hielt mich fest in ihrem eisernen Griff und fränkelte mir dabei ins Ohr: »Heut kommst aber mit. Heut gibt's ka Ausred.«

Ich befreite mich mühevoll. »Geht leider auch heute nicht. Ich habe einen Termin.«

»Was für an Dermin denn?«

Ich lächelte, als ich an Nicole und unser ungeborenes Kind dachte, und antwortete: »Sorry. Ist privat.«

Franz-Josef Körner
DER TEUFEL VON BAMBERG
Broschur, 320 Seiten
ISBN 978-3-95451-654-4

»Die verbürgten historischen Persönlichkeiten und die gut in die Fakten eingewobene Fiktion machen diesen historischen Kriminalroman aus.« Stadtecho Bamberg

Franz-Josef Körner
KNOCHENKLAU
Broschur, 352 Seiten
ISBN 978-3-95451-784-8

»Rod Killer ist Taxifahrer, Großstadtcowboy und Kommissar. Schon die Figur des Ermittlers verspricht ein ansprechendes Lesevergnügen. Die Handlung ist spannend und überraschend – und bietet dem Leser thematisch zahlreiche interessante Fakten.« Kreisbote Kaufbeuren

»Das Buch ist lesenswert, flüssig geschrieben und macht Lust auf mehr.« Allgäuer Zeitung

www.emons-verlag.de